Friedrich Schorlemmer
Wohl dem, der Heimat hat

 aufbau taschenbuch

Friedrich Schorlemmer, geboren 1944 in Wittenberge/Elbe, Publizist und Theologe. 1978–1992 Dozent im Evangelischen Predigerseminar und Prediger an der Schloßkirche in der Lutherstadt Wittenberg, 1992–2007 an der Evangelischen Akademie Sachsen-Anhalt in Wittenberg. 1989 erhielt er die Carl-von-Ossietzky-Medaille der Internationalen Liga für Menschenrechte und 1993 den Friedenspreis des Deutschen Buchhandels. Friedrich Schorlemmer wurde 2009 mit dem Bundesverdienstkreuz ausgezeichnet; 2014 erhielt er die Humboldt-Medaille, außerdem die Ehrendoktorwürde der Kulturwissenschaftlichen Fakultät der Europa-Universität Viadrina, Frankfurt/Oder. Seit 2015 ist er Ehrenbürger der Stadt Wittenberg. Im Aufbau Verlag sind u. a. seine Bücher: »Was bleiben wird. Ein Gespräch über Herkunft und Zukunft«, zusammen mit Gregor Gysi, »Klar sehen und doch hoffen. Mein politisches Leben«, »Die Bibel für Eilige«, »Lass es gut sein. Ermutigung zu einem gelingenden Leben«, »In der Freiheit bestehen. Ansprachen«, und »Luther. Leben und Wirkung« lieferbar.

Wo ist meine Heimat, wo ist mein Zuhaus? Wo ich verstanden werde und wo ich verstehe. Wo ich verwurzelt und verpflichtet bin. Wo ich hinein- und wo ich hinausgewachsen bin. Heimat in einer Landschaft und einer Gemeinschaft, in einer Kirche und einem Garten, an einem Fluss und in einer Straße, in einem Buch und einer Melodie. In einem Traum.

Schorlemmer erzählt von sich und einem Land, das es ihm nicht leicht gemacht, darin heimisch zu werden. Er schildert Hoffnungen und Schmerzen der Jahre 1968 und 1989, porträtiert Menschen, die ihm viel bedeuten, denkt nach über Eigensinn und Gemeinsinn. »Ein schönes Buch …, mit viel Herz und Gefühl, voller Bekenntnisse und Botschaften und voller Sorge um das Morgen des Garten Erde.« (Walther Stützle).

Friedrich Schorlemmer

Wohl dem, der Heimat hat

atb aufbau taschenbuch

MIX
Papier aus verantwor-
tungsvollen Quellen
FSC® C014496

ISBN 978-3-7466-2651-2

Aufbau Taschenbuch ist eine Marke der Aufbau Verlag GmbH & Co. KG

3. Auflage 2020
Vollständige Taschenbuchausgabe
© Aufbau Verlag GmbH & Co. KG, Berlin 2009
Die Originalausgabe erschien 2009 bei Aufbau, einer Marke der
Aufbau Verlag GmbH & Co. KG
Umschlaggestaltung morgen, Kai Dieterich
unter Verwendung eines Fotos von Sandy Rau
Druck und Binden CPI books GmbH, Leck, Germany
Printed in Germany

www.aufbau-verlag.de

Inhalt

Heimat – ein Zuhause haben

Heimat – Herkunft erkennen, bejahen, überschreiten

Heimat als politisches Schlüsselerlebnis

Heimat zwischen Gärten und Wüsten, zwischen einsam und gemeinsam

Die Entwurzelung ist bei weitem die gefährlichste Krankheit der menschlichen Gesellschaft.

Wer entwurzelt ist, entwurzelt. Wer verwurzelt ist, entwurzelt nicht.

Die Verwurzelung ist vielleicht das wichtigste und meistverkannte Bedürfnis der menschlichen Seele.

Simone Weil

Heimat – ein Zuhause haben

Heimat, die ich meine

»Der Mensch braucht etwas, da er vor Anker gehe«, sinnierte einst Matthias Claudius. Jeder Mensch braucht etwas, wozu er »mein« sagen kann, ohne dass dies etwas Besitzanzeigendes sein muss, sondern einfach Zugehörigkeit ausdrückt. »Meine Heimat!«

Heimat umfasst alles, was unser Selbst ausmacht: Herkunft und Bindungen an Menschen, Landschaften und geistige Verankerung, Erinnerungen und Erzählungen, Gefühlswelten und Gedankengebäude. Heimat ist immer dort, wo wir verstanden werden und wo wir verstehen. Wo ich selber weiß, was ich meine, und andere ohne viele Worte verstehen, was ich meine, und ich sie verstehe, ohne dass wir deshalb Gleiches dächten. Heimat, das ist der uns freundschaftlich zugewandte, aber auch der aus Erlebnis- und Erfahrungsgründen verhasste Lebenskreis, mit dem wir eine Geschichte teilen.

Heimat ist der Ort, an den die Seele immer wieder zurückkehrt. In meinem Fall ist das eine ganz besondere Landschaft: die Elblandschaft um meine Heimatstadt Werben. Dort finde ich Weite, Ruhe, Schönheit und das Gefühl von Freiheit.

Herkunft, Anbindung, Lebenszusammenhang, Erinnerung, Gefühlswelten – wer all dies nicht hat oder verschmäht, muss als entwurzelt gelten. Frei von Wurzeln zu sein, das kann unvermittelt zur Bindungslosigkeit geraten. Andererseits gehört einengende Verwurzelung zum Alltäglich-Tragischen. Wir leben in einem glückenden Wechselspiel von Bindung und Freiheit, großer Nähe wie großer Distanz, zwischen einem Ganz-sich-Hinkehren und einem Ganz-sich-Abkehren, zwischen der

Erinnerung an die überschwängliche Freude und an den zerreißenden Schmerz. Ein entwurzelter Mensch ist anfällig für Verführungen – denn eine im Leben nicht positiv gelingende, lebensgeschichtliche persönliche Anbindung kann zur willigen Unterwerfung unter einen starken fremden Willen führen. Das bewusste Heraustreten aus überkommenen Bindungen ist jedoch ein autonomer Schritt in die Freiheit. In Herkunftsbindungen wieder zurückzukehren ist nicht generell als regressiv zu bewerten; es kann durchaus ein erneuter Akt der Freiheit sein.

Die Wiederentdeckung der Region, der Heimatstadt, des Heimatdorfs oder Kiezes ist auch eine Reaktion auf das Gefühl der Uniformität, Anonymität, Entfremdung und Unbehaustheit, der wachsenden Gleichförmigkeit und Gesichtslosigkeit. Deshalb finden Heimatvereine, Heimatfeste, Heimatkalender immer wieder Anklang – als Versuch, Unverwechselbarkeit und Verwurzelung, eine kollektive Individualität und eine Geborgenheit in gemeinsamer Herkunftsgeschichte wiederzufinden und in der Gegenwart neu zu beleben. Solange das nicht ausschließend, tümelnd oder bloß folkloristisch-touristisch betrieben, solange negative Seiten des Vergangenen nicht ausgeblendet und solange die wache (Mit-)Verantwortung für die Gestaltung der Gegenwart nicht versäumt wird, kann dies selbstwertstärkend und gemeinschaftsstiftend wirken, das bürgerschaftliche Engagement anregen. Um in der ganzen Welt zuhause zu sein, muss man wissen, wo man hingehört. Gerade in einer Zeit der Auflösung aller traditionellen Bindungen, Verbindlichkeiten und Maßstäbe, mitten in aller Beweglichkeit, aller atemlosen Beschleunigung, in der zunehmenden Austauschbarkeit der Lebensorte und der Lebensformen braucht der Mensch eine innere Verankerung, in der die »Maßstäbe des Menschlichen« und die natürlichen wie die ritualisierten Lebensrhythmen wiedergefunden bzw. immer neu erprobt werden. Um mit Nietzsche zu sprechen: »Wohl dem, der jetzt noch Heimat hat.«

Wohl dem Menschen, der sagen kann: »meine Familie« – also Menschen, die mir zugehören und denen ich zugehöre, mit denen mich mehr als ein bestimmter Lebensabschnitt funktional verbindet.

Wohl dem, der sagen kann, was seine Herkunft prägt, ob eine geistige, eine religiöse, eine geographische, eine landsmannschaftliche, eine naturbezogene oder eine sprachliche.

Wohl dem, der sich der Enge seiner Familie entziehen konnte.

Wohl dem, der sagen kann: »mein Lehrer, meine Lehrer«.

Wohl dem, der Menschen hat, die ihn auf den Weg gebracht, seine Begabungen entdeckt, ihn gefördert und gefordert haben.

Wohl dem, der Menschen zu nennen weiß, die er verehrt, die ihn deshalb nicht klein machen oder über die er schließlich hinausgewachsen ist.

Wohl dem, der sagen kann: »In diesem Haus, in dieser Straße, an diesem Ort bin oder war ich zuhause. Dies bleibt mir, auch wenn ich längst woanders lebe und ein neues Zuhause gefunden habe.«

Wohl dem, der sagen kann: »meine Sportgruppe, mein Gesangsverein, mein Tennisclub, mein Stammtisch, meine Partei, meine Gewerkschaft, unsere Bürgerinitiative.«

So ließe sich fortfahren, indem wir aufzählen, was zu uns gehört wie eine Heimat: »mein Lied, mein Gedicht, mein Lieblingsgericht, mein Idol (das Idol des Zehnjährigen, des Fünfzehnjährigen, des Zwanzigjährigen, des Dreißigjährigen, des Fünfzigjährigen noch).

Wohl dem, der sagen kann: »meine Kirche« – als ein Ort und als eine Gemeinschaft, in der ich mich aufgehoben fühle und in der das zur Sprache kommt, was über das hinausreicht, was ist. Dort, wo ich getauft wurde, wo meine Eltern begraben wurden, dort, wo ich geheiratet habe, dort, wo ich mit anderen über letzte Fragen habe reden können, dort, wo ich die großen Feste des Jahres in einer erhebenden Weise habe feiern können, dort, wo ich Trost fand, als kein Trost mehr möglich schien, wo ich aufgehoben bin, so wie ich bin, wo ich anknüpfe an die Lebensweisheit, an den Lebensentwurf und die Glaubenskraft der »Väter und Mütter des Glaubens« über Jahrhunderte, ja Jahrtausende hinweg.

Und meine Seele spannte
Weit ihre Flügel aus,
Flog durch die stillen Lande,
Als flöge sie nach Haus.
(Eichendorff)

Wer kennt nicht das Gefühl von Fremde? Oft sprechen wir
mit Menschen, von denen wir nicht verstanden werden, die
wir aber auch selbst nicht richtig verstehen, obwohl wir die
gleichen Worte benutzen. Mitten in der »Entfremdung« melden sich Heimatgefühle als Heimweh, Sehnsucht, Utopie. Heimaterfahrungen werden insbesondere dann gemacht, wenn
Heimat für etwas steht, was fehlt – im inneren oder äußeren
Exil. Nicht selten gehen aus solchen Erfahrungen anrührende
Literatur und ein Liedgut hervor, die das jeweilige kollektive
wie individuelle Heimatgefühl ausdrücken, wecken. Die Hoffnung, der Traum, der Zauber deuten auf Unerfülltes und Unerfüllbares.

Weh dem, der keine Heimat hat! Wer kein Gefühl für Heimat
hat, ist arm dran. Die Suche nach der eigenen Heimat ist Suche
und Vergegenwärtigung eines Lebenszusammenhanges. Und
dieser »Oikos« kann wechseln, ist nicht an Orte gebunden,
schon gar nicht an den Geburtsort.

Das, was wir erinnern, ist jedoch nicht identisch mit dem, was
wir wirklich erlebt haben. Die Erinnerung wirkt nachhaltig,
nimmt Raum in uns ein – mehr als das Ereignis zur Zeit des Geschehens selbst. Und unsere Erinnerung blendet aus, hebt anderes hervor.

Schließlich *sind* wir das, was wir erinnern – als Subjekte tragen
wir etwas Subjektives mit uns durchs Leben. Was wir sind, das
tragen wir in uns. Manchmal haben wir mehrere Heimaten,
wenn wir oft umgezogen sind oder aus der Heimat weggehen
mussten, etwa aus beruflichen Gründen. Etwas ganz anderes ist
es jedoch, wenn man gewaltsam vertrieben wird. Vertriebene definierten sich bald als »Heimatvertriebene«, die fortan im Vater-

land wie Fremdlinge lebten. Oder sie fanden eine neue Heimat – bis sehnsüchtige Erinnerung, selbst bei Enkeln, wiederkehrt. Die einen kehren aus Schmerz nie wieder an die Orte ihrer Vertreibung zurück. Andere suchen in großer innerer Anspannung oder in gespannter Freude ihre verlorenen, zerstörten oder ganz umgestalteten Heimatorte und Geburtshäuser noch einmal auf. Und sind meist sehr enttäuscht; das Innenbild war viel stärker und authentischer als die Anschauung.

Wie tief muss die Bindung des US-Amerikaners Jehudi Menuhin an das Deutschland der Musik gewesen sein, sodass er 1946 nach Berlin zurückkam, um dort, gerade dort wieder so zauberhaft Geige zu spielen. Und Josef Weizenbaum fand mitten in Berlin bis zu seinem Tode wieder Heimat, auch wenn seine Familie Deutschland 1936 verlassen musste. Woraus schöpft denn ein Mensch für seine Kreativität, für seine Stabilität, für seine Sensibilität? Selbst Schmerz, an dem man sich (lebenslang) abarbeiten muss, prägt mit der vergegenwärtigenden Erinnerung die Individualität und gehört zur gewonnenen Autonomie. Doch was wird aus einer Welt, in der Heimat nur noch wenig zu gelten scheint? Eine Welt, an die sich nichts Emotional-Biographisches bindet, kann überall als ein gigantischer Umgestaltungsraum besetzt und beherrscht werden.

Goethe hat in Faust II einen in der heutigen Welt alltäglich gewordenen Konflikt geradezu prophetisch ins Bild gebracht: Sein Faust entwickelt einen ehrgeizigen Umgestaltungs- und Kultivierungsplan. Das Sumpfgebiet, das er urbar machen will, soll alle beglücken. Dem Großversuch steht das ärmliche Zuhause von Philemon und Baucis entgegen. Faust geht jedes Verständnis für Philemon und Baucis ab, zumal er ihnen »komfortablen Ersatz« anbietet. Er begreift nicht, dass er diesen beiden betagten Leuten den Boden unter den Füßen wegzieht, wenn er sie aus ihrem bescheidenen Anwesen vertreibt. Faust weiß nicht, was ein Zuhause, was unverwechselbare Heimat ist …

Die Juden, denen man immer Heimatlosigkeit unterstellt hatte, konnten den schmachvollen Umgang mit ihnen, ihre Vertreibung und Vernichtung nicht begreifen, hatten sie doch all ihre Kraft auch für das Gedeihen dieses deutschen Landes – bis hin zur Verteidigung »der Heimat« im Ersten Weltkrieg – eingesetzt.

Einer, der 1933 noch die Flucht ergreifen konnte – Paul Mühsam –, schreibt: »Am 8. September 1933 traten wir vormittags unsere Reise an. ... und als sich der Zug langsam in Bewegung setzte, hatte ich das Gefühl, als ließe ich meine Jugend hinter mir liegen und als würde wieder ein Stück von meinem Herzen gerissen.«

Der aus dem Exil zurückkehrende Schriftsteller und Kommunist Johannes R. Becher brachte das Gefühl der Deutschen in einen berührenden Reim, der Schmerz, Sehnsucht und Glück zugleich ausdrückt:

> Deutschland, meine Trauer,
> Land im Dämmerschein,
> Himmel, du mein blauer,
> Du mein Fröhlichsein.

Hilde Domin, die große deutsche Poetin, war 1932 geflohen und kehrte 1954 zurück in die Heimat und zur deutschen Sprache. Am Grab der Mutter suchte sie Halt in einem Gedicht:

> Ziehende Landschaft
>
> Man muß weggehen können
> und doch sein wie ein Baum:
> als bliebe die Wurzel im Boden,
> als zöge die Landschaft und wir ständen fest.
> Man muß den Atem anhalten,
> bis der Wind nachläßt
> ...
> und niedersitzen können und uns anlehnen,
> als sei es an das Grab
> unserer Mutter.[1]

Marie Luise Kaschnitz beschreibt die Rückkehr in eine Heimat, in der man sich in dunkler Zeit eingerichtet hatte:

Denn was ist denn Heimat, wenn nicht,
   wo wir verstanden werden,
Was ist denn Heimat, wenn nicht, wo wir Erkannte sind.
Wir aber kennen sie nicht.
…
Wer fort war, hat Träume der Zukunft geträumt, aber hier
Hat man den Tag überstanden, sich eingerichtet.
Wer fort war, hat sich Gedanken gemacht, aber hier
Hat man gelebt.[2]

Heimat ist das, worin wir uns – äußerlich und innerlich – einge-richtet haben, woran sich Geist, Seele und Sinne immer wieder erinnern und was in der Summe unser Selbst ausmacht. Heimat ist all das, was zu uns gehört, auch wenn es uns nicht gehört. Hei-mat, das sind unvergessene Augen-Blicke, seit wir sehen können. Heimat, das sind unsere (Kinder-)Gärten und der Geruch im Flur, das sind Bilder im Wohnzimmer und der Blick aus »unse-rem Fenster«, die Lieder am Kinderbett und die Schlager unserer Jugend, die erlittenen Pressionen und die eigenen Obsessionen.

Wer nirgendwo einen Ort findet, wo er ganz zuhause ist, wer ein Fremdling bleibt, ständig auf Wanderschaft ist, wer vor lau-ter Ablenkung des Lebens überdrüssig wird, wer sich immerfort nach etwas sehnt, was er nie erreicht, wird nie wissen, was ihm entgangen ist.

Heimat, das ist das, was wir lieben und verehren, das, woran wir durch unseren Hass gebunden bleiben. So ist Heimat auch das, wovon wir uns nicht lösen können, und was immer wieder in uns hochkommt, bisweilen eruptiv.

Heimat, das sind die Gräber, an denen wir stehen und nach-sinnen, stille Zwiesprache haltend, und die Gräber, in die wir kommen. Denn wir haben hier keine bleibende Stätte, sondern die zukünftige suchen wir. Einverstanden werden mit dem Ver-gehen und der Vergänglichkeit, weil es etwas gibt, was uns nie-mand nehmen kann und über das wir nicht verfügen.

Wer etwas loslassen muss, was er als sein ganz Eigenes emp-findet, der bekommt eine Sehnsucht nach dem »Drüben«, weil er nicht begreifen mag, dass all das verloren gehen soll, indem er dieses Leben verliert.

Heimat heißt, sich seiner Wurzeln zu vergewissern, heißt, einen Ort zu haben, an den wir zurückkehren können, sich aber auch zugleich darüber bewusst sein, dass sich nichts halten lässt. Das Einzige, was wir haben, ist der geheimnisvolle und der offenbare Schatz unserer Erinnerungen: der bewältigten wie der aufbrechenden, der herzerwärmenden wie der markerschütternden, der Vergeblichkeit wie der Sinnerfüllung.

Das Vertraute neu sehen

Nicht aufhören, sich zu wundern über das Bekannte, komisch finden, was selbstverständlich war, als ungewöhnlich empfinden, woran man sich gewöhnt hatte, als fremd erleben, was so bekannt schien – ob einen Mensch, eine Landschaft, ein Haus, einen Raum, ein Bild, eine Musik, einen Text, eine Idee, den Himmel, eine Stimme, eine Berührung, einen Geschmack.

Wenn wir aufhören, uns zu wundern, wird die ganze Welt gewöhnlich und schnell sehr langweilig. Wir richten uns ein und bald bewegt sich nichts mehr. Also entweder weggehen, ganz woanders ganz neu anfangen, den Event und den Kick suchen, alles verlassen – oder das Vertraute neu sehen und Neues im Altbekannten gestalten, um es uns erneut vertraut zu machen. Das macht das Lebendige des Lebens aus.

Bert Brecht hat daraus eine Lebensphilosophie gemacht, die er in Theater umsetzte: die der Verfremdung. So hängte er einfach das Bild der Picasso'schen Taube im Berliner Ensemble ein wenig schief, um die Zuschauer zum kritischen Innehalten anzuregen: Da stimmt doch etwas nicht! Das hängt doch schief! Hat das einen Sinn oder ist es bloß Nachlässigkeit? Und warum stört mich das eigentlich? Warum hängt immer alles gerade, *zu* gerade geradezu?

Brecht schärft ein:

Was nicht fremd ist, findet befremdlich!
Was gewöhnlich ist, findet unerklärlich!
Was da üblich ist, das soll euch erstaunen.
Was die Regel ist, das erkennt als Mißbrauch
Und wo ihr den Mißbrauch erkannt habt
Da schafft Abhilfe![3]

Gerade dort, wo wir uns eingerichtet haben, bedarf es des anderen, des fremden Blicks, um lebendig zu bleiben, um nicht zu erstarren.

Neugierig werden, gierig auf Neues, ohne dass es »ganz neu« sein muss.

So eignet man sich seine Welt stets aufs Neue an, ohne die alte einfach zu übernehmen.

Das Gewohnte und das Gewöhnliche durchbrechen, einen anderen Blick auf das Tägliche finden, anders über die Flure gehen, das zu Bekannte und die lang Bekannten mit anderen Augen sehen, der alltäglichen Welt wieder etwas abgewinnen, spüren, wo Hilfe, wo Abhilfe nötig ist. So kann, so darf es nicht bleiben!

Der gähnenden Langeweile des Üblichen entrinnen, die Ungerechtigkeiten nicht erdulden und nicht dulden. Was als regelrecht angesehen wird, brandmarken, sofern es nicht recht ist.

Heimat, das sind Verwandlungen der Welt, die wir uns anverwandeln.

Jeden Tag.

Mein Zuhause in einem altmärkischen Pfarrhaus

Um keiner unehrlichen, sich selbst belügenden Verklärung zu verfallen: Unser Leben war hart. Meine Eltern hatten bis zur Erschöpfung zu tun mit sieben Kindern und einem Pfarrbezirk, der aus einer Kleinstadt und vier Dörfern bestand, die sie lange mit dem Fahrrad erreichen mussten, dann mit der schwerfälligen, oft nicht anspringenden AWO und am Ende mit einem ziemlich abgetakelten Wartburg. Ich kann mir nicht vorstellen, wie die Eltern uns ohne die Westpakete einer Hamburger Tante hätten ernähren und kleiden können. Gar Kaffee trinken …

Und dann die Phase der aggressiv kirchenfeindlichen Propaganda in der Schule, die enormen Schwierigkeiten beim Finden eines Ausbildungsplatzes (noch 1974 für meine jüngste Schwester). Wie wichtig täglich das (West-)Radio und die Bibliothek meines Vaters, bis zum 13. August 1961 immer wieder aufgefüllt mit neuer, auch politischer Literatur.

Die Angst war ständige Lebensbegleiterin. Oft allein und isoliert, musste ich mich meiner Haut erwehren – als einziger in der Schule, der weder zu den Pionieren noch zur FDJ gehörte.

Es ist indes diskussionsbedürftig, was ein Leser des neuen »Neuen Deutschland« am 30. Juli 2008 in Reaktion auf die Meldungen des wahrlich tendenziösen »Forschungsverbundes SED-Staat« bemerkte, denen zufolge es zu wenig oder falsches Wissen der Schüler über jüngste deutsche Geschichte, vor allem der (verbrecherischen) DDR, gebe: »Der DDR-Normalbürger vegetierte unter Stasibeobachtung hinter Mauer und Stacheldraht dahin, lechzte ständig nach Bananen und freute sich über Westpakete.

So sollen es die Kinder von heute erkennen lernen. Die aus Bayern wissen es schon.

Wie aber mag Opa Zeitzeuge seinem Enkel erklären, dass eine Pfarrerstochter aus Meckpom ohne BaFög und Zusatzjobben, jedoch mit Grund- und Leistungsstipendium studieren, eine unbefristete Arbeitsstelle erhalten und promovieren konnte, ohne SED-Mitglied werden zu müssen? Opa wie Enkel mögen da ins Grübeln kommen.«

Dieser promovierte Jenaer Bürger stand offenbar nicht unter Stasibeobachtung und ihn störten wohl auch Mauer und Stacheldraht wenig. Er ignoriert viele, die ohne die SED nichts geworden wären. Und jene Pastorentochter hatte sich still eingepasst und wirkte aktiv in der FDJ mit. Ihr Elternhaus stand der DDR grundsätzlich positiv gegenüber. So gerät jener Leserbriefeinspruch ungewollt zur Verhöhnung aller, die mit den Machtorganen der SED in Schwierigkeiten gekommen waren. Zugleich wehrt er sich zu Recht gegen eine Pauschaldiffamierung und Schwarzfärbung des ganzen Lebens in der DDR. Die Pastorentochter hätte die Möglichkeit, auch in Bayern differenzierend zu wirken oder ihrem Freund George W. Bush zu erklären, dass man auch ganz im Stillen für die Freiheit sein konnte. Aber wer etwas werden wollte, musste schweigen.

Nun, aus uns ausgegrenzten altmärkischen Pfarrerskindern ist schließlich auch was geworden. Keiner musste nach Bautzen oder Waldheim. Zum Glück.

Die Nachricht von meiner Geburt im Mai 1944 erreichte meinen Vater mit großer Verspätung, als er bereits in amerikanischer Kriegsgefangenschaft in Frankreich war. Bis zum Sommer 1946 lebte meine Mutter mit mir allein in einem einsamen Gehöft in dem altmärkischen Dorf Herzfelde, wo mein Vater Pfarrer war. Das Pfarrhaus war umgeben von einem kleinen Park, an den sich ein großer Garten und zwei Feldstücke anschlossen. Bei der Evakuierung im Frühjahr 1945 wurde es wie alle anderen ausgeplündert, zunächst von russischen Soldaten, dann von nachziehenden polnischen Zwangsarbeitern.

Ein furchtbares Trauma ließ meine Mutter bis zu ihrem Tode 1971 nicht mehr los: Sie wurde zusammen mit meiner Tante 1946 von betrunkenen Russen zuhause überfallen. Sie wehrte sich und schrie, bis ich mit einer Maschinenpistole im Kinderbett bedroht wurde. Ich hatte viele Jahre furchtbare Angstzustände und nächtliche Alpträume.

Zu meinen frühen Kindheitserlebnissen gehören auch brennende Häuser in der Umgebung, die Verhaftung und Flucht vieler Familien, mit denen wir befreundet waren. Ich erlebte die Zersiedelung und die mutwillige Zerstörung großer Gehöfte. Die Anfang der fünfziger Jahre beginnende »sozialistische Umgestaltung« des Dorfes vollzog sich bei uns weitgehend als Verfall (nicht nur der Gehöfte!), als Verwilderung der Felder, als wahllose Abholzung der aufgeteilten Waldstücke. Die Wege wurden mehr und mehr zu Schlammstraßen, in denen die Pferde bisweilen bis zum Bauch versackten. Ich erlebte die verschiedenen

Phasen der Kollektivierung mit allen ästhetischen, ökologischen und ökonomischen Konsequenzen. Die Zerrüttung der Dörfer und alten Bauernhäuser nahm ihren »gesetzmäßigen« Lauf.

Mein Vater kam im Mai 1946 aus der Gefangenschaft zurück und verzweifelte längere Zeit geradezu an meiner Anrede »Onkel Vati«. 1947–1949 kamen nacheinander zwei Schwestern und ein Bruder zur Welt. 1951 und 1953 noch einmal zwei Brüder und 1956 das von allen besonders geliebte »Nesthäkchen«. Jeden zweiten Tag wurde am Spätnachmittag in unserem Hause für die Kinder des Dorfes mit Hilfswerkspenden etwas gekocht. Von früher Kindheit an erlebte ich ein stets offenes Pfarrhaus.

Gewissermaßen zu den Urerlebnissen meiner durchaus ambivalenten Identität gehört die Begegnung mit dem riesengroßen, hageren Briefträger mit gewickeltem Schnauzbart und Postmeistermütze, der täglich mit dem Postfahrrad kam, mich öfter auf dem Feldweg spielend aufgabelte, der mit einem breiten, gütigwarmen Lächeln abstieg, sich zu mir hinunterbeugte und mich fragte, wie ich heiße. Was einige Male ganz echt naiv war, wurde bald zum Ritual. Ich musste ihm antworten: »Pierich Pasterjung«, dann war Onkel Behrends zufrieden. Er holte eine große saftige Birne aus der Tasche, die er dann mit seinem Messer sorgsam schneidend mit mir teilte. Manchmal schnitt er mir einen Streifen von seiner wunderbar duftenden Leberwurststulle ab. (Später sollte ich einige innere und äußere Schwierigkeiten damit bekommen, ein Pastorenkind zu sein.)

Mein Vater bewirtschaftete das Feld wie den Garten, fütterte zwei Schweine, hielt drei Ziegen und einiges Kleinvieh. Außerdem hatte er seit Anfang der fünfziger Jahre eine Bienenzucht und konnte sich mit seinen Erträgen sehen lassen. Wie er dies alles zeitlich, kräftemäßig und vom Know-how her geschafft hat, bleibt mir ein Rätsel. Er arbeitete ab morgens gegen 4 Uhr im Garten, frühstückte um 7 Uhr und ging dann an sein pastorales Tagewerk. Dafür hielt er täglich einen Mittagsschlaf. Dann musste Ruhe im Hause sein.

Ich züchtete Tauben, hatte ein großes Aquarium, zähmte Raben und eine Eule. Zwei Jahre lang zogen wir ein verletztes Reh auf, das den Namen »Resi« trug und bei uns lebte wie ein Haustier. Als eines Tages unsere geliebte Ziege Korah von meiner Großmutter mit dem großen Küchenmesser abgestochen werden musste, um ihr einen qualvollen Erstickungstod zu ersparen, hatte ich lange Zeit Alpträume.

Früh schon musste ich im Garten und auf dem Feld helfen, unsere ostfriesischen Milchschafe melken und mit dem kleinen Butterfass stundenlang »buttern«. Wir zogen oft zum Holzsammeln in den Kirchwald. Häufig nahm mich mein Vater bei Sonnenaufgang mit, um im nahe gelegenen Wald nach Pilzen zu suchen.

Meine Kindheit und Jugend verbrachte ich im Wesentlichen auf den Elbwiesen, an der Elbe, beim Baden, Angeln oder Schlittschuhlaufen, bei der (meist ungern geleisteten) Gartenarbeit, beim Mähen des Grases für unser Vieh, auch auf den Feldern der Bauern, die in der Schule Kinder zum Kartoffelsammeln aussuchten. Dies brachte uns neben den paar Mark die wunderbaren Leberwurststullen der Vesperpausen ein. Anfang der fünfziger Jahre sagte ich zusammen mit den anderen Kindern des Dorfes »dem amerikanischen Geheimdienst den Kampf an«, indem ich die von ihm »eingestreuten« Kartoffelkäfer absammelte und in der Bürgermeisterei abgab. Vom Erlös konnte ich mir schon 1952 ein zusammengebasteltes Fahrrad kaufen. Damit gehörte ich zu den Privilegierten des Dorfes. Von Kindheit an bis ins Erwachsenenalter habe ich mit meinen Eltern und Geschwistern, später auch mit Konfirmandengruppen, die Altmark mit dem Fahrrad er-fahren.

Im Frühjahr war das Rübenverziehen an fast jedem Nachmittag die Hauptbeschäftigung. Über das verdiente Geld konnte ich zumeist selber verfügen, allerdings musste ich am Ende des Monats meiner Mutter öfter etwas borgen, damit sie für die Familie Lebensmittel einkaufen konnte. Meine Kindheit war keineswegs durch drohende Armut geprägt, wohl aber von ständigem Geldmangel. Am Ende des Monats war stets alles Geld aufgebraucht, so dass mich mein Vater gelegentlich nötigte, aus meinem Taubenschlag Tauben für das Mittagessen zu holen. Als ich ihn am 15. März 1957 um den Kirchenschlüssel bat, um im Kirchturm die inzwischen flügge gewordenen wildlebenden Tauben auszunehmen, stürzte ich durch ein morsches Brett 20 Meter in die Tiefe, durchschlug 5 Meter vor dem Aufprall ein Geländer und landete nur knapp neben den gusseisernen Gewichten der Turmuhr auf einem Holzzwischenboden. Ich überlebte ohne jeden Knochenbruch. Ein mein Leben prägendes Schlüsselerlebnis, durchaus bleibend traumatisch. Wenn es Wunder gibt, so war dies eines, gegen alle Wahrscheinlichkeit wunderbar geschenktes Leben.

Ein Pfarrhaushalt mit zehn Personen (sieben Kindern, den Eltern und der Großmutter) war vom Pfarrgehalt meines Vaters allein nicht aufrechtzuerhalten. Westpakete versorgten uns mit Hautcreme und Margarine, mit Kaffee und Schokolade, Käse und Wurst. Hinzu kam die meist schon getragene, doch verglichen mit unserer Konsumware wunderbare Kleidung aus dem Westen. Pakettage waren Festtage, besonders am Monatsende. »Schwarzbrotfresser« wurden wir abschätzig genannt, weil wir in der Schule Schwarzbrotstullen mit Schmalz aßen und nicht Graubrotstullen mit Wurst wie die meisten Mitschüler. Solange es Einzelbauern gab, brachte der Vater hin und wieder eine Büchse Wurst mit oder wir bekamen von Leuten aus dem Ort am Schlachttag Wurstsuppe und Blutwurst. Den Alltag konnten wir nur bewältigen, weil eine liebe alte Frau uns täglich unterstützte, in der Erntezeit kamen sogar mehrere zu Hilfe. Alle vier Wochen kochten zwei Frauen die Riesenmengen Wäsche in einem großen Kessel im Waschhaus und scheuerten sie danach auf dem Rubbelbrett.

Meine Sommerferien verbrachte ich entweder in dem winzigen Börde-Dorf Mammendorf, wo ich am Vormittag die Gänse meiner Tante Emma zu hüten hatte. Dies war die Bedingung für die Vesperwurststulle. Nachmittags fing ich auf den Stoppelfeldern Mäuse und grub nach Hamstern. Öfter besuchte ich auch meinen gestrengen lutherischen Großvater mütterlicherseits, Propst im mecklenburgischen Gnoien, und unsere liebe »Großmutti«. Unbegreiflich waren für mich tiefgehende Konflikte in unserer Familie, die auf seltsame Weise stets tabu blieben. Sehr spät erst wurde mir klar, dass sie mit dem Widerstand meines Großvaters gegen das Nazisystem und dem offenen Nazismus eines anderen Teils meiner Familie zusammenhingen. Beide Familien wohnten weiterhin im selben Ort. Erbstreitigkeiten kamen hinzu, und die Spannungen wirkten fort.

Meine Mutter hatte während des Krieges ein Notabitur gemacht und in Rostock begonnen, Medizin zu studieren. Beim Arbeitsdienst lernte sie meinen Vater kennen, 1943 heiratete sie ihn und entsprach fortan dem damaligen Bild einer Pfarrfrau ganz und gar: Ihrem Mann, einer großen Familie und der Gemeinde zugleich uneingeschränkt zu Diensten zu sein. Sie fuhr mit meinem Vater Sonntag für Sonntag zunächst mit dem Rad, später mit seiner knatternden AWO in die Dörfer ringsum.

Mein Vater besaß eine sehr große Bibliothek und schmuggelte ständig Bücher aus Westberlin herein, die dann frei herumlagen und mich sehr früh interessierten. So beeindruckte und prägte mich Vierzehnjährigen besonders die von Walther Hofer zusammengestellte Dokumentation »Der Nationalsozialismus«. Mit welch einer Aura waren die Bücher versehen, von denen mein Vater Schutzumschlag und Titelseite entfernt hatte, damit sie nicht entdeckt würden! Zu diesen Büchern gehörten Orwells »1984«, Gollwitzers Tagebuch »Und führen, wohin du nicht willst« und Leonhards »Die Revolution entläßt ihre Kinder«. (Dass ich Wolfgang Leonhard einmal bei einer gemeinsamen Buchvorstellung treffen würde, hatte bis 1989 etwas geradezu Phantastisches, noch mehr, weil wir einander so gut verstehende Freunde wurden.)

Tief rührte mich an, als mir mein Vater das Schlusskapitel von Remarques »Im Westen nichts Neues« vorlas. Er musste weinen, um seinen Vater, meinen Großvater, der schon in den ersten Wochen des Ersten Weltkrieges vermisst gemeldet worden war. Vater hat ihn mit drei Jahren zum letzten Mal gesehen. Außerdem las er uns Kindern Fontane und Storm, Konrad Ferdinand Meyer und Stefan Zweig vor. Er interessierte sich sehr für Literatur und Geschichte und verfügte über besondere Kenntnisse der Regionalgeschichte der Altmark. Gleichzeitig wusste er zu leben; für eine Zigarre und ein Glas (selbstgemachten) Wein musste die Zeit immer reichen. Wir feierten die Feste, wie sie kamen, und schienen dann für einen Tag zu leben wie die Könige, zur Konfirmation etwa gab es Aal in Aspik, Spargel und saftigen Braten.

Einen geistlichen Zwang gab es zuhause nicht. Meine Eltern beteten allabendlich mit uns an den Betten und sangen dann: »Breit aus die Flügel beide«. Die Zeilen dieses Paul-Gerhardt-Liedes gingen mir emotional immer sehr nahe, so dass oft Tränen aus meinen Augen kullerten, für die ich mich bald schämte. Wenn mein Vater Luthers Morgensegen sprach, war seine Stimme so warm wie seine große Hand. Große Aufmerksamkeit galt jedem der großen christlichen Feste und ihren Gottesdiensten. Im Advent, zu Weihnachten und Pfingsten und zum Erntedanktag schmückten wir die Kirche mit besonderer Hingebung. Das gab den Feiertagen eine andauernde, außergewöhnliche emotionale Qualität.

Besonders nah ging mir der 90. Psalm, wenn ihn mein Vater jeweils in der Silvesternacht im Kerzenlicht des Chorraumes der gotischen Backsteinkirche mit innerer Bewegung las: »… ja, das Werk unserer Hände mögest du fördern.« Dann stiegen wir um Mitternacht auf den Kirchturm und meine Geschwister bliesen mit Posaunen und Trompeten in die Jahreswende: »Großer Gott, wir loben dich«.

Unsere Erziehung orientierte sich sehr direkt an den zehn Geboten. »Keine anderen Götter haben« – das richtete sich gleichzeitig gegen die quasireligiösen Anmaßungen der SED-Ideologie. Auch das dritte Gebot galt strikt: Sonntags gingen wir schon aus dem Grund in die Kirche, weil wir nur ungern das enttäuschte Gesicht unseres Vaters ertrugen, falls wir es nicht getan hätten. Das fiel mir besonders bei den Nachmittagsgottesdiensten schwer, wenn ich doch lieber Paddeln gefahren wäre. Ich nahm mir auch mehr und mehr die Freiheit dazu. Das sechste Gebot führte bei uns nicht zu besonderer Prüderie, wohl aber zur stillschweigenden Überzeugung, dass Sexualität nur innerhalb der Ehe erlaubt war. Das haben erst die jüngeren Geschwister durchbrochen. Das siebente Gebot galt ziemlich streng und führte zu einigen Gewissensbelastungen, wenn ich oder meine Geschwister gelegentlich Kleingeld aus dem Kollektenkasten nahmen, um uns beim Bäckermeister Willy Vorläufer ein Eis zu kaufen – eine Kugel Schokoeis für 10 Pfennig. Wir wussten, dass unser Vater sich selbst Geld aus dem Kollektenkasten borgte, und waren uns auch sicher, dass er nicht kontrollieren konnte, wie viel er selbst und wie viel wir uns »geborgt« hatten. Am Monatsende musste er das Minus immer ausgleichen, denn alle Einnahmen waren zuvor im Kollektenbuch vermerkt und vom Gemeindekirchenrat gegengezeichnet worden.

Aufgrund unserer oppositionellen Grundhaltung verursachte uns das achte Gebot das ein oder andere Mal Schwierigkeiten. Wir sollten nicht nur nicht lügen, sondern auch dem Lügen entgegentreten. Das war gerade in der Schule nicht immer leicht. Einmal entschloss sich mein Vater, auch auf einem offiziellen Papier zu lügen. Er trug meinen Brieffreund Karsten aus Hamburg, den ich über einen abgehauenen Freund kennengelernt hatte, kurzerhand als unseren Cousin ein. So konnte Karsten jedes Jahr kommen, brachte uns etwas von der großen weiten Welt in die eingemauerte Provinz.

Tiefen Eindruck hinterließen bei mir und meinen Geschwistern die Erzählungen meines Vaters vom Krieg in Russland und Frankreich. Er war Sanitäter und ist mit den deutschen Panzertruppen bis kurz vor Moskau gekommen. Seine Berichte ließen uns erschauern über die Grauen des Krieges. Er verschwieg nicht, dass deutsche Truppen auf ihrem Rückzug aus der Sowjetunion verbrannte Erde hinterließen, und auch nicht, dass die Ukrainer in den Deutschen zunächst Verbündete gegen die sowjetischen Machthaber gesehen hatten, dann aber angesichts der Gräuel der nachrückenden SS alles für ihre Heimat, selbst unter Stalin, einsetzten. Er vermittelte uns ein Bild der tiefen Humanität der russischen Menschen, vor allem der Babuschkas, und etwas vom französischen Flair, das er trotz seiner deutschen Uniform erlebt hatte, wenn Menschen sich mitten in der

Besatzungszeit achtungsvoll begegneten. Dennoch blieb bei mir schon sehr früh ein Gefühl der Scham zurück, ein Deutscher zu sein. Das verband sich für mich mit einer besonderen moralischen Verpflichtung zur Wiedergutmachung. 1972 reiste ich mit Merseburger Studenten nach Lublin und Majdanek. Diese Besuche in Polen machten mir das Entsetzliche deutlich, das in unserem Namen angerichtet worden war. Das Gedicht Bechers »Die Kinderschuhe aus Lublin« bekam hier äußerst bedrückende Anschaulichkeit.

Die beklemmende Atmosphäre der fünfziger Jahre hat mich mehr in meiner gesamten Emotionalität bestimmt, als mir damals bewusst wurde: Mit der ständigen Angst vor den Russen, mit den Fratzenbildern englischer und amerikanischer Politiker nebst Adenauer an allen Litfasssäulen, mit dem stalinistischen Denunziationsklima jener Jahre, der permanenten Gefährdung meines Vaters durch den so gemeinen wie eifrigen Spitzel Willi Baum (von dem jeder wusste, dass er ein SSD-Zuträger war, und der 1958 mit seiner ganzen Familie in den Westen verschwand, wo er wohl sein »Wissen« weitergab), mit ständigem Verlust von Freunden, mit den immer wieder aufkommenden Gerüchten, die Amerikaner würden Sachsen-Anhalt zurückbekommen, mit der Kriegsfurcht während des Korea-Krieges, mit den bedrohlichen Elbehochwassern, bei denen ich mit meinem Vater nachts Deichwache hielt und am Tage Sandsäcke schleppte, so gut ich konnte.

Täglich zog ich mich gemeinsam mit meinem Vater in sein Arbeitszimmer zurück, um das »Echo des Tages« und »Pinsel und Schnorchel«, diese hämisch-witzigen Dialoge über die Ostzone, im RIAS zu hören. (Das war wie der Mittagsschlaf eine »geheiligte Zeit«.) Ich musste auf der Hut sein, um in der Schule nicht zu verraten, dass wir zuhause Westradio hören. In den Schulheften strotzte es ja nur so vom Stalin-Kult und der Preisung des Kommunismus. Mein Zuhause und die Schule bildeten eine merkwürdige Doppelwelt, in die ich mich oft nur ungeschickt einfügte.

Politisches Interesse war für mich geradezu eine Existenzbedingung. Als im Oktober 1956 der ungarische Aufstand niedergeschlagen wurde, war meine Ablehnung des DDR-Systems besiegelt. Von fernen Ländern hatte ich überhaupt keine Vorstellung, aber Ungarn war mir durch die Weltmeisterschaft 1954 nahegekommen. Am Tage des Endspiels war ich mit meinem Fahrrad von Gehöft zu Gehöft gefahren, um die »Frohe Botschaft«, ein so frommes wie politikfreies Traktatblättchen, zu verteilen. Überall hörte ich Freudengeschrei über die Leistungen von Rahn und Schäfer. 1956 sollte zu einem Schlüsseljahr werden, das meine oppositionelle Haltung ebenso begründete wie meine Sympathie für demokratische Sozialisten. Beides wirkte sich später in meinem Engagement für die Ideen des Prager Frühlings und nach 1985 für die Ideen Michail Gorbatschows aus.

Meine erste Lehrerin, Fräulein Feierabend, hatte ihren Beruf in einem Vier-Wochen-Kurs erlernt und benutzte immer ein »Russenparfüm«, das einen schweren, ölig-süßlichen Geruch verbreitete. Der aristokratisch wirkende Altlehrer Pfau hingegen ist mir in tiefer und respektvoller Erinnerung geblieben. Der einst stramme Nazilehrer Müller schlug bei uns die Orgel, bis er – in die Ost-CDU gewendet – seine Rolle im System fand und aufhörte, die Orgel zu spielen. Er bekam eine Stelle beim Rat des Kreises und wurde nie mehr in der Kirche gesehen.

Schon sehr früh musste ich mich als Pastorenkind meiner Haut erwehren. Das kam 1980 noch einmal in mir hoch, als mein achtjähriger Sohn mich unvermittelt, fast bettelnd fragte: »Vati, warum arbeitest du nicht auch ›auf Stickstoff‹?« In der Schule musste ich nicht nur die primitive Polemik gegen die Kirche ertragen, sondern sollte immer auch Rede und Antwort stehen für etwas, womit ich selbst herzlich wenig zu tun hatte: für die Verbrechen der Kirche während der Kreuzzüge oder für sogenannten kriegstreiberischen Antikommunismus von Bischof Otto Dibelius, für das Waffensegnen der Militärpfarrer und für die angeblich lachhafte Unwissenschaftlichkeit des biblischen Schöpfungsberichtes, dem die wissenschaftliche Affenabstammungstheorie gegenübergestellt wurde.

Immer, wenn ich eine Dummheit beging, musste ich einsehen, dass ich damit meinem Vater schaden würde. Stets hatte ich einer gewissen moralischen Exterritorialität zu genügen. So kann ich mir nachträglich auch die Züchtigungen meines Vaters gegen mich oder meine Geschwister erklären, als ich etwa 1952 die Ziege des Bürgermeisters gemeinsam mit einem Freund verdrosch, Erdbeeren von einer Plantage stahl oder als einer meiner Brüder eine in der Küche aufgeschnappte Bemerkung über ein Gemeindeglied, das immer nur zu den Kirchenveranstaltungen kam, wenn es anschließend etwas zu essen gab, brühwarm an dessen Tochter weitergab. Eine Sonderrolle hatten meine Geschwister und ich zudem dadurch, dass wir weder zu den Pionieren noch zur FDJ gehörten, was dazu führte, dass keines von uns sechs Geschwistern auf normalem Wege das Abitur machen konnte. Mein Vater war Anfang der sechziger Jahre auf dringendes Anraten einer gutwilligen Lehrerin sogar bereit gewesen, ein einziges Mal zur Wahl zu gehen, um seiner begabten Tochter nicht den Weiterbildungsweg zu versperren. Es kostete ihn sehr viel Überwindung, an dieser verlogenen Prozedur teilzunehmen. Ich erinnere mich seines flackernden Blicks nach diesem Gang. (Allerdings durfte meine Schwester dennoch nicht zur Oberschule gehen.)

Die langen Phasen der Stromsperre Ende der vierziger, Anfang der fünfziger Jahre füllten wir mit väterlichen Erzählungen oder gemeinsamem Singen. Wenn wir des Morgens vor Kälte erwachten, versammelte sich der ganze »Kindergarten« in den Betten der Eltern.

1954 waren wir aus dem Dorf Herzfelde in die Kleinstadt Werben an der Elbe gezogen. Denke ich an Werben, habe ich stets die wunderbare gotische Hallenkirche vor Augen, die auch heute noch wie eine Glucke aus dem mittelalterlichen Städtchen hervorragt. Sie fand ein reges – wie wir heute sagen würden: touristisches – Interesse. Ich hatte die Besucher durch die Kirche zu führen und kam auf diese Weise sehr früh mit vielen interessanten Menschen in Kontakt.

Als ich 1958 die Grundschule abschloss, wollte man mich für keine weitere schulische Bildung zulassen. Man bot mir eine Lehre im Volksgut in Lichterfelde als Landarbeiter an.

Überraschend übermittelte mir eine emeritierte baltische Lehrerin vor ihrer Ausreise in den Westen die Zulassung für die Mittelschule. An der Heimoberschule in Seehausen erlebte ich den spätstalinistischen Gesinnungsterror in seiner ganzen Schärfe. Als einziger Schüler, der kein blaues Hemd trug, musste ich mich bei den montäglichen Morgenappellen stets in die hinteren Reihen verflüchtigen. Im Schülerheim bekam ich einen mit FDJ-Auftrag ausgestatteten Mitschüler buchstäblich ins Eisenrohrdoppelbett gelegt, der mir sogleich eröffnete, dass er zu meiner Bewachung da sei: »Keine religiöse Propaganda hier, verstanden?!« In dem Lehrersohn Uwe fand ich indes einen der wenigen, ähnlich wie ich interessierten Freunde. Auch er las in seiner Freizeit Kleist und Schiller, wir unterhielten uns in den Pausen. Ich war in der Mittelschulklasse, er in der Oberschulklasse. Aus Rücksicht auf seine Entwicklung und Zukunft untersagte ihm das Lehrerkollektiv die Pausengespräche mit mir. Daraufhin trafen wir uns heimlich. Wir wagten es sogar, den Ortspfarrer Dieter Staemmler zu besuchen, benutzten aber nie den direkten Eingang zum Pfarrhaus, sondern sprangen weit hinten am Aland über die Gartenmauer, um mit ihm über das Christentum oder die deutsche Geschichte zu reden. Er lud sogar einmal einen Experten aus Magdeburg ein, der uns Argumentationshilfen gab, damit wir dem Vorwurf, die Bibel sei unwissenschaftlich und wir Christen reaktionär, besser begegnen konnten. Ich suchte Menschen, an deren Denken und Leben ich mich anlehnen konnte. Eine wesentliche Stütze wurde uns damals eine kleine Schrift von Carl-Friedrich von Weizsäcker »Die moderne Naturwissenschaft und der christliche Glaube« (1959).

In den Ferien organisierte ich allein oder zusammen mit meinem Vater und den Geschwistern Ferienfahrten. Als wir 1960 an der Elbe ein kleines Zeltlager weitab aller Dörfer aufbauten, wurden wir eines Abends vom Schulrat, einem Staatssicherheitsmann und einem Schuldirektor aufgesucht, nach allen Teilnehmern befragt und genötigt, unsere Zelte sofort abzubauen. Ein Kleinbauer nahm uns, selbst verängstigt, für eine

Nacht in sein Haus auf; und meine Freunde bangten um ihr Fortkommen.

Irritierend war es immer wieder, wenn nach den großen Ferien Schüler fehlten: republikflüchtig. Häufig waren es gerade die strammsten FDJ-ler. Die DDR blutete immer weiter aus, doch der 10. Jahrestag ihres Bestehens war der erste, den man ganz groß feierte. Die DDR stellte sich als Staat des Friedens und des Fortschritts schlechthin dar.

Als ich 1960, nach Abschluss der 10. Klasse, keine Berufsperspektive sah, wollte auch ich das Land verlassen. Meine Mutter verbot es mir mit der Begründung: »Die Familie wird nicht zerrissen. Entweder alle gehen oder alle bleiben.« Ich fügte mich und suchte nach einer sinnvollen Aufgabe. Um nicht am Schreibtisch arbeiten zu müssen, wollte ich zunächst Gärtner werden. Ich befand mich in schwierigen, oft einsamen geistigen Auseinandersetzungen. Wenn ich schon bliebe, wollte ich mich in diese Gesellschaft einmischen können, und die einzige Möglichkeit dafür sah ich im Theologiestudium. Ich hatte vor, in Ostberlin zu wohnen und in Westberlin Theologie, Politologie und Germanistik zu studieren. Dazu aber brauchte ich das Abitur. Da ich nicht in eine der kirchlichen Oberschulen wollte (ich fürchtete das eigentümliche kirchliche Binnenklima), beschloss ich, mich bei einer Abendschule zu bewerben. Ich wurde problemlos in der Volkshochschule in Wittenberge angenommen. Gleichzeitig übernahm ich Hausmeisterarbeiten für unsere Werbener Kirchgemeinde, d.h. ich strich den Glockenstuhl, arbeitete Karteien auf, pflegte den Rasen um die große Kirche herum und veranstaltete Kindergottesdienste. Wittenberge war 35 km entfernt. Zunächst fuhr ich mit dem Fahrrad, später mit dem Motorrad. Dort traf ich auf Lehrer, die mir ein inneres Verständnis für sozialistisches, unideologisches Gedankengut vermittelten, z.B. für Bert Brecht und Heinrich Mann. In dieser Abendschule durfte offener gesprochen und gedacht werden. In der Klasse waren sowohl ältere Schüler als auch Sechzehn- bis Siebzehnjährige. Der Russischunterricht war eine – durchaus anstrengende – Freude. Geschichte wurde nicht streng über den Leisten des »historischen und dialektischen Materialismus« geschlagen. Hier wurden wir als Erwachsene behandelt.

Alle meine Studienträume zerplatzten am 13. August 1961 an der Mauer. Ich musste mich damit begnügen, mich in Halle an der Saale zum Theologiestudium zu bewerben. Freilich hätten mir gerade mit Volkshochschulabitur auch andere Studienrichtungen offen gestanden.

Hin und wieder fuhr ich mit meinem Vater in die Dörfer zu Bibelstunden in den völlig überheizten Privaträumen der Bauern. Ich erlebte viele tiefe und bewegende Gespräche, die Lebensweisheit und die Lebenstragik der Flüchtlinge, die als Neusiedler bei uns lebten, vor allem die frommen, so herzlichen Ostpreußen, die es nicht leicht hatten, integriert zu werden. Die Bibel wurde mir so wichtig, wie mir die Predigten meines Vaters langweilig waren. Ich empfand einen merkwürdigen Kontrast zwischen seinem interessanten Erzählen zuhause und seinem blutleeren Predigen auf der Kanzel. Sogar seine Sprechweise veränderte sich eigentümlich. Schon seit meinem 15. Lebensjahr reichten mir seine theologischen Erklärungen nicht aus. Es kam zu einem langen, tiefen Konflikt mit dem Elternhaus. Ich verstand nicht, wieso mein Vater sein großes historisches Wissen und seine literarische Kenntnis kaum in seine Verkündigung einbringen konnte. Als ich als Konfirmand wieder einmal während des Gottesdienstes schwatzte, schmiss er mit dem Gesangbuch nach mir.

Später ergaben sich aus seiner zurückhaltenden politischen Aktivität und Gegenwehr Konflikte. Ich wünschte mir mehr Widerstand von ihm und erhoffte mir auch in Wehrdienstfragen klarere Positionen. Damals sah ich nicht, wie allein er war. Bei den besonders frommen, evangelikal geprägten Gemeindegliedern hatte mein Vater einen schweren Stand als ein Mann, der gern eine Zigarre oder Pfeife rauchte und Alkohol nicht grundsätzlich ablehnte. Dass er sich nur mit wenigen über seine Arbeit austauschen konnte und einen ganz eigenen geistigen Raum schuf, gehört zu den besonderen Stärken dieser Bastion des kulturellen Bürgertums, das durch das evangelische Pfarrhaus auch in der DDR-Zeit weithin gepflegt wurde.

Zum Bruch kam es zwischen mir und meinen Eltern, als ich ankündigte, den Wehrdienst zu verweigern. Meine Mutter hatte kein Verständnis dafür: »Junge, warum willst du uns das antun?« Sie hatte Angst. Sie fürchtete, dass ich im Gefängnis kaputtgemacht werden würde.

Eine lang währende, tiefe Verängstigung unserer ganzen Familie war wahrscheinlich der Hintergrund. Mein Vater hatte 1956, als die Polemik gegen die Kirche im Zusammenhang mit der Jugendweihe zunahm, im Konfirmandenunterricht gesagt, dass »die Lehrer ganz arme Schweine« seien, weil sie immer das sagen müssten, was die Regierung von ihnen verlangt. Am nächsten Tag hatte einer der Schüler dem Lehrer brühwarm und triumphierend ins Gesicht gelacht und gesagt: »Der Paster hat jesacht, de Lehrer sin janz arme Schweine.« Durch den besonderen Einsatz des Propstes und durch die Solidarität der Eltern der Konfirmanden wurde mein Vater vor dem Zuchthaus bewahrt. Im Blick auf uns sieben Geschwister (1957 starb innerhalb von wenigen Tagen einer meiner Brüder an Kinderlähmung) hielt sich mein Vater fortan politisch zurück. Jedenfalls öffentlich. 1946 war er kurzzeitig Mitglied der CDU Jakob Kaisers. Wie habe ich mich gefreut, als er 1990 78-jährig in die SPD eintrat und dort aktiv wurde.

Ich hatte wenige Gesinnungsgenossen, zumal mein bester Freund Heinz sich von der Reichsbahn weg zur Volksmarine meldete. Er sah dort die besten Weiterbildungschancen. Er wandelte sich bei seinen Besuchen von Mal zu Mal und übernahm mehr und mehr die Argumentation der kommunistischen Scholastik. Für lange Zeit gingen unsere Wege auseinander, bis wir uns 1990 wiederfanden.

Wie nah wir doch die ganze Familie an den Abgrund gebracht hatten, wurde uns erst sehr viel später bewusst. Heinz hatte im Jahre 1958 von einem anderen Jungen eine Browning mit 16 Schuss bekommen. Wir fuhren auf die Elbwiesen und testeten ihre Funktionstüchtigkeit. Bei einer »Revolution« wollten wir, so malten wir es uns aus, den Revolver als Druckmittel gegen die Machthaber einsetzen. Wir schworen uns aber, dass wir nicht abdrücken würden. Die Waffe, in Öllappen gewickelt, versteckten wir zunächst im Garten und später im Gewölbe der Kirche. Immer wieder kletterten wir heimlich hinauf, um zu sicherzugehen, ob sie noch da und auch nicht verrostet ist. Erst 1962 hat Heinz den Revolver in die Elbe geworfen. Wie furchtbar wäre es für uns alle geworden, wenn er vorher gefunden worden wäre ...

Als ich 1962 in Halle mit dem Theologiestudium begann, erlebte ich einen doppelten Schock: einmal das völlig verkommene Areal der Franckeschen Stiftungen und zum anderen ein Theologiestudium, das mich ins 19. Jahrhundert zurückversetzte. All die existenziellen Fragen, die ich mitgebracht hatte, standen überhaupt nicht zur Debatte. Dafür wurden wir geschult in der Kirchengeschichte des 2. Jahrhunderts, mussten drei alte Sprachen lernen, am Sportunterricht und an den Ge-Wi-Seminaren teilnehmen. Was als Einführung in das Neue Testament bezeichnet wurde, erschien mir als merkwürdiger Kleinkram mit Fußnoten. Keine Spur von Hermeneutik in den Vorlesungen zur Exegese des Alten und Neuen Testaments. Die wissenschaftlichen Theologen schienen völlig an der Zeit vorbeizuleben. Ich fand in der Studentengemeinde – und nur dort – einen Ort, an dem Christsein in der Welt des 20. Jahrhunderts zur Sprache kam. Hier erfuhren wir etwas über Nietzsche und Kant, Camus und die dissidentische sowjetische Literatur, Existenzialismus und Kybernetik, über Montesqieus Gewaltenteilung und Chagalls Malerei. Außerdem konnte ich endlich aus der Innerkirchlichkeit heraustreten und Freunde aus anderen Fachrichtungen gewinnen, mit denen ich bald mehr Zeit verbrachte als mit Theologiestudenten.

Bereits vor meiner Ankunft waren offensichtlich die Inoffiziellen Mitarbeiter auf die Studentengemeinde angesetzt worden. In den ersten Ernteeinsatz nach Mecklenburg 1962 fuhren wir Theologen zusammen mit Studenten aus der Juristischen Fakultät, die uns zu beobachten, zu bewachen und abzusichern hatten. Bis auf zwei waren sie alle Mitglieder der SED. Im

Herbst 1989 gab sich der Staatsanwalt des Kreises Wittenberg als einer dieser Ernteeinsatzteilnehmer zu erkennen. Bereits 1962 kam ein Theologiestudent eines höheren Semesters auf mich zu, um mich vor jeglichen politischen Aktivitäten zu warnen. Er war auf mich und meinen Freund Bernd Winkelmann angesetzt worden und hatte uns gewarnt. Würde er heute als IM enttarnt werden können?

Ortega y Gassets »Der Aufstand der Massen« verschlang ich, weil es mich stärkte gegenüber der Massenkultur und dem, was alle dachten. Ich fühlte mich mit meinen Ansichten und Gedanken häufig allein. Die Mehrheit stand gegen mich. Insofern baute mich diese Schrift y Gassets auf, weil sie ein elitäres Bewusstsein als Bollwerk gegen die Vereinsamung unter den 95 % Mitläufern förderte. (Die Mehrheit kann irren. Hatte das nicht schon Luther gegen die Konzilien behauptet?) Sehr viel später sollte ich diese Positionen y Gassets kritisieren lernen. Das aber konnte ich erst, nachdem ich in der Gemeinschaft Gleichgesinnter ein offenes geistiges Diskussionsforum fand. Ich erinnere mich, wie ich dieses Buch hütete und verschlang, sogar mit an die Elbe nahm, wenn ich auf die Fähre warten musste. Dort habe ich es verloren. Es brauchte sieben Jahre, bis es mir gelang, ein neues Exemplar zu bekommen.

Das geteilte Deutschland behielt für mich immer etwas Unbegreifliches. Gleichzeitig bemühte ich mich zu verstehen, warum wir Deutschen diese Teilung zu ertragen hatten. Der Westen hatte immer etwas Faszinierendes und gleichzeitig etwas Verbotenes. Das ging so weit, dass mein Vater, der mich mit dreizehn Jahren zum ersten Mal nach Westberlin mitnahm, auf der Rückfahrt zum Grenzbahnhof Staaken aufforderte, den Kaugummi auszuspucken. Solange wir durch die DDR fuhren, sollte ich still sein. Im Westen war das – geradezu befreiend – aufgehoben. Diese Erfahrung setzte sich für mich im Verhalten der Menschen im Interzonenzug bis 89 fort. Seit Kindheitstagen fiel es mir schwer, ganz zu durchsehen, wer was *sagte* und wer was *meinte*. Ich lebte in einem System organisierter Lügen.

»Deutsche an einen Tisch«, forderten in den fünfziger Jahren riesengroße Parolen, selbst bei uns auf dem Dorf. Anfang der sechziger Jahre schlug Grotewohl eine Konföderation vor. Adenauer wurde in derselben Weise als der Spalter Deutschlands bezeichnet, wie sich Ulbricht und seine DDR als Wahrer der deutschen Einheit und Bewahrer der besten Traditionen des deutschen Volkes verstanden. Dies gipfelte Anfang der sechziger Jahre, als der Kampf um die Fortführung der Hallstein-Doktrin begann, in dem Satz: »Die DDR ist der einzig rechtmäßige deutsche Staat«. Seit Ende der sechziger Jahre wurde es, ohne ein direktes Verbot auszusprechen, üblich, den Text der Nationalhymne nicht mehr zu singen, sondern nur noch ihre getragene Melodie zu spielen, besonders bei feierlichen Anlässen wie der »Vergoldung« der DDR bei Olympia.

Meine in der Kindheit verankerte emotionale Beziehung zu Deutschland rührt auch von den Raddampfern her, die auf der Elbe stromauf und stromab fuhren, mit dem alle Sehnsucht verkörperndem Namen »Hamburg«. Das Würfelspiel »Die Rheinreise« vermittelte mir und meinen Geschwistern ein Verhältnis zum anderen großen deutschen Fluss. Gleichzeitig wurde Westdeutschland immer unerreichbarer. Welch eine erschütternde, erregende, »unwirkliche« Erfahrung, als ich 1982 – 21 Jahre nach dem Mauerbau – zur Hochzeit meiner 1977 ausgereisten Schwester nach Hamburg reisen durfte.

Die »Bonner Ultras« – wie Ulbricht sie nannte – konnte ich nie als meine Feinde ansehen, weil sie mir ja als konkrete Menschen begegneten: Verwandte, die im Westen lebten, und die vielen, vielen Freunde und Bekannten, die die DDR verlassen hatten oder verlassen mussten.

Gerade Mangel und Bedrückung lassen die Glücksmomente tiefer erfahren. Alles in allem hatte ich eine erfüllte, eine reiche, eine in aller Angst stark machende Kindheit und eine fordernde wie erfüllende Zeit als Theologiestudent, sodann als Vikar und Pfarrer, als Dozent und Studienleiter. Von 1967 bis 2007 stand ich im Dienst der evangelischen Kirche.

Zu meinem Glück gehört die Erfahrung von gläubigen Menschen, die ihre Überzeugungen lebten und in deren Nähe ich mich aufgehoben und gestärkt fühlte. Und immer Freunde, sehr verlässliche, auch viele ältere.

Ich hatte ein spannungsreiches Leben, sah, wie Menschen sich änderten, nicht immer zum Besseren.

20 Jahre nach der friedlichen Revolution sollte es uns – jeder mit seinen ganz eigenen Erfahrungen – möglich werden, differenzierter über die DDR, diese eigentümliche deutsche Variante der »Diktatur des Proletariats«, zu erzählen.

Meine Heimatstadt Werben

Werben, eine Hansestadt mit etwa 1000 Einwohnern, liegt an der Elbe. Anders als viele ausgefranste Stadtkonglomerate ist sie in erkennbarer Weise eine Stadt. Quantität macht längst noch keine Qualität.

Prachtvolles Elbtor, schreckenumwobener Hungerturm, alles überragende Johanniskirche, geschlossener Marktplatz, gotisches Kleinod Salzkirche, Reste der alten Stadtmauer, die die freien Bürger der Hansestadt im malerischen Elbwinkel umschloss. (Ganz zu schweigen von den versteckten unterirdischen Gängen, deren Geheimnisse die neugierigen Jungs der nächsten Jahrhunderte noch lüften werden.)

Es sind die großen steinernen Zeugnisse aus fernen Zeiten, die wir heute noch bewundern und den Touristen zeigen – das schöne Rathaus mit dem davor gelegenen Gustav-Adolf-Denkmal und der Windmühle vor den Stadttoren. Die Stadt war der erste norddeutsche Regierungssitz des Johanniterordens. Die riesige Kirche muss schon damals für diese kleine Stadt überdimensioniert gewirkt haben.

Steht man auf dem Kirchturm, zeigen die Umrisse der Stadt in eindrucksvoller Weise den geschlossenen Charakter der Stadtanlage. Die vielen kleinen Häuser in der Langen Straße in Schadewachten mit ihren niedrigen Räumen versetzen den Betrachter in frühere Zeiten zurück, in denen Menschen wohl sehr karg und beschwerlich, dennoch nicht zwangsläufig unglücklich gelebt haben.

Im Jahre 2005 feierte die Hansestadt ihren tausendsten Geburtstag.

Tausend Jahre sind vor Gott wie *ein* Tag, so Psalm 90. Tausend Jahre sind für einen Menschen eine unendlich lange Zeit. Wer mag sich zurückversetzen in die Lebensumstände vor tausend Jahren? Da träumt man doch lieber vom späteren Glanz des Städtchens zur Hansezeit.

Ich kehre immer wieder gern nach Werben zurück, mit guten Erinnerungen an die 950-Jahrfeier, als ich im Festzug als kleiner Germane, mit Ziegenfell bekleidet, hinter einer Kuh herging. Hier kommen Zuhausegefühle auf. Schon damals hat es ein reichhaltiges Programm gegeben! Welch ein Musikangebot mit Beethovens »Neunter«, mit Wagner, Tschaikowski, Weber, Blasorchester und Männerchor unter Günter Bethke.

Meine eigenen Erlebnisse in Werben liegen über 50 Jahre zurück. Das heutige Leben ist mit dem damaligen kaum zu vergleichen. Man denke nur daran, wie viele Werbener sich früher ihr Trinkwasser von der Pumpe an der Kirche – sommers wie winters – holen mussten; da war man sich der Kostbarkeit des Wassers noch unmittelbar bewusst. In Werben schien die Zeit lange stillgestanden zu haben. Ich erinnere mich z. B., wie die große Kuhherde, die täglich auf den Werder (die großen Elbwiesen nordöstlich) getrieben wurde, allabendlich zurückkam. Es war das große Ereignis der Sommerabende, wenn die Kühe durch das mächtige mittelalterliche Elbtor trabten und sich ihre Toreinfahrt suchten, ihr »Zuhause«, wo auch »die dumme Kuh« einen Namen hatte. Dieser Moment war wie die Rückkehr in die Frühzeit der Allmende – und in eine Zeit, da eine Kuh in eine Familie gehörte.

Wer weiß noch, wie die Straßen in die umliegenden Dörfer aussahen?! Durch wie viel Modder musste man sich im Herbst und Frühjahr quälen?! Was waren das für Zeiten, als Dachdecker Schatz wohl fast alle zwei Jahre das durch Herbststürme abgedeckte Dach unserer Kirche in Ordnung brachte? Mitte der fünfziger Jahre stand sie in einer einzigen Schlammwüste, ehe mein Vater, Pfarrer hier von 1954 bis 1976, die Steinbarrieren um den Kirchplatz einbrachte.

Es ist schon eine Art epochaler Wechsel, dass Brenners Damm nicht mehr zu der Fähre nach Kleinhelgoland führt, dem Ausflugs- und Anglerlokal. Auch die Zeit von Heinrich Schulz und Lene Domscheidt auf ihrem legendären Wohnkahn liegt sehr weit schon zurück.

Vorbei die Zeit unserer Kleinbahn mit dem Sackbahnhof Werben. Viele werden sich noch erinnern an den »Edelkommunisten« Ernst Reich, die dampfende Lok und das Hin- und Hergeschiebe der Güterwaggons, die an den Personenzug angedockt wurden. Er brachte die Zuckerrüben nach Goldbeck in die Zuckerfabrik.

Was hat sich nicht alles verändert seit 50 Jahren, als sich das Land und die Leute in einem weitgehend geschlossenen Kreislauf selbst versorgten, als es sieben Bäcker gab, deren Brot und Brötchen alle einen eigenen Geschmack hatten, den großen Schlachter Bußmann am Markt, die Pferdeschlächterei Götzky, zwei Tischlereien (wie viele prächtige Haustüren stammen von Meister Gehrcke?) und einen Stellmacher, zwei Schmieden und die wunderbare Gärtnerei Dommisch in der Fabianstraße, die Obstplantage Peters, Müller Willi Schulz, der noch anfangs mit seiner Windmühle und dann in Schadewachten Brotmehl und Schrot für das Vieh mahlte. Auch heute noch sind einige Handwerks- und Dienstleistungsbetriebe hier angesiedelt. Das Postamt und der große Konsum waren Kommunikationspunkte. Dass die »Brille«, der Zweigbetrieb der Optischen Werke Rathenow, fehlt, bleibt ebenso schmerzlich.

Diese kleine Stadt war eine überschaubare, vielfältige, zukunftsfähige Recycling-Gemeinschaft: kleinteilig, verkehrsarm, energiesparend, kommunikativ.

Im Festumzug des Jahres 2005 konnte man auf verschiedene Stationen der Stadtgeschichte zurückblicken und müsste sich dabei eingestehen, dass das Stadtleben weiterhin ausbleibt und hohe Arbeitslosigkeit drückt – trotz so vieler Verbesserungen:

die Kanalisation, das Freibad, die Asphalt-Straßen, die Häuser-sanierung. Der Fortschritt, der sich im überschaubaren Zeit-raum von 50 Jahren für die Menschen ergeben hat, brachte ihnen viel Bequemlichkeit. Sie können ohne große Mühen im Warmen sitzen, zu jeder Zeit verreisen und haben teil an dem, was die große weite Welt an Waren anzubieten hat. Aber das all-tägliche Leben ist – obwohl es z. B. durch den Biedermeiermarkt und das Feuer zum 1. Mai bunter wurde – zugleich uniformer und ärmer geworden.

Was war das für ein Aufriss, wenn wir mit einer Schrammel-musik-Kapelle früh um 4 Uhr rings durch die Stadt zogen, be-vor es zum großen Preisangeln ging! Nicht zu vergessen sind die jährlichen prächtigen Reiterturniere, die es hier in karger Zeit gab. Eine wunderbare Sache, als wir alle noch kein Fern-sehen hatten, sondern Sport direkt genießen konnten! Im Win-ter herrschte regelmäßig reges Treiben auf dem Eis der Weiher und der überfluteten Elbwiesen. Was »Einbrechen«, was »aufs Glatteis führen« bedeutet, wie Aggressionen beim Eishockey-spiel mit Schlägern aus kunstvoll geschnitzten Stöcken abge-baut, wie Imponiergehabe gegenüber den Mädchen ausgelebt wurde, konnte jeder unmittelbar erfahren und beobachten. Nach dem Winterhochwasser 1962 war die Elbe zugefroren. Mit Pferdewagen und Autos fuhr man über den Strom. Ich kann mich nicht erinnern, je einen Winter ohne richtigen Frost und Schnee erlebt zu haben.

Im kleinstädtischen Leben wusste man etwas miteinander an-zufangen, miteinander in einen zivilen Wettstreit zu treten. Man saß eben nicht vor der Glotze, sondern einander gegen-über in der Langen Straße oder in einer der vielen Gaststätten, die es damals gab, angefangen beim Bahnhof bis hin zum Deut-schen Haus (diesen Namen zu ändern war unmöglich) oder dem Hotel Ott. Ich erinnere mich an den unverwechselbaren Geruch von Bier und kaltem Rauch bei Frau Laugwitz; auch die Nähe der »Naturpissoirs« sticht mir noch heute wie ein pawlowscher Reflex in die Nase.

Unser Markt hieß »Marx-Engels-Platz«, wir hatten auch eine

»Thälmannstraße« und einen »Roten Oktober«. Auch in dieser Stadt begann sich die sozialistische Umgestaltung breit zu machen, für die einen schwer, für andere durchaus erleichternd. Da bekam der »intigente, aber nicht schöne« Schwiegersohn, der »Maulwurf« genannt wurde, durch die Partei Macht. Er verstand wenig von Landwirtschaft, aber viel von der Parteilinie. Oder ich erinnere mich an die große Domäne und die Riesenschritte von Bodo Rauschenbach, mit denen er sich an die Arbeit machte. (Wenn alle so engagiert, kompetent, gewissenhaft gearbeitet hätten wie er, wäre der Sozialismus vielleicht gelungen. Aber das wäre wiederum auch kein Glück gewesen!)

Daneben die stolzen Einzelbauern, die eigentlich jeder für sich leben und ihr Können auf ihrer eigenen Scholle zeigen wollten, ob Alperts, Sommers, Müllers, Hofmanns, Lehmanns, Zieckers oder Reppenhagens. Auch manche Kriegerwitwe schlug sich mühsam mit dem Hof durch, während Flüchtling- oder Neubauern es kaum schafften. Die stufenweise Kollektivierung blieb ein Zwangskorsett, auch wenn es den Bauern materiell so schlecht nicht ging.

Nicht zu vergessen die vielen Flüchtlinge aus Schlesien, dem Sudetenland oder Ostpreußen, die diese Stadt zu integrieren hatte und die in besonderer Weise das Rückgrat unserer Christengemeinde bildeten.

Die Volkstanzgruppe von Frau Reich belebte die Feste, und wir Jungs schwärmten um die Wette für die drei Hofmann-Töchter.

Der gebeugte Polizist Grube und der faire Polizist Fährmann, Felix Wagner, der Ausklingler von Nachrichten aus dem Rathaus, die langjährigen Leiter Otto und Gerda Gaedicke des »großen Konsums« (das HO-Kaufhaus am Markt ist nun das schmucke Kaufhaus JOSE) und die Kaufleute Hänschen und Günther Bethke, die Busunternehmer Hugo, Horst und Ernst Bergmann, der alte Uhrmacher Nagel und der geschickte alte Schustermeister Lange, der tapfer durchhaltende Einzelhändler Hans Heinrich Witte, der findige BHG-Leiter und spätere Werben-Chronist Henning Kornheim – sie alle sind auf ihre Weise Persönlichkeiten der Stadt Werben.

Wer erinnert sich noch an den alten Lehrer Willi Storbeck? Solch eine Persönlichkeit in diesem kleinen Nest! Oder Dr. Kahler – ein Landarzt, wie er im Buche steht. Wer erinnert sich nicht an unsere Russischlehrerin Kaltenberg? »Ticho tam! Ticho tam!« Da ging es drunter und drüber.

Was haben Generationen bei unserer Deutschlehrerin Fräulein Wenning gelernt?! Was verdanke ich ihr? Unsagbar viel. Als wir den »Schimmelreiter« lasen, begeisterten uns ihre leuchtenden Augen für die Literatur.

Ich habe auch nicht das Eis bei Vorläufers und die ewig schöne Verkäuferin Helga vergessen (die Vorläufers gehören zu den ältesten Familien Werbens), oder das Schwarzbrot von Bäcker Block. Werbener Stachelbeeren und Johannisbeeren wurden in Mengen abgeliefert und in den größeren Städten der Umgebung verkauft.

Viele Werbener werden sich an ihre eigenen Geschichten erinnern, die Jüngeren wiederum an andere als wir Älteren. Es ist schön, sich gemeinsam zu erinnern und noch schöner, sich zu versöhnen. Es ist schön, auf eine Geschichte zurückblicken zu können und sie persönlich zu überliefern, mit allen Hoffnungen, Verwundungen, Enttäuschungen – *und* allem Stolz über Erreichtes, mit Trauer über Verlorenes und über verlorene Menschen.

Hier trafen auch Gegensätze aufeinander, wie der besonders scharfe, allseits gefürchtete poststalinistische Kreisschulrat Wölfl, der weniger Pädagoge als Ideologe war, der mit Demagogie und Angst arbeitete, vielen Begabten Steine in den Weg legte und bald den langjährigen Direktor Ihl verdrängte. Seine Frau war indes eine außerordentlich liebevolle Begleiterin des ersten Schuljahrs, die noch heute ihren damaligen Schülern interessiert und herzlich begegnet – ohne Unterschied der Herkunft.

Die Jugend marschierte zu 98 % im Blauhemd brav für Ulbricht, während die wenigen, die sich dem konsequent entzogen, vom Oberschulbesuch ausgeschlossen wurden. Bis 1961 waren einige Benachteiligte, die nicht zur Arbeiter- oder Bauernklasse gehörten, in den Westen geflohen.

Was war das für ein Land, das zu seinem Weiterbestehen einer Mauer bedurfte – und wie viel Geducktheit steckt noch immer in unseren östlichen Landstrichen, wie viel unangebrachte Überheblichkeit in den westlichen? Inzwischen sind einige Flüchtlinge zurückgekehrt und bei der Feier festlich-fröhlich vereint gewesen – auch mit vielen, vielen Weggegangenen oder Weggejagten.

Trotz des jahrzehntelangen Verfalls während der DDR-Zeit ist Werben immer noch schön. Und wie viel wurde seit 1990 saniert und restauriert, wie viel Förderung ist hierher geflossen! Umso mehr fällt auf, was noch zu tun ist, bis wir auch hier »blühende Landschaften« finden. Statt zu klagen, kann man sich darüber freuen, was schon geworden ist, und sich redlich fragen, was geworden wäre, hätte es 1989 keinen politischen Umbruch gegeben. Die friedliche Revolution nennen die stets Wendigen einfach »die Wende«.

Wie sähe der Marx-Engels-Platz, der inzwischen wieder Marktplatz heißen darf, heute aus? Zugleich macht die Domäne, das frühere Gut der Johanniter, noch immer einen jammervollen Eindruck! Wie wunderbar ist es, dass das Elbdorf Räbel mit dem Fähranleger nun ganz zu Werben gehört und die dortige bejammernswerte Kirchenruine wieder eines unserer heimatlichen Kleinodien geworden ist.

Das große Pfund der Stadt ist ihr geschlossenes Gebilde und ihre wunderschöne landschaftliche Umgebung. Als ich 1976 mit achtzehn Studenten aus Merseburg zwei Wochen Urlaub machte und wir von hier aus mit dem Fahrrad die Altmark bereisten, hatte der Lyriker Uwe Grüning ein berührendes Gedicht über Werben geschrieben. (Dürresommer wie 1976 erleben wir jetzt öfter.)

Werben

Störche mit weiten Schwingen
über das Elbtor ziehn.
Ungetreu ist der Sommer,
und so welk ist sein Grün.

Balken starrn aus dem Dache
wie Masten über ein Riff.
Über das Deichland, das flache,
hebt sich das Kirchenschiff.

All das Gold der Altäre:
in der Fenster glutendem Glanz:
Abend voll Licht und Schwere,
eine silberblinde Monstranz.

Wie die Flamme der Altarkerzen
im Spiegel des Leuchters weht:
ist es zu Trost, zu Schmerzen,
dass uns das Wort überlebt?

Still die Wolken, die Stunden
über das Deichland wehn,
bis sich – so narben Wunden –
lautlos die Mühlflügel drehn.

Wo um die Flammendorne
nun der Westhimmel fahlt:
Brot und Wein aus dem Korne,
das die Mühle uns mahlt.

Wenn sich die Schatten beugen
über die Ebene weit;
ruft er die toten Zeugen
aus der Vergessenheit.[4]

Werben lebte und lebt noch immer von seiner besonderen Lage an diesem wunderbaren Fluss, in dieser wunderbaren Landschaft, die der Seele einfach guttut, und von einem Boden, der so schwer wie fruchtbar ist. Diese Stadt ist alle Pflege wert und wird weiter eine Anziehungskraft behalten – für Menschen, die hier auf- und durchatmen können.

Werben lebte und lebt in besonderer Weise vom Auf und Ab des Wassers. Lange Zeit ernährten sich die Menschen hier vom Fischfang, wie die Hußfeldts in der Fischerstraße. Wir lebten *von* der Elbe und *an* der Elbe, von den saftigen Wiesen und ihrem Heu. Jährlich zwei- bis dreimal das Erlebnis »Hochwasser«. Und das Lömern danach – im Wettlauf mit den Fischreihern … Ich habe mich jahrelang daran beteiligt, bis die Elbfische wegen des Phenolanteils nicht mehr genießbar waren.

Diese Stadt wird aber auch in dem Maße leben, wie ihre Bürgerinnen und Bürger die alten Traditionen heute auszufüllen verstehen – also sich für ihre eigenen Belange wie für das Gemeinwesen einsetzen. Nicht nur das Private soll schön sein, auch das Ganze! Das macht den Staatsbürger in einer lebendigen Demokratie aus – nicht der selbstgerechte Rückzug ins nur Private oder in die altbekannte DDR-Meckerecke, in der man immer – und immer folgenlos – »die da oben« für alles verantwortlich machen konnte, weil man ja »sowieso nichts ändern kann«. Diese Duckmäuserpose passt nicht zur Demokratie. Der Bürger ist nunmehr ein freier Mensch, der seine je eigene Aufgabe in der Bürgerschaft wahrzunehmen hat.

Die *eigene Kultur*, die eigene Küche, die eigene Atmosphäre zu entwickeln, ist in einem überschaubaren Gemeinwesen einfacher als in der Großstadt. Aber es müssen Menschen da sein, die diese Möglichkeit auch wirklich ergreifen und sich nicht in Animositäten, Klatsch oder ihrem Privatleben verlieren. Solch eine Stadt verdient und lohnt den Einsatz ihrer Bürger. Und alle, die hier ihr Zuhause hatten, kehren gern zurück und freuen sich an ihrem Gedeihen.

Es gilt nicht nur Traditionen zu bewahren und neu aufleben zu lassen, sondern ebenso ein Gefühl für diesen Ort und seine Geschichte zu entwickeln, die in dem Maße lebendig wird, wie die Bewohner der Stadt sich mit der Vergangenheit identifizieren und zugleich ihre eigene Geschichte heute gestalten, bis sie sagen: Hier will ich leben, arbeiten, beheimatet sein.

Ein gutes Beispiel dafür war die nach vielen Rangeleien doch noch wunderbare gemeinschaftliche Vorbereitung des Jahrtausendfestes 2005, als die Bürgerinnen und Bürger miteinander die Erfahrung machten, wie viele unentdeckte Kräfte und Begabungen in ihnen stecken!

Es gilt nicht nur die äußere Armut oder die unübersehbare Strukturschwäche dieses Landstriches (und vieler anderer!) zu betrachten, sondern auch der inneren Armut ins Auge zu sehen und danach zu trachten, wie man *dieser* Armut abhelfen kann. Vielleicht wird man nach weiteren 50 Jahren wieder an ein Lebens- und Arbeitskonzept anknüpfen, das sich im überschaubaren Miteinander, im naturnäheren vielfältigen Raum nicht äußerlich besonders reich, aber glücklich leben lässt.

Reich ist nicht, wer einfach nur *viel besitzt*, sondern wer *glücklich* ist über das, was er hat, statt über das zu klagen, was er nicht hat – und wer mit allen Sinnen dankbar zu leben versteht.

Viel Anregung mag aus der Geschichte Werbens zu gewinnen sein. Schließlich hat hier einmal ein berühmter Ketzertheologe gelebt. Gottfried Arnold hatte 1699 seine »Unparteiische Kirchen- und Ketzerhistorie« geschrieben, in der er die von der Kirche verfolgten Ketzer verteidigte. Für solche Auflehnung wurde Arnold gemaßregelt, aber nicht aus dem Dienst entlassen. In Werben war er Pfarrer, bevor er als Superintendent nach Perleberg ging.

1698 hat Gottfried Arnold sein berühmtes Gedicht »O Durchbrecher aller Bande« geschrieben. Wir finden es noch heute in unserem evangelischen Gesangbuch.

Hier haben 1941 die Bürger auf höheres Geheiß die Kirchenglocken in Munition verwandelt; Glocken, die zum Frieden und zum Gebet rufen sollten, wurden buchstäblich verschossen. Aber dann, im Jahre 1957, in einer Zeit, da jeder seine Groschen wirklich zählen musste, wurden mit den Spenden der ganzen Bürgerschaft neue Kirchenglocken angeschafft. Viele Ältere erinnern sich noch an ihren festlichen Ein- und Aufzug damals. Es sind unser aller Glocken aus »eingeschmolzener« DDR-Mark.

Zu den herausragenden Kleinodien dieser Stadt, die die Jahrhunderte überdauert haben, gehört der Goldkelch, aus dem die

Menschen seit 800 Jahren das Heilige Abendmahl empfangen haben und der an Formschönheit und Gravurenkunst kaum zu übertreffen ist.

Eine weitere Kostbarkeit ist die sogenannte Goldbeck-Bibel. Sie wurde 1545, ein Jahr vor dem Tode Luthers, gedruckt und von den Werbenern Heinrich Goldbeck und Georg Belitz, die in Wittenberg studiert hatten, der Gemeinde geschenkt. Darin ist noch heute die Originalwidmung Luthers mit einer Auslegung des 1. Psalms zu lesen: »Ein hart merklich Wort ist das, dass außer Gottes Wort alle Menschenlehre so gar verdammet sind, dass sie heißen der Gottlosen Rat, der Sünder Weg, der Spötter Sitz und Gott nichts von ihnen wissen will: Auch wie Spreuen sind, die der Wind verwehet. So doch Rat, Weg, Sitz schöne herrliche Namen sind, und gleißen zur Verführung der Welt.« (Wie aktuell für den, der Ohren hat zu hören, wie hoch heute der Sitz der Spötter!)

Darunter steht der Name des Reformators aus eigener Hand, inzwischen abgegriffen, weil Menschen immer wieder etwas Haptisches treibt, alles anzufassen und nicht nur anzuschauen.

Diese Stadt hat eine große Geschichte. So heißt es im Universallexikon von 1748, Werben sei »eine sehr alte und anbei die kleinste von sieben Landstädten in der alten Mark Brandenburg. Sie liegt auf einem fetten Boden, in einer sehr fruchtbaren Gegend, hart an der Elbe, gleich dem Einflusse der Havel in die Elbe gegenüber.« Sie sei »die Hauptstadt gegen die Wenden gewesen. Es soll Kaiser Heinrich der Vogler sie schon im Jahr 924 wohl nicht erbauet, so doch befestigt haben.«

Im Dreißigjährigen Krieg schreibt König Gustav Adolf aus dem Lager Werben an seinen Kanzler: »Wie wir uns mit größter Armut, Plage und Unordnung zusammen mit der Armee in dieser Zeit geholfen haben, indem wir von allen unseren Helfern verlassen worden sind und nur noch vom Raub zum Schaden und Verdruss all unserer Freunde den Krieg führen konnten. Und das hat sich immer noch nicht geändert, weil wir keine anderen Mittel haben, mit denen wir das Kriegsvolk zufrieden stellen können als diejenigen, welche sich selbst mit unleidlichem Plündern und Rauben usurpieren.«

Andauernd stand Gustav Adolfs Armee kurz vor der großen Meuterei. Dieser Krieg saugte die Völker aus. Und an Gustav Adolfs Brief wird sichtbar, wie absurd der Krieg wird, der jedes rechtliche und moralische Motiv vernichtet – vor allem, je länger er dauert. Der Krieg nährte den Krieg und näherte sich im Rauben dem Tierhaften, zerbrach das Gefüge des Rechts – auch bei Gustav Adolf.

Die Zeiten des Dreißigjährigen Krieges waren für Werben besonders schwer. Das Kriegsgeschehen brandete hin und her und verbrannte alles. 1631 hatte Gustav Adolf die Stadt eingenommen; sie war damals schon eine wichtige Festung. Er schlug sein Feldlager auf und errichtete im Elbwinkel eine feste Schanze, die ihresgleichen bisher in Deutschland noch nirgends gefunden hatte.

Pastor Wollesen hat der Stadt 1898 eine wunderbare, sorgsam recherchierte Chronik hinterlassen. Immer wieder hatte Werben mit großen Fluten zu kämpfen: 1566, 1569, 1570, 1595 – wie kurz die Abstände waren! Und dann 1909 der große Dammbruch, 1954 und 2002 die Beinahekatastrophen. Was wäre wohl aus Werben geworden, hätten die Holländer mit ihrer Hochwassererfahrung nicht die Elbe eingedeicht?

Theodor Fontane schreibt in seinen »Gedanken über die Altmark«: »Alle die altmärkischen Städte, selbst die kleinsten und ärmsten unter ihnen, sind nur klein und arm im Verhältnis zu dem, was sie selbst einst waren. … Es ist ein Segen über ihnen wie über einer alten Familie, ein Segen, der auch durch schlechte Zeiten hin Kraft leiht und dauert und aushält, auch wenn Chausseen und Eisenbahnen länger auf sich warten lassen als anderswo.«

Solch einen Segen, solch eine Zuversicht braucht meine Heimatstadt heute, auch wenn sich die Hoffnung auf wirtschaftliches Aufleben durch eine nahe Autobahn als trügerisch erweisen wird. Die Mobilität hat uns nicht unbedingt mehr Qualität gebracht.

In einer kleinen Stadt hat man alle Probleme des Menschen vor Augen; man kennt sich mit Namen, einer braucht stets die Hilfe des anderen. *Generationen* leben selbstverständlich nah beieinander. Man kann mitten im Leben sein, wenn sich in einer kleinen Stadt Leben entwickelt.

Provinz ist überall. Die Welt ist überall.

Und hier ist gut leben, ein bleibendes, »virtuelles« Zuhause für alle, die in diesem Hansestädtchen verwurzelt sind, aber an anderen Orten leben.

Wohl dem, der jetzt noch Heimat hat. Irgendwoanders.

Ich selbst habe sie wiedergefunden und ein kleines Häuschen in Schadewachten erworben – mit Blick auf den mächtigen Ostchor der Johanniskirche. Ein Rückzugsort für Seele, Geist und Körper.

Mein Heimatfluss Elbe
Die Sorgen um die Zukunft der Elblandschaft

Mein Leben ist ohne die Elbe nicht denkbar: an der Elbe, mit der Elbe, von der Elbe und in der Elbe. Die Elbe, das ist zuerst ein Fluss mit einer vielfältigen Flusslandschaft, ein Strom mit natürlicher Strömung im Auf und Ab der Jahreszeiten, mit Hoch- und Niedrigwasser, mit Fähren und Fährleuten, mit Last- und Fahrgastschiffen, mit Fischen und den Fischern. Ein Raum für Besinnung und Erholung, ein Wunder der Natur, immer wieder auch ein Wunder der Naturgewalten. An der Elbe spazieren zu gehen, zu schauen, wie es ihr geht, möchte ich jeden Tag. Die Landschaft, in der alles fließt, verändert sich stetig. Denn alles, jeder Wasserstand der Elbe ist interessant und neu.

Ich bin in einem kleinen Ort an der Elbe groß geworden und mein Lebensziel war es von Kindheit an, immer in der Nähe eines Flusses zu leben. So habe ich einige Jahre an der Saale in Merseburg und Halle gewohnt, sonst aber stets an der Elbe. An diesem Fluss leben zu können ist ein Geschenk, vor der Silhouette von Dresden, Torgau, Tangermünde, Magdeburg, Hitzacker – und natürlich von Arneburg oder Hamburg.

Ich kehre immer wieder an den Ort meiner Kindheit zurück. Ich gehöre zur Elbe, und sie gehört mir, aber eben nicht in einem possessiven Sinn. Die Bilder der weiten Auen der Elbe haben mich früh geprägt, diese unverwechselbare Landschaft ist mir Heimat geworden. In den Bergen fühle ich mich stets eingezwängt. Ich bin überzeugter Flachländer und habe es gern, wenn die höchste Erhöhung der Deich ist. Es reicht mir, von hier aus in die Landschaft zu schauen. Weil man von dort einen herrlichen Ausblick hat, finde ich es schade, dass die meisten Radwege unten entlangführen und man beim Radfahren kaum noch etwas sehen kann. Die Erhöhung der Deiche ist jedoch eine wichtige Konzession an jene, die an der Elbe wohnen wollen, ohne plötzlich nasse Füße zu bekommen.

Diese wunderbare Weite der Elblandschaft, die Stille, die Schönheit und die Vielfalt der Natur, mit Fischen und Vögeln, Tümpeln und Weihern, Eichen- und Pappelwäldern, mit den Kopfweiden und den Weidensträuchern. Mal von Deich zu Deich wie ein Meer, mal ein ruhig dahinfließender Strom. Dieser Fluss und die üppigen Auen strahlen Ruhe aus und schenken etwas ungemein Beruhigendes für Menschen, die daran etwas Schönes finden. In ihrem Quellgebiet im Riesengebirge, bei Dresden oder an der mächtigen Mündung bei Hamburg und Cuxhaven hat die Elbe ein ganz anderes Aussehen. Hochwasser – das war und ist immer wieder ein Ereignis, das ich 1954 als Zehnjähriger das erste Mal erlebt habe, als ich zusammen mit meinem Vater Sandsäcke schleppte und nachts hundert Meter Deich auf einem durchweichten Grund bewachte. Ich erlebte dieses Urereignis – »Wie schützen wir uns vor der Natur?« – und erlernte dann sehr bald den Umschwung des Denkens. Lange Zeit glaubten wir, uns vor der Elbe schützen zu müssen, doch in Wahrheit müssen wir sie schützen. Das ist ein Bewusstseinswandel, der noch nicht bei allen angekommen ist.

1956 habe ich mich in der Elbe freigeschwommen. Freischwimmen hieß bei uns einmal hinüber und zurück. Und dann immer ganz geschickt an den Schiffen vorbei.

Ich habe erlebt und erlitten, wie die Elbe immer mehr verdreckte, nach Phenol stank, wie die Fische ungenießbar wurden und die Fischer brotlos. Mit der Verbesserung der Wasserqualität nach 1989 hat sich auch die übrige Natur wieder erholt, auch wenn darunter die Betriebe litten, die ihr Abwasser nun anderswo entsorgen mussten. Aber für die Elbe war es gut. Viele Fischarten sind zurückgekehrt und ganze Biotope bildeten sich wieder heraus.

Am Umgang mit dem Fluss wird unser Umgang mit der Natur überhaupt sichtbar. Wie viel regulieren wir zu unserem Nutzen und wo lassen wir dem Fluss seinen Lauf? Wo engen oder zwängen wir ihn ein, wie bleibt dieses vielfältige weit ausufernde Biotop erhalten? All das will von allen Seiten her bedacht und betrachtet werden.

Nun aber sind auch bei uns die Vorboten des Klimawandels an den extremen Wasserständen sichtbar. Als die Elbe 2002 zur Jahrhundertflut anschwoll, überschwemmte sie ganze Städte. Ein ganz anderes Bild bot sich wiederum, als der Fluss bei Dresden 2006 beinahe kein Wasser mehr führte und man sich an die verdörrten Flussbetten in Spanien erinnert fühlte. Wie viele der mir vertrauen Weiher sind allmählich ausgetrocknet! Mir wurde klar, dass ich ein Langzeitphänomen beobachte, und so machte ich mich über die Ursachen dieser Entwicklung kundig. Es handelt sich offensichtlich um Folgewirkungen der Regulierungen, die bis in das 19. Jahrhundert zurückgreifen und erst jetzt wirklich zum Tragen kommen.

Der Vertiefung und der Verschotterung stehe ich mit vielen Freunden sehr kritisch gegenüber, ironisch von denen »Elbefreunde« genannt, die sich selbst für Experten halten. Uns begegnet der Dauervorwurf, gegen die Schifffahrt zu sein oder eben keine Ahnung zu haben. Dennoch begeben wir uns bereitwillig in den Konflikt mit denen, die mit Baggern riesige Mengen Schottersteine in die Elbe kippen und dies Beschaffung von Arbeitsplätzen nennen.

Die Elbe ist ein Lebensraum, für viele ist sie Heimat. Die Natur hat einen ästhetischen Wert für die Menschen, nicht nur einen Nutzwert! Einem Fluss ist das Recht zuzugestehen, sich frei zu entfalten, und dem Menschen ist das Recht gegeben – nein – er hat es sich genommen, sich vor den Gewalten zu schützen und die Reichtümer zu nutzen. Die Natur ist letztlich auch für uns da, wenn wir uns als einen Teil von ihr verstehen, wenn wir sie nach dem ihr inhärenten Maß zu erkennen und zu nutzen wissen – so notierte 1844 der zu Unrecht ganz vergessene Karl Heinrich Marx. Das bedeutet also, dem Fluss nicht mehr zu entnehmen, als er verkraftet und das Entnommene schließlich zurückzugeben. Die Freiheit der Selbstentfaltung der Natur und ihre bedächtige, bedachtsame Gestaltung ergeben eine Einheit von Nützlichem und Schönem.

Die Liebe zu diesem Fluss und der von ihm geprägten Landschaft ist die Liebe zu unserer Umwelt, also zu der um uns liegenden Welt, die uns zu einem unverwechselbaren Zuhause wird. Wer Augen hat, der schaue! Vor unserer Tür ist eine Landschaft, die man genießen kann und die Lebenskräfte schenkt durch ihr bloßes Dasein. Und da reicht auch in Magdeburg, in der doch noch immer nicht ganz vom Dreißigjährigen Krieg erholten Stadt, ein Fahrrad. Man muss nicht mit dem Auto nach Berlin fahren und von da aus »billig« nach Mallorca fliegen. Das, was wir vor unserer Tür haben und mit dem Fahrrad erreichen können, wird in Zukunft ohnehin viel stärker als Erholungsraum gebraucht werden. Man denke an diese wunderbare Landschaft, wenn man auf einer Buhne sitzt, wenn man dem stillen Strom, dem sanften Rauschen der Weidenbäume, dem Lied der Lerchen im August oder dem Rufen der Wildgänse lauscht, wenn die Sonne im Fluss untergeht, wenn man das Vieh auf den Weiden hört, die blühenden Wiesen sieht und das duftende Heu riecht.

Diese Landschaft kann man mit dem Rad erfahren. Es schadet der Landschaft nicht, wenn man sie durchfährt und dabei etwas von ihr erfährt. Deswegen ist es so wunderbar, dass der Elberadweg ausgebaut worden ist. Viele nutzen ihn und lernen dabei die Groß- und Kleinstädte an der Elbe kennen. Die Elbe ist auch ein Raum der Stille, ein Platz für Biber und Reiher, für Fische und Insekten, für Blumen und Gräser, für alles Kleingetier, für Hoch- und Niedrigwasser, für Baumgruppen und einzelne majestätische Bäume. Hier ist der Konflikt zwischen Nützlichkeit und Schönheit so auszutragen, dass keiner verliert. Deswegen müssen wir alles tun, um die Auenwälder ebenso wenig austrocknen zu lassen wie die vielen Weiher und Nebenarme, die von Flora und Fauna gebraucht werden.

Die Begeisterung über diese wunderbare Landschaft ist es, die viele in Bürgerinitiativen zusammenkommen lässt. Die Menschen, die sich hier engagieren, verfolgen keine privaten oder ökonomischen Interessen. Sie besitzen zumeist keine Grundstücke am Ufer. Es geht ihnen um das Erhalten und Gestalten des Naturerbes vor ihrer Haustür, das akut gefährdet ist, unter anderem durch die Langzeitfolgen früherer Eingriffe.

Zur Elbe gehört natürlich die Schifffahrt. Aber eine solche, die sich der Natur anpasst und den grundsätzlich falschen Weg verlässt, dass sich die Natur nur den menschlichen Bedürfnissen anzupassen habe. Wir können überall auf der Welt spüren, wie die Natur zurückschlägt und dass wir letztlich keinen Nutzen davon haben, wenn wir dieses Prinzip nicht beachten. Die Elbe hat keine politische Stimme, deswegen benötigt sie die jener, die sie dennoch wahrnehmen. Der Fluss ist so zu nutzen, dass wir, indem wir von der Natur leben, auch mit ihr leben lernen. Denn wir sind Teil dieser Natur. Beabsichtigte kurzfristige ökonomische Vorteile, selbst wenn sie realistisch sind, dürfen wohl nicht mehr gesucht werden, sofern dadurch ein ganzer Lebensraum gefährdet oder zerstört wird. Immer wieder beschwichtigt die Wirtschaft bei gravierenden Eingriffen in die Natur. Proteste sollen sich totlaufen. Aber die Rechnung zahlen wir alle, und jeder Einzelfall entscheidet in der Summe über das Ganze. Ich erinnere mich noch, wie sich die damaligen Experten über uns lustig machten, als wir uns gegen das Atomkraftwerk vom Tschernobyltyp (das jetzige Zellulosewerk in Arneburg) aussprachen. Da war natürlich »alles sicher«.

Hier wie überall kann man eine Logik beobachten, derer man sich kaum noch erwehren kann. Dass nämlich ein Ausbauschritt einen anderen nach sich zieht und dann dessen Folgerichtigkeit begründet, auch wenn die Maßnahmen ökonomisch fragwürdig und ökologisch bedenklich sind. Nachhaltigkeit ist ein politisches Prinzip, mit dem wir uns der Verantwortung vor der Zukunft, also vor den nächsten Generationen, stellen. Bei allem Tun und Lassen an diesem Fluss sind die mittel- und langfristigen Folgen zu überprüfen.

Es gilt, die Natur vor unseren Eingriffen zu schützen, nicht zuletzt zu unserem eigenen Schutz. Welche längerfristigen Folgen hat es, wenn wir beobachten, dass 40 Prozent der Auengewässer in den Elbauen des Kreises Wittenberg in den letzten 40 Jahren fast ausgetrocknet und schon lange nicht mehr für die Fischerei nutzbar sind?

Im Übrigen werden wir wahrscheinlich bald wieder mehr Süßwasserfische essen müssen, wenn die modernen Methoden, mit denen weltweit die Meere leer gefischt werden, schlechte Zeiten für Fischesser aufkommen lassen. Deswegen müssen wir etwas dafür tun, dass die Fischarten wieder einen Lebensraum in der Elbe finden und auch genießbar sind.

Die Elbe verbindet all ihre Anrainer auf eine natürliche Weise – die Böhmen, die Sachsen, die Sachsen-Anhalter, die Niedersachsen, die Brandenburger, die Mecklenburger und die Hamburger. Wir alle sind Elbanrainer, und in ihr sehen wir das Wasser, das Leben, fließen. Uns allen muss es darum gehen, vernetztes Denken zu praktizieren, also vernetzte Elbpolitik zu betreiben. Jeder Schritt – wo auch immer – hat für alle anderen Konsequenzen. Die Bürgerinitiative »Pro Elbe«, der ich seit ihrer Gründung 2001 angehöre, hat folgende Grundsätze formuliert:

»Wir wollen, dass auf dem Elbfluss Schiffe fahren, dass in der Elbe Fischerei betrieben werden kann, dass eben an der Elbe ein breit gefächerter Tourismus stattfindet, dass sich in den Elbanrainerstädten und -gemeinden eine vielgestaltige Wirtschaftskultur entfaltet, dass die Elbe als europäischer Fluss seine kulturelle und ökologische Besonderheit behält und sie weiterentwickelt wird und dass die Elbe und ihre Auen ein vielfältiger Lebensraum für Mensch, Tier und Pflanzen bleibt.

Die Elbe ist als Fluss die Lebensader einer großen europäischen Landschaft. Sie ist als Flusslandschaft Heimat für Menschen und ein sensibler Lebensraum für bedrohte Tiere und Pflanzen. Die Elbe ist unsere Grundwasserreserve. Sie ist ein einmaliges Erholungsgebiet von der Quelle bis zur Mündung.

So bleibt es nötig, sich klar gegen einen Elbausbau auszusprechen, sofern die Folgewirkung unseres Handelns für das Ökosystem, für Bäume und Weiher nicht längerfristig verantwortbar ist.

Schließlich sei an ein großartiges Kleinod deutscher gestalteter Naturlandschaft gedacht. Es ist von symbolischer und von praktischer Bedeutung, sich am Anfang des neuen Jahrtausends vor Augen zu führen, welche Botschaft im Wörlitzer Gartenreich für unsere Zukunft schlummert. Vielfalt von Natur und Kultur, Einheit von Leben in der Natur und Leben von der Natur, von Natur und Architektur, auch geistiger Vielfalt und gegenseitiger Befruchtung.

Das Schicksal dieser Flusslandschaft hängt vom Schicksal des Flusses ab. Anschauen und Nutzen gehören zusammen. Wer etwas liebt, sorgt sich darum und leidet mit, wenn das Geliebte leidet.«

Vor 20 Jahren war ich mit Freunden im Quellgebiet der Elbe unterwegs. Ich kann die riesigen Gerippe der sterbenden Bäume – Nebenfolge unseres Wohlstandes und unseres Umgangs mit der Natur – nicht vergessen. Zugleich werden wir alles dafür tun müssen, keine künstlichen Gegensätze zwischen Ökonomie und Ökologie aufzurichten, sondern stets einen längerfristig verantwortbaren Abgleich zwischen beiden Interessen vorsehen. Jedenfalls sollten folgende drei Prinzipien in gleicher Weise gelten: 1. Schutz vor den Gewalten der Natur, 2. Schutz der Natur vor den gewaltsamen Eingriffen der Menschen und 3. Nutzung der Natur – in diesem Falle des Stroms –, ohne ihre Entfaltungsmöglichkeit zu beschneiden. Schönheit, Nützlichkeit und Überlebensfähigkeit der Natur hängen eng zusammen. Zu unser aller Nutzen gereicht es, wenn wir diesem Zusammenhang durch unser Handeln gerecht werden.

Was im protestantischen Sinne Weltfrömmigkeit ist, kann man mit einem Franz von Assisi zugeschriebenen Gebet für die Natur ausdrücken, das als »Gesang auf die Elbe« adaptiert worden ist:

»Du hoher und naher, Du erhabener und guter Gott, Dir gebührt unser Dank und unser Dienst. Wir loben Dich mit allen Wesen, die Du erschaffen hast. Heute vor allem mit unserer Schwester der Elbe. Die Elbe mit ihrer Landschaft ist unsere Heimat. Sie ist schön und verschmutzt, prächtig und bedroht. Gelobt seiest Du durch unsere Geschwister, die Fische. In großer Stille durchziehen sie die Flüsse und Seen. Gelobt seiest Du durch unsere Amme, das Wasser. Durch das Wasser, Herr, erhellst Du alle Deine Geschöpfe. Gelobt seiest Du durch unsere Freundin, das Ufer. Gras und Ufer erinnern uns an Deine Liebe. Gelobt seiest Du durch unsere Gäste, die Störche. Sie sind freundlich, stolz und schön. Gelobt seiest Du, Herr, durch den Bruder Kies. Durch den Kies machst Du das Wasser rein und schützt die Erde. Wir loben Dich, Herr, mit allen, die an der Elbe wohnen. Durch uns willst Du den Fluss und die Auen schützen. Rühmt, lobt, preist den hohen und nahen, den erhabenen und guten Gott. Dankt und dient Ihm in großer Demut.«

Ich wünsche von Herzen unserer Elbe einen guten Verlauf – jetzt und in den Jahrhunderten, in denen wir die Gewesenen sein werden …

Irdische, himmlische Heimat

> Wo gehen wir hin?
> Immer nach Hause.
> *Novalis*

Geht der Mensch *ins Nichts* oder geht er *heim*, wenn er geht?

Welche Formen und welche Konsequenzen hat Diesseitsverhaftung, welche Jenseitsvertröstung – und sind wir Menschen auf ewig »Heimatvertriebene« aus dem Paradies, die die Wüsten bewässern, oder sind wir Heimkommende in eine Heimat, über die wir nicht verfügen können? Ist der Tod *das Letzte* oder ist er der Übergang aus dem Vorletzten *ins Letzte?*

Jahrtausende hat sich die Menschheit, haben sich Individuen mit diesen Fragen herumgeplagt zwischen Immanenzbeschränkung und Transzendenzglauben.

Was als Trost gemeint sein mag, gerät im religiösen Kontext allzu schnell zur Vertröstung. Der Verweis auf eine himmlische Heimat schwächt die Kraft, die Erde heimatlicher zu machen, und begünstigt in der Regel diejenigen, die hier bereits auf der Sonnenseite leben und die ihr Lebensglück nicht mit denen, die im Schatten wohnen, teilen wollen.

Mit einem Gedicht gegen die religiöse Vertröstungsideologie hatte Bert Brecht seine »Hauspostille« 1926 ausgehen lassen, ein Gebetbüchlein für Atheisten mit Goldschnitt. Brecht schärft ein, alles »Gegen Verführung« zu tun:

> Laßt euch nicht verführen!
> Es gibt keine Wiederkehr.
> Der Tag steht in den Türen;
> Ihr könnt schon Nachtwind spüren:
> Es kommt kein Morgen mehr.[5]

Im Anhang zur Postille hieß es im Gedicht »Vom armen B. B.«

> Wir wissen, daß wir Vorläufige sind.
> Und nach uns wird kommen: Nichts Nennenswertes.[6]

Und als letzter Gesellschafter säße das Nichts mit am Tisch.

In seinem programmatischen Gedicht »Verlorenes Ich« resümiert der gleichaltrige Brecht-Antipode, der existentialistisch-nihilistische Gottfried Benn:

> Die Welt zerdacht. Und Raum und Zeiten
> und was die Menschheit wob und wog,
> Funktion nur von Unendlichkeiten –,
> die Mythe log.

Woher, wohin –, nicht Nacht, nicht Morgen,
kein Evoë, kein Requiem,
du möchtest dir ein Stichwort borgen –,
allein bei wem?[7]

Es gibt keine Wiederkehr, es gibt nur das einsame, verlorene Ich, das vor der Aufgabe steht, diesem zerstörten und zerlegten Leben Form zu geben.

Brecht war nicht zuletzt bei Heinrich Heine in die Schule gegangen, der 1851 im Nachwort zu seinem Romanzero – wie immer mit leichter Ironie – davon erzählt, wie die dänischen Missionäre auf die Grönländer treffen und diese die Frage an sie richteten, ob es im christlichen Himmel auch Seehunde gäbe. Heine schließt mit einer ganz unerwarteten Überlegung: »Wie sträubt sich unsere Seele gegen den Gedanken des Aufhörens unserer Persönlichkeit, der ewigen Vernichtung! Der *horror vacui*, den man der Natur zuschreibt, ist vielmehr dem menschlichen Gemüte angeboren. Sei getrost teurer Leser, es gibt eine Fortdauer nach dem Tode, und in der anderen Welt werden wir auch unsere Seehunde wiederfinden.«

Wer Sterben als ein Heimgerufenwerden verstehen kann, kann leichter von der Erde gehen, auch gelassen, gar fröhlich loslassen. Die bei Christen geläufige Formel, ein Mensch sei »heimgerufen worden«, enthält schon an sich etwas Tröstliches.

Beim Erdwurf am offenen Grabe spricht der Pfarrer die Worte »Erde zu Erde, Staub zu Staube, Asche zu Asche«. Zugleich wird über dem Sarg vom Geheimnis des Lebens und des Todes gesprochen, von einer Hoffnung, die über unsere Vorstellungskraft hinausreicht, von einem Leben in Gott. Mit den Worten des Apostels Paulus: »Leben wir, so leben wir dem Herrn, sterben wir, so sterben wir dem Herrn. Darum: wir leben oder sterben, so sind wir des Herrn.« (Römer 14,8) Wer nichts mehr erwartet, muss sich hier alles erfüllen, also entweder sein Leben ganz auskosten oder ihm fortwirkenden Sinn verleihen, indem er sich für eine bessere (irdische) Zukunft engagiert.

Jahrhundertelang ließ sich christliche Hoffnung, die das Vorübergehende und das Weitergehende einbezieht, in einem Satz zusammenfassen: Wir haben hier keine bleibende Statt, aber die zukünftige suchen wir. Mit Statt ist die Stätte, also der Lebensort gemeint, aber auch die vollendete Stadt als Urbild und Endbild – das Heilige Jerusalem als Ort des Friedens schlechthin, wo alle Völker als Versöhnte zusammenkommen, mit dem Gegenbild schlechthin: Babylon, der »Hure Babylon«, ein poethologisches Konglomerat aus allen Machtmetropolen, nämlich Babel, Ninive, Metropolis, Rom …

Wir Menschen sind Vorübergehende, Pilgrime, Wanderer, wissend um Endlichkeit, um Begrenztheit. Wir können das in der Regel schwer akzeptieren. Gelassenheit und Zuversicht ringt mit Angst und Verunsicherung. Was bleibt von uns und was wird mit uns? Ist alles nur ein Schatten, ein Lebenshauch, der ins Nichts verschwindet? Oder sind wir Aufgehobene, Erwartete, in eine neue Existenzform Wechselnde?

Suchende nach dem Ewigen *im* Hier und Jetzt wie nach dem Ewigen im unfassbaren Jenseits der Zeit sind wir. Nur den Augenblick haben wir, ansonsten vergangene und künftige Zeit, also eigentlich keine andere Zeit als eine Abfolge von Augenblicken.

»Unsere Heimat ist im Himmel, von dannen wir auch warten des Heilands Jesus Christus, des Herrn, welcher unseren nichtigen Leib verklären wird, daß er gleich werde seinem verklärtem Leibe nach der Wirkung seiner Kraft, mit der er kann auch alle Dinge sich untertänig machen.« (Philipper 3, 20–21) Der Apostel Paulus hat in seinem Brief aus dem Gefängnis an die Gemeinde in Philippi das vorgezeichnet, was man traditionell Denken in Diesseits- und Jenseitskategorien nennt. Das konnte und kann dazu führen, das Leben »im Leibe« zu relativieren, es nicht für das Allerhöchste zu halten, das man dann auf jeden Fall und unter allen Umständen würde erhalten müssen, sondern dass man seinen Lauf zu erfüllen hat im Geiste Christi, unabhängig davon, wie lang dieser Lauf währen wird.

Paulus schreibt, dass Christus »verherrlicht werde an meinem Leibe, es sei durch Leben oder durch Tod. Denn Christus ist mein Leben und Sterben mein Gewinn. Wenn aber das Leben im Fleisch mir dazu dient, mehr Frucht zu schaffen, so weiß ich nicht, was ich erwählen soll. Beides liegt mir hart an: Ich habe Lust, abzuscheiden und bei Christus zu sein, was auch viel besser wäre; aber es ist nötiger im Fleisch zu bleiben, um euretwillen.« (Philipper 1, 20–24)

Das Leben auf dieser Welt gilt Paulus gewissermaßen als eine Durchgangsstufe, auf der der Christ seine Verantwortung für seine Schwestern und Brüder zu übernehmen hat. Das ist keine Jenseitsvertröstung – es ist Relativierung des Lebens und bleibt besonders wichtig in Zeiten, in denen das Leben vergötzt und somit um jeden Preis erhalten werden soll.

Märtyrer und Menschenrechtler, kämpferische Pazifisten in militaristisch-diktatorischen Systemen sowie Gerechtigkeitsaktivisten in den Hungerzonen der Welt kennen einen höheren Wert als die Erhaltung des (eigenen) Lebens. Gerade um des Lebens willen! Diesseitiges Leben wird nicht gering geachtet, sondern man nimmt es dankbar an, erfüllt einen inneren Auftrag, sieht sich in einer höheren Sinnperspektive – oder eben als Gläubiger immer coram Deo (in einer Relation zu Gott) bis zu bewusstem Auf-sich-Nehmen eines frühen (gewaltsamen) Todes. (Dass dies in religiösen Fanatismus, in Diktaturen des Guten oder in Terrorismus ausarten kann, liegt auf der Hand, ist aber mit der Lehre Christi gänzlich unvereinbar.) In befreiend-befreiter Perspektive dachten, lebten und träumten Martin Luther King und der Salvadorianische Bischof Romero, kämpften Sophie Scholl und Helmuth James Graf von Moltke.

Was der Apostel Paulus nach dem irdischen Leben erwartet, ist die vollendete Kommunikation mit Christus jenseits des diesseitigen Lebens. Der Hebräerbrief verdichtet die Aussicht des Glaubenden in den einprägsamen Satz: »Denn wir haben hier keine bleibende Statt, sondern die zukünftige suchen wir.« (Hebräer 13,14)

Solche Sehnsucht, mit Christus in naher Verbindung zu sein, hat auch Martin Luthers Leben getragen, ihn durch Schweres hindurchgetragen. In einem Brief an den erkrankten Friedrich

Myconius schreibt er am 9. Januar 1541, Gott inständig bittend, dass er den erkrankten Freund leben lasse und ihn statt seiner wegnehmen solle. »Ich möchte nicht erleben und sehen, daß Ihr oder einige der Unseren mir zuvorkommt und mich hier in dieser falschen, argen Welt, mitten unter Teufeln zurücklaßt ... deshalb wäre ich wohl wert und hätte es wohl verdient, daß ich allen zuvorkäme und in dem Herren entschliefe. So begehre und bitte ich, daß mich der liebe Gott an Eurer statt krank werden läßt und mich ablegen läßt diese meine Hütte, die nun ausgearbeitet, ausgedient hat, die verzehrt und kraftlos geworden und deshalb untüchtig; ich sehe ja auch, daß ich niemand mehr nützlich bin. Deshalb bitte und ermahne ich Euch in allem Ernst, daß Ihr mit uns den lieben Gott bittet, er wolle Euch länger am Leben erhalten zum Dienst und zur Besserung seiner Kirche ... schaff es, daß Ihr mich überlebet ...«

Ganz in diesem Sinne dachte und glaubte der romferne Katholik Heinrich Böll. »Weil wir uns hier nicht ganz zuhause fühlen«, sind und bleiben wir auf der Suche nach etwas, worüber wir nicht verfügen. Sehnsucht nach der himmlischen Heimat ist als religiöses Opiat nutzbar, sowie Mächtig-Reiche sie benutzen, um andere, ihnen fügsame und von ihnen ausgebeutete Menschen mit hohlen Versprechen um das Glück des Lebens, vor allem auch um den Genuss des Lebens zu bringen versuchen, indem sie betrügerisch ein himmlisches Eiapopeia versprechen, während sie selbst süße Schoten lutschen. Die frechste Abwehr solchen ideologisch, sprich illusionären Jenseitsdenkens findet sich bei Heine in »Deutschland. Ein Wintermärchen«:

Ja, Zuckererbsen für jedermann,
Sobald die Schoten platzen!
Den Himmel überlassen wir
Den Engeln und den Spatzen.

Diese Verse gehörten zum propagandistischen antichristlichen Bildungsgut der kommunistischen Gesellschaft, die sich selbst anheischig gemacht hatte, das Himmlische auf die Erde herabzuziehen, alle Menschen – klassenlos! – an den Segnungen des

Lebens in gleicher Weise teilhaben zu lassen, also das Paradiesische auf Erden zu schaffen, wozu es in einer historischen Zwischenphase gnadenloser Machtinstrumente der neuen Herrscher bedurfte, die als Menschheitsbefreier (von Lenin über Mao und Stalin bis zu Pol Pot und Kim Il Sung) auftraten.

Neben den menschheitlichen, (global-)politischen Heilserwartungen bleibt für jeden Einzelnen die ganz individuell-existenzielle Frage: Was bleibt? Ein Häufchen Asche? Eine kurze Erinnerung der Nächsten, in deren Liebe man aufgehoben ist, solange sie leben? Eine »Spur von seinen Erdentagen« in ihren nachgelassenen Werken? Wer etwas Künftiges als ein *Nichts* ansieht, dem muss das Hiesige *alles* werden.

Der »real existierende Sozialismus« erwies sich schließlich selbst als Totengräber einer großen Menschheitsidee und für gläubige Kommunisten wie für ganze Völker als eine große Illusion, gar als verbrecherisch gewendete Utopie. Doch die humanistische Sehnsucht nach gerechten, friedlichen, die natürlichen Lebensgrundlagen schützenden, nicht rassistischen, sondern global-humanistischen Verhältnissen bleibt. Beim Älterwerden nähme die Hoffnung auf Frieden und Gerechtigkeit ab, aber nicht die Sehnsucht danach, notierte Hilde Domin.

Die UNO hat in ihrer Menschenrechtserklärung und ihrer völkerrechtlichen Charta etwas davon aufgehoben, was nach Verwirklichung im 21. Jahrhundert geradezu schreit, sofern die Erdenbürger sich nicht mit den gegebenen Erbschafts- und Eigentumsverhältnissen abfinden.

Dass die Erde – endlich! – für alle heimatlich werde und sie ein sinnerfülltes Dasein in der Zeitstrecke ihres Lebens erfahren dürfen. Neben den großen Welthorizonten dominiert schließlich bei jedem einzelnen Menschen das ganz Individuell-Persönliche.

Marie Luise Kaschnitz, nach dem Tode ihres geliebten Mannes, nach ihrem Glauben an ein Leben nach dem Tode gefragt, antwortet, dass sie dauernde Beziehung, dauernde Liebe erwarte, Liebe über das Hier-Sein hinaus.

Ein Leben nach dem Tode

Glauben Sie fragte man mich
An ein Leben nach dem Tode
Und ich antwortete: ja
Aber dann wußte ich
Keine Auskunft zu geben
Wie das aussehen sollte
Wie ich selber
Aussehen sollte
Dort

Ich wußte nur eines
Keine Hierarchie
Von Heiligen auf goldnen Stühlen sitzend
Kein Niedersturz
Verdammter Seelen
Nur

Nur Liebe frei gewordne
Niemals aufgezehrte
Mich überflutend

Kein Schutzmantel starr aus Gold
Mit Edelsteinen besetzt
Ein spinnwebenleichtes Gewand
Ein Hauch
Mir um die Schultern
Liebkosung schöne Bewegung
Wie einst von tyrrhenischen Wellen
Wie von Worten die hin und her

Wortfetzen
Komm du komm

Schmerzweb mit Tränen besetzt
Berg-und-Tal-Fahrt
Und deine Hand
Wieder in meiner

So lagen wir lasest du vor
Schlief ich ein
Wachte auf
Schlief ein
Wache auf
Deine Stimme empfängt mich
Entläßt mich und immer
So fort

Mehr also fragen die Frager
Erwarten Sie nicht nach dem Tode?
Und ich antwortete
Weniger nicht.[8]

Und in einem Gedicht, mit dem Titel »Interview« überschrieben, antwortet sie:

Daß du gekämpft hast, aber mit zaghaften Armen.
Daß du an vielen Orten zu Hause warst,
Aber ein Heimatrecht hast an keinem.
Daß du dich nach dem Tode sehnst und ihn fürchtest.
Daß du kein Beispiel geben kannst als dieses:
Immer noch offen.[9]

Dieses »immer noch offen« ist es, was sagbar ist über die Welt, »aus des Bezirk kein Wanderer« wiederkehrt (Hamlet-Monolog). Es war schon erstaunlich, dass der Lyriker Heinz Kahlau in seinem Gedichtband »Flugbrett für Engel« die Dialektik von Diesseits- und Jenseitsdenken auf eine einfache und einleuchtende Weise ins poetische Bild gebracht hat.

Gott ist nicht da

Es gibt kein Paradies
Nach diesem Jammertal.
Kein Jüngstes Gericht
Findet statt.
Gott ist nicht da

Gott ist nicht da?
Kein Jüngstes Gericht
Findet statt?
Es gibt kein Paradies
Nach diesem Jammertal?[10]

Die Frage nach einem himmlischen Dasein offenlassen – angesichts des unbegreiflichen Wunders des Lebens. Gibt es vielleicht auch noch Wunder jenseits des Lebens?

Marie Luise Kaschnitz rechnet damit, *dass* wir uns wiedersehen, doch *wie* wir uns wiedersehen und *wer* wir nach unserem Erdenleben in Ewigkeit sind, darüber können wir keine Aussagen machen. Das Leben selbst, unser eigenes Am-Leben-Sein und unser plötzliches Gehen-Müssen wird stets ein uns unbegreifliches Geheimnis bleiben. Das Leben: ein Grund zum Staunen und ein Grund zum Weinen. Wer füllt dieses Loch, das entsteht, wenn ein geliebter Mensch geht?

Wer um das Wunderbare des Lebens weiß, hört auf, die Suche nach der ewigen Heimat lächerlich zu machen. Die Frage nach dem DANACH, nach einer jenseitigen, himmlischen Welt, spielt in der ganzen uns bekannten Menschheitsgeschichte eine Rolle – als eine offene Frage, verbunden mit einer undefinierbaren Angst, einer nicht genau umschreibbaren Hoffnung. Hamlets Unsicherheit in seinem berühmten Monolog über »Sein und Nichtsein« lässt ihn gar zögern, Hand an sich zu legen, weil er nicht weiß, was da sein wird in dem Bereich, aus dem kein Wanderer wiederkehrt.

Im christlichen Festkalender endet das Kirchenjahr mit dem

Totensonntag, dem Tage besonderer Erinnerung an unsere Toten, also an die, die uns vorangegangen sind.

Zugleich heißt dieser Sonntag Ewigkeitssonntag. Es wird einerseits der Toten des zurückliegenden Jahres gedacht und andererseits wird das Hoffnungslied »Wacht auf! Ruft uns die Stimme« gesungen. Und es wird vom neuen Himmel und der neuen Erde aus dem Buche der Offenbarung gelesen, wo Gott alles in allem sein wird, wo alle Tränen abgewischt sein werden und Leid und Geschrei verstummen. (Vgl. Offenbarung 21, Verse 1–5)

> Wachet auf, ruft uns die Stimme.
> (Das ist kaum noch zu hören ohne die
>   Trompeten in der Bachkantate!)
> Der Wächter sehr hoch auf der Zinne
> Wach auf, du Stadt Jerusalem ...
> Zion hört die Wächter singen,
> Das Herz tut ihr vor Freuden springen,
> Sie wachet und steht eilend auf.

Das ist das Preislied *und* das Warnlied, das an die klugen und die törichten Jungfrauen erinnert (in jenem bildhaft eindrücklichen Gleichnis, das im Matthäusevangelium Kapitel 25,1–13 aufgeschrieben ist). Der Mensch soll jeden Tag bereit sein, loszulassen und dem Herrn zu begegnen. Im Leben schon entscheidet sich, was künftig sein wird. In besonderen Notzeiten hat Hoffnung auf die himmlische Heimat nicht als entsagungsvolle Vertröstung, sondern viel mehr als eine Kraft gewirkt, das Untragbare und Unbewältigbare zu tragen, zu ertragen, darüber hinwegzukommen. (Man denke insbesondere an die Schrecken des Dreißigjährigen Krieges, aber auch an Jochen Kleppers Lied »Die Nacht ist vorgedrungen, der Tag ist nicht mehr fern« aus dem Jahre 1938.) Aus tiefem, ganz gewissem Glaubenspathos heraus sind sämtliche Lieder Paul Gerhardts während oder nach dem verheerenden Dreißigjährigen Krieg entstanden. Auf die Melodie von »O Haupt voll Blut und Wunden« vom Karfreitag wird auch das Ewigkeitssonntagslied gesungen:

Ich bin ein Gast auf Erden
Und hab hier keinen Stand;
Der Himmel soll mir werden,
Da ist mein Vaterland ...
Meine Heimat ist dort droben,
Da aller Engel Schar
Den großen Herrscher loben,
Der alles ganz und gar
In seinen Händen träget
Und für und für erhält,
Auch alles gibt und leget,
Wie es ihm wohlgefällt.

Der Liedermacher Gerhard Schöne hat eben jenes tröstlich-ent-
sagende Lied in heutige Sprachbilder adaptiert:

Ich bin ein Gast auf Erden.
Bald muß ich wieder gehn.
Umarme ich Gefährten,
sag ich: Aufwiedersehn!
Dann denke ich beklommen:
Ob wir wohl noch einmal
wie heut zusammenkommen?
Wer weiß der Stunden Zahl?

...

Ich bin ein Gast auf Erden
Ich weiß, es muß so viel
bis morgen anders werden
und ferne liegt das Ziel.
Will's mit in Ordnung bringen
will stillen manches Weh
mein schönstes Danklied singen
bevor ich von ihr geh.[11]

So lässt sich heute angemessen vom Gaststatus des Menschen
sprechen, der ihm gleichzeitig eine unvertretbare Aufgabe zu-
weist, die jeder in seiner Zeit zu erfüllen hat. Manches kann

einer in Ordnung bringen, manches Weh kann einer heilen, für vieles kann er danken. So erfüllt sich Leben und so kann eine(r) lebenssatt das Leben schließlich lassen.

Auf seinem Sterbebett hat Johann Sebastian Bach seinem Schwiegersohn die Bearbeitung des Chorals »Vor deinen Thron tret' ich hiermit!« diktiert; so hinterließ er bis zum letzten Atemzug eine ewige Musik.

Was Verbindung von Weltverantwortung und getrösteter Entsagung persönlich heißt, hat der christliche Märtyrer, ein Mitverschwörer gegen den Tyrannen Adolf Hitler, der Theologe Dietrich Bonhoeffer in seinen »Vier Stationen auf dem Wege zur Freiheit« aus dem Tegeler Gefängnis heraus beschrieben. Er buchstabiert für sich die Worte ZUCHT – TAT – LEIDEN – TOD.

Die Tat bedeutet, nicht im Möglichen zu schweben, sondern das Wirkliche tapfer zu ergreifen und entschlossenes, gewisses Tun als eine Station auf dem Weg zur Freiheit zu begreifen – genauso wie den Tod als »höchstes Fest« auf dem Wege zur Freiheit erbitten.

Wer möchte nicht in solcher Konsequenz gelebt haben und in solcher Zuversicht gehen können? Ich schon – immer noch jenes an meinem Kinderbett gesungene Paul-Gerhardt-Lied tiefinnen aufbewahrend.

> Will Satan mich verschlingen,
> so laß die Englein singen:
> Dies Kind soll unverletzt sein.

> Wo wird einst des Wandermüden
> Letzte Ruhestätte sein?
> Unter Palmen in dem Süden?
> Unter Linden an dem Rhein?
> ...

> Immerhin! Mich wird umgeben
> Gotteshimmel dort wie hier,
> Und als Totenlampen schweben
> Nachts die Sterne über mir.

Irdische Heimat und himmlische Sehnsucht bleiben verbunden und helfen, Leben zu preisen, sofern das Leben hienieden schon erfülltes Leben sein konnte, und auch Schweres zu bestehen, sofern man auf der Schattenseite leben musste oder muss.

Und es gibt Momente, da man mitten im Leben in den Himmel entführt wird, z. B. beim Hören geradezu göttlicher Musik – sei es die h-Moll-Messe von Bach, das Deutsche Requiem von Brahms, sei es die Auferstehungssinfonie von Mahler, seien es die letzten Streichquartette von Beethoven »Und doch war das Leben so schön«, schrieb Mozart, dessen Musik die Engel spielen, wenn sie unter sich sind, während sie Bach spielen, wenn der HERR da ist, wie der große Theologe Karl Barth humorig mutmaßte.

Gibt es eine himmlische Heimat, so wird sie jedenfalls voll Musik sein.

Heimat –
Herkunft erkennen, bejahen, überschreiten

An ihren inneren Widersprüchen ist die DDR gescheitert

Jede politische Theorie, die das Leben auf eine Grundthese reduziert, geht fehl; so ist nicht alles auf ökonomische Interessen rückführbar. Der im Prinzip gute Mensch ist eine ideologische Fiktion; wir sind so egoistisch wie altruistisch (vor-)bestimmt. Die Vorstellung, mit veränderten Verhältnissen die egoistischen Antriebe in generell altruistische verwandeln zu wollen, geht am realen Menschen vorbei und muss scheitern. Nahezu jeder ist durch Macht, Geld oder Geltung korrumpierbar. Genau deshalb bedarf es der Gleichheit aller vor dem Gesetz und einer funktionierenden Gewaltenteilung – also kein SED-, Berlusconi-, Putin- oder Bush-System!

Die beste Sicherheit eines Staates ist die Zufriedenheit seiner Bürger. Wer sie 28 Jahre lang einsperren muss, mutiert unversehens zum Gefängniswärter. Wer das »Reich der Freiheit« verspricht und seiner Staatssicherheit alle Freiheit gibt, produziert Atemnot. Wer nicht einmal in der Lage ist, im Sommer einheimisches Obst und Gemüse anzubieten oder regelmäßig Toilettenpapier und Zahnbürsten zu produzieren, muss scheitern.

Die DDR-Staatspartei ist nicht zuletzt an ihrer Sicherheitshysterie und ihrer geistigen Starrheit, Enge und Arroganz zugrunde gegangen. Lenins Diktum, dass Vertrauen gut, Kontrolle aber besser sei, zehrte bald alles Vertrauen auf. Die Angst der Mächtigen vor Machtverlust erfordert Kontrolle, und umfassende Kontrolle produziert permanente Angst.

Eine Wirklichkeitsallergie greift um sich, wenn Schein für Wirklichkeit genommen wird, wenn gar 98,97%ige Zustimmung nicht nur staatsoffiziell gefeiert, sondern wirklich für bare

Münze genommen wird. In der DDR kam das sprichwörtliche Fass zum Überlaufen, als die Jugend und bestausgebildete Bürger scharenweise türmten, die Zurückgebliebenen immer deprimierter wurden und der Oberste auf der »Farm der Tiere« indes verlauten ließ, man solle ihnen »keine Träne nachweinen«. Hundert Jahre sollte die Mauer nach Honeckers Bekunden noch stehen, gar als ein Stützpfeiler des europäischen Hauses. Dabei »platzt Beton von innen«. (Das hatte ich Anfang Juni 1989 in einem Interview der »Frankfurter Rundschau« gesagt. Dabei waren nicht nur die Lager für Dissidenten vorbereitet gewesen – auch die Listen mit den Namen der potenziellen Insassen hatten Mielkes Mannen zusammengestellt.)

An ihren inneren Widersprüchen ist die DDR (und das ganze Sowjetsystem) gescheitert. Die SED proklamierte permanent – manchmal schwülstig, manchmal bedrohlich, immer lächerlich – die »Einheit von Partei und Volk«, die Kongruenz zwischen dem politischen Weg im Einzelnen und den Gesetzen des gesellschaftlichen Fortschritts im Ganzen, weil der historische Prozess gesetzmäßig vom Kapitalismus über den Sozialismus in den Kommunismus führen würde. Diese quasireligiöse Paradieserwartung ist so irreal wie die kritisierte Vertröstungsideologie der Religion. Die SED-Führung litt unter pathologischer Wahrnehmungstäuschung und hielt Friedhofsruhe für Frieden. Sie wollte oder konnte einfach nicht wahrnehmen, was ist. Wenn zwischen dem, was jeder täglich sehen und erleben kann, und dem, was in der Zeitung (zumal im »Zentralorgan«) steht, nicht bloß eine Lücke, sondern ein Abgrund klafft, dann ist ein Staat so stabil wie ein Kartenhaus. Wusste denn die Stasi nichts über die wahre Lage im Lande, oder wollte das Gerontokratenkartell, jene 13 Männer im Politbüro, nichts davon wissen? Die Dossiers über die ökonomisch desaströse Lage hatten 1989 längst vorgelegen.

Der Honecker'sche Traum des VIII. Parteitages von 1971 war nicht in Erfüllung gegangen, wonach der Kommunismus schließlich verwirklichter Konsumismus sein solle, verpackt in den paternosterartig wiederholten Parolen »Was der VIII. Parteitag beschloss, wird sein« und »Die Lehre von Marx ist allmächtig, weil sie wahr ist«, mit dem Ziel der »immer besseren Befriedigung der ständig wachsenden materiellen und kulturellen Lebensbedürfnisse des Volkes«.

Die DDR konnte, ebenso wie das ganze sogenannte sozialistische Lager, ökonomisch, technologisch und wissenschaftlich nicht mit dem Westen mithalten, der alles tat, um auch im sozialen Bereich besser dazustehen. Weltweit tobte der »Wettkampf der Systeme«. Die Chruschtschow'sche »friedliche Koexistenz« mündete ab 1969 in die Entspannungspolitik, in deren Folge die im Ostblock gefürchteten bürgerlichen Freiheitsrechte auch hier einklagbar werden sollten. Wer sich aber darauf – und sei es nur auf Meinungsfreiheit – berief, wurde kriminalisiert. Wem nicht daran gelegen ist oder nicht gelingt, aus Andersdenkenden Freunde zu machen, der wird sie sich zu Feinden machen. Rosa Luxemburgs Mahnungen zur innerparteilichen Demokratie und allgemeinen Meinungsfreiheit wurden ebenso in den Wind geschlagen wie ihre Warnungen vor dem Personenkult und der Verselbstständigung der Macht. Stattdessen wurde immer wieder der einst vom deutschen Generalstab ausgehaltene Lenin bedrohend zitiert, wonach eine Revolution nur dann etwas wert sei, wenn sie sich zu verteidigen wisse. Also bildete sich systematisch ein roter Militarismus heraus, der die eigenen Waffen, auch die Atomraketen, für gut erklärte, weil diese ja nur dem Frieden dienten. (Das war nichts anderes als die Logik eines G.W. Bush bei seinen Kriegen »für die Demokratie«!)

Das ideologisch begründete Subventionssystem für Grundnahrungsmittel, Mieten und öffentliche Verkehrsmittel brach zusammen, musste zusammenbrechen. Wenn etwa Brot billiger war als Schweinefutter, wurde eben Brot an Schweine verfüttert. Mieten, die nicht annähernd für die Instandhaltung der Häuser reichten, führten zum totalen Verfall der Bausubstanz. Das gesamte System kollabierte, weil man die Ware-Geld-Beziehung nicht ökonomisch, sondern ideologisch behandelte. Der Markt lässt sich nicht mit Marx beherrschen – schon gar nicht von seinen schlechten Schülern – genauso wenig, wie der Markt die

Herrschaft über die (Welt-)Gesellschaft übernehmen darf. Wenn man Marktgesichtspunkte aber gänzlich unberücksichtigt lässt und chronisch defizitär arbeitende Betriebe mit dem Gewinn effizient arbeitender subventioniert oder für schlechte Arbeit gleiches Geld zahlt wie für korrekte, nie den wahren Preis feststellt und erhebt, geht das über kurz oder lang schief. (Hatte nicht Ulbricht in den 60iger Jahren in der Phase des sogenannten Neuen Ökonomischen Systems – NÖSPL – von notwendigen »materiellen Stimuli« gesächselt?) Das von Reagan propagierte Kaputtrüsten zeigte zusätzliche Wirkung. Der Westen hat den Osten insbesondere ökonomisch »besiegt«.

Die Sowjetunion tappte in die Falle des verlustreichen Afghanistankrieges. Darüber durfte ebenso wenig gesprochen werden wie über den Genozid der Roten Khmer, den Terror des äthiopischen Haile Marijam, über permanente Energieengpässe, die Tschernobyl-Katastrophe, die Erpressung durch den »großen Bruder« oder die Opposition in den östlichen Nachbarstaaten. Kritik galt generell als ferngesteuert, staatsfeindlich und konterrevolutionär. Als eine kleine Wittenberger Gruppe im Juni 1988 20 Thesen zur gesellschaftlichen Erneuerung vorlegte, die ganz im Sinne der Gorbatschow'schen Perestroika und des SED-SPD-Papiers lagen, wurde uns »verantwortungslosen Erneuerungsaposteln« im »Neuen Deutschland« vorgeworfen, wir wollten die DDR in den Kapitalismus zurückreformieren. Aber die revolutionären Feuer der Arbeiterklasse würden kräftig lodern! Wir hatten das Wahrheits- und Machtmonopol der SED infrage gestellt: »Weil nur die lebendige Kultur des Streits um die Wahrheit und um den besten Weg des menschlichen Miteinanders zu einer humanen, gerechten und überlebensfähigen Welt führt, halten wir es für erforderlich, dass die Kommunisten auf das mit Macht ausgeübte Wahrheitsmonopol und auf den prinzipiellen gesellschaftlichen Überlegenheitsanspruch verzichten«. (These 10, offenbar der konterrevolutionäre Satz schlechthin!) Das Macht- und Wahrheitsmonopol war durch nichts gedeckt als durch sich selbst. Jedes Kind konnte sehen, aber nicht sagen, dass der Kaiser nackt war.

In der Verfassung der DDR war die führende Rolle der SED ebenso festgeschrieben wie der ewige Bruderbund mit KPdSU und UdSSR. Die Sowjetunion wurde mehr und mehr zu einer Art Entwicklungsland – hochmodern waren lediglich ihre Weltraumtechnologie und die Vernichtungskapazität ihrer Waffen. Gorbatschows Versuch, das Sozialismusmodell mit freiheitlichen Ideen zu retten, ohne eine überzeugende ökonomische Idee zu haben, wurde von der DDR-Führung arrogant abgelehnt, indem man dekretierte, die in der Sowjetunion anstehende Reform habe die DDR längst (seit 1971) vollzogen. Der Chefideologe Kurt Hager höhnte gar, man müsse nicht tapezieren, bloß weil es der Nachbar tut. Das kam in Moskau schlecht an. Sollte es nun heißen: Von der DDR lernen, heißt siegen lernen? Den Motivationsschub, den eine (RGW-weite) Perestroikapolitik bedeutet hätte, ließ die DDR nicht zu. Sie dehnte stattdessen ihre Zensur auf geistige Produkte aus der Sowjetunion aus. In dem Moment, als die DDR-Führung auf Distanz zu Gorbatschow ging, war sie selbst nicht mehr überlebensfähig, weil sie die Zustimmung »ihrer Menschen« gänzlich verlor, selbst die vieler Genossen, die der doppelzüngigen und lange gefügigen Mitläufer oder der in 40 Jahren weichgeklopften Blockparteienmitglieder. Die DDR verfügte noch über eine harte äußere Schale in Gestalt ihrer Sicherheitsorgane, aber innen war nichts mehr. Das System ließ schließlich seine Waffen fallen und gab den Löffel der Macht unerwartet friedlich ab, hinterließ aber eine ziemlich marode Industrielandschaft und eine ökologische Giftküche. Die sträflich vernachlässigte Arbeitsproduktivität kam alsbald auf den westlichen Prüfstand – daran hat der Ostteil bis heute zu leiden, zumal die ökonomischen Sieger erst recht kein Interesse an dem zeigten, was konkurrenzfähig gewesen wäre.

Noch am 7. Oktober 89 ließ sich die SED pompös in Berlin feiern. Jugendliche, die vorher mit gestanzten Parolen gut indoktriniert worden waren, riefen trotzdem »Gorbi, Gorbi, Gorbi« statt des öden »FDJ-SED«.

Die Überzeugungskraft der Ideologie war aufgebraucht. Sie tendierte selbst unter SED-Genossen gen Null. Die Mobilisierungskraft der emanzipatorischen Idee Sozialismus war im »real existierenden Sozialismus« systematisch erstickt worden. Wenn die Rede von einem »verbesserlichen Sozialismus« bereits inkriminiert wird, verkommt die Idee von der motivierenden Vision zur materiellen Gewalt in Gestalt einer Partei – mit der Nötigung, sich tagtäglich zu belügen und alle Widersprüche auf den Feind oder geschichtlich überkommene Reste der bürgerlichen Gesellschaft zurückzuführen. Das führt in der Konsequenz zur permanenten »Utopie der Säuberung« (Gerd Koenen).

Die SED hatte nicht berücksichtigt, welche tiefen inneren Verbindungen zu dem 28 Jahre durch den »Antifaschistischen Schutzwall« abgespaltenen westlichen Teil Deutschlands bestanden und welche persönlichen und materiellen Bedürfnisse unbefriedigt blieben. Sie hatten etwas mit der unterdrückten Sehnsucht nach deutscher Einheit zu tun, nach persönlicher Entfaltungs- und Reisefreiheit, auch mit der Faszination der D-Mark, die für DDR-Bürger schon längst mehr als ein Zahlungsmittel, eher ein Fetisch war. Sie war längst zu einer Art zweiter Währung avanciert. Man denke nur an den Schwarzhandel mit D-Mark oder Forumschecks, die zur Beschaffung von knappen Gütern gebraucht wurden. (Schon kurz nach dem Mauerfall mündete die demokratische Aufbruchsbewegung in einem primären D-Mark-Wunsch.)

Bei der Fluchtwelle im Sommer und Herbst 89 machte die Führung alles falsch, was man nur falsch machen konnte, bis hin zu jenem absurden Durchkarren der Botschaftsflüchtlinge aus Prag durch das Territorium der DDR, das Anfang Oktober in Dresden beinahe zum Bürgerkrieg geführt hätte.

Aus Depression wurde Wut, und aus gebändigter Wut wurde Mut, Wandelmut, der in einer friedlichen Feierabendrevolution Ausdruck fand, zumeist mit einer erstaunlichen Kultur der Auseinandersetzung, ohne einen einzigen Toten. (Die Übergriffe in Berlin um den 40. Jahrestag herum hatten dagegen Schlimmstes, »Chinesisches«, befürchten lassen.)

Wie weit der lang verborgene Hass der bis zuletzt gefügig gemachten Massen reichte, konnte man studieren, als der abgesetzte, ausgestoßene und kranke Erich Honecker eine Bleibe suchte und ausgerechnet bei einem Pfarrer, dessen Kinder um ihre Ausbildungschancen betrogen worden waren, Unterschlupf fand, um dann in die Sowjetunion fliehen zu müssen, die aber inzwischen längst nicht mehr die Sowjetunion Breschnews war. Es entlud sich der Selbsthass der Untertanen.

Alle diejenigen, die eine demokratisch reformierte DDR in einer sanften Zweistaatlichkeit wünschten, um zu einem späteren Zeitpunkt gleichberechtigt mit der Bundesrepublik zu fusionieren, unterlagen dem schnellen Einheitswunsch – auch aus Angst, das historische Zeitfenster könnte plötzlich wieder zugestoßen werden und man müsse wieder hinter geschlossenen Grenzen leben.

Seit dem Scheitern dieses insgesamt untauglichen Sozialismusversuchs, dessen treibende Kraft eine Kaderpartei geworden war, die alle gesellschaftlichen Prozesse von oben zu regeln versuchte, triumphiert nunmehr ein entfesselter Kapitalismus. Seines Konkurrenten auf der Weltbühne beraubt, kann er hemmungs- oder gar gnadenlos agieren. Der Überregulierung im Sowjetsystem ist eine Liberalisierungs-, Deregulierungs- und Privatisierungsorgie gefolgt, die die ganze Welt zu einem einzigen Markt unter dem Diktat eines so gigantischen wie fragilen Weltfinanzsystems macht, das kurz vor der Implosion steht. Das weltweit herrschende kapitalistische Wirtschaftssystem (einschließlich China, wo die kommunistische Ideologie nur noch die notwendig erscheinende Machtklammer darstellt) wird ohne grundlegende Reformen, ohne angemessene Regulierung und Kontrolle zur globalen existenziellen Gefahr – ökonomisch, sozial und ökologisch. Es könnte uns in historisch absehbarer Zeit tatsächlich das von Fukuyama prophezeite »Ende der Geschichte« bevorstehen, nicht als Vollendung, sondern als unaufhaltsamer Absturz auf unserem in vieler Hinsicht endlichen Planeten.

Es wird höchste Zeit, dass sich weltweit all diejenigen Kräfte sammeln, organisieren und vernetzen, die Verhältnisse schaffen wollen, in denen der Mensch kein erniedrigtes, beleidigtes und verachtetes Wesen ist, in denen zugleich ökonomische und ökologische Vernunft walten. Der Rahmen dafür bietet sich in der UNO. Im Prinzip jedenfalls. Warum nicht auch im »Prinzip Hoffnung«?

Unvergessliches auf dem Weg
zum demokratischen Aufbruch 1989
Für Demokratie,
Gerechtigkeit und Schutz der Natur

Es gibt politische Ereignisse, die zu Herzen gehen, und solche, die das Herz zerreißen. Wo eine große Anspannung sich wunderbar löst, fließen ebenso Tränen wie angesichts von Furchtbarem. Der 13. August 1961 hat mich tief erschüttert. Das Abdrehen der sowjetischen Schiffe mit den Atomraketen vor Kuba im Oktober 1962 hat erlöst, die Ermordung Kennedys, die Wahl Havels oder die Mandelas haben tief berührt. Lebendige Erinnerung ist das Gehäuse, in dem ich wohne und von dem aus ich alles Weitere sehe und bewerte.

Für politisch denkende Menschen sind die Daten gesellschaftlicher Ereignisse ebenso wichtig wie die privater. 1968 lernte ich meine spätere Frau kennen, 1989 trennten wir uns. 1968 verlobten wir uns in Prag, für uns ein Ort der Hoffnung und Freiheit. 1989 ging ich meinen Weg ganz auf meine eigene Kappe, ich hatte diesen Staat end-gültig satt. Im Juni 1989 fuhr ich mit meiner Tochter Uta nach Warschau, um Kontakte zur polnischen Opposition aufzunehmen. Sie wurde später Polonistin, promovierte über den polnischen Regisseur Krystian Lupa. Am 9. November '89 war sie unter denen, die sich nachts nach Westberlin aufmachten. Sie besuchte ihre Freundin Anja aus Heidelberg, für die sie wiederholt keine Einreisegenehmigung bekommen hatte.

Am 4. November gehörte sie zu den etwa eine Million Demonstranten. Mit einer Hausarbeit über »Demokratie und Sozialismus bei Rosa Luxemburg« hatte sie 1987/88 Aufsehen erregt. Die Zersetzungsmaßnahmen richteten sich bereits auch gegen die 17-Jährige. Einen Studienplatz hatte sie 1989 nicht bekommen, wurde aber mitten im Umbruch 1990 in den Studentenrat der Humboldtuniversität gewählt, zusammen mit den Kindern von Lothar Bisky und Bärbel Bohley ... Was waren das für Zeiten! Der Einzelne galt plötzlich etwas und konnte etwas bewegen, erfahrbar! Wir wollten unser Land selber gestalten und Partner sein für die große Bundesrepublik.

Was 1968 begonnen hatte, war mit Panzern niedergewalzt worden, ging aber weiter: Mit der Charta '77, mit Gdansk 1980, mit Sacharows und Kopelews Mut, mit Bahros und Havemanns Einsprüchen (aus der Position emanzipatorischer Sozialisten!), mit guter und mutiger Literatur aus der DDR, breiter Friedens- und Menschenrechtsbewegung, mit unserer Schmiedeaktion 1983 und den 20 Thesen zur Demokratisierung 1988. Rückblickend sind es von 1968 bis 1988 nur 20 Jahre. Sie wurden uns sehr lang, die Jahre der Stagnation. Grundlegende Veränderungen waren nicht zu erwarten. Nach der Niederschlagung des Prager Frühlings wurde das innenpolitische und ideologische Klima zunächst merklich rauer. Die von der sozialliberalen Koalition in die Wege geleitete Entspannungspolitik wurde in dieser Zeit geradezu zu einem Hoffnungsanker. Ich nahm virtuell an allen Abstimmungen und Debatten in der Bundesrepublik über die Anerkennung der DDR teil, ohne auf das (Fern-)Ziel der deutschen Einheit verzichten zu wollen (wie im berühmten »Brief zur deutschen Einheit« formuliert). 1970 ließ man uns in Halle mit dem Auto gar nicht erst auf die Autobahn auffahren; man fürchtete offenbar einen zu großen Auflauf bei der Ankunft Willy Brandts in Erfurt. Wie zäh rangen die Unterhändler, insbesondere Michael Kohl und Egon Bahr! Das im Sommer 1972 in Kraft getretene Transitabkommen zwischen der DDR und der Bundesrepublik ermöglichte Besuche von West-Freunden.

1979 wurde das Strafgesetzbuch der DDR nochmals verschärft. Wer widerständig leben wollte, musste sich das schon sehr genau überlegen.

§ 106 Staatsfeindliche Hetze:

(1) Wer die verfassungsmäßigen Grundlagen der sozialistischen Staats- und Gesellschaftsordnung der Deutschen Demokratischen Republik angreift oder gegen sie aufwiegelt, indem er

1. die gesellschaftlichen Verhältnisse, Repräsentanten oder andere Bürger der Deutschen Demokratischen Republik wegen deren staatlicher oder gesellschaftlicher Tätigkeit diskriminiert;

2. Schriften, Gegenstände oder Symbole zur Diskriminierung der gesellschaftlichen Verhältnisse, von Repräsentanten oder anderen Bürgern herstellt, einführt, verbreitet oder anbringt …

4. Verbrechen gegen den Staat androht oder dazu auffordert, Widerstand gegen die sozialistische Staats- und Gesellschaftsordnung der Deutschen Demokratischen Republik zu leisten;

… wird mit Freiheitsstrafe von einem bis zu acht Jahren bestraft.

§ 99 Landesverräterische Nachrichtenübermittlung

(1) Wer der Geheimhaltung nicht unterliegende Nachrichten zum Nachteil der Interessen der Deutschen Demokratischen Republik an die im § 97 genannten Stellen oder Personen übergibt, für diese sammelt oder ihnen zugänglich macht, wird mit Freiheitsstrafe von zwei bis zwölf Jahren bestraft.

§ 218 Zusammenschluss zur Verfolgung gesetzwidriger Ziele

(1) Wer eine Vereinigung oder Organisation bildet oder gründet oder einen sonstigen Zusammenschluss von Personen herbeiführt, fördert oder in sonstiger Weise unterstützt oder darin tätig wird, um gesetzwidrige Ziele zu verfolgen, wird, sofern nicht nach anderen Bestimmungen eine schwerere Strafe vorgesehen ist, mit Freiheitsstrafen bis zu fünf Jahren, Verurteilungen auf Bewährung mit Haftstrafe oder mit Geldstrafe bestraft.

(2) Rädelsführer werden mit Freiheitsstrafe von einem bis zu acht Jahren bestraft.

§ 219 Ungesetzliche Verbindungsaufnahme

… … …

(2) Ebenso wird bestraft

1. wer als Bürger der Deutschen Demokratischen Republik Nachrichten, die geeignet sind, den Interessen der Deutschen Demokratischen Republik zu schaden, im Ausland verbreitet oder verbreiten lässt oder zu diesem Zweck Aufzeichnungen herstellt oder herstellen lässt;

2. wer Schriften, Manuskripte oder andere Materialien, die geeignet sind, den Interessen der Deutschen Demokratischen Republik zu schaden und der Umgehung von Rechtsvorschriften an Organisationen, Einrichtungen oder Personen im Ausland übergibt oder übergeben lässt.

(3) Der Versuch ist im Falle des Absatzes 2 Ziffer 2 strafbar.

§ 220 Öffentliche Herabwürdigung

(1) Wer in der Öffentlichkeit die staatliche Ordnung oder staatliche Organe,
Einrichtungen oder gesellschaftliche Organisationen oder deren Tätigkeit oder Maßnahmen herabwürdigt, wird mit Freiheitsstrafe von bis zu drei Jahren oder mit Verurteilung auf Bewährung, Haftstrafe, Geldstrafe oder mit öffentlichen Tadel bestraft.

(2) Ebenso wird bestraft, wer Schriften, Gegenstände oder Symbole, die geeignet sind, die staatliche oder öffentliche Ordnung zu beeinträchtigen, das sozialistische Zusammenleben zu stören oder die staatliche oder die gesellschaftliche Ordnung verächtlich zu machen, verbreitet oder in sonstige Weise anderen zugänglich macht …

Es ist ein Horrorkatalog, der jedweder politischer Auslegung und verschärfter Anwendung Tor und Tür öffnet. Mehrfach haben z.B. die DDR-Behörden »aus kirchenpolitischen Gründen« auf einen Strafprozess verzichtet. Sobald es opportun gewesen wäre, hätte man zugeschlagen, bei mir und bei anderen. Ich bin somit geradezu ein »Nutznießer« politischer Willkür geworden. Ich kann auch nachträglich nicht sagen, dass dies ein angenehmer Zustand gewesen wäre und ich keine Angst gehabt hätte.

K O P I E

Stand der operativen Bearbeitung

Es wurden umfangreiche, inoffizielle Beweise erarbeitet, daß
SCHORLEMMER seit seinem Amtsantritt in Merseburg kontinuierlich
Aktivitäten einer feindlich-negativen Beeinflussung von Stu-
denten der TH Merseburg im Sinne mündlicher staatsfeindlicher
Hetze unternimmt, deren Analysierung folgende Zielstellung
erkennen läßt:

1. Bewußtseinsmäßige Abgrenzung teilweise religiös einge-
stellter Studenten der TH Merseburg von der sozialistischen Entwicklung in der DDR

2. Schaffung von Voraussetzungen zur Bildung eines religiösen Untergrundes im Sinne negativ-klerikaler Kreise

Unter Propagierung des "Demokratischen Sozialismus" und des
sogenannten "Prager Frühlings" konzentriert sich SCHORLEMMER
zur Durchsetzung seiner feindlichen Zielstellung in seinen
mündlichen hetzerischen Äußerungen auf folgende erkennbare
Schwerpunkte:

1. Angriffe gegen die sozialistische Ideologie

2. Angriffe gegen die Staats- und Sicherheitsorgane

3. Angriffe gegen die führende Rolle der SED

4. Angriffe gegen das Verhältnis von Staat und Kirche

Zur Unterstützung seiner feindlich-negativen Beeinflussung
bedient sich SCHORLEMMER des Auftretens von "Gastreferenten"
aus kirchlichen Einrichtungen innerhalb der DDR und in Aus-
nahmefällen aus der BRD sowie von Personen aus negativ-
feindlichen Künstlerkreisen vor der ESG Merseburg.
U. a. trafen z. B. Rainer KUNZE sowie die Bettina WEGENER-
SCHLESINGER auf.
Mit gleicher feindlicher Zielstellung propagierte SCHORLEMMER
Schriften mit antisozialistischem Charakter in engeren Kreis
der ESG; bezog sich dabei überwiegend auf aktuell politische
Ereignisse. Insbesondere wurde durch ihn das Machwerk

"Die Alternative"

von BAHRO einem kleinen Kreis von ESG-Mitgliedern zugänglich
gemacht und mit seiner Duldung verbreitet.
Die Materialien mit antisozialistischem Charakter bezieht
SCHORLEMMER überwiegend von konfessionell gebundenen Kontakt-
personen aus der BRD/WB, zu denen enge postalische und persönliche Verbindungen bestehen.

Ich wusste zu jener Zeit ziemlich genau, dass ich jeden Tag zu
dreimal zwölf Jahren Gefängnis hätte verurteilt werden können.
Und ich wusste aus der Seelsorge, wie man Menschen bereits in
den Untersuchungshaftanstalten unserer »Rechtspflegeorgane«
psychisch ruinierte. Und später fand ich in meiner sogenannten
Stasiakte unter dem »OV Johannes« eine Anklageschrift, in die
der Staatsanwalt nur noch das Datum und seine Unterschrift
hätte eintragen müssen …

Zum Sachstand

Zu "Johannes" wurde in der Zeit von 1971 - 1977 erfolgreich
eine OPK realisiert. Dazu lagen operative Anhaltspunkte vor,
wonach er als damaliger Studentenpfarrer in der ESG Merseburg
kontinuierlich Aktivitäten einer negativ-feindlichen Beeinflussung von Studenten entwickelte. Im Ergebnis der OPK wurde
der Verdacht erarbeitet, daß "Johannes" unter Mißbrauch seiner
beruflichen Tätigkeit planmäßig staatsfeindliche Hetze gem. § 106(1)
Ziff. 2 und 3 durchführt und es erfolgte die Eröffnung eines
OV (1977).

Im Rahmen der operativen Bearbeitung des OV wurde "Johannes"
mehrfach und eindeutig die Verletzung des genannten Straftat-
bestandes nachgewiesen. Die entsprechenden strafrechtlichen Ein-
schätzungen der Abt. IX belegen dies. Aufgrund der kirchenpolitischen Situation wurde die OV-Person bisher nicht strafrechtlich zur Verantwortung gezogen. Es wurden in der politisch-operativen Bearbeitung
des OV solche Schwerpunktorientierungen, wie Zersetzung, Disziplinierung und Zurückdrängung umgesetzt und realisiert.
Aufbauend auf der politisch-operativen und strafrechtlichen Bewertung des aktuellen Sachstandes des OV erfolgt die politisch-
operative Bearbeitung derzeit gem. §§ 97, 99, 106 StGB.

Dabei bestanden und bestehen folgende Ziel- und Aufgabenstellungen:

- Aufklärung und Dokumentierung der Pläne, Absichten und Aktivitäten
  des Verdächtigen in unterschiedlichen und überörtlichen oppositionellen Gruppierungen und in zentralen kirchlichen Gremien, speziell
  im Vorfeld des Kirchentages 1983 in Halle

- Aufklärung der Pläne und Absichten und Erarbeitung von Beweisen
  der Inspirierung und Organisierung politischer Untergrundtätig-
  keit

- Disziplinierung, Zurückdrängung und weitere Einschränkung sowie
  Unterbindung des Wirksamwerdens bei der Organisierung über-
  regionaler Zusammenschlüsse, insbesondere der Gruppierung
  "Frieden 83"

- Klärung des Charakters der Verbindungen in das NSW, besonders
  der Verbindungen des Verdächtigen zu Mitarbeitern diplomatischer
  Einrichtungen des NSW mit dem Schwerpunkt auf die existierenden
  Kontakte zur USA-Diplomaten und weiterer bekanntwerdender Verbindungen

- Nachweisführung der Sammlung von Nachrichten und deren Übergabe
  an feindliche Stellen.

Die Koordinierung und Realisierung aller operativen Maßnahmen zum
OV "Johannes" erfolgt in enger Zusammenarbeit mit der Abt. XX und Abt.
II der BV Halle.

Jeden Tag lebte ich mit einem Bein im Gefängnis, folgte dabei
meiner Devise: Ich muss immer an die Grenze gehen, muss stets
weitergehen als Freunde in anderen Berufen, aber möglichst
nicht so weit, dass ich nach Bautzen komme, denn dies hätte innere Zerstörung, dann Abschiebung in den Westen bedeutet.

Der deutsch-polnische Vertrag und Willy Brandts Kniefall am
Warschauer Ghetto gehen mir nicht aus dem Sinn. Ich fühlte
mich als Deutscher ganz und gar durch Willy Brandt repräsen-
tiert, ebenso durch den wunderbaren Gustav Heinemann oder

durch Walter Scheel als Außenminister und später als Bundespräsident.

An einem einzigen Abend im Leben habe ich mich richtig betrunken: als nämlich am 27. April 1972 das Misstrauensvotum gegen Willy Brandt – gegen alle Erwartung! – im Deutschen Bundestag scheiterte. Ein wichtiges und gutes Datum, selbst wenn wir nachträglich zur Kenntnis nehmen mussten, dass die Staatssicherheit ihre finanziellen Finger mit im Spiel gehabt hatte.

Welch ein Festtag war es, als am 1. August 1975 die Schlussakte von Helsinki unterzeichnet wurde. Sie wurde vollständig im »Neuen Deutschland« veröffentlicht. Welch ein Bild: Der etwas hilflos wirkende Honecker saß während der Unterschriftszeremonie zwischen Gerald Ford und Helmut Schmidt! Der Westen hatte den Korb 3 beharrlich durchgefochten. Die Staatssicherheitsorgane und die borniertren Ideologen im Klub der Gerontokraten, dem Politbüro der Geistlosigkeit, ahnten die Gefahr und verschärften den innenpolitischen Druck, intensivierten die Arbeit der Staatssicherheit – bis hin zu jenem berüchtigten »Zersetzungskatalog« der Staatssicherheit von 1976. Genau ein Jahr nach der Unterschrift der DDR-Repräsentanten unter die Schlussakte von Helsinki wurde jener Horrorkatalog aufgestellt.

»Bewährte anzuwendende Formen der Zersetzung sind:
- systematische Diskreditierung des öffentlichen Rufes, des Ansehens oder des Prestiges auf der Grundlage miteinander verbundener wahrer, überprüfbarer und diskreditierender sowie unwahrer glaubhafter, nicht widerlegbarer und damit ebenfalls diskreditierender Angaben;
- systematische Organisierung beruflicher und gesellschaftlicher Misserfolge zur Untergrabung des Selbstvertrauens einzelner Personen;
- zielstrebige Untergrabung von Überzeugung im Zusammenhang mit bestimmten Idealen, Vorbildern usw. und der Erzeugung von Zweifeln an der persönlichen Perspektive;
- Erzeugen von Misstrauen und gegenseitigen Verdächtigungen innerhalb von Gruppen; örtliches und zeitliches Unterbin-

den bzw. Einschränken der gegenseitigen Beziehung der Mitglieder einer Gruppe ... z.B. durch Arbeitsplatzbindung und Zuweisung örtlich entfernt liegender Arbeitsplätze ...

– die Verwendung anonymer oder pseudonymer Briefe, Telegramme, Telefonanrufe, kompromittierende Fotos ...

– die gezielte Verbreitung von Gerüchten über bestimmte Personen ... gezielte Indiskretion ...«

Was das alles konkret bedeutete, habe ich vielfältig erfahren müssen, ohne zu wissen, dass es eine solche offizielle Direktive seitens der Staatssicherheit gab – insbesondere Zersetzungsmaßnahmen in den kirchlichen Gruppen, in denen ich mitwirkte, die ich anregte oder leitete.

Wir feierten in der Studentengemeinde in Merseburg im Kreuzgang des Doms jenes Schlussakten-Datum von Helsinki. Jetzt hatten wir eine international gültige – zunächst papierne – Berufungsinstanz gefunden. Auch für Menschen, die es in diesem eingemauerten Land nicht mehr aushielten, ergaben sich nun Perspektiven, dieses Land legal, ohne Todesangst oder Zuchthaus, zu verlassen. Die Ausreisebewegung setzte sofort ein – zusammen mit den Repressionen, die alle Antragsteller zu erleiden hatten. Mit dem Antrag war man fortan der Willkür der Staatsorgane ausgeliefert: Sie entschieden, ob man und wann man weg konnte. Viele verloren ihren (gut dotierten) Arbeitsplatz, lebten innerlich »auf gepackten Koffern«. Mit diesen Maßnahmen wollte man die Bürger abschrecken und ein Ausbluten der DDR verhindern.

Ich hatte am Abend des 1. August 1975 für meine Studenten und für alle, mit denen ich direkt zu tun hatte, eine Einschränkung formuliert: »Den Ausreiseantrag muss man sich verdienen.« Ich meinte damit, dass jemand, der es in der DDR nicht mehr aushält, nachdem er widerständig gelebt hatte, auch die Möglichkeit wahrnehmen möge, nun ohne Atemnot im Westen weiterzuleben. Es waren mir einfach zu viele, die schnell auf den Zug sprangen, ohne vorher je in irgendeiner Weise Rückgrat gezeigt, den Kopf hingehalten, den Mund aufgemacht, sich mit anderen verbündet, verbotene freiheitliche Schriften verbreitet, ihren Kinder von drei Jahren Armee oder ganz vom NVA-Dienst abgeraten, das Jugendweihegelöbnis abgelehnt, die Militarisierung und Umweltzerstörung hinterfragt hatten etc. etc. Das Problem der Ausreise bzw. der sogenannten »Ausreiser«, ihre Motive und die Auswirkungen auf die Opposition sind bis heute strittig und emotional besetzt.

Ich wurde 1974 in die Synode meiner Landeskirche, der Magdeburgischen, gewählt und konnte bald in dem für mich wichtigsten Ausschuss »Kirche und Gesellschaft« mitarbeiten. Als ich im November 1981 zwei sehr strittige Anträge formulierte und begründete (und Auszüge davon in Westzeitungen erschienen), war der Druck auf mich und meine Familie größer geworden. Ich hatte mich zu den antipolnischen Stimmungen in der DDR-Presse geäußert und dazu einen Antrag in die Synode eingebracht.

Außerdem mischte ich mich 1981 in die Raketendebatte ein. Im Beschluss unserer Synode vom Herbst 1981 wurde zum ersten Mal der bis dahin öffentlich gänzlich gemiedene Begriff »SS 20« verwendet. Diese Synode wurde auch für unsere Kirche zur Zäsur. Wir begannen, uns in aktuelle bedrängende, politische Fragen mit konkreten Einsprüchen und Vorschlägen einzumischen.

Jedes Wort war wichtig. Und jeder musste es letztendlich selber verantworten. Im Herbst 1976 etwa, nach der Selbstverbrennung des Pfarrers Oskar Brüsewitz, war die politische Luft »zum Schneiden«. Lothar Loewe wurde als ARD-Korrespondent ausgewiesen, weil er gesagt hatte, was an der Grenze der DDR geschah: dass dort nämlich Menschen wie Hasen erschossen wurden. Das Protokoll einer SED-Delegiertenkonferenz vom Herbst 1976 wurde mir zugespielt. Darin hieß es z. B.: »dann ließen sie den Idioten Brüsewitz in Flammen aufgehen«.

Aber ich hatte stets das Gefühl, dass viele treu und mutig zu mir standen (wie ich auch zu ihnen stehen wollte) und ein Verschwinden hinter Gittern nicht wortlos hingenommen hätten. Meine Kirche, meine Schwestern und Brüder im Glauben, waren mir bergendes Zuhause, wenngleich keine Bastion, die mich hätte beschützen können. Wohl dem, der solche verlässlichen Freunde hatte und hat!

In meinem Antrag vom 5. Oktober 1981 an die Synode hatte ich unter anderem formuliert: »»Wem es nichts ausmacht, mit einem Bein im Grabe zu stehen, wird bald mit beiden drin liegen‹. (Günther Kunert) Die Nachrichten der letzten Monate machen uns Angst: Die wahnwitzigen amerikanischen Pläne zur Hochrüstung wie die fortlaufend installierten atomaren Waffensysteme in Ost und West ... Wir sehen in Vorschlägen aus Ost und West, nicht nukleare und rein defensive Sicherheitssysteme zu entwerfen, eine Hoffnung in Richtung des atomaren Pazifismus. Als ein Schritt in Richtung De-Nuklearisierung Europas kann der Verzicht der DDR auf eigene nuklearfähige Trägersysteme gelten. Ebenso treten wir für gegenseitige kalkulierte Vorleistungen ein, die die militärische Sicherheit nicht gefährden und mit den Verbündeten abgestimmt sind. Wir befürworten und unterstützen gerade angesichts der sich zuspitzenden Weltlage jede eindeutig friedensstärkende Initiative, die nicht auf weiterer Stärkung der Waffen beruht. Ohne bestimmte militärpolitische Zwänge zu leugnen, begrüßen wir die in unserem Land und in anderen Ländern aufgekommenen Vorschläge, einen sozialen Friedensdienst zu leisten.« So weit Auszüge aus meinem damaligen Antrag, vorgetragen mit ziemlich trockenem Mund.

Die Synode der evangelischen Kirche der Kirchenprovinz Sachsen hat im November 1981 in einem Beschluss festgehalten: »Wir verstehen, bejahen und vertreten das Sicherheitsinteresse unseres Staates. Wir müssen aber unsere Besorgnis darüber aussprechen, dass das Militärische in wachsendem Maße unser ganzes gesellschaftliches Leben durchdringt: von Militärparaden bis zum Kindergarten, von gesperrten Wäldern bis zu den Kriterien bei der Zulassung zu Ausbildungswegen, vom Kriegsspielzeug der Kinder bis zu den Übungen der Zivilverteidigung. Dies alles dient nicht der wirklichen Sicherheit und Zukunft unseres Lebens; dadurch wird einerseits Angst erzeugt, andererseits aber an den möglichen Krieg gewöhnt; dadurch wird vielleicht Disziplinierung erreicht, nicht aber zu einer kreativen

Gestaltung des Friedens befähigt. ... Wir können die Initiativen (der Partnerkirchen im Westen) nicht stützen, indem wir ihnen bloß applaudieren, sondern nur, indem wir das Entsprechende und in unserer Situation Angemessene tun. So treten wir ein

- für kalkulierte und mit den Verbündeten abgestimmte Vorleistung in der Abrüstung (z. B. der Reduzierung der SS 20 Raketen),
- für defensive, bedrohungsarme Sicherheitssysteme (z. B. Abbau der zahlenmäßigen Panzerüberlegenheit) und so für einen neuen Aufbau von Vertrauen in Europa von unserer Seite aus.

Wir erinnern an das, wozu die Kirchen in der DDR schon oft aufgerufen und auch angeleitet haben: an das Gebet für den Frieden, an den Abbau von Feindbildern, an die Erziehung zum Frieden.«

Auszüge aus diesem Beschluss wurden in der Tagesschau zitiert. Was aber bedeutete es für viele Synodalen, die nicht in der Kirche angestellt waren, dass ihre Synode es gewagt hatte, SS 20 und Panzerüberlegenheit anzusprechen?! Die heutige Debatte über die Arbeit der Kirchen zur Zeit der DDR ist mitunter geradezu vergiftet, weil man sich nahezu ausschließlich auf die Machenschaften der Staatssicherheit und die Berichte ihrer Spitzel – die man jetzt IM nennt – konzentriert und nicht auf das verweist, was die Kirchenleitungen, die Gruppen und Synoden völlig unbeeindruckt von staatlichen Repressionen diskutiert, beschlossen und öffentlich gemacht haben – sofern eine solche Öffentlichkeit in einer geschlossenen Gesellschaft überhaupt herstellbar war. Es gab immerhin massenhaft Ormic-Abzüge mit dem Schutzverweis »Nur für innerkirchlichen Gebrauch«.

Natürlich war es bestärkend und ermutigend, manchmal auch atemberaubend zu hören, wie unsere tschechischen Freunde aus der Depression erwachten und ihre Basiserklärung sowie weitere Texte der Charta '77 veröffentlichten, die bald aus der Tschechoslowakei herübergeschmuggelt, übersetzt und bei uns verbreitet worden waren. Wir waren eine verschwindende Minderheit, aber die mächtigen Sicherheitsorgane fürchteten sich offenbar mehr vor uns als wir uns vor ihnen!

Die DDR-Führung war nicht nur die gelehrigste Schülerin Moskaus, sondern »von oben«, von Partei und Regierung her, stets besonders scharfmacherisch, wiewohl sie ökonomisch in vielem von der Bundesrepublik abhängig war. Immerhin: Wir konnten unsere Freunde empfangen, intensive Kontakte aufnehmen, mehr und mehr Leute konnten aus familiären Anlässen in den Westen reisen.

Die Friedensbewegung in Ost und West kooperierte über die Grenzen hinweg miteinander. Wir wollten gegen die Raketen *bei uns* antreten und baten unsere westdeutschen Freunde, gegen die Raketen in ihrem Bündnis zu protestieren, damit man nicht die jeweils eigene offizielle Propaganda unterstützt, die immer nur gegen die Aufrüstung der Gegenseite polemisierte. Wir wollten klarstellen, dass unser Friedensengagement nicht vorgeschoben war und etwa doch nur aus Gründen unserer prinzipiellen Staatsgegnerschaft erfolgte, sondern um des Friedens, um des gemeinsamen Überlebens willen.

Und musste man sich nicht auch daran erinnern, warum die Sowjetarmee (die sogenannte GSSD) mit etwa 400 000 Soldaten in einem Teilstaat Deutschlands, der DDR, stationiert war und nun 40 Jahre das Land militärisch und politisch »im Griff« hatte?

Ich finde im Kriegstagebuch meines Vaters das Schlüsseldatum für alles Weitere, nämlich den Tag des Überfalls auf die Sowjetunion am 22. Juni 1941.

Mein Vater, der Sanitätsgefreite Wilhelm Schorlemmer, notierte in sein russisches Tagebuch:

Samstag, 21. Juni 1941
Wir liegen seit vorgestern Nacht in einem kleinen Wäldchen, das nur wenige Kilometer vom Bug entfernt sein soll. Wir haben ein Zelt-Camp aufgebaut und faulenzen in die wunderschönen Tage hinein. Gegen Abend und in der Nacht hören wir ferne Detonationen. Die Russen scheinen zu sprengen. Der Sonnenuntergang tauchte das flache Land mit zahlreichen Waldstücken in ein goldenes Licht, dass man den Krieg vergessen konnte.

Doch das stumpfe Sprenggeräusch jenseits des Flusses ließ uns immer wieder an das bevorstehende Ereignis denken. Gestern wurde uns das allgemeine Marschrutenziel bekannt gegeben. Unsere Division soll in Verbindung mit den anderen nach Erzwingung des Bugübergangs und Durchbrechung der feindlichen Befestigungslinien in Gewaltmärschen auf Moskau vorstoßen. Die Verproviantierung der Truppe soll ohne Rücksicht auf die Bedürfnisse der Zivilbevölkerung aus dem Gebiet selbst gewonnen werden, da man wahrscheinlich vom Nachschub abgeschnitten wird. Heute Nacht sollen wir in das Dorf, dessen Kirchturm man vom Waldrand aus sehen kann, abrücken. Eine Schule wird der Ort unseres ersten Hauptverbandplatzes sein. In dieser Nacht soll der erste Stuka-Angriff auf die russischen Linien erfolgen. Die letzte Post geht heute fort. Wer weiß, wann sich wieder einmal die Gelegenheit zum Schreiben bietet. An Mutter und Anne* habe ich ganz knapp geschrieben und sie auf die Ereignisse vorbereitet, von denen beide wohl schon wissen werden, wenn mein Brief sie erreicht.

Sonntag, 22. Juni 1941
Um 12 Abmarsch des zweiten Zuges zur Schule Zablorie.

Der Große Vaterländische Krieg mit etwa 20 Millionen Opfern und die verbrannte Erde von »Mütterchen Russland« war für *alle* Russen ein bleibender Schock. Seit 1985 gehörte ich einem Gesprächskreis im »Haus der sowjetischen Kultur und Wissenschaft« in Berlin an, der Seminare organisierte. Die MitarbeiterInnen dort waren alle für Gorbatschows Reformkurs. Sie besuchten unsere Friedensgruppe in Wittenberg 1988. Im Juni 1990 fuhr ich für die Literaturzeitschrift »Sinn und Form« nach Leningrad, um mit Daniil Granin, dem Autor der Novelle »Unser Bataillonskommandeur«, einer bewegenden, persönlichen Erinnerung an die Verteidigung Leningrads, zu sprechen. Mein

---

* Anne ist meine Mutter. Meine Eltern heirateten bei einem Fronturlaub im August 1943, ich wurde im Mai 1944 geboren. Mein Vater gehörte zu den Soldaten, die aus dem Gemetzel zurückgekehrt waren. Mir wurde das zu einer Verpflichtung – z.B. niemals ›unbedingten Gehorsam‹ zu schwören.

Vater war – als Sanitätsobergefreiter – mit der Wehrmacht vorgerückt, bis kurz vor Moskau. Granin konnte mit der nächsten Generation Freundschaft schließen.

Die DDR war nach dem Sieg über Hitler-Deutschland auch ein Faustpfand gewesen; die Länder zwischen der Sowjetunion und ihr eine Art Puffer. Was die Amerikaner jetzt mit sogenannten Abwehrraketen »gegen den Iran« an den Grenzen Polens und Tschechiens planen, rührt in Russland an den Komplex von 1941.

Bis 1990 standen sich die beiden Militärblöcke mit 50facher Overkillkapazität gegenüber. Mir war die Friedensfrage angesichts der Massenvernichtungsmittel zu wichtig, als dass ich sie mit anderen, freilich auch drängenden und bedrängenden innenpolitischen Fragen direkt verbinden wollte. Natürlich hängen Fragen nach Freiheit und Frieden eng zusammen, zumal die DDR sich immer mehr militärisierte und der Freiheitsraum immer mehr eingeschränkt wurde. Schließlich wurde 1978 der »Wehrkundeunterricht« mit seinen abstrusen, geradezu makabren Übungen für den Strahlenschutz in einem Atomkrieg eingeführt.

Nach dem sogenannten Spitzengespräch zwischen Evangelischem Kirchenbund und Erich Honecker am 6. März 1978 suchten Kirchen im Interesse der Christen »vor Ort« ein entspannteres Verhältnis zum Staat. Und so reagierten die evangelischen Kirchen auf den neuen Wehrunterricht in Schule und Ausbildung moderat, die Friedensgruppen scharf, die katholische Kirche gar nicht. War der 6. März 1978 in Wahrheit eine Falle, um sich die Kirchen gefälliger zu machen?

Ich fühlte mich häufig allein mit meinem Einspruch und Widerspruch, von den einen als Störenfried, den andern als zu kompromissbereit, von den dritten als provokativ-staatsfeindlich bewertet (Stasi-Sprache: »widersprüchlich«, weil ich dem dortigen Klischee eines Antikommunisten nicht entsprach). Nicht zuletzt deshalb erinnere mich gern, sehr gern an den Mut der Menschen, die mit mir gewirkt und die zu mir gestanden haben.

Meine Freunde und ich gründeten im Januar 1983 eine über-
regionale Friedensinitiative unter dem Signum »Frieden 83«,
weil andere sich nicht zu letzten Konsequenzen durchringen
konnten, z.B. den Wehrdienst mit seinem Eid (»unbedingter
Gehorsam«) unter Bedingungen der Abschreckungsstrategien
mit ABC-Waffen zu verweigern. Oft war die Vorsicht nicht Ausdruck persönlicher Angst oder Ergebnis der Einschüchterung
durch die STASI sondern Ausdruck von Rücksichtnahme auf
Gemeindeglieder, die in volkseigenen Betrieben oder in staatlichen Institutionen arbeiteten: Sie mussten um sich und ihre
Familie bangen, wenn sie radikale Resolutionen der Synoden
mit unterschrieben wie z.B. einen Aufruf zur Verweigerung des
Wehrdienstes, die für Christen aus meiner Sicht geradezu geboten war.

Während des Kirchentages 1983 gelang uns am 24. September
in der Dunkelheit des Lutherhofes eine Aktion, die weitreichende
Wirkung haben sollte. Wir wollten in erster Linie junge Leute er-
mutigen, die Repressalien erleiden mussten, ihnen war z.B. der
Aufnäher »Schwerter zu Flugscharen« aus den Jacken geschnit-
ten worden. Die Kirchen hatten sich daraufhin auf einen Modus
Vivendi mit dem Staat geeinigt: Das Zeichen blieb im innerkirchlichen Bereich als Logo der Friedensdekade erlaubt, durfte
aber nicht mehr öffentlich gezeigt werden. Deshalb gab ich die
Parole aus: »Wenn man das Zeichen nicht mehr zeigen kann,
wollen wir zeigen, wie man's macht!«

Deshalb haben wir auf dem Lutherhof ein Schwert zu einer
Pflugschar umgeschmiedet. Durch die Aktion erfuhr ich etwas
von der Macht der Bilder. Das war keine strategische Entscheidung gewesen, sondern hatte sich so ergeben. Ich hatte den
Journalisten Peter Wensierski, der von der Synode 1981/82 berichtet und mit Wolfgang Büscher das erste Buch mit Texten der
Friedensbewegung in der DDR herausgegeben hatte, gebeten,
im Disputionsgottesdienst am 23. September in der Schloss-
kirche nicht zu drehen, um den Gottesdienst nicht zu stören.
Aber sie könnten am nächsten Abend auf den Lutherhof kommen. Dort würde eine Friedens-Aktion starten. Was da passie-

ren würde, habe ich ihnen nicht gesagt. Sie kamen und filmten. Ihre Bilder spielten fernerhin (nach einer Sendung in »Kennzeichen D«) eine große öffentliche Rolle. Am nächsten Mittag, zum Ende des Kirchentages, der unter dem Motto »Vertrauen wagen« gestanden hatte, gab ich geradezu euphorisch mein erstes »West-Interview«: »Menschen aus anderen Ländern sagen uns immer wieder, dass sie, wenn sie hier herkommen, eine gedrückte Atmosphäre erleben, gedrückte Menschen und wenig Farbe …, und ich glaube, dass wir Christen in diesem Land dazu betragen können, dass es lockerer, dass es farbiger wird, dass es vielfältiger wird, dass Menschen Lust haben, hier zu leben. – Ich möchte hier leben, aber ich möchte hier so leben, dass ich gern hier lebe, und etwas dazu betragen, dass andere Menschen nicht sagen: ›Es ist umsonst, es hat keinen Zweck, hier zu sein‹, ihre Heimat verlassen und weggehen. Ich glaube, dass dies für die Zukunft die wichtigste Aufgabe der Kirche ist für die Menschen: Ihnen Mut zu machen zum Leben. – Ich bin seit heute morgen zuversichtlicher. Die Leute, die ich heute morgen gesehen habe, das waren nicht mehr die Bürger, die ich jeden Tag erlebe. Sie kamen leichtfüßiger, sie kamen fröhlicher, sie kamen an wie zu einem Fest. … ein wirklicher, fruchtbarer Dialog muss immer etwas Kritisches beinhalten, ein fruchtbarer Dialog muss möglich sein. Wenn ich das nicht für möglich hielte, dann müsste ich auch ausreisen.«

Mein Kollege, der Direktor des Predigerseminars, war (glücklicherweise) gerade zu einer Herzkur und musste weder zustimmen noch untersagen, auch später nicht verantworten, was ich getan hatte – und ich hatte glücklicherweise auch niemand von der Leitung des Kirchentages informiert. Meine Frau hatte zu jener Zeit Herz-Rhythmus-Störungen, meine ahnungslosen Kinder (damals 13 und 10 Jahre alt) waren begeistert von allem, was sie mit uns erlebten. Wir hielten engen Kontakt zu einer Friedensgruppe aus Westberlin. Politisch und menschlich kamen wir uns nahe. Wir veranstalteten Seminare, wir spazierten durch die Elbwiesen, genossen den mitgebrachten Käse. Wir sangen, legten die Bibel aus, fanden angemessene Formen für unser Gebet.

Politisch aber bewegte sich nichts in der Reagan-Andropow-Tschernenko-Zeit. Gefährliche Stagnation ... und dann passierte im März 1985 das völlig Unerwartete: Michail Gorbatschow wurde zum Generalsekretär der KPDSU gewählt. Wir spürten sofort, dass ein anderer Ton, ein anderes Denken in die Moskauer Nomenklatura gekommen waren. Plötzlich gab es Hoffnung, weil wir längst hatten zur Kenntnis nehmen müssen, dass eine Veränderung des Sowjetsystems nur dann in Gang kommen würde, wenn sie von Moskau ausgeht. Die Reaktionen im Westen waren ziemlich verhalten, bis hin zum Goebbelsvergleich durch Helmut Kohl. Als Gorbatschow bei seiner ersten Reise ins westliche Ausland nach Paris (am 4. Oktober 1985) redete und seine Reden im »Neuen Deutschland« abgedruckt wurden, nahm ich seine Äußerungen unmittelbar in unsere Magdeburger Synode auf, zitierte Gorbatschow (spaltenweise), bis die Staatsvertreter, die immer zur Beobachtung der Synode anwesend waren und vorn platziert wurden, damit sie nicht beobachten konnten, wer gerade redet und wer mit wem redet, die Synode plötzlich verließen. ... Jedenfalls verließen sie den Raum, hatten sie doch nicht glauben wollen, dass Gorbatschow so etwas gesagt hatte, was ich dort zitierte – aus ihrem Zentralorgan! Gorbatschow hatte ernst mit der Schlussakte von Helsinki gemacht und eine Strategie »Gemeinsamer Sicherheit« konkret werden lassen. Die völlig neue Situation erfordere »einen Bruch mit den Traditionen, der Denkweise und den Verhaltensmustern, die sich über Jahrhunderte, ja über Jahrtausende herausgebildet haben. Der menschliche Geist passt sich an Neues nicht sofort an. Das gilt für alle. Wir spüren das. Wir haben begonnen, umzudenken und viele gewohnte Dinge voll und ganz in Übereinstimmung mit den neuen Realitäten zu bringen, darunter im militärischen und natürlich im politischen Bereich. Es wäre wünschenswert, dass sich ein solches Umdenken sowohl in Westeuropa als auch über seine Grenzen hinaus vollzieht.« (»Neues Deutschland«, 4. Oktober 1985)

Dann kam Gorbatschow auf den Krieg der Sterne zu sprechen, der keine Alternative sei, sondern eine äußerst gefährliche

Illusion. (Dies hat er gewissermaßen auch George W. Bush ins Stammbuch geschrieben – im Jahre 1985!) Man müsse eine Alternative zur Angst finden »oder, um es in der Sprache der Militärs zu sagen, zur Abschreckung«. Man müsse jahrzehntelang angehäuftes gegenseitiges Misstrauen, jeglichen Argwohn und Vorurteile überwinden. Gorbatschow kam auf einen Punkt, der geradezu zentral war und blieb, nämlich den Verzicht des Alleinvertretungsanspruchs der KPdSU und der marxistisch-leninistischen Ideologie auf *die* Wahrheit. Er sagte: »Ich weiß: bei weitem nicht jeder in diesem Saal (der französischen Nationalversammlung) akzeptiert unsere Ansichten, unsere Ideologie. Als Realist versuche ich nicht, jemanden zu unserem Glauben zu bekehren. Zu jeder Philosophie kommen die Menschen und Völker selbst, indem sie sie durchleiden, indem sie sie mit Verstand und Herz erfassen. Bei allen Unterschieden in den politischen und philosophischen Anschauungen, in den Idealen und Werten müssen wir uns jetzt doch des einen bewusst sein: Wir alle sind Hüter des uns von vorangegangenen Generationen überlieferten Lebens.« (»Neues Deutschland«, 4. Oktober 1985) Sich als Hüter des Lebens verstehen und erkennen, welche Völker warum zu welchen Auffassungen gekommen sind!

Die DDR-Führung machte gegenüber Glasnost und Perestroika dicht, verbot Filme und Zeitschriften, druckte aber die Reden des Generalsekretärs pflichtgemäß weiterhin vollständig ab. Sein Buch »Perestroika« erschien zuerst im Westenn, dann in der DDR in limitierter Auflage. Gorbatschows Reden wurden zu einer Berufungsinstanz für die innenpolitische Opposition, nicht zuletzt in den (freilich nicht sehr großen) Reformkreisen der SED und all derer, die grundlegende Reformen wollten für Sozialismus und Demokratie, für Gerechtigkeit und Freiheit.

Die neue Diskussionslage führte zu dem im Westen sehr umstrittenen sogenannten SED-SPD-Papier »Der Streit der Ideologien und die gemeinsame Sicherheit«. Auch dieser Text war ein Berufungstext für die Opposition in der DDR geworden, auch wenn einige einstige Dissidenten politische Kehrtwendungen so vollzogen haben, dass sie heute leugnen, was gestern gemeinsam formuliert wurde – etwa nahezu alle, die sich Ende der neunziger Jahre der CDU angeschlossen hatten.

1989 begann mit einer wichtigen Folgekonferenz der KSZE in Wien mit Abschlusspapieren, die innenpolitische Opposition und deren Selbstorganisation in jedem Lande als zur politischen Kultur gehörig bezeichneten. Im Zusammenhang mit den drei die Zukunft der Menschheit insgesamt gefährdenden Problemen hatte sich in den Kirchen der Ruf nach einem »Konzil des Friedens« seit 1982/83 erhoben. Auf Initiative der DDR-Vertreter war es 1983 zu einem Beschluss der Vollversammlung des Ökumenischen Rates der Kirchen in Vancouver gekommen – freilich nur als einem »konziliaren Prozess«. Der prominente Philosoph, Physiker und Zeitkritiker Carl Friedrich von Weizsäcker hatte sich dem durch einen Appell und mit einem Buch angeschlossen (»Die Zeit ist reif«). Reif sei die Zeit, umzukehren und alles zu tun, dass dieser Planet nicht weiter so ausgeplündert und verschmutzt wird (*Bewahrung der Schöpfung*), dass die Ungerechtigkeit und der Hunger in der Welt nicht weiter anwachsen (*Gerechtigkeit*) und dass die Menschheit sich nicht zur Geisel ihrer eigenen Vernichtungskapazitäten durch eine weitergehende atomare, chemische und biologische Aufrüstung macht, dass die Völkergemeinschaft die Abschreckungsstrategie aufgibt, vertragliche Verabredungen schafft für Abrüstung und Gemeinsame Sicherheit (*Frieden*) sucht.

Jener Dreiklang »Gerechtigkeit, Frieden und Bewahrung der Schöpfung« wurde zu einem Denk- und Handlungsimpuls, der sowohl für östliche wie westliche Gesellschaften relevant war, wie er weltweit galt. Es bildete sich in der Kirche eine Bewegung (in Gestalt unabhängiger Gruppen) heraus, die auf ein »Konzil der Kirchen« (seit Oktober 1988 unter Mitwirkung der katholischen Kirche) drängte, um sich den überlebenswichtigen Fragen der Zukunft zuzuwenden. In einem ersten großangelegten basisdemokratischen Prozess, in dem die ersten Papiere der ersten Session der Ökumenischen Versammlung in Dresden im Februar 1988 diskutiert und angereichert wurden, organisierte die Kirche einen demokratischen Entscheidungsprozess.

Schließlich lagen einige zehntausend Eingaben vor, die mühselig bearbeitet worden waren und in die Schlussdokumente der Ökumenischen Versammlung in Dresden vom 30. April 1989 eingingen.

In der Erinnerung an die oppositionellen Aktivitäten der achtziger Jahre spielt in der öffentlichen Debatte dieser substanzielle und politisch relevante Prozess fast gar keine Rolle. Völlig überlagert ist seit 1990 die Debatte von einer geradezu diabolischen Neugier und Faszination, die die Geheimakten der Staatssicherheit auslösten. Dies hat dazu geführt, dass man im Wesentlichen die DDR-Geschichte und alle handelnden Personen aus der Sicht der vergifteten und vergiftenden Stasi-Akten interpretiert und bewertet. Das eigene, freie, selbstverantwortete Tun, das sich neben, gegen und außerhalb der Wahrnehmungen oder Drohungen der Staatssicherheit vollzog, wird relativiert und marginalisiert. Für wichtig und besonders bedenkenswert gilt, was in den Akten jenes perversen »Wahrheitsministeriums« (so Orwell) steht. Was dort nicht steht, hat offensichtlich in dieser verengten Sichtweise nicht stattgefunden!

Was noch aussteht, ist eine breite Untersuchung und Bekanntmachung dessen, was christliche Gruppen (insbesondere aus der evangelischen Kirche), was Gruppen unter dem Dach der evangelischen Kirchen gemacht und gesagt haben, was Synoden diskutiert und in Beschlüsse gebracht hatten und was an wichtigen Impulsen aus den Papieren der Ökumenischen Versammlung von 1989 bis heute relevant geblieben ist. Es seien einige Themen genannt, denen wir uns zuwandten und die nicht erledigt sind:

Leben in Solidarität (den Armen in der Welt und den Ausländern in Deutschland zugute). Mehr Gerechtigkeit in der DDR. Von der Abschreckung zur politischen Friedenssicherung. Orientierung zu Fragen des Wehrdienstes. Aspekte der Friedenserziehung. Kirche des Friedens werden. Auf der Suche nach einer neuen Lebensweise. Ökologie und Ökonomie. Energie für die Zukunft.

Als besonders strittig erwiesen sich die Fragen zu einer generellen Ablehnung des Militärdienstes und zur Bewertung des

DDR-Systems. Die in dem Papier »Gerechtigkeit in der DDR« genannten offenen Fragen stehen – in veränderter Form – noch heute an und brauchen einen breiten Dialog. Ich nenne nur folgende damals genannte Fragen: »Worin bestehen die für ein möglichst gerechtes Leben der Gesellschaft notwenigen Funktionen des Staates? Wie stehen wir zum geschichtlichen Weg unseres Landes? Womit können wir uns identifizieren? Wo müssen Fragen gestellt werden? Welche Informationen und Fakten fehlen? Was heißt es, Deutscher in der DDR zu sein? Wie arbeiten wir unsere Identitätsprobleme auf? Wie kann auch die nationale Frage im europäischen Friedensprozess geklärt werden?«[12]

Auf der Suche nach einem Inhalt für die im Umbruch befindliche Ost-CDU wurden im Dezember 1989 kurzzeitig alle Beschlüsse der Ökumenischen Versammlung von Dresden zum CDU-Programm erklärt, bis die Ost-CDU sich fast bruchlos in die West-CDU auflöste. Eine Aufarbeitung der Geschichte der Ost-CDU steht noch aus. Umso beflissener machen sich viele Mitglieder der mittleren Ebene der damaligen CDU, die heute höhere Positionen haben, über die SED, den Sozialismus und jedes linke Gedankengut her, allen voran ein einstiger, noch im Sommer 1989 sehr aktiver Opportunist wie der heutige Ministerpräsident von Thüringen Dieter Althaus. (Wenn er doch nur heute nicht so scharf gegen »Die Linke« aufträte und an seiner Person verdeutlichen würde, in welche Verirrungen man in der DDR gelangen konnte!)

Von Anfang Mai bis Anfang Juni 1989 hielt die Welt, hielt auch ich, den Atem an bei allem, was in China ablief und dann schließlich zerschlagen wurde. Besondere Angst machte zudem die Berichterstattung der DDR-Medien über jene Vorgänge. Egon Krenz' Äußerungen nach seiner China-Reise wurden geradezu als Warnzeichen über das verstanden, was passieren würde, wenn es bei uns zu ähnlichen Protesten käme. Wie angespannt die Situation war, zeigt sich daran, dass z. B. niemand beim Deutschen Evangelischen Kirchentag im Juni 1989, der einige Tage nach dem Massaker auf dem Platz des himmlischen Friedens stattfand, sich öffentlich zu diesen »krisenhaften Ereignissen« geäußert hatte, schon gar nicht selbsternannte Helden und spätere Abgeordnete bürgerlicher Parteien im Bundestag. Meine Predigt, die ich in Berlin-Westend gehalten hatte, die darauf Bezug genommen hatte und vom RIAS direkt übertragen worden war, lag nicht in den üblichen Fächern der Journalisten. Darin hieß es: »Ich lebe in einem Land, das das Firmenschild »Sozialismus« trägt (ich denke, es ist eher ein Arbeitstitel), und möchte gern, dass Sozialismus sich fortentwickeln kann, nicht einfriert und dass er nicht zum Verschwinden gebracht wird. – Ich habe Grund, einem Politiker Glauben zu schenken, der politische Probleme mit politischen Mitteln lösen will und menschliche Probleme menschlich, der einlädt zu einer ›globalen Solidarität‹ und zu einer weltweiten Konversion zum Frieden. – Bei aller tiefen Empörung, bei allem markerschütternden Entsetzen darüber, wie offenbar einige machtbesessene, altersstarre und dialogunfähige Diktatoren des Proletariats mit der Armee des Volkes das eigene Volk als eine Gruppe ›Konterrevolutionäre‹ niederwalzen ließ und beim Berichten über die Anwendung nackter Gewalt Aktion und Reaktion in schamloser Weise verkehrt hat – bei aller Empörung darüber bitte ich, dass wir Christen nun nicht zu denen gehören, die sagen: ›Seht, das ist der Kommunismus. So sind Kommunisten.‹ Ich bitte, sorgsam zu unterscheiden. (Das mag auch uns Christen nutzen, wenn die anderen auch bei uns sorgsam unterscheiden!) Ich fürchte um uns alle, wenn es zu einer erneuten Konfrontation zwischen Ost und West käme. Setzen wir die immer noch gegebenen Chancen – weltweit, trotzdem – zu friedlicher Einigung nicht aufs Spiel! Noch ist Zeit. … Traut dem Gegner einen Wandel zu und traut ihn auch euch selbst zu: ›Annäherung durch Wandel‹ *und* ›Wandel durch Annäherung‹ – auf beiden Seiten! Die Chance ist da. Jetzt ist Zeit! – Und ihr lieben Mitchristen, lasst euch lieber ›Gorbomanie‹ vorwerfen, als euch selbst unheilbare ›Russo-Phobie‹ bescheinigen zu müssen. – Ich bin in diese Insel-Welt-Stadt gekommen von der Seite der Mauer, auf der sie nicht bunt ist. Und ich bitte euch darum, statt eine aus überlegener Pose kommende, zu einfache Abrissrhetorik der Mauer zu verstärken, mit

Beharrlichkeit daran mitzuwirken, dass sie immer durchlässiger, immer niedriger, immer überflüssiger wird. Eine Instabilität würde auch euch treffen, und ich bin nicht sicher, ob es dann nicht doch einer ›Grundgesetzänderungsmauer‹ bedürfte. Keine neue Völkerwanderung in Europa! Jeder soll in seinem Land gut leben können. Im Übrigen wird es unsere Sache in unserem Land sein, *die* Bedingungen, die *bei uns* zu ihrer Errichtung führten, so umzugestalten, dass die Bürger unseres Landes sich bei uns aus Freiheit beheimaten. Wir Christen können die ›Volksdiplomatie‹ etwa bei Städtepartnerschaften durch ›Volksökumene‹ bereichern.«[13]

Selbstzensur fand statt, nicht bloß aus politischem Kalkül, sondern auch aus berechtigter Angst, dass die Möglichkeiten des Kirchentages, grenzüberschreitend zu arbeiten, eingeschränkt werden würden, wenn die Kirchen sich hierzu (klar!) äußern würden. Die Angst blieb Regentin. Und sie war berechtigt. Die Stasi schlug immer wieder zu und statuierte Exempel.

Man denke nur an die Rosa-Luxemburg-Demonstration vom Januar 1988, bei der etwa Hundert Demonstranten, die ausschließlich für ihre eigene, baldige Ausreise demonstrierten, sofort in den Westen durften und die anderen Protestierer verhaftet und interniert wurden. Nach den – der Seele häufig unvergesslichen – Verhören bei der Stasi wurden einige Demonstranten zur »Strafe« in den Westen abgeschoben, mit ihrer Zustimmung. In den Kirchen fanden Protest- und Solidarisierungsversammlungen und politische Gebete statt.

Seit August 1989 kam die Geschichte dann ins Rasen. Am 9. Oktober in Leipzig entschied sich offenbar alles, was nach mächtig-friedlichen Demonstrationen in der ganzen DDR auf den 9. November zulief. Die DDR unter der Herrschaft der SED war in jeder Weise am Ende. Die Opposition wollte anfänglich vor allem Demokratie, Freiheit, Selbstbestimmung, »sozialistische Demokratie«, um dann in ein gleichberechtigtes gemeinsames Deutschland der Demokratie einzuwandern.

Der 4. November '89 wird inzwischen weithin aus der Erinnerung an die wunderbare friedliche Revolution getilgt. Ich dokumentiere meine damalige Rede sowie eine, die ich fünf Jahre später aufgeschrieben habe, um mir vorzustellen, was passiert wäre, hätte ich diese zweite Variante gewählt und die 700 000 Menschen auf dem Alex aufgefordert, direkt an die Grenze zu gehen und die Westberliner zu begrüßen …

Fiktive Rede am 4. November 1989 auf dem Alex
»Macht das Tor auf!«

»Das Maß ist voll. Diese Regierung muss weg. Die Staatssicherheit muss weg. Die SED muss sich auflösen. Wir brauchen Demokratie und demokratische Parteien. Keine Rache! Keine Gewalt! Aber das sofortige Abdanken dieses abgewirtschafteten Systems und seiner Repräsentanten ist auf der Tagesordnung. Wir wollen und wir können nicht länger warten. Wir wollen niemandem ans Leben – aber wir wollen frei leben. Zur Freiheit gehört, dass wir uns keinen Tag länger einmauern lassen. Diese Schnittwunde mitten durch diese Stadt, mitten durch unser Land muss verschwinden. Diese Mauer muss weg. Sie ist einzig und allein dazu da, dieses bankrotte System zu schützen. Das ist kein Antifaschistischer Schutzwall, sondern ein Schandmal für ein Land, das permanent behauptet, den gesellschaftlichen Fortschritt zu verkörpern. Die Zeit des Schweigens ist vorbei. Wir hören auf, die Schüsse an der Mauer stumm-betroffen hinzunehmen. Noch im Februar 1989 wurde Chris Gueffroy an dieser Mauer hinterrücks erschossen. Das muss das *letzte* Opfer gewesen sein! Die Verantwortlichen gehören vor Gericht. Ein ganzes Volk kann man nicht erschießen – so lasst uns nicht morgen oder ›in 100 Jahren‹, sondern jetzt den Westberlinern ›Guten Tag‹ sagen. Wir befreien sie aus ihrem Inseldasein und uns aus unserer Ummauerung. Friedliche Vereinigung in Freiheit! Wir wollen Westberlin nicht einverleiben oder ›sozialistisch befreien‹, sondern eine Stadt auf demokratische Weise wieder *eine* Stadt sein lassen. Wir lassen uns nicht weiter, nicht einen Tag länger, einmauern. Wir füllen keine weiteren Behördenbittformulare aus. Wir reisen nicht über Warschau oder Prag aus, sondern gehen miteinander aufrecht durchs Brandenburger Tor. Die Steine räumen wir schnell mal aus dem Weg. Dieses Jahrhundertbauwerk eines Dachdeckers ist nach 28 Jahren ohnehin ziemlich brüchig geworden. Wenn Außenminister Fischer die Mauer zu einer tragenden Wand des europäischen Hauses zählt, dann würde dieses Haus bald einstürzen.

Nun aber, liebe Mitbürgerinnen und Mitbürger, noch einen Moment Geduld. Alle sollen hier noch ausreden. Wenn wir etwa in einer Stunde losgehen, dann wissen die Grenzer schon, dass wir kommen. Sie bekommen Gelegenheit, inzwischen schweres Räumgerät heranzufahren, damit wir reibungslos durchs Brandenburger Tor gehen können. Oder sie bauen eine große Notbrücke über die Mauer hinweg. Also ran ›Junge Pioniere‹! Wenn hier der Worte genug gewechselt sind, lasst uns Taten sehen! Auf zum großen Spaziergang des Volkes in die Freiheit! Ich hab da noch ein kleines Friedensangebot: Egon Krenz möge nach Wandlitz gehen und zusammen mit seinem Vorgänger, diesem epochalen Mauerbaumeister Honecker, eine schöne große Mauer um ihr Funktionärsparadies bauen. Dort können sie ihren antifaschistischen Schutzwall für die sozialistischen Ideale behalten. Dort sollen sie miteinander im Kreis der guten Genossen, ohne jede Störung durch Feinde, ihren sozialistischen Machttraum im Kleinformat vollenden. Eine sozialistische Menschengemeinschaft der Parteielite, ein M-L-Kloster mit Mauer. Im Kreise der ihren sollen sie mit ihren Genossen einträchtig ihren Sozialismus genießen. Dabei wollen wir sie nicht stören. Aber sie sollen uns endgültig mit ihrem Großversuch in Ruhe lassen. Auf den alten Schießplätzen der NVA und der Roten Armee können sie Kartoffeln, rote Rüben und Mais anbauen. Sie sollen ruhig ihre vertraute Mauer, allerdings in verkleinertem Gelände, behalten. Falls Ihr betagten Ober-Genossen jedoch der Meinung seid, dass das Volk Eurer nicht wert ist, so sind wir bereit, Euch ein Sonderflugzeug nach Korea bereitzustellen. Oder wollt Ihr vielleicht lieber nach China, weil es dort eine jahrtausendealte stabile Mauer gibt? Eins ist jedenfalls klar: Eure Jagdreviere werden wir Euch abnehmen. Das werden Naturreservate. Da werden nicht weiterhin große Tiere auf große Tiere schießen. Wir sind keine Unmenschen. Wir werden Euch den Auslauf aus dem ummauerten Sozialismusgehege Wandlitz jederzeit erlauben – unter der Voraussetzung, dass Ihr keine konspirativen revolutionären Zellen bildet und Euer Experiment unter Euch zu Ende führt und uns Eure Ergebnisse sodann vorweist. Wir werden sehen, ob das überzeugt. Ihr sollt den Sozialismus ganz ungestört aufbauen können. ›Unter weltoffenen Bedingungen‹ lässt er sich offenbar nicht realisieren. Eins sollte unter uns klar sein: Wir wenden keine Gewalt an. Wir wollen, dass Ihr Eure Machtinstrumente friedlich abgebt. Wir machen Euch auch keine Schau-Prozesse, machen mit Euch schon gar nicht ›kurzen Prozess‹. Aber dankt ab und erwartet nicht, dass wir Euch ›Danke‹ sagen. Wir sagen: ›Alles Gute – Auf Nimmer-Wiedersehen!‹ In meiner Bibel steht: ›Mit meinem Gott kann ich über Mauern springen.‹ Diese Mauer ist so hoch gebaut, dass ich nicht einmal mit meinem Gott darüber springen kann. Also, nachher gehen wir ganz ordentlich und gelassen, entschlossen und fröhlich draufzu, so wie wir hierhergekommen sind. Hier ist keine einzige Parole zu sehen, die zu Gewalt auffordert, keine einzige Parole, die ein anderes Volk, ein anderes Land, die irgendein anderer fürchten müsste. Wir sind ein friedliches, wir sind ein selbstbewusstes, wir sind ein freiheitsliebendes Volk. Dass wir hier heute überhaupt stehen können, verdanken wir einem mutigen Mann. Wie das hier 40 Jahre üblich war, so schlage ich vor, heute eine Grußadresse an Michail Gorbatschow zu richten. Ihm haben wir die bisherigen Schritte zu Demokratisierung und Freiheit wesentlich zu verdanken. Michail Sergejewitsch ist kein neuer Pharao; er ist einer, der selber die Befreiung seines Vielvölkerstaates aus Bevormundung will. Schreiben wir ihm diese einfachen Zeilen: ›Let my people go! Lass das deutsche Volk gehen! Wir werden nie wieder kommen, um andere Völker zu überfallen. Wir wollen Freundschaft mit allen Völkern der Sowjetunion, Freundschaft mit all unseren Nachbarn! Wir wollen Frieden, Freiheit, Abrüstung und Entspannung. Diesem

Prozess steht die Mauer im Wege. Deshalb haben wir heute die Straße durchs Brandenburger Tor freigemacht.«[14]

In Wirklichkeit habe ich aber diese Rede gehalten:

»Ich spreche über Solidarität und Toleranz. Im Herbst 1989 sind wir auferstanden aus Ruinen und neu der Zukunft zugewandt. Und bald werden wir das auch wieder singen.

Hier lohnt es jetzt! Hier wird es spannend! Bleibt doch hier. Jetzt brauchen wir buchstäblich jede und jeden.

Es ist wahr, unser Land ist kaputt. Ziemlich kaputt.

Unsere alten Städte und unsere Kultur

Unsere Natur und unsere Wirtschaft

Unsere Sprache und unser Bildungswesen.

Es ist wahr: Dumpf, geduckt, bevormundet haben wir gelebt so viele Jahre. Heute sind wir hierher gekommen: offener, aufrechter, selbstbewusster.

Es ist kaum zu glauben: Das Volk setzt sich an die Spitze der Veränderung, fordert gewaltlos, aber bestimmt, sehr laut und sehr klar tiefgreifende Veränderungen und die Spitze begibt sich unter das Volk und tut, was das Volk will.

Viele werden stolz auf unser Land. Wir finden endlich zu uns selbst. Was wir jetzt schaffen, schaffen wir alle miteinander. Wir wurden aus Objekten zu Subjekten des politischen Handelns.

Lebten wir gestern noch in der stickigen Luft der Stagnation, die uns des freien Atems beraubte, so erleben wir heute Veränderungen, die schon atemberaubend sind.

Der Wehrunterricht wird abgeschafft, der Zivildienst wird eingeführt. Schritte, auf die wir lange gedrängt hatten!

Plötzlich wird es zum Erlebnis, unsere Zeitungen zu lesen. Aus Zerrspiegeln werden Spiegel. Warum mussten wir solange darauf warten?

Ist das alles nur ein Traum, aus dem es ein bitteres Erwachen gibt? Oder sind wir mitten in einem dauerhaften, demokratischen Aufbruch?

Wir brauchen jetzt Toleranz und kritische Solidarität miteinander – nicht das Ausufern der Emotionen. Wir brauchen die Zulassung aller neuen demokratischen Bewegungen.

Liebe Freunde! Wenn wir jetzt eine Koalition der Vernunft schließen, die quer durch alle bisherigen Parteien und alle neuen demokratischen Bewegungen hindurchgeht, wird uns der Aufbruch gelingen.

Der Wandel ist schon unübersehbar, aber noch ist er umkehrbar. Hatten die Herrschenden bisher die Signale für unsere gesellschaftliche Krise nicht gehört – höchstens abgehört! –, so haben die dramatischen Widersprüche sie jetzt gezwungen, von ihren Tribünen herabzusteigen und den gleichberechtigten Dialog zu beginnen. Sie müssen sich viel anhören, auch aufgestaute Wut. Viele werden vom Volk in ihren Ämtern nicht mehr toleriert. Für manche gibt es ein ›zu spät‹. Aber alle verdienen unseren Respekt, die nun freiwillig zurücktreten.

Der große, offene Dialog darf sich nun nicht aufs Dampfablassen beschränken, sondern braucht weitere spürbare Ergebnisse – sonst erartet er zum großen Papperlapapp, bis der Winter eingekehrt und alles wieder in die alten Bahnen gebracht wird.

Der Dialog muss nun zum Normalfall des Umganges zwischen Volk und Regierung werden. Er darf nicht Notmaßnahme im Krisenfall bleiben.

Wir sind dabei, unmittelbare Demokratie zu üben.

Aber wer gestern noch die scharfe Kralle der Macht zeigte und heute das weiche Pfötchen des Dialogs hinhält, darf sich nicht wundern, dass viele noch die Kralle darunter fürchten.

Wer gestern noch die chinesische Lösung für richtig hielt, muss heute verbindlich erklären, dass dies für die DDR nicht zur Debatte steht. Sonst bleibt die Angst, die viele vertreibt. Unser aller Toleranz muss enden, wo Gewalt als Mittel der politischen Auseinandersetzung propagiert oder eingesetzt wird, von welcher Seite auch immer.

Jetzt können wir nicht auf halbem Wege stehen bleiben. Wir brauchen nun eine Struktur der Demokratie von unten nach oben: Die Regierung hat auf das Volk zu hören und nicht das

Volk auf die Regierung. Wir lassen uns nicht weiter von bürokratischen Kleingeistern bevormunden.

Deshalb geht es jetzt nicht um die Gewährung von Toleranz von oben herab, sondern um die rechtlich gesicherte Durchsetzung demokratischer Bürgerrechte für alle.

Es geht auch nicht um ein bisschen mehr Information, sondern um volle Information, um eine Erneuerung in der Wahrheit, der ganzen Wahrheit, auch der bitteren.

Schließlich: Ein gesamtgesellschaftliches Solidaritätsgefühl, eine Atmosphäre des Vertrauens in unserem Lande entwickelt sich erst, wenn das größte innenpolitische Sicherheitsrisiko, die Staatssicherheit, radikal abgebaut und vom Volke kontrolliert wird.

40 Jahre haben wir das erduldet, jetzt wollen und können wir diesen riesigen Angstapparat weder weiter tolerieren noch bezahlen. Fehler dürfen nun nicht mehr flugs korrigiert werden – sie müssen auch als Fehler zugegeben werden. Aber, liebe Freunde, reißen wir nun nicht neue Gräben auf! Trauen wir jedem eine Wende zu, auch wenn nicht jeder in seiner alten Position verbleiben darf. Aber, bitte, keine Rachegedanken. Wo persönliche Verantwortung oder Schuld vorliegt, ist strikte Gesetzlichkeit einzuhalten. Tolerieren wir nirgendwo Stimmen und Stimmungen der Vergeltung. Und uns alle in der neuen Demokratiebewegung bitte ich:

- Hüten wir uns davor, an die Stelle der alten neue Ausschließlichkeit, Wahrheits- und Führungsansprüche zu setzen.
- Seien wir gerecht und tolerant gegenüber den alten und neuen politischen Konkurrenten, auch einer sich wandelnden SED. Denken wir daran, welche Befürchtungen der neue erste Mann auslöste – und welche neue Bewegung mit ihm schon in Gang gekommen ist!
  Ich meine: Wir wollen und wir können unser Land jetzt nicht ohne die SED aufbauen – aber sie muss nicht führen.
- Bleiben wir von vornherein auch selbstkritisch und wandlungsbereit und nicht nur stark in der Kritik an anderen. Wir brauchen Veränderung, Selbstveränderung. Wir sind schließlich auch nicht unschuldig an dem, was geworden ist. Auch wir sind an den Erfolgen und an den Versäumnissen beteiligt gewesen.

– Lasst uns nicht aus Überdruss gegenüber dem fremdbestimmten Einheits- und Einstimmigkeitsprinzip in eine Lust an der Eigenprofilierung und so in viele Gruppen verfallen.

– Toleranz erwächst aus der Erkenntnis, dass auch wir irren und den alten Fehlern neue hinzufügen werden. Damit aber niemand wieder Irrtümer unangefochten als Wahrheiten ausgeben kann, dazu brauchen wir volle Demokratie, die keinen für immer festgeschriebenen Wahrheits- und Führungsanspruch einer Gruppe verträgt. Nirgendwo. Darum: Demokratie – jetzt oder nie.

Ohne die wache Solidarität und die Einigungsfähigkeit aller demokratischen Kräfte wird es nicht gelingen, eine lebendige und dauerhafte Demokratie aufzubauen. Die Zersplitterung der Demokraten ist stets die Stunde der Diktatoren.

In unserer erneuerten sozialistischen Demokratie auf deutschem Boden wird der Mensch dem Menschen ein Helfer sein können – und nicht wieder ein gnadenloser Konkurrent oder ein allgegenwärtiger Kontrolleur sein.

Wir werden noch durch ein Tal hindurchgehen. Wir werden uns nicht durch besonderen Wohlstand auszeichnen können, aber vielleicht durch mehr Freundlichkeit und Wärme.

Aus Wittenberg kommend, erinnere ich Regierende und Regierte – uns alle! – an ein Wort Martin Luthers:

> ›Lasset die Geister aufeinanderprallen,
> aber die Fäuste haltet stille.‹«

Der Traum von der Selbstbestimmung wurde noch bis zum 18. März 1990 geträumt.

An jenem wunderbaren ersten Wahltag mit Alternativen wurde klar, dass die Mehrheit der DDR-Deutschen vor allem die D-Mark (eine Voraussetzung für Reisefreiheit) und die deutsche Einheit als Anschluss an die ökonomisch erfolgreiche Bundesrepublik wollte. »Sanfte Zweistaatlichkeit« und ein Prozess der Vereinigung mit einer Zwischenzeit der Konföderation mit Ost-West-Deutscher Debatte über eine gemeinsame Verfassung gemäß Artikel 146 GG wurde ökonomisch-politisch obsolet.

Das praktisch verschmähte Erbe des friedlichen Aufbruchs liegt in Gestalt des Verfassungsentwurfes des Runden Tisches vor, einfach zur Makulatur erklärt – – –.

»Deutschland, meine Trauer, Du mein Fröhlichsein«.

Ich bin in der Bundesrepublik zuhause und darin auch öfter ein Fremder.

Trotz allen Missbrauchs linken Gedankenguts durch eine Partei mit einem hypertrophen Wahrheits- und Machtanspruch bin ich wegen des links-emanzipatorischen und wegen des auf Gerechtigkeit gerichteten Impulses ein Linker geblieben.

Nach 40 Jahren DDR genieße ich zugleich täglich die Atemfreiheit. Das Land hat Farbe bekommen. Wunderbares wurde erreicht. Aber sozial sind wir in einer für die Demokratie generellen, für betroffene Menschen existenziellen Schieflage. Zugleich leben wir in Deutschland immer noch in einer äußerst privilegierten Situation. Noch fällt keiner wirklich durchs Netz. Aber unsere Demokratie kommt in eine Akzeptanzkrise. Sie ist des täglichen Einsatzes wert und bedürftig.

Freiheit, Frieden, demokratische Mitbestimmung, soziale Gerechtigkeit und Schutz der natürlichen Lebensgrundlagen bleiben Eckpunkte allen politischen Handelns auf diesem wunderbaren Globus. Suchende bleiben wir am Rande eines kalten Weltalls, ein Zuhause suchend, eine Heimat, die wir bald wieder verlassen müssen – in verbessertem Zustand?

Es ist ein letztlich unverdientes Glück, erfahren zu dürfen, wie beglückend es ist, mit allen Sinnen zu leben und Sinn im Tätigwerden zu finden.

Der tapezierte Alex und der
Traum vom selbstbestimmten Leben

Vom 18. Oktober 1989 bis zum 18. März 1990 gab es eine Deutsche Demokratische Republik, verbunden mit einem breiten und sehr wachen Gestaltungswillen des Volkes, mit Selbsterhebung mit Selbstbewusstsein, mit politischer und menschlicher

Besonnenheit, mit der unerwarteten Fähigkeit aller Seiten, einen fundamentalen gesellschaftlichen Umbruch friedlich zu gestalten, nicht alles und sich selbst nicht wegwerfend.

Der 9. Oktober in Leipzig wurde zum Wendepunkt, der 4. November machte in Berlin den politischen Umschwung perfekt – schon durch die Tatsache, dass die Kundgebung mit mehr als einer halben Million Teilnehmern im DDR-Fernsehen übertragen wurde und somit für jedermann mitzuerleben war.

Jener 4. November wird im Gefolge einseitiger Deutungen der friedlichen Herbstrevolution von 1989 entweder unterschlagen, marginalisiert oder ganz vom 9. November überstrahlt, obwohl – oder weil – sich der Fokus der DDR-Bürger von nun an auf den Westen richtete.

Jener Samstag im November war ein historischer Tag für eine endlich mögliche DRR, auch für mich: Plötzlich entstand eine unerwartete Identität in diesem erwachten, friedlichen und scharfsinnigen Volk.

Ich stehe im Strom entgegenkommender Demonstranten und habe ein Notizbüchlein in der Hand, rot, aus dem Haus der sowjetischen Wissenschaft und Kultur. Das Rot macht einige Leute sofort allergisch, als ob da wieder einer in finsterer Absicht mitschreibe. Andere erkennen mich. Wildfremde Leute danken mir. Wofür? Wahrscheinlich für das kurze Interview, das ich in meinem Garten für Kennzeichen D gegeben hatte, am 30. August gesendet.

Ich lese die Sprüche auf den Plakaten der Demonstranten, staune und bin beglückt von diesen Bürgern, die solange gedrückt und gebückt waren.

Als Adam grub und Eva spann – wo war denn da der Stasimann?

Wandlitzland in Volkes Hand

Mindestrente für abgesetzte Funktionäre

Die Sprache springt aus den Amtsstuben

Was tun? Was tun!

Haste Verstand? – Ne, ein Bonbon. – Gut. Wir'ste Leiter.

Was das Volk schon lange weiß, macht den Egon erst seit gestern heiß

Unbekrenzte Macht den Räten!

Die Jugend geht, das Land wird kahl, wir fordern endlich eine freie Wahl!

Bei uns im Spielplan: Drehen und Wenden. Winden und Wenden.

Die Jacke gewendet, das alte Gesicht behalten.

Die Mauer im Kopf muss weg!

Wandlitz, zeig' dein Antlitz!

Bei lahmen Leuten lernt man hinken.

Wenn in der nächsten Woche die Regierung zurücktreten sollte, darf auf Demonstrationen getanzt werden.

Kein Vertrauen in Wahlbetrüger!

Stasi – statt Knüppeln, Besen in die Hand

Vorschlag für den 1. Mai – die Führung geht am Volk vorbei!

Rechtssicherheit statt Staatssicherheit!

Klare Luft – klares Wasser – klare Köpfe

Die SED will Macht für immer, doch so macht sie es nur noch schlimmer!

Wenn das Volk nicht auf der Straße wär', wo kämen da die Reformen her?

Für mehr Sicherheit, ohne Staatssicherheit!

Vierzig Jahre Kindergarten sind genug!

Ein Mann trägt ein Kind auf den Schultern, das Kind hält ein Transparent hoch, auf dem steht: »Ich möchte mitbestimmen, wie ich erwachsen werde.«

Hunderte solcher Parolen, keine einzige nationalistische, auch keine, die auf etwas Gesamtdeutsches aus ist. Keine Forderung nach Bananen. Alles ist auf die innere Demokratisierung, Offenheit und neue politische Strukturen der DDR gerichtet. Und so viel Witz! Nicht nur das Plakat mit Egon Krenz als Großmutter-Wolf, auch die Aktion einiger Künstler, den Alex kurzerhand zu tapezieren – als Reaktion auf jenen gegen die Perestroika gerichteten Satz Kurt Hagers, dass man nicht tapezieren müsse, bloß weil es der Nachbar tue.

Viele Demonstranten befürchteten, die Stasi würde Provokateure einsetzen, um die Sicherheitsorgane eingreifen lassen zu können. Überall gelbe Schärpen mit der Aufschrift: Keine Gewalt.

Ulrich Mühe tritt aus seiner Rolle – direkt ins politische Geschehen.

Markus Wolf bleibt wacker, redlich und klar. Er steht als einziger zu seiner Biographie und wird dafür ausgepfiffen.

Jens Reich sagt, dass die Welt das verschlafene Land nicht mehr wiedererkenne. Kein artiges Gerede mehr; die Konflikte werden nun ohne Umschweife angesprochen und ausgetragen.

Manfred Gerlach, LDPD-Vorsitzender, wagt es (zu diesem Zeitpunkt war es noch ein Wagnis) zu sagen, dass die Wahrheit nicht im Besitz einer Partei, einer Gruppe sein kann. Und die Volkskammer müsse nun in aller Offenheit zur Lage im Lande Stellung nehmen, Alternativen zur Debatte stellen: Wir brauchen Einreden und Widerspruch, Offenheit und Gleichberechtigung.

Schabowski hat merklich Angst, aber es ist auch sehr mutig von ihm, sich als Politbüromitglied den Massen zu stellen. Schnoddrig-zynisch wie immer, bittet er um meinen »seelsorgerlichen Trost«, bevor er ans Mikro tritt. Ich hatte ihn kurz zuvor im Café angesprochen. Dort saß er isoliert, als ein nun Gemiedener. Er wusste offenbar, wie es im Volke um die SED bestellt ist. Schabowski macht deutlich, dass ihm viel Bitteres gesagt worden sei, und nur wer die Mahnung des Volkes höre und verstehe, sei auch fähig zu neuen Anfängen. Viel Mühe werde es kosten, verlorenes Vertrauen zurückzugewinnen. Aber er vertraut auf die nächste ZK-Sitzung und auf eine unumkehrbare Wende, die von der Partei selbst eingeleitet werden könne. Endlich Perestroika in der DDR! Weiß er, dass auch er ab-treten muss?

Stefan Heym besteht darauf, nach Schabowski zu reden. Er will offenbar den Kontrast genießen. Er wird als »Nestor unserer Demokratiebewegung« eingeführt. Stefan Heym nimmt den Satz auf »Wir sind das Volk.« Wir hätten in den letzten Wochen unsere Sprachlosigkeit überwunden und lernten nun den aufrechten Gang: In diesem Land, wo bisher sämtliche Revolutionen danebengegangen sind, lasst uns aufrecht gehen!

Ich hatte meine Rede erst nachts zuvor im Zug aus Erfurt geschrieben, ein einziges Gekritzel, das ich morgens auf der Matte in der Studentenbude meiner Tochter Uta bearbeitete. Ich bin ganz ruhig. Ich habe keinen trockenen Mund, soll nun zwischen Stefan Heym und Christa Wolf reden.

Ein Mann, der als Junge mit meinen Bruder Jochen gespielt hatte, verlässt seinen Fernseher, kommt angerannt und spricht mich begeistert an. Wohl kaum jemand kann fassen, was sich hier plötzlich in der DDR in aller Öffentlichkeit und Offenheit abspielt. Ein Theatermann bedankt sich bei mir und betont: »Ich bin Kommunist.« Ein Arbeiter auf dem Bahnhof sagt: »Passen Sie auf, Ihre Rede wird morgen in der Zeitung stehen.«

Ich gehe auf einen höheren Offizier der Volkspolizei zu. Er sagt: »Wir müssen jetzt alle umdenken. Noch gestern sollten wir zuschlagen. Was gestern ungesetzlich war, ist heute erlaubt. Das ist schwer. Ich muss mich auch ganz neu einstellen.« Ich sage ihm, wer ich bin, und er erzählt mir, die jungen Polizisten hätten Angst vor meiner Rede gehabt und waren anschließend erleichtert, denn damit sei die Gewaltfrage entschieden gewesen. Wer macht sich Gedanken über die Angst der Menschen, die in den Uniformen steckten?

Hurra! Ich hatte etwas zum Feindbildabbau tun können.

Aber schon kommen neue Rivalitäten auf. Der Kuchen der Macht sollte schnell verteilt werden, bevor die alte Macht abgedankt hat. Ich werde von einigen Leuten des Demokratischen Aufbruchs gerügt, weil ich mich nicht öffentlich zu ihm bekannt hätte. Selbstverständlich wirbt das Neue Forum für sich, ebenso »Demokratie jetzt« und die SDP.

Ich begegne der umringten Christa Wolf, die nach ihrer Rede einen Kreislaufkollaps erleidet. Sie hatte eindringlich vor den Wendehälsen gewarnt und »Demokratie! – Jetzt oder nie!« eingefordert.

Der Direktor einer Schauspielschule hat sein Amt nach dem 9. 10. 89 zur Verfügung gestellt, die Vertrauensfrage gestellt und wurde in freier Wahl wiedergewählt. Später erfahre ich, dass es sich um Lothar Bisky handelte. Steffi Spira wird als die älteste, glaubwürdigste Zeugin erlebt. Als Brecht-Schülerin, als Kommunistin. Ich sehe einen jungen Mann weinen.

Welch ein Tag! Welche Perspektiven!

Wir bauen miteinander die Demokratie!

(So habe ich den Tag erlebt und damals diese Erinnerungen in mein kleines rotes Büchlein geschrieben.)

Ein unvergesslicher Tag, an dem noch viel offen schien, was bald verschlossen war. Ausgerechnet nachdem sich der Schlagbaum des Grenzübergangs in der Bornholmer Straße gehoben hatte und ein neues Zeitalter begann, waren manche Träume des 4. November verloren, aber die Freiheit gewonnen.

Unser Umgang mit dem nationalen Erbe

Wie unterschiedlich hat man in der DDR, in der BRD und nun im wiedervereinigten Deutschland das »nationale Erbe« präsentiert und auch instrumentalisiert? In der DDR herrschte ein Legitimations- und Identifikationsdefizit und gleichzeitig ein geschichtsmetaphysisch überhöhter Identifikationszwang, dem sich viele auch aus Überzeugung unterwarfen: Wir durften damals nicht Deutsche sein; wir waren DDR-Bürger – jedenfalls in allen offiziellen Formularen. Ich habe mich immer als Deutschen in der DDR verstanden. Jetzt darf ich auch offiziell Deutscher sein und merke doch, in wie vielfacher Weise ich »DDR-Bürger« geblieben bin. So entsteht eine merkwürdige nachträgliche Identifikation mit der glücklich überwundenen DDR, genau in dem Maße, in dem man ihr in der öffentlichen Debatte fast nichts Gutes mehr zugestehen mochte. Lebten wir tatsächlich im »Reich des Bösen«? Und ich frage mich, wie es kommt, dass ich heute verteidige, was ich gestern kritisierte. Eben weil ich misslichen Mangel an Differenzierung beobachte.

Ein Blick zurück ohne Zorn: Das »nationale Erbe« als das »humanistische, progressive, fortschrittliche« Erbe, sämtlich schillernde Worte, ist in der DDR so domestiziert wie instrumentalisiert worden. Aber es wurde auch hochgeschätzt und vielen Menschen zugänglich gemacht. Kultur sollte wirklich fürs Volk da sein, damit wir ein »kulturvolles Volk« würden. In einer veränderten und auch ideologisch-geistig eingeengten Weise wurde die sozialdemokratische Tradition der Arbeiterbildungsvereine zur offiziellen Staatspolitik gemacht. Es wäre nicht nur falsch, sondern längerfristig politisch schädlich, wenn man nachträglich alles einschwärzen würde, was sowieso schon grau war. Die DDR hat das, was sie »humanistisches Erbe« nannte, mit ihren – doppelt begrenzten – Möglichkeiten gepflegt. Die DDR hätte wohl mehr für ihr reiches kulturelles Erbe als identitätsstiftendes Symbol getan, wenn sie ökonomisch erfolgreicher gewesen wäre und wenn der Mehrheit der Ostdeutschen das Schweinefleischgebrutzel nicht so viel wichtiger gewesen wäre.

Weil sie alles, was ihr nicht in den Kram passte, ausgrenzte, verschwieg und auf den Index setzte, hat sie es auch verkommen lassen. Aber wer das humanistische Erbe pflegt und dabei große Kunst einbezieht, musste und muss erleben, dass es subversiv bleibt: Ein Büchner, Kleist oder Brecht lassen sich nicht politisch bändigen.

Die DDR-Führung hat sich vier Jahrzehnte lang unter wechselnden Akzentsetzungen bemüht, so etwas wie eine nationale Identität der DDR herzustellen unter der Prämisse, das bessere, das wahre, das »neue Deutschland« insgesamt zu repräsentieren. So musste natürlich alles Preußische zurückgedrängt werden. (Dennoch liebten die »roten Preußen« Gehorsam, Ordnung, Stechschritt ...) Das Nationale wurde pauschal als nationalistisch verdächtigt (wofür ja auch gute Gründe beizubringen sind), und der Internationalismus wurde zum Programm gemacht, was letztlich die Unterwerfung unter die Sowjetideologie und Sowjetmacht bedeutete. Es blieb aber die mausgraue Nationale Volksarmee, die Deutsche Reichsbahn und die Deutsche Post wie das Nationale Aufbauwerk ...

Alte Identifikationssymbole mussten abgerissen und neue dringend installiert werden. Man denke nur an den Abriss der Potsdamer Garnisonskirche und der Leipziger Universitätskirche, die eines der wenigen vom Krieg verschonten Überbleibsel des Leipziger Stadtkerns war und an deren Stelle das marxistisch-sozialistische Universitätswahrzeichen errichtet wurde. Daneben steht nun das imposante Gewandhaus, ein Erbe, das sich sehen – und hören – lassen kann!

In Berlin musste das Stadtschloss dem Palast der Republik weichen. Wenn man die Prämissen des DDR-Selbstverständnisses teilt, dann war der Abriss des Stadtschlosses innere Notwendigkeit. Wollte man dem ideologischen Ziel der SED-Oberen folgen, nämlich den deutschen Militarismus mit Stumpf und Stiel auszurotten, war es nur konsequent, auch dessen Symbole aus den Augen zu bringen, damit sie endgültig aus dem Sinn kommen. Architektur war Machtdemonstration. Abriss wie der Aufbau! (Aber auch darin ist die DDR keineswegs einmalig gewesen.)

In Halle, der Arbeiterstadt, scheiterte Horst Sindermann mit seinen schrecklichen »Fäusten«, diesen monumentalen Arbeiterfäusten aus Beton, die ursprünglich auf dem Marktplatz – der Händel-Statue gegenüber – aufgebaut werden sollten. In den Stadtzentren störten fast überall die Kirchen. Das Nebeneinander von Marienkirche und Ulbricht'schem »Protzpimmel« in Berlin Mitte war nicht nur ein sprechendes Bild; das sich in der Turmkugel spiegelnde Kreuz war unfreiwillige »Rache« der Kirche. Halle-Neustadt sollte das neue Lebensgefühl schlechthin ausdrücken, und der spätstalinistische Realist Neubert malte dazu seine Monumental-Bilder, bis man spürte, dass es der Seele der Ostdeutschen besser täte, wenn man sich des nationalen Erbes annähme und auch darin in Konkurrenz zur Bundesrepublik träte. Also ließ man Friedrich den Großen wieder Unter den Linden reiten und das Forum Fridericianum auferstehen – gewissermaßen als Wiedergutmachung für das abgerissene Stadtschloss und um das internationale Ansehen der Hauptstadt aufzubessern. Mit riesigem Aufwand wurde in den achtziger Jahren die Semperoper wieder aufgebaut. Man machte aus Magdeburgs Kloster Unser Lieben Frauen einen ansprechenden Kulturort, gab vorzügliche Klassikereditionen heraus (wie Heinrich Heine), öffnete das Barlach'sche Atelier vor den Toren Güstrows und fand nichts mehr dabei, dass die Caspar-David-Friedrich-Ausstellung in Dresden das Publikum anlockte. Die DDR gewann an Selbstbewusstsein mit der VIII. Kunstausstellung in Dresden, wo man sich, angestoßen von den Werken der DDR-Künstler, einer Diskussion über die innere Lage des Landes stellte. Uwe Pfeiffer und Wolfgang Mattheuer spiegelten eben nicht nur wider – sie zeigten, was ist. »DDR-Literatur« und »DDR-Kunst« entstand, nicht einfach »deutsche Kunst«, sondern unverwechselbar Geortetes. Identifikationsorte.

Der Reclam-Verlag und die Insel-Bücherei waren populär. Die niedrigen Preise für Bücher, Theater- und Museumsbesuche gehörten zum sozialen Stolz vieler Bürger der DDR, die gleichzeitig stumm und resigniert darüber hinwegsahen, wie die Innenstädte, auch von Symbolstädten, verfielen: Weimar, Altenburg, Görlitz, Stralsund und was von Halberstadt geblieben war.

Zum »Symbol der DDR« wurde mehr und mehr die Mauer, die den Widerspruch zwischen dem Anspruch, der Friedens- und Sozialstaat par excellence zu sein, und der atemberaubenden Wirklichkeit, dass es eines tödlichen Betonmonstrums bedurfte, um ebenjenes Paradies vor dem Auslaufen zu schützen, sinnfällig machte. Paradies mit Austrittsverbot, Verbotstafeln und Schwertengeln an den Pforten. Es scheint zum ver- oder geordneten Paradies zu gehören, dass jene, die darin leben, das nicht erkennen wollen.

Das volkseigene Land war vermessenes, bewachtes, fürsorglich belagertes Land.

Steingewordene Widersprüche konnten nicht alle abgetragen werden. Der Wilhelminismus blieb massiv. Das Barbarossa-Denkmal am Kyffhäuser konnte man zwar besichtigen, es war jedoch so gestaltet, dass nichts aufkommen konnte von dem, was Deutschland ins Unglück gestürzt hatte.

Weimar und Buchenwald wurden Jugendweih-Orte, wo politische Bildung als Überzeugungsbildung betrieben wurde: mit einer Identifikationsnötigung für Goethes »Haus am Frauenplan« und der Abscheu vor »den Nazis« (die »wir« nicht waren), Entsetzen vorm Krematorium des KZs und innerer Aufrichtung am kommunistischen Widerstand vor Cremers Buchenwald-Denkmal und bei der Lektüre von Apitz' »Nackt unter Wölfen«.

Deutsche Identität in der DDR vollzog sich als Auswahlprozess des humanistischen Erbes. Was dazu gehörte, bestimmte in ihrer Allwissenheit die Partei. Diese Identität war verbunden mit einer stetigen Abscheukundgabe, mit »Nie-wieder-Schwüren« vor dem, was deutscher Imperialismus, Chauvinismus, Nationalismus und Rassismus angerichtet hatten. Schließlich waren viele der SED-Oberen von den Nazis verfolgt worden. War das nun alles Lüge, weil das Gedenken zugleich instrumentalisiert wurde und weil zugleich Verschweigen darin lag? Wie viel Verschweigen und Verzerrung hatte es auch in der freiheitlichen Demokratie der Bundesrepublik gegeben?

Als es 1988 einige Bürger wagten, anlässlich der jährlichen schwülstigen Januar-Manifestation nach Friedrichsfelde, dem inneren Identifikationssymbol schlechthin, an die liebe Rosa und ihre sperrigen Freiheitssätze zu erinnern, schlug die SED zu. Wer die DDR verlassen wollte, wurde in den Westen geschickt; wer sie kritisieren wollte, kam nach einer kürzeren oder längeren Zeit ebenfalls dorthin, meist mit traumatischen Erlebnissen. Es gab in diesem kleinen, eingemauerten Land einige Identifikationssymbole, die die Bürgerinnen und Bürger von Herzen annahmen: Brecht-, Biermann- und Bobrowskizeilen, die Ruine der Dresdener Frauenkirche als Ort der kathartischen Trauer wie des demokratischen Widerstands. Barlachskulpturen und Mattheuerbilder gehörten genauso dazu wie die Stifterfiguren im Naumburger Dom. Zum Ende der DDR avancierte die »Kinderhymne« Bertolt Brechts zu einer Art literarisch-politischer Selbstbehauptung, zumal man diese rührenden Verse mit Haydn'scher Musik unterlegen konnte: »Anmut sparet nicht noch Mühe/Leidenschaft nicht noch Verstand/daß ein gutes

Deutschland blühe/wie ein andres gutes Land.« Stehen uns diese Zeilen nicht gut an, angemalt einst an einem Hausgiebel zwischen Reichstag und Ostberlin, wo das giftige Grün des Mauerstreifens gestrahlt hatte?

Vielleicht ist aber doch die Mauer das entscheidende Erkennungszeichen dieses Arbeiter- und Maurer-Staates geblieben. Nun verschwindet auch sie und mit ihr fast alle Erinnerungen. Nach der Mauerabrissrhetorik kam es zur Mauerabrissmanie. Geschichte realistisch zu betrachten heißt auch, sich ihr zu stellen, statt sie in Museen, Bildbände oder Videos zu verbannen. (Deswegen ist es so gut und wichtig wie teuer und umstritten, dass das Land Sachsen-Anhalt den Grenzübergang Marienborn – ein politisches Thermometer einst – als Denkmal erhalten hat!) Wir brauchen sichtbare Erinnerung an die Symbole der Vergangenheit, um den Geist und Ungeist dieser Zeit zu verstehen. Was Nazismus war, weiß man, wenn man vom Reichsparteitagsfeld in Nürnberg zum Totenfeld von Birkenau gefahren ist. Was die DDR war, weiß man, wenn man den Todesstreifen entlang der Mauer gesehen hat.

Der sich lang hinziehende Abriss des »Palastes der Republik« wurde teuer, immer teurer, bis das riesige stählerne Ärgernis heftigst auseinandergeschweißt und abtransportiert wurde. Eine Wiese soll wachsen auf der Wüste Vergangenheit.

Dieser Pallazzo Protzo, der allmählich vom Volk durchaus lieb gewonnene »Palast der Republik« wurde ausgeweidet, ließ als gigantisch unheimliches Stahlskelett erschrecken, wurde von einer Asbesthysterie mit ideologischem Überbau gebeutelt. Erichs Lampenladen war auf dem schwankenden Boden der auf Politbürobeschluss hin willkürlich abgerissenen Berliner Schlossruine errichtet worden – im stetigen Bodengleichgewicht zum wilhelminischen Dom –, dieser Palast war das letzte, lang umstrittene Symbol für den (glücklicherweise) untergegangenen Zwangsbeglückungsstaat DDR. Gruselig-schön, wie geschaffen für die Ausstellung »Todesarten«, sollte endlich endgültig abgeräumt werden. Aus den Augen, aus dem Sinn?! Hier wurde Geschichte abgeräumt. Künstler bliesen zum Erhalt der gigantomanen Rostlaube. Mit welcher Vehemenz wurde und wird alles getilgt, was 40 Jahre deutscher Teilstaat war! Es bleiben offenbar nur noch Spreewaldgurken, Kati Witts Sächsisch, das Sandmännchen und der als heiliger Gral gehütete Schatz der Schnüffler.

Wirklich hinter sich lassen kann man nur, was man angenommen und durchgearbeitet hat und nicht einfach abstreift. Geschichte lässt sich nicht abräumen, erst recht nicht, wenn man irgendetwas aus ihr lernen will.

Warum konnte etwa der gigantische Porphyr-Lenin in Friedrichshain nicht einfach begrünt, die Torstraße nicht einfach Wilhelm-Pieck-Straße bleiben? Und musste der Reclam-Verlag wirklich aus der Buchstadt Leipzig verschwinden? Ja, warum musste die »DDR-Kunst« in einer Ausstellung in Weimar so gedemütigt werden?

1999 feierte die Bundesrepublik bedenkenlos ihr fünfzigjähriges Bestehen, als wären die Fußnotenbürger schon immer dabei gewesen. Soll sich das im Jahre 2009 wiederholen, oder kommen wir zu einer Geschichtsschreibung und Deutung der Vergangenheit, die nicht weiter »schief hängt«?

Es ging in diesem ost-west-deutschen Bruderzwist um weit mehr als um das Schicksal jenes Palastes, der sich in seiner Hässlichkeit sehr gut mit westlicher Architektur messen konnte. Das Messen mit zweierlei Maß führt dazu, dass die vielbeschworene »innere Einheit« noch länger auf sich warten lässt.

Wer Erinnerung an die vierzig Jahre DDR tilgen und alles, was an sie erinnert, abreißen will, muss sich fragen, welches Erbe dann auch getilgt werden sollte. Die Siegessäule steht für 1871, also den klein-deutschen Sieg Preußens, auch für Frankreichs Demütigung, für in Versailles gefeierte Kaiserkrönung. Wann fängt »historisches Erbe« eigentlich an? Ist preußisches Erbe eo ipso gut und ursprünglich? Gehören zum Brandenburger Tor nicht auch die bedrohlichen Fackelzüge, die am 30. Januar 1933 hindurchzogen? Und ist der Berliner Dom weniger problematisch als der »Palast der Republik«? Ironie der roten Herrschaft: Das vergoldete Kreuz spiegelte sich im kupferfarbenen Honeckerpalast.

Wir können nur von Glück reden, dass es im Zuge der Wiedervereinigung, nicht zuletzt dank einer konsequent europäischen Politik des Kanzlers Kohl und des Außenministers Genscher, zu keinen wirklich nennenswerten, offiziell-nationalistischen Orgien kam, obwohl – rein zufällig – das neue Kaiser-Wilhelm-Standbild am Deutschen Eck ausgerechnet am 2. September 1993 wieder aufgestellt wurde, an dem Tag, als auch im Bendlerblock, dem Berliner Sitz des Verteidigungsministeriums, die Arbeit aufgenommen wurde. Zum emotional berührendsten und ganz und gar ungefährlichen politischen Identifikationssymbol seit der Vereinigung wurde die Reichstagsverhüllung im Sommer 1995. Hier drückten Hunderttausende – ununterscheidbar aus Ost und West – die Sehnsucht nach einem Symbol aus, das in sich ein Geheimnis birgt. Dies war mehr als ein medial inszeniertes künstlerisches Massenereignis. Alle, die dieses Ereignis erlebt haben, werden es im tiefen inneren Gedächtnis behalten. Es war das Fest der Unaufgeregtheit, der stille Rausch der Friedlichkeit, das absichtslose, das so lockere, freundliche, schöne Da- und Zusammensein. Das war dasselbe Volk, das einst die Wolfsschanze gebaut, das sich in der Marienburg verschanzt hatte, das in Majdanek einen Ort des Grauens hinterlassen und in Galizien einen reichen, multikulturellen Schmelztiegel ausgerottet hatte.

Jedes Volk braucht so etwas wie Differenz- und Identifikations-, Abwehr- und Einkehrorte für das, was das Individuum mit den anderen, dem eigenen Volke Zugehörigen und mit der eigenen Geschichte verknüpft, ohne die auszuschließen, die – mir sei das Wort verziehen – ethnisch nicht »Deutsche« sind. Diese Orte können Selbstverständnis, Zugehörigkeit und Zuhausesein ausdrücken, ohne dass sie explizit als nationale Symbole empfunden werden. Doch es würde Entscheidendes fehlen, fielen sie weg. Das betrifft besonders religiöse Stätten wie den Magdeburger Dom, die Leipziger Thomaskirche, den Hamburger Michel, die Dresdener Kreuzkirche und den Kölner Dom.

Ich gehöre zu den Menschen, die außer unserem Grundgesetz keine anderen zentralen nationalen Identifikationssymbole benötigen, sofern es von den Bürgern ausgefüllt und verteidigt wird. Ich verstehe mich als deutschen Verfassungspatrioten. Aber was Einzelne denken und fühlen, kann nicht Maßstab für alle sein. Das vereinigte Deutschland braucht äußerlich sichtbare, fassbare oder emotional wahrnehmbare Identifikationssymbole, die nur geschaffen werden können, wenn man an Vorhandenes anknüpft und politisch-historisch bewusst auswählt. Ob es uns passt oder nicht: eine Mehrheit der Mitbürger ist nicht damit zufrieden, im »Mutterland Sprache« (Rose Ausländer) zuhause zu sein, begnügt sich nicht mit einer »Rose als Stütze« (Hilde Domin).

Wir Deutschen brauchen offenbar – genau wie andere Völker – Symbole, Gebäude, die Symbole werden, Mythen, Texte, Erinnerungsorte der Schmach und Festorte des Gelingenden. Sie sind emotionale Haltepunkte, die auch vor dem kritischen Verstand zu bestehen vermögen. (Die wiedererrichtete Dresdner Frauenkirche war und ist schließlich zu solch einem gelungenen Symbol geworden, auch für unsere neue Einheit.)

Dabei kann in der deutschen Kultur ein europäischer Geist wahrgenommen werden. (Denken wir nur an Veit Stoß, an Franz Kafka oder Johannes Brahms.) Wir bringen gleichzeitig Unverwechselbares und Unentschuldbares ins Europäische ein.

Die Deutschen werden sich nur mit Europa identifizieren, wenn sie gleichsam eine deutsche Identität haben, wenn es auch eine deutsche Identität gibt, die sich in vielen so schönen wie spannungsgeladenen Orten darstellt. Da kann man auch ohne jede Ironie oder ohne jeden Schwulst von »Heimat« reden.

Die neue Hauptstadt, zwischendurch eine riesige Baugrube, möge künftig nicht großspurig auftreten. Berlin sollte ein Flair entwickeln, das weder östlich noch westlich ist. Es wird noch einige Zeit vergehen, bis die unsichtbare Mauer in dieser Stadt überwunden wird, nachdem die sichtbare gefallen ist. Das Zentrum ist wieder Zentrum – und das liegt nun mal im einstigen Ostberlin. Die gesamte nationenstiftende Last sollte nicht allein Berlin aufgebürdet werden. Aber Berlin ist als Hauptstadt unversehens wieder der Ort geworden, von dem gegenwärtig besondere Inspiration ausgeht. Nationale Identifikation ist indes in Deutschland etwas Föderales, also Plurales – das herrliche Nebeneinander: im Gleichen, im sich Gleichenden und im Unterschiedenen. Deutschland – das ist für mich das viele Schreckliche und das schrecklich viel Schöne! Das könnte konkret bedeuten, sorgsam zu tilgen, aufmerksam zu bedenken und bedacht wiederaufzubauen.

Wer lange abgeschnitten war von Westdeutschland, erlebt sein »Heimatland« mit aufgerissenen Augen und aufgesperrtem Mund: in Trier oder Goslar, vorm Bremer Rathaus oder Freiburger Münster, auf der Schwäbischen Alb und an der Nordsee, den Wein zu Füßen des Hambacher Schlosses, in der Lübecker Marienkirche oder im Würzburger Fürstbischofssitz, bei Nolde und bei Schwitters, aber eben auch in der Feldherrnhalle und auf dem Friedhof von Bitburg.

»Deutschland, meine Trauer/Du mein Fröhlichsein.«

Erinnern und Vergessen
Der lange Schatten der DDR und die Vergangenheitspolitik

Eine zweiteilige Horrorklamotte »Die Frau vom Checkpoint Charlie« über das menschenverachtende DDR-System – mit geradezu demagogischen Rührseligkeitsingredienzien garniert – lief am 30. September und 1. Oktober 2007 im ARD-Programm zur besten Sendezeit. Dazu gab es eine nachträgliche Dokumentation, die manches ins rechte Licht rückte, zwischendrin eine insgesamt missglückte Anne-Will-Talkshow unter dem Titel »Der lange Schatten der DDR – Unrecht vergeht nicht».

Weit davon entfernt, nach eigener, drei Jahrzehnte bewusst erlebter DDR-Erfahrung dieses Gesellschaftssystem irgendwie schönzureden, bin ich doch frei davon, dieses Land zu dämonisieren. Das Unrecht in Diktaturen lässt sich im Blick auf einzelne Opfer schwer vergleichen oder gar mit Opferzahlen aufrechnen. Freilich sollten schon die Relationen gewahrt werden, wenn man ein politisches System beurteilt, so schwer das auch dem Einzelnen, der darin gelitten hat, verständlich zu machen ist. (Was aber empfindet ein Auschwitz-Überlebender, wenn er von der DDR als »zweiter deutscher Diktatur« hört?)

Ich beabsichtige nicht, die menschenverachtenden und menschenzersetzenden Praktiken zu relativieren oder zu leugnen, die von den Sicherheitsorganen der DDR gepflegt wurden – zumal in ihren berüchtigten Haftanstalten wie im Zuchthaus Bautzen oder in Hoheneck. Ich bin frei davon, die abschreckende politische Strafjustiz in irgendeiner Weise zu rechtfertigen, frei davon, die ideologische Anmaßung der SED kleinzureden – und doch war all das nicht für das ganze Leben in der DDR bestimmend. Es gab eben wahres Leben im sogenannten falschen System – aufrechtes Leben inmitten gebückter Gehorsamkeit.

Wer wusste, was ihm bei jeglicher Dissidenz drohen konnte, musste seine eigene Kraft taxieren und sich fragen, wie er als Widerständiger oder Ausreiser mit Fluchtversuch durchhalten würde, sollten die Sicherheitsorgane zuschlagen. Von ihrer politischen Strafjustiz her war die DDR ein Unrechtsstaat – doch im Zivilrechtlichen durchaus an überkommene bürgerliche Normen gebunden.

Fiktion und Wirklichkeit: Im November 1988 bedankten sich Frau Gallus und ihre beiden Töchter – der Fall diente als Vorlage für den erwähnten Film – bei Rechtsanwalt Wolfgang Vogel mit einem persönlichen Brief aus München. In der Verfilmung erscheint Vogel als abgefeimter Büttel des Stasistaates. Dieser Film erfüllt alle Regeln von Demagogie und nachholender Verhetzung, auch wenn er aufgreift, welchen Repressionen einzelne Ausreiser ausgesetzt waren.

Es gab viel Schreckliches, was im Namen großer Ideen angerichtet wurde. Die Dirigentin des Arbeiter- und Mauernstaates war dabei nicht bloß die Überzeugung, die man »Bewusstsein« nannte, sondern die von oben bis unten reichende Angst, die Bewachte und Bewacher in vergleichbarer Weise erfasste. Dennoch war die DDR kein Schreckensstaat; innerhalb des ummauerten Gemeinwesens gab es mehr Auslauf als die meisten wahrnahmen. Der deutsche Duckmäuser war diesmal einfach rot, nachdem er schwarz und braun gewesen war.

Doch: Wer hätte als Demokrat in Pinochets Chile leben wollen, wo kritische Liedermacher nicht ausgebürgert, sondern mit zuvor gebrochenen Händen den Foltertod sterben mussten? Wer hätte als Schriftsteller tauschen wollen mit Julij Daniel, der noch zu Breschnews Zeiten in den GULAG kam, anstatt im Westen publizieren zu dürfen? Wer hätte tauschen wollen mit einem Kritiker des Schahs in Persien, einem Gegner der Diktatoren Franco oder Somoza oder einem Intellektuellen im Kambodscha Pol Pots?

Kein Zweifel, im Rückblick muss all das, was in der DDR entwürdigend und menschenverachtend war, auch benannt werden, aber nicht ohne die Existenzbedingungen eines durch den Zweiten Weltkrieg geteilten Deutschlands, ohne den großen Wettkampf der Systeme zu beachten, nicht ohne im Blick zu behalten, welche Faszination eine auf Gerechtigkeit und eine Welt ohne Ausbeutung bedachte sozialistische Idee auf die Bürger ausübte. Viele glaubten, mit Hilfe der sozialistischen Kaderpartei der großen Menschheitsidee einen gesellschaftlichen Leib geben zu können. Wer loyal war, meinte auch Härte gegen »Republikfeinde« zeigen zu müssen.

Gewiss ist Erinnerung nötig; sie ist schließlich unser Reichtum und sorgt für unsere Unverwechselbarkeit. Der mit großer Werbung bedachte zweiteilige Film der ARD war dazu angetan, Vergangenheit aufzurühren und das Menschenverachtende des DDR-Systems auf eine Weise ins Blickfeld zu rücken, dass eigentlich nur noch Abscheu übrig bleiben konnte. Ganz anders die Komödie »Heimweh nach drüben« vom 3. Oktober 2007, die mit Leichtigkeit – ohne Seichtheit – deutsch-deutsche Verhältnisse bis zum 9. November 1989 ins Spiel brachte.

In mir kam auch alles wieder hoch, was ich mit den sogenannten Staatsorganen selber erlebt oder erfahren hatte. Was war das für ein Staat des prinzipiell Neuen, der mit höchsten humanistischen Ansprüchen auftrat und Menschen, die Freiheit wollten, so niedermachte?

Empört hat mich – in umgekehrter Weise –, wie das Drehbuch zum Film »Die Frau vom Checkpoint Charlie« alles Schreckliche aus der DDR (bis hin zu peinlichen Übertreibungen wie der fingierten Nachricht für die Kinder vom Unfalltod der Mutter) auf eine einzige Person hin zuschneidet, bis die DDR als ein einziges Land des Schreckens erscheint und der Eindruck entsteht, dies müsse wieder und wieder erinnert werden, um die DDR noch einmal und noch einmal töten, delegitimieren, um zugleich vor der heutigen politischen Linken warnen zu können, die sich angeblich von diesen Praktiken nicht oder nicht genug abgesetzt habe.

Wenn man schon die ganze Unrechtsgeschichte gegen die Ausreiser in eine einzige Familiengeschichte hineinwirft, hätte dies nicht ohne die komplizierte Rolle geschildert werden dürfen, die die Ständige Vertretung der Bundesrepublik in der DDR und Anwalt Wolfgang Vogel durch ihre Hilfe für Einzelne gespielt haben. Es hätte zumindest anklingen müssen, wie impulsgebend für einen friedlichen Umbruch im gesamten Sowjetblock der KSZE-Prozess, die Schlussakte von Helsinki und die Entspannungspolitik überhaupt seit 1969 wirkten.

So aber wird erinnerte Vergangenheit unversehens zur Vergangenheitspolitik – der Kampf gegen eine überwundene Ideologie zur ideologisch getränkten Argumentation. Als ob nicht einzelne Individuen – wie die demokratische Gesellschaft insgesamt – gut daran täten, der Vergangenheit nicht zu erlauben, Gegenwart zu beherrschen und Zukunft zu blockieren.

Wie der DDR gerecht werden? Ein Doppeltes ist nötig: Erinnern und In-Ruhe-Lassen, Vergessen und Wach-Halten. Diesem Anspruch scheint die Literatur noch am besten gerecht zu werden, zu der Christa Wolf in ihrem Buch »Lesen und Schreiben« anmerkte: Prosa »baut tödliche Vereinfachungen ab«, sie unterstütze das »Subjektwerden des Menschen«, und sie »hält die Erinnerung an eine Zukunft in uns wach, von der wir uns bei Strafe unseres Untergangs nicht lossagen dürfen« (1968).

Ein Staat, der Stacheldraht und Mauerwerk braucht, um seine Bürger zu halten, ist auf Dauer weder lebensfähig noch lebenswürdig. Ein Land, das seine Bürger nicht freiwillig zum Verbleiben und Mitgestalten gewinnen kann, zerbricht an den eigenen Widersprüchen – zumal dann, wenn große humanistische Ziele auf der Fahne stehen und die Führung die Wirklichkeit ignoriert.

Ein Land, das eine wissenschaftliche Ideologie verordnet und den Zweifel daran kriminalisiert, kann die schöpferischen Kräfte, die in den Menschen stecken, nicht freisetzen, sondern diese nur zeitweise in Gläubigkeit an sich binden. Ein Staat, der die Gesellschaft zum Eigentum einer Partei macht, kann das menschliche Glück nur verordnen und den einzelnen Menschen nur als Teil der Masse bzw. des Kollektivs würdigen, also seiner Würde als Einzelner berauben.

Ein Staat, der einen enormen Sicherheitsapparat braucht, aber zugleich vorgibt, sich eines objektiven Geschichtsverlaufs zum Sozialismus sicher zu sein, macht anpasslerische Schizophrenie zum Prinzip und betreibt eine Vormundschaft, die den Bürgern das Wagnis der Mündigkeit erspart.

Sozialistische Ideen haben, seit der Marxismus-Leninismus den emanzipatorischen Sozialismus ruiniert hat, auf absehbare Zeit keine Chance mehr, gesellschaftlich gestaltet zu werden. Ich halte diesen Sieg des kapitalistischen Wirtschaftssystems, das alles und jedes durchdringt – und dies zu einem Zeitpunkt, da es eine sozialistische Alternative nicht mehr gibt – für verheerend.

Zu beobachten ist einseitige Erregung nach rückwärts; die eifrigen Vergangenheitsaufarbeiter lassen eine Empörung über heutiges Unrecht weithin vermissen. Da ist viel Mut, geschlagene Schlachten noch einmal zu kämpfen, aber wenig Wachheit gegenüber den Drachen von heute. Fünf grundsätzliche Voraussetzungen wären zu benennen, aus denen sich ein zutreffenderes Urteil über die DDR nachträglich bilden könnte:

Erstens, nach Zusammenbruch und Befreiung bot sich vielen in der sowjetischen Besatzungszone – später der DDR – die sozialistische Idee als durchaus faszinierende Alternative an. Große humanistische Werte leuchteten am Horizont der Geschichte. Man entwickelte ein geschlossenes, scheinbar in sich schlüssiges Gedankensystem, das Schwierigkeiten als zeitbedingte Widersprüche empfand. Aber was waren die gegen Arbeit, Gesundheit, Kultur, Bildung, Gleichberechtigung, Frieden, Völkerverständigung? Wer dem einmal – und sei es aus biographisch nachvollziehbaren Gründen – gefolgt war, dem fiel es schwer, sich wieder zu lösen.

Zweitens, die DDR ist nicht zu verstehen, ohne sie als Teil der Nachkriegsordnung, als Faustpfand der Sowjetunion und Teil der Systemkonfrontation zu verstehen. Die DDR war daher nur ein bedingt souveräner Staat.

Drittens, da die DDR nur als Teil der deutschen Nachkriegsgeschichte begriffen werden kann, ist es nötig, dem geteilten Land eine ungeteilte Geschichte zu schreiben – stets die Wechselwirkungen berücksichtigend. Peter Bender hat dies bisher mit seinem Buch »Deutschlands Wiederkehr. Eine ungeteilte Nachkriegsgeschichte 1945–1990« (2007) als Einziger getan. Man versteht das (anpasslerische) Verhalten von DDR-Bürgern nur richtig, wenn man davon ausgeht, dass keiner davon ausgehen konnte, dass die DDR bald untergehen oder die Sowjetunion je wieder die deutsche Einheit zulassen würde. (Nachhaltig wirkte dort der Schock des 22. Juni 1941.)

Viertens, wer heute über das Leben in der DDR urteilt, ohne die damaligen Umstände zu berücksichtigen, kommt zu falschen Schlüssen, zumal die DDR-Bürger seit 1961 eingemauert waren. Man mache sich etwa die Notlage eines 18-jährigen Grenzsoldaten klar, der sich für drei Jahre verpflichtet hat, um Medizin studieren zu können: Dessen Angst vor einem Flüchtling, obwohl – oder weil – er die Kalaschnikow in der Hand und eine Vergatterung im Ohr hat.

Fünftens, beim Urteil über das Leben in der DDR wird eine Fokussierung auf die Staatssicherheit diesem Leben nicht gerecht. Selbstredend müssen deren Machenschaften zur Sprache kommen und Opfer entschädigt werden. Aber davon darf nicht vollends verdeckt werden, dass es in der DDR auch reiches, glückliches, authentisches und aufrechtes Leben gab.

Jeder lebt mit Erinnerungen und auch von Erinnerungen, die stärken oder niederdrücken. Jedes Erinnern – durch Erzählen,

Aufschreiben oder Dialog mit sich selbst – macht das Vergangene wieder ganz gegenwärtig, so dass Erinnern in einen inneren Erregungszustand versetzt, der erfreulich ist, bedrückend wirkt oder wütend macht – Euphorie, Depression oder Aggression auslöst.

Erinnern ist ebenso wie Vergessen etwas durchaus Ambivalentes. Es gibt das klärende, das bereichernde, das läuternde Erinnern – daneben das selbstzerstörerische und belastende, das in ein neurotisiertes Nicht-vergessen-Wollen münden kann.

Wir können als Menschen nur leben, wenn wir erinnern und vergessen. Es gibt ein befreiendes Vergessen, so wie es ein feiges, verschleierndes und verlogenes Vergessen gibt. Vergessenkönnen kann für einen Menschen, der Schlimmes in seinem Leben durchmachen musste (ob durch Schicksalsschläge oder durch Verschulden anderer), eine Gnade sein. Ebenso kann Nicht-vergessen-Wollen oder Nicht-vergessen-Können dem Betroffenen zur täglich erneuerten Last geraten.

Erinnern und Vergessen kommen hilfreich zusammen, wo ein Mensch gegenüber einem anderen zu vergeben lernt oder sich vergeben lässt. Damit wird Geschehenes nicht ungeschehen gemacht – aber es verliert seine Last und die daraus entspringende Sucht zu strafen.

Die Griechen sprachen von einer »Kunst des Vergessens«, damit nicht jeder Tag zur dauernden Nacht wird oder altes Übel neues Übel gebiert. »Das eben ist der Fluch der bösen Tat, dass sie fortzeugend immer Böses muss gebären« (Schiller).

Wenn wir nicht vergessen könnten (wenigstens zeitweise Vergangenheitslasten und gestrige Schmerzen des Leibes und der Seele ausklammern), würden wir unseres Lebens – z.B. nach dem Verlust eines lieben Menschen – nie mehr froh. Trotzdem bleibt der Verlust präsent. Der in unserem Leben Vermisste wird dadurch nicht ausgelöscht, dass er nicht täglich vor Augen steht.

Die heilsame Dimension des Vergessens kann man als Begraben des Bedrückenden verstehen – als ein Erinnern am Grabe alles dessen, was endlich »beerdigt« werden konnte und eben nicht wieder auferstehen soll, sondern zugeschüttet wird, im besten Sinne des Wortes »zugeschüttet« wird. Solches Vergessen und Begraben des Vergangenen ist nicht nur eine psychologische, sondern auch eine politische Leistung, die einschließt, alles Menschenmögliche zu tun, dass nie wieder Verhältnisse entstehen, in denen Menschen entwürdigt leben müssen.

Versöhnung in der Wahrheit

Versöhnung gibt es nicht ohne die schmerzhafte Wahrheit über das, was trennt und belastet, und sie gelingt nicht ohne Arbeit an der Beseitigung der Ursachen. Um es theologisch zu sagen: keine Vergebung ohne Sündenbekenntnis. Versöhnung aber setzt uns in ein anderes, in ein heilendes Verhältnis zueinander, sofern man einander »die Wahrheit«, die nichts Schmerzliches ausspart, zugemutet hat, noch einmal in sich geht und tiefe Gefühle wie Reue, Scham, Entsetzen und Unverständnis zulässt und sodann auf Verstehensbereitschaft oder gar auf Schuldbewusstsein getroffen ist. Solch ein langwährender Prozess kann es leichter machen, die lange nachwirkenden Schmerzen zu ertragen. Selbst Auge in Auge mit dem, der Schuld auf sich geladen hat.

Versöhnung fällt nicht leicht und ist immer wieder gefährdet – selbst wenn sie einmal gelungen ist. So ist die Versöhnung

1. ein aus Einsicht kommender *Willensakt*, der Vergangenes klärt und auf Künftiges gerichtet ist.
2. eine psychologische, auf neue Kommunikation ausgerichtete *Durcharbeitungsaufgabe* (intrapersonal und interpersonell).
3. eine praktische *Beräumungsaufgabe* für den Schutt zurückliegender Konflikte, damit er sich nicht noch weiter anhäufe – Schippe für Schippe, Schritt für Schritt.
4. eine *strategische Aufgabe der Politik*, die viel Geduld, Geschick und viel Toleranz gegenüber Niederlagen verlangt. (Versöhnung kann durch Verträge, durch Wiedergutmachungsleistungen, aber vor allem durch eine demokratische Macht befördert werden.)

5. eine *spirituelle Lebenskunst*, in der die erfahrene Versöhnung und die demütige Erkenntnis unserer eigenen Gefährdung im Blick bleiben und kathartisch wirken.

Kaum ein Satz wurde nach 1945 in Bezug auf Versöhnung so häufig zitiert wie der des Auschwitz-Überlebenden Elie Wiesel. »Das Geheimnis der Versöhnung heißt Erinnerung.« Es gibt keine Versöhnung ohne Erinnerung an das zugefügte Leid und die dafür Verantwortlichen. Die Erinnerung – so subjektiv und vom jeweiligen Interesse geleitet sie bleibt – kann befreien und helfen, das Vergangene allmählich zu verschmerzen, selbst wenn der Schmerz nie ganz vergehen wird. Erinnerung ist nötig, nicht allein um der Aufhellung der Vergangenheit willen, sondern noch viel mehr um der Zukunft willen. Dem Vergangenen soll nicht erlaubt werden, Künftiges für alle Zeit zu verstellen. Man eröffnet keinen neuen, unverkrampften Weg des Umgangs miteinander, wenn man das Vergangene verdrängt, beschweigt oder leugnet.

Mutige Erinnerungsarbeit als »Geheimnis der Versöhnung« hat insofern einen präventiven Charakter, nicht bloß einen retrospektiven. Sich-Versöhnen zu lernen ist Schwerstarbeit, bedarf enormer Anstrengung, geistiger, psychischer, politischer, kommunikativer Durchdringung und Durcharbeitung – ehe es zur inneren Entspannung und zu beruhigter Gelassenheit kommt. Versöhnung heißt frei werden von belastender Vergangenheit, nachdem die Wahrheit über die Belastung, ihre Ursachen und ihre Akteure ausgesprochen und gehört worden ist.

Kein Satz konnte aber gleichzeitig so missverstanden oder gar missbraucht werden wie der Wiesels: Wenn nämlich die Erinnerung nicht zur Versöhnung führt, sondern den Schmerz wachhält. Wenn Erinnerung so viel Vergeblichkeitsgefühle, so viel Bitterkeit, so viel Destruktion, ja so viel schlummernden Hass wachruft, dann ist Erinnerung nicht das Geheimnis der Versöhnung, sondern eine Methode, die Wunde offen zu halten, so dass sich Unversöhnlichkeit perpetuiert. Erinnerung würde zur beständigen Schmerzerneuerung. Versöhnung braucht aber den letztlich befreiten Blick auf die Vergangenheit. Ansonsten fallen wir schnell wieder zurück in die Muster der Feindschaft.

Ich habe das im Blick auf die DDR-Vergangenheit erlebt: Viele, die Opfer der SED-Herrschaft waren oder sich diesen Status an die Brust geheftet hatten, offenbarten, wie Erinnerung zur Verschärfung und nicht zur Beendigung des Konflikts beitrug.

Es gibt eine folgenlose, fortdauernde, geradezu krampfhaftbesessene Dauerreflexion über Vergangenes, um das Vergangene frischzuhalten, samt aller daraus entspringenden destruktiven Gefühle und Energien. Sie helfen nicht weiter. Sie vergiften das Innere und lösen das Problem nie.

Allerdings ist Versöhnung im christlichen Kontext zu einer »kostenfrei weitergesagten« moralischen Aufforderung geworden. Flotte Moralprediger tun, als wäre das so leicht – eben weil sie offenbar keine Erfahrung mit tiefgehenden Konflikten gemacht haben. Nichtbetroffene raten Betroffenen allzu hastig, sich zu versöhnen, zu verzeihen, zu vergessen, zu vergeben. Dabei wissen sie nichts von dem zu überwindenden Schmerz.

Nichts wirkt einer tragfähigen Versöhnung mehr entgegen als der moralische Appell zur vorschnellen Bereinigung, ehe benannt wurde, was bereinigt werden muss, wo welche Ursachen und wo wessen Verantwortlichkeiten lagen und liegen. Deswegen ist auch die am Anfang jedes Gottesdienstes ausgesprochene, vom Menschen erkannte Grundschuld Voraussetzung für die Annahme der »grundlosen Barmherzigkeit Gottes« mit uns. Er nimmt uns eben nicht an, weil wir »so gut« sind, sondern obwohl wir so sind, wie wir sind.

Versöhnung wird im christlichen Kontext immer mit dem Gedanken verbunden, dass Gott sich das etwas hat kosten lassen: seinen Sohn, unseren Bruder und Herrn.

Im Umgang miteinander müssen das Verständnis des Geschehenen und das Aussprechen des Unbegreiflichen *vor* jedem Versuch der Rechtfertigung und der Inanspruchnahme mildernder Umstände stehen.

Sich versöhnen zu können gehört zu den Wundern gelingender menschlicher Kommunikation. Versöhnendes Handeln schick sich an, tiefe Störungen dauerhaft zu beheben und sie von beiden Seiten zu beglaubigen. Es gelingt nicht ohne eine religiöse, eine transzendente Dimension. Sie bleibt ein Geheimnis im Raum des Unverfügbaren. Wo Versöhnung gelingt, blitzt ein Wunder auf, ein herzergreifendes.

In einem Konflikt, in dem man eindeutig von Tätern und Opfern sprechen kann, muss die Versöhnung von den Opfern ausgehen. Sie verlangt den Tätern Einsicht in das Ausmaß ihrer Verschuldung ab und bedarf außerdem der ungeheuren Anstrengung der Opfer, einen verlässlichen Neuanfang zu suchen. Bei manchem ist die innere Belastung so schwer, dass er sich lebenslang nicht davon lösen kann.

Der große amerikanische Schriftsteller Louis Begley schreibt nach Grass' Waffen-SS-Bekenntnis in der FAZ, dass er stets einen großen Bogen um Deutsche machte, die alt genug waren, im Zweiten Weltkrieg gekämpft zu haben. Er wollte niemandem die Hand schütteln, der das Hitlerregime duldend oder aktiv gestützt haben könnte. Wer wollte Begley verurteilen, wenn er gegen Grass' spätes Waffen-SS-Bekenntnis so scharf richtet – wenn man erfahren muss, dass alle seine Angehörigen kaltherzig-maschinell von Deutschen umgebracht worden sind?

Auch in Konflikten, in den die Zuordnung der Opfer- und Täterrollen schwerer ist, muss nach einer gewissen Zeit über das geredet werden, was war. Sonst stehen die Gespenster wieder auf – und sei es nach Generationen. Historische Ereignisse werden über die Jahrhunderte zu wirkmächtigen Symbolen. Denken wir nur an die Schlacht auf dem Amselfeld 1389 im jetzigen Kosovo und die großserbische Mythologie, die Slobodan Milošević daran knüpfte.

Versöhnung kann nicht funktionieren, wenn sie wie ein steriler Verband um eine schwärende Wunde gewickelt wird. »Das suppt durch«, sagte man in meiner Kindheit, zu Zeiten, als Wunden noch richtig eiterten.

In einer Konfirmandenstunde sprach ich einmal als junger Pfarrer über Martin Luther King, die Schwarzen und die Weißen. King hatte die weißen Amerikaner »seine kranken Brüder«

genannt. Ich hatte dazu angemerkt, dass es eben nicht bloß um die Versöhnung zwischen Schwarzen und Weißen im fernen Amerika ginge, sondern auch darum, dass die Brüder Sander (zwei zerstrittene Bauern) wieder aufeinander zugehen, miteinander sprechen und sich wieder zum Geburtstag einladen – Versöhnung sei meist nicht spektakulär, sondern brauche viele kleine, behutsame Schritte.

Als ich wenig später eine der Familien Sander besuchte, merkte ich, dass sie mich mit zugekniffenen Augen anschauten. Schweigen. Ich fragte, was denn los sei, denn ich hatte ein freundschaftliches Verhältnis zu diesem Bauern (im Wesentlichen, weil er mich für einen verbündeten Antikommunisten hielt). Schließlich sagte Frau Sander zu mir, sich auf die Mistgabel stützend, ganz in der Nähe des Misthaufens und einer großen Jauchengrube: »Herr Pfarrer, über die Leute wird im Konfirmandenunterricht nicht geredet. Verstehen Sie mich?« Die Tochter hatte alles sofort zu Hause erzählt. (Der Konfirmandenunterricht war endlich einmal der Rede wert!)

Ich sagte: »Aber, Frau Sander, wenn Ihr Schwager hier in die Jauchengrube fiele, Sie würden ihn doch herausziehen, weil es Ihr Schwager ist oder weil er einfach ein Mensch in Lebensgefahr ist?« Und sie antwortete im Beisein ihrer Tochter: »Nein, mit der Forke nachstoßen würde ich.«

Seitdem weiß ich, dass sich über Versöhnung wunderbar schwätzen lässt, wenn man nicht selber in verhärteten Konflikten steckt, die sich in die Seele eingefressen haben und bisweilen mit Tötungsphantasien verbunden sind.

Das habe ich nach 1989 sehr *konkret* erlebt, als ich mich mit Verantwortlichen des Mauerstaates *generell* vertragen, also jedem Menschen eine Wandlung nicht nur zutrauen, sondern auch zumuten wollte. Wenn es konkret wird, z. B. wenn man den völlig uneinsichtigen Grenztruppengeneral mit seinem unerschütterlichen »Friedenspflichtbewusstsein«, den schindenden Schuldirektor oder Kreissekretär wieder vor sich hat und merkt, dass deren Tonfall doch derselbe geblieben ist oder sie nur eine neue Rechthaberpose – diesmal in der Demokratie – angenommen haben, spürt man, wie leicht es ist, *die* Feinde zu lieben – also die feindlichen Menschen als Menschen zu achten –, und wie viel schwerer es demgegenüber ist, *seine* Feinde zu lieben.

Der Protestantismus ist nicht ohne den Apostel Paulus denkbar – den Christenverfolger, der sich zum Missionar Europas wandelte und dem die »Versöhnung in Christus« so zentral geworden war – wohl auch aus sehr persönlichen Gründen.

Ich habe die innere Größe von Menschen miterleben dürfen, die so viel Niedriges und Erniedrigendes durchlebt und erlitten haben – und großherzig, weise, offen geblieben oder geworden sind.

In Tel Aviv in einem Hotel – direkt am Mittelmeer – traf ich einen Juden, der aus Deutschland stammte und mir ungefragt erzählte, was er in Auschwitz gesehen und erlitten hat. Zugleich sagte er: »Das hat nichts mit Ihnen zu tun. Und ich fahre jetzt jedes Jahr nach Deutschland und verbringe einige Wochen in Baden-Baden. Ein Land, das solche großartigen Musiker hervorgebracht hat wie Deutschland, das kann nicht böse sein. Ich sehe bei den Deutschen nicht nur die Schinder von Auschwitz, sondern ich höre auch weiter die wunderbare Musik von Brahms und Bach, von Beethoven und Schubert, von Schumann, Liszt und Reger.«

Er konnte sich gar nicht satt erinnern, welche Musik er für seine Seele braucht. Ich fragte ihn, wie er damit leben kann, Deutschen und der deutschen Sprache wieder zu begegnen. Er wurde ganz still. Dann: »Am Tage gelingt es, aber in der Nacht, da kann ich mich nicht wehren, da kommen die schrecklichen Erinnerungen. Ich wache auf und kann nicht wieder einschlafen … Und dann höre ich Musik – Musik von Deutschen.« Diese Begegnung hat mich sehr angerührt.

Im August 2006 hörte ich im Radio die Rede des Staatssekretärs Hermann Schäfer, Gründer des »Hauses der Geschichte« in Bonn, anlässlich eines Buchenwald-Gedenkkonzertes in Weimar. Er sprach ausschließlich von den Leiden der vertriebenen Deutschen – ohne irgendeinen Zusammenhang zwischen der Vertreibung und der Verursachung des Krieges durch Deutsche herzustellen. Schnell ertönten lautstarke Proteste aus dem Publikum. Als sich später eine breite Öffentlichkeit über Schäfers einseitige Geschichtsbetrachtung empörte, gab er zur Entschuldigung drei Gründe an, die deutlich machen, dass Versöhnung schwer wird, so lange Menschen denken wie er:

Er habe nur »den Auftrag der Veranstalter erfüllt«, über Vertreibung zu sprechen, und er sei im Übrigen kein Experte in Buchenwald-Fragen. Er habe zweitens nicht gewusst, dass sich unter den Zuhörern KZ-Überlebende befinden. Dann hätte er eine andere Rede gehalten. Drittens sei der spontane Unmut des Publikums über seine Rede damit erklärbar, dass in der DDR das Thema Vertreibung so tabuisiert worden sei.

Ich wurde vorm Radio schon laut, ehe die Proteste im Saale hörbar wurden. Ich stelle mir vor, er hätte ungestört zu Ende sprechen können. Was dann die Überlebenden und die Kinder der Überlebenden von uns Deutschen gedacht hätten, zumal von den Ostdeutschen, die über Vertreibung in der Tat lange Zeit nicht hatten reden dürfen und genau deshalb jetzt so begierig, einige fast genüsslich zuhörten, als endlich von deutschen Leiden die Rede war.

Ich verstehe, dass sich viele der jüdisch-deutschen Bürger besorgt fragen, ob eine neue Erinnerungskultur und Gedenkstättenpolitik in Deutschland aufkäme. Dasselbe befürchteten überlebende Naziopfer nach der Gleichsetzung von faschistischer Diktatur und SED-Herrschaft.

Versöhnung schließt Erinnerung an das vergangene Schwere ebenso ein, wie sie die Verantwortlichen benennt und nicht auf das verzichtet, was wiedergutgemacht werden kann. Versöhnung verträgt keine Verdrängung, will sie nicht faul werden, soll der Konflikt nicht weiter gären oder wieder aufbrechen. Zugleich aber kann Verdrängung und Beschweigen auf Zeit hilfreich sein; der Satz »Die Zeit heilt Wunden« hat seine Wahrheit.

Theologisch-moralische Imperative dürfen die psychologischen und sozialen Aspekte nicht übergehen; Versöhnung braucht viel Mut, Ausdauer und Sensibilität.

Ein Wundschmerz bleibt, auch wenn die Narbe gut verwachsen ist. Das wird z.B. am Verhältnis zwischen Deutschen und Polen deutlich, in dem es immer wieder zu Überwerfungen kommt. Die Verständnisbereiten beider Länder müssen weiterhin sehr sorgsam agieren, zumal mit dem Wort »Vertreibung«. Sie ist eine bittere Tatsache für fünf Millionen Deutsche, deren Schuld an der Naziherrschaft nicht größer war als die der Bewohner Westfalens oder Thüringens, die aber allein für etwas büßen mussten, was wir Deutsche insgesamt zu verantworten hatten und haben.

Vom Wort »Vertreibung« zum Wort »Heimatrecht« ist es nie sehr weit. In den ehemals deutschen Gebieten haben inzwischen andere – vor über sechs Jahrzehnten – ihre Heimat gefunden, die wieder vertrieben werden müssten, wenn einst Vertriebene zurückkämen und ihr Recht auf Heimat reklamieren würden.

Glücklich, wer es vermag, sich von der vergiftenden Wirkung der Vergangenheit zu lösen. Eine Gnade.

Moralische Appelle wie »Vertragt euch doch endlich!«, sind so verständlich wie kontraproduktiv. Fromme Wünsche, die nicht realisierbar sind, solange das Opfer sie nicht teilt. Versöhnung braucht Zeit, nach schwerem Konflikt sehr viel Zeit. Gras muss und wird über die gegenseitige Verletzung wachsen, damit die destruktiven Kräfte – Bitterkeit, Hass, Vergeltung, Rache – nicht geschürt und Gegensätze nicht verhärtet werden.

Das Geschehene lässt sich in den meisten Fällen überhaupt nicht »wieder-gut-machen«, denn die Verletzung bleibt als Narbe – auf dem Körper oder auf der Seele. Und im Falle von Völkermord behält sie dauerhaft etwas Unbegreifliches. Zugleich ist das, was geschehen ist, benennbar, mit Namen benennbar.

Mit dem kalten, sich auf Gehorsam berufenden Adolf Eichmann gab es zu Recht keine Versöhnung, sondern einen schmerzhaften, rechtsstaatlichen Prozess mit Zeugenvernehmungen, die jedem, der zuhörte, ins Mark gingen. Und schließlich Todesstrafe für den Massenmörder. Günter Anders, ein Ent-

ronnener, schrieb daraufhin das Buch »Wir Eichmannsöhne« –
also über unser aller Gefährdung.

Versöhnung ist das Ergebnis eines schließlich glückenden inneren Durcharbeitungsprozesses, damit das Geschehen nicht
ewig wie Eiter buttert. Dazu gehört die Versöhnung mit den Toten, mit den Tätern, mit denen man »seinen Frieden macht«, aus
tiefster Überzeugung.

Zur Versöhnung gehört das so behutsame wie mutige Wagnis,
auf den anderen zuzugehen, bis es zur Entspannung und Ent-
krampfung kommt und Versöhnung einen berührenden, ja festlichen Charakter annehmen kann, bis noch einmal Tränen fließen,
die salzig schmecken und in eine Umarmung übergehen können.

Den Täter müssen angesichts seiner Untat oder angesichts seiner Duldung einer Untat Scham und Entsetzen ergreifen. Das
Risiko, dass die Bitte um Vergebung und Versöhnung nicht angenommen wird, bleibt. Noch nicht. Oder auch nie.

Wir stehen seit Jahrzehnten vor den Sackgassen gegenseitiger
Angst und gegenseitigen Hasses im Nahen Osten. Dieser Konflikt wird nicht ohne Hilfe von außen überwunden werden können, aber er muss schließlich von den dort Lebenden und Handelnden selber bearbeitet und durchgestanden werden – von
denen, die den Schrecken in den Knochen haben, ob auf israelischer oder palästinensischer Seite.

Der Schriftsteller David Grossmann, der sich in all seinen Werken für eine Verständigung mit den Arabern und speziell mit den
Palästinensern eingesetzt hat, den Libanonkrieg zunächst befür-
wortet, im längeren Verlauf aber abgelehnt hatte, verlor zwei
Tage vor dem Ende der Feindseligkeiten seinen 20-jährigen Sohn
Uri Grossmann, just in den Tagen, in denen die israelische Armee gefährliche Splitterbomben abgeworfen hatte.

David Grossmann sagte in seiner Rede am Grab seines Sohnes:
»Ich weiß noch, wie du mir von deiner ›Kontrollpostenpolitik‹ er-
zähltest, denn auch du hast ja häufig an den Kontrollposten gestanden. Du sagtest, wenn in dem Wagen, den du stoppst, ein
Kind sitzt, versuchst du immer erst, es zu beruhigen und zum La-
chen zu bringen. Und du denkst immer daran, dass dieses Kind

ungefähr in Ruthis Alter ist. Und du stellst dir immer vor, welche Angst es vor dir hat. Und wie es dich hasst und dass es Gründe dafür hat. Und dass du trotzdem alles tust, um ihm diesen schrecklichen Augenblick so weit wie möglich zu erleichtern – dabei aber auch deine Aufgabe ohne alle Abstriche erfüllst.«

Welche innere Größe, welch ein tränenerstickter Dialog mit dem toten Sohn!

Eines der Opfer aus dem Jugoslawien-Krieg bekennt, dass es nachts immer wieder seinen getöteten Vater zu hören glaubt, »so einen seltsamen Lärm wie von einem lauten Schuss in meinem Kopf, und ich wache immer in diesem Moment auf. Manchmal sah ich dann das Gesicht meines Vaters vor mir, als wäre er noch am Leben. Ich konnte nicht akzeptieren, dass er tot ist. Jede Nacht hatte ich den gleichen Alptraum.« Aber er sagt dann auch, dass er für einen friedlichen Weg sei, wie viele und die meisten seiner Freunde. Aber bis dahin sei es noch ein sehr langer Weg. »Wunden haben wir alle. Und psychische Wunden sind schlimmer als physische. Sie brauchen viel Zeit, um zu heilen. Ich habe es lange nicht für möglich gehalten, aber allmählich glaube ich doch, dass sie wirklich heilen können.«[15]

Auf solches, sich nicht beirren lassendes Vertrauen kommt es an: dass es gelingen kann – trotz so vieler und wiederholter Rückschläge. Versöhnung ist eine Kernaufgabe jedes Friedenshandelns in dieser Welt. Sie ist religiös begründet, ethisch geboten und politisch notwendig. Für Christen bleibt sie begründet im Versöhnungshandeln Gottes in Jesus Christus. Gerade Christen sollten als aktive Mitarbeiter in diesem Versöhnungsprozess, den Gott uns gnädig gewährt, erkennbar sein.

Das Wort Versöhnung mag einem, der einmal Versöhnung gewagt hat oder dem Versöhnung angeboten worden ist, nicht leicht über die Lippen kommen. Versöhnung ist ein hartes Glück. Aber wem es widerfährt, der wird sanft. Der vielleicht politisch wirkmächtigste Versöhner des Jahrhunderts war der zu 26 Jahren Steinklopfen auf Robben Island verurteilte Nelson Mandela – als »kommunistischer Gewalttäter« und ANC-Mitglied vom Westen lange Zeit eher zur feindlichen Seite gerechnet. Er wurde von Ministerpräsident Frederic de Klerk zum Friedenschließen zurückgeholt. Nach den mörderischen Konflikten der Apartheid in Südafrika hat er zusammen mit Bischof Tutu etwas bewirkt, was niemand für möglich gehalten hätte: Versöhnung in der Wahrheit! Versöhnung steht nicht gegen Wahrheit, und Wahrheit provoziert nicht Unversöhnlichkeit.

Dass das keineswegs einfach war und nicht als flottes Predigtbeispiel dienen kann, zeigt der Bericht, den die südafrikanische Wahrheitskommission unter dem Titel »Versöhnung braucht Wahrheit« herausgegeben hatte. Die Wahrheitskommission zieht am Ende des fünfbändigen Berichts eine ernüchternde Bilanz: Die meisten weißen Südafrikaner hatten die Chance nicht ergriffen, die die Kommission ihnen geboten hatte.

»Die Wahrheits- und Versöhnungskommission ist der Ansicht, dass diejenigen, an die sich das Gesetz in erster Linie richtete, den Geist der Großzügigkeit und Versöhnung, der sich in ihm findet, nicht erwidert haben.

Trotz einer Amnestieregelung, welche die Täter sogar von zivilrechtlichen Ansprüchen der Opfer freistellte, war die weiße Gemeinschaft gegenüber der Arbeit der Kommission oftmals gleichgültig, manchmal sogar feindselig eingestellt. Einige Medien haben diese Gleichgültigkeit und Feindseligkeit noch befördert. Von wenigen Ausnahmen abgesehen, bestand die Reaktion des ehemaligen Regimes und seiner Führer, seiner Institutionen und der herrschenden gesellschaftlichen Kräfte jederzeit darin, der Wahrheit auszuweichen oder sie zu vernebeln. Wenige griffen nach dem Olivenzweig einer vollständigen Offenlegung ... Oftmals hatte die Kommission den Eindruck, dass die damaligen Führer und ihre Untergebenen gar nicht imstande waren, das Ausmaß der Verletzungen, der Schmerzen und der Narben wahrzunehmen, die ihre Handlungen verursacht hat.«[16]

Ausflüchte statt Einsicht, Leugnung der Wahrheit statt Eingeständnis der Schuld.

Aber die Akteure dieses so wunderbaren wie anstrengenden Prozesses schließen trotzdem: »Wenn die Nation zur Einheit finden will, dann brauchen alle Versöhnung.«

Das im Bericht geschilderte Problem ergibt sich häufig nach politischen Umbrüchen, wenn sich ein Volk von einem lang-währenden diktatorischen System befreit, das viele Bürger aktiv oder passiv gestützt haben.

Dasselbe konnte man studieren in Spanien, in Portugal, in Deutschland nach 1945 und nach 1989 sowie in allen Nationen des damaligen sowjetischen Machtbereichs, aber eben auch in Griechenland, Argentinien und Chile.

Aber kein Land hat das redliche Zurücksehen mit einem groß-herzigen Integrationsangebot für Täter seitens der Opfer so be-eindruckend geschafft wie Südafrika. Hier wirkten politische Weisheit und geistliche Kraft so zusammen, dass man, unter er-heblichen Schmerzen für Unterdrückte und Gepeinigte zwar, alle davon überzeugen konnte, dass dies der beste Weg ist, will man keinen Bürgerkrieg riskieren.

Voraussetzung der Versöhnung aber ist, dass die Unterdrü-cker von einst das Ausmaß der Verbrechen, der Verletzungen, der Schmerzen und der Narben wahrnehmen müssen, die durch ihre Handlungen verursacht worden sind. Aug in Aug mit den Opfern.

Es wird also auch den Tätern Enormes – Mut zur schmerz-lichen Einsicht – abverlangt. Aber darunter geht es nicht, soll Versöhnung funktionieren.

Versöhnung braucht Personen, die für diese Versöhnung per-sönlich einstehen. Einer der ganz Großen im europäischen Kon-text ist der Germanist jüdisch-ukrainischer Abstammung und mutige Dissident Lew Kopelew, der sich nie vom Hass, für den er viele Gründe gehabt hätte, hat überwältigen lassen.

Marion Gräfin Dönhoff, eine der Protagonistinnen der Ent-spannungspolitik und selber Heimatvertriebene, sagte über ihn in ihrer Laudatio zur Verleihung des Friedenspreises des Deut-schen Buchhandels im Jahre 1981: »In seinem großen Herzen hatten sie alle Platz: Christen und Juden, Polen und Deutsche, Kommunisten und Oppositionelle. Allgemeine Menschenliebe und echter Internationalismus hatten ihn frühzeitig in den Bann geschlagen.« Kopelew war wegen bürgerlich-humanistischer Pro-paganda des Mitleids mit dem Feind, wegen Nichterfüllung von

Befehlen, wegen Verleumdung der eigenen Truppenführung, der sowjetischen Presse, des Schriftstellers Ilja Ehrenburg und der Verbündeten verurteilt worden. Das Urteil: zehn Jahre Straflager. Und alle, die später milder mit ihm umgehen wollten, wurden selber schweren Repressalien ausgesetzt.

Lew Kopelew sagte in seiner Friedenspreisrede: »Aus allem, was ich erlebt und erfahren habe, wuchs die Überzeugung, dass die Bergpredigt der höchste, der reinste Gipfel ist, den der menschliche Geist zu erreichen vermag. Die Friedensbotschaft der Bergpredigt, die Liebe selbst zu den hassenden Feinden verkündet, erklang zuerst nur für wenige Hörer und wurde von einigen hundert Hirten, Fischern, Bauern und frommen Schülern gehört; von den armen, leidenden, erniedrigten, wehrlosen Menschen in einem winzig kleinen Lande. Kein Kriegslärm, keine Hasspredigten konnten sie übertönen, keine noch so spitzfindigen Umdeutungen konnten ihren wahren Geist, ihren wahren Sinn entstellen.«[17]

Die Kunst des Friedenstiftens ist stets eine gefährliche Kunst, weil der Friedensstifter eben ein gutes Wort für den gemeinsamen Feind einlegt und bereit ist, zu differenzieren. Also: das deutsche Volk nicht mit den Nazis zu identifizieren, so wenig wie eine durch den Krieg verrohte Rote Armee, eine russische Soldateska, mit dem russischen Volk gleichzusetzen ist.

Ein anderes Beispiel ist Erlösung und Versöhnung durch Musik: Pierre Bertaux sagte über Yehudi Menuhin: »Von jeher warst du ein überzeugter Partisan im Dienste der pazifizierenden Macht der Musik. Im Sommer 1945 spieltest du zweimal im eben befreiten Konzentrationslager Bergen-Belsen, dessen Insassen noch der erlösenden Heimkehr harrten. Du selbst gingst als Jude, gar gerade darum, schon 1946 und 1947 mehrmals nach Berlin. Die Fanatiker unter den Juden warfen dir Verrat vor. Pfiffe und Buhrufe begleiteten deinen Auftritt. Du jedoch bliebst unbeirrbar und spieltest.«

1946 ging Menuhin zusammen mit seiner Frau nach Berlin, »in die Hauptstadt einer großen Nation, die vom Krieg verwüstet war und zu tiefer, brennender Selbstprüfung, zur Gewissensforschung erwachte; ja, ich kam unmittelbar aus der Mitte Ihrer jüngsten Gegner, von Völkern, die das Opfer des Krieges waren, um Ihre Musik, unsere Musik, die universale Musik Beethovens zu spielen.«[18]

So ist Versöhnung. Sie hat einen Namen. Es ist die Geige Yehudi Menuhins.

Was hatte Albert Camus, ein Kämpfer der Résistance, mit seinem 1943/44 geschriebenen Buch »Briefe an einen deutschen Freund« riskiert, getragen von dem Wunsch, »mit meinen schwachen Kräften dazu beizutragen, dass die sinnlose Grenze zwischen unseren beiden Ländern eines Tages fallen möge.« Seine Offerte gipfelt in dem Satz: »Ich liebe mein Land zu sehr, um Nationalist zu sein.« Er richtet sich schon mitten im Krieg darauf aus, nicht mehr »ihr Nazis« und »wir Franzosen« zu sagen, sondern »wir freien Europäer«.[19]

Camus stellt nicht zwei Völker einander gegenüber, sondern zwei Haltungen. Auch er weiß, wie schwer es ist, den eigentlichen Sieg, nämlich den Sieg über uns selbst, zu erringen, wenn der Hass uns übermannt und wir weiterhin an einem falschen Heldentum festhalten. Camus hat für seine Positionen viel Schmach hinnehmen müssen. Aber wenn die Welt eine Zukunft haben will, braucht sie solch mutige Stimmen.

Im September 1926, also vor mehr als 80 Jahren, erklärten Gustav Stresemann und Aristide Briand in Genf – entgegen den nationalistischen Stimmungen in ihren Ländern –, dass sie gemeinsam auf ein gemeinsames Europa zusteuern wollten und dass dazu Versöhnung nötig sei. Der konservative Stresemann sagte dies, obgleich die Mehrheit der Deutschen in Revanchegefühlen verharrte, zumal nach jenem Versöhnung geradezu verhindernden Versailler Vertrag, der Deutschland einseitig die Kriegsschuld zumaß und einen typischen Vertrag der Sieger darstellte. Beide erhielten 1926 den Friedensnobelpreis.

1994 hat Arafat zusammen mit Peres und Rabin den Friedensnobelpreis erhalten, wie 1978 Anwar al-Sadat und Begin. Leider hat das, was diese Männer an Versöhnungsarbeit geleistet hatten, kaum politische Wirkung entfalten können. Solange die

Palästinenser kein lebensfähiges Staatsgebiet bekommen und solange der Terror nicht aufhört, solange nicht beide Seiten einander anerkennen und sich gegenseitig ihre Würde zugestehen, wird im Nahen Osten kein Friede sein – und das kann uns alle nicht kaltlassen. Wir Deutsche werden immer eine große Nähe zu den Juden, den Israelis, besonders den Nachkommen der Juden, die der Vernichtung entronnen sind, behalten. Aber wir dürfen nicht blind sein für das, was in diesem mörderischen Kampf zwischen der israelischen und der arabischen Welt geschieht.

Ein anderer großer Staatsmann der Versöhnung wurde Václav Havel, im Gefängnis geläutert. Es ist schon tragisch zu nennen, dass es ihm nicht gelungen ist, etwas von seinem Geist in seiner Nation nachhaltig einzupflanzen. (Václav Klaus spricht eine ganz andere, gar antieuropäische Sprache.) Doch wird man die Hoffnung nicht aufgeben dürfen, dass das, was einmal in der Welt war, auch wieder lebendig werden kann, vielleicht erst viele Jahre später. Denn in den Tschechen steckt noch so viel Vergeblichkeits- und Leiderfahrung, verbunden mit innerer Zerrissenheit und Anfälligkeit für alte Ressentiments.

(Ähnliches erleben wir jüngst im Verhältnis zwischen Deutschland und Polen, wo sich die jeweiligen Nationalisten offensichtlich in die Hände arbeiten. Frau Steinbach, die so vehement für ein Zentrum gegen Vertreibungen wirkt, glaubt, die Vertreibung der Deutschen aus dem heutigen Polen und Tschechien sei sowieso geplant gewesen. Hitler habe das Tor nur geöffnet. So kann man zerstören, was in fünfzig Jahren an gegenseitigem Verstehen gewachsen ist.)

Zurück zu Havel: Er hatte während der Gefängnisjahre sein späteres Denken in einer schwierigen und tiefgründigen Weise gewissermaßen vorbereitet – dokumentiert in seinen bewegenden »Briefen an Olga«, seine inzwischen verstorbene Frau.

Havel hat genau studiert, was der Hass aus Menschen macht. Er ist als eine gewisse Grunddisposition im Menschen selbst angelegt. »Vor allem sind es [die Hassenden] niemals hohle, leere, passive, gleichgültige, apathische Menschen. Ihr Hass scheint mir immer der Ausdruck irgendeiner großen und im Grunde unstillbaren Sehnsucht zu sein, eines gewissermaßen dauerhaft unerfüllt und eigentlich unerfüllbaren Wollens, einer verzweifelten Ambition.« Und so beobachtet Havel, dass sich der Hassende nach dem Gehassten geradezu sehnt. Er erfüllt sein Leben im Inneren. Für den Hassenden sei sein Hass wichtiger als dessen Objekt, so dass er dann auch fähig wird, die Objekte seines Hasses schnell zu wechseln.

Wer also Versöhnung will, muss um das in ihm lauernde Hasspotenzial wissen. Politik versteht Havel als praktizierte Sittlichkeit. Derjenige, der sich in der Politik befindet, habe auch eine erhöhte Verantwortung »für den sittlichen Zustand der Gesellschaft«. Und es ist seine Pflicht, »in ihr das Beste zu suchen, zu entwickeln und zu stärken«.[20]

Es kommt darauf an, in welcher Weise die politisch Handelnden ein Volk zu lenken verstehen, indem sie auch Emotionen wie Hass und Verbitterung ernst nehmen und helfen, sie durchzuarbeiten. Versöhnung bedarf der Fähigkeit, sich in andere einzufühlen, sie anzusprechen und ein Gefühl für das Maßhalten zu erringen – mit Weit- und Großherzigkeit. Es ist eine besondere Herausforderung für die Geistlichkeit, solche Politiker und Politikansätze zu bestärken, wie auch für die jeweiligen Völker, im Geiste des Friedens zu inspirieren.

Im Jahr 1965 wagte es der Rat der EKD, eine Denkschrift zur Versöhnung mit Polen zu formulieren – und das angesichts von fünfzehn Millionen Heimatvertriebenen und ihren Nachkommen. Sie waren mehrheitlich noch immer nicht zur Aussöhnung bereit und fähig. Die Töne auf den pfingstlichen Heimattreffen konnten auch als revanchistisch verstanden werden. Die Entspannungspolitik lehnten die Heimatverbände als Verzichtspolitik ab.

Die evangelische Kirche war so mutig, 20 Jahre nach jenem räuberischen Krieg die bestehenden Grenzen anzuerkennen und Grundlagen für ein neues Verhältnis zu den osteuropäischen Ländern zu schaffen, insbesondere zu Polen und zur Sowjetunion. Diese Denkschrift wie auch die Bemühungen der Katholischen Bischofskonferenz wurden zum Ansporn und zum Wegbereiter für die Entspannungspolitik der sozial-liberalen Koalition.

Versöhnung braucht bisweilen starke Gesten – Gesten, die viele zunächst auch verwirren, sie jedenfalls zum Nachdenken und zu eigenem Urteil geradezu zwingen. Willy Brandt kniete am 7. Dezember 1970 vor dem Mahnmal im einstigen Warschauer Ghetto spontan nieder. Still. Ernst. Für uns alle.

Brandt war ins Exil gegangen und hatte gegen das nazistische Deutschland gekämpft, zwar nicht als Soldat, wie es ihm vorgeworfen wurde, aber als Kurier und Journalist mit hohem persönlichem Risiko. Aber was nützt schon die Wahrheit, wenn man jemand politisch etwas am Zeug flicken kann? »Vaterlandsverräter« wurde er genannt.

Auch die Umarmung zwischen de Gaulle und Adenauer gehört zu den wirkmächtigen Gesten, wie überhaupt die deutsch-französische Versöhnung eines der Wunder der jüngeren Geschichte ist. Wer hätte nach allem, was geschehen war, je geglaubt, dass unsere beiden Völker zur Besinnung, gar zur Freundschaft kämen?!

Ich denke auch an den Streit in Erfurt nach dem Massaker an 16 Schülern und Lehrern an der Gutenbergschule 2002. Sollte man auch ein Kreuz für den Mörder aufstellen, wenngleich etwas abseits? War das ein den Hinterbliebenen der Opfer zumutbares Versöhnungssymbol? Es ist verständlich, dass Hinterbliebene dagegen protestierten und dass der Boulevard »Volkes Stimme« gegen etwas aufrief, wofür insbesondere die Kirche eintrat.

Dass Natascha Kampusch in der zweiten Septemberwoche 2006 in die Leichenhalle an den Sarg ihres Peinigers trat und sich still mit einer Kerze in der Hand von ihm verabschiedete, will auch nicht so recht zu den Emotionen der Beobachter passen und nährt eher Spekulationen, als dass es zum ernsthaften Nachdenken über psychische Prozesse anregt, die wir als Außenstehende kaum begreifen können.

Auch ich habe mehrfach den gesammelten Hass »des Volkes« auf mich gelenkt, als ich mich zu unterschiedlichen Anlässen für Versöhnung mit denen ausgesprochen habe, die das SED-Regime verantwortet oder mittrottend getragen haben.

Die Liste der Vorwürfe war lang: Schwamm-drüber-Strategie, Gutmenschentum, Verrat an den Idealen der Bürgerbewegung, ich sei der Versöhner vom Dienst, das sanftdenkende Fleisch von Wittenberg – wenn nicht gar ehrenrührige Verdächtigungen über meine eigenen verborgenen Verquickungen mit dem System angeführt werden. Auch Bürgerrechtler kamen bisweilen in der Pose von Bürgerrächern daher.

Dabei ging es mir stets um menschliche, politische, moralische Bearbeitung des Erlebten und Erlittenen, eben auch um Selbstklärung über eigenes versäumtes Tun oder Lassen, aber niemals um Verkleisterung oder Verharmlosung der Verbrechen und Menschenrechtsverletzungen in der DDR-Zeit.

Aber das kann derjenige kaum begreifen, dem Versöhnung ein Fremdwort bleibt oder der die Versöhnung lediglich als ein eschatologisches Handeln Gottes ansieht, das, sobald man es in menschliche oder politische Zusammenhänge überträgt, angeblich zur »Hybris« verkomme.

Mich jedenfalls hat für mein eigenes bescheidenes Tun in besonderer Weise angerührt und bestärkt, was ich in den Gedichten von Nelly Sachs, Hilde Domin und Rose Ausländer gespürt habe, auch in den Zeilen von Paul Celan, der 1970 schließlich selber keine Kraft mehr zum Leben hatte.

Als mir in dieser schwierigen Situation, in der ein gesammelter publizistischer Hass auf mich einströmte, Lew Kopelew aus dem Krankenhaus einen Brief schrieb, wirkte das auf mich wie die Sätze des Evangeliums, ermutigend und bestärkend: »Für Friedrich Schorlemmer, meinem lieben Freund, dessen Weltsicht und Weltempfindung ich brüderlich teile«. Und das von einem Menschen, der ganz anderes durchlebt hatte, als ich das je musste. Er hat mich bestärkt, seit ich zum ersten Mal seine Zeilen las, seit ich seine Stimme hörte, seit ich sein Gesicht sah.

Heimat als politisches Schlüsselerlebnis

Schlüsseldaten, Schlüsselpersonen und Schlüsselorte von 1968

Das Jahr 1968 wurde für mich und meine gesamte Generation zu einem geistig-politischen Schlüsseljahr. Dazu gehört die sogenannte Volksaussprache zur neuen (Ulbricht'schen) Verfassung und die schließlich 94,3 prozentige Zustimmung bei der einzigen wirklichen Wahlmöglichkeit der DDR-Bürger. Ich hatte mich mehrfach an der Diskussion um die Verfassung beteiligt und kleine Aktionen gegen den Ja-Sager-Staat unternommen. Im Jahr 68 geschahen auch die bestürzenden Morde an Martin Luther King und Robert Kennedy sowie das Massaker von My Lai. In dieses Jahr gehören die Sprengung der Leipziger Universitätskirche, der Prager Frühling mit den großen Hoffnungen und mit der tiefen Depression nach dem Einmarsch der Warschauer Pakttruppen und anschließender ideologischer Verhärtung. Insbesondere Ulbricht und sein Scharfmacher Honecker drangen auf gewaltsame Maßnahmen gegen die »Konterrevolution« in der ČSSR. Unbeirrt aber suchten Willy Brandt und seine politischen Freunde Annäherungen an den Osten, um den Menschen konkret zu helfen, und sie trafen auf massive Abwehr jeder Vorstellung einer »Konvergenz« der Systeme. Abgrenzung wurde die ideologische Parole im Kampf gegen »Revisionismus« und »Sozialdemokratismus«.

40 Jahre danach gibt es vielfachen Streit: Streit um die Zukunft der Universitätskirche beim Neubau des Universitätscampus. Die Universität trägt nicht mehr den Namen von Karl Marx, aber dessen riesengroßes Bronzebildnis hatte 20 Jahre nicht zufällig genau an der Stelle des einstigen Altarraums gestanden. Die Mehrheit des heutigen akademischen

Senats ist der Meinung, dass eine Kirche nicht in die Universität gehöre.

Und es gibt den – manchmal ziemlich absurden – Streit im Westen um die 68er Bewegung und deren illusionäre, totalitären und gewalttätigen Aspekte, die das Emanzipatorische der Bewegung zu unterschlagen oder gar zu diffamieren beginnen.

In den Staaten des ehemaligen Ostblocks, insbesondere in der heutigen tschechischen Republik, auch in Polen und Ungarn, wird den damaligen Reformkommunisten und kritischen Linksintellektuellen vorgeworfen, sie seien keine Antikommunisten geworden. Der Deutungskampf um die Vergangenheit ist ein Kampf um die Macht in der Gegenwart.

Vielfältig schlummerndes Hasspotenzial wird wieder geweckt. Bisweilen entsteht gar der Eindruck, man müsse alles tun, um zu verhindern, dass der Kommunismus wieder Macht bekommt, indem man dafür kämpft, dass die Linke nur noch wenige Stimmen bekommt. Diverse Nachhutgefechte des Kalten Krieges werden auf eine eigentümliche Weise hitzig. Sogar Václav Havel wird diskreditiert – vor allem von solchen, die früher zu den tapfer Schweigenden gehörten.

»Das Land ist still. Noch«
Meine Erinnerungen an 1968

> Eine lehre liegt mir auf der zunge, doch
> zwischen den zähnen sucht der zoll
> *Reiner Kunze*

Als die DDR gegründet wurde, war ich fünf Jahre alt.

Als sie eingemauert wurde, war ich 17.

Als der Sozialismus menschlich werden wollte, war ich 24.

Als er am Ende war, war ich 45.

19 Jahre bin ich nun Bürger der Bundesrepublik Deutschland im Geltungsbereich des Grundgesetzes und finde mich zugleich in einer globalisierten neoliberalen Welt vor.

Die so lang ersehnte und 1989 friedlich erkämpfte Freiheit hat sich inzwischen von der Gerechtigkeit abgekoppelt. Im real existierenden Sozialismus war die Gerechtigkeit von der Freiheit abgekoppelt.

Im August 1966 erlebte ich bei einer Ost-West-Begegnung in Ostberlin den tschechischen Philosophen Milan Machoveć, Ordinarius für Philosophie an der Prager Karls-Universität. Endlich ein Marxist, der mit sich reden ließ. Er erhob nicht den Anspruch, im Besitz der Wahrheit zu sein, hörte zu, konnte sich auf andere Positionen einlassen und auf charmante Weise im Gespräch bestehen. Solch einen Marxisten zu treffen hatte ich bisher vergeblich gehofft.

Warum aber sprach ein Tscheche nicht in der DDR, sondern nur auf Einladung von Westdeutschen in einem exklusiven Raum in Ostberlin? Also fasste ich mir ein Herz und fragte ihn, ob ich ihn nach Halle einladen könne. Er reagierte freundlich und sagte ohne Umschweife zu. Er sei noch nie in der DDR gewesen und würde gerne kommen. Vor seiner Einreise gab es dann doch bürokratische Hürden. Um nicht die gesamte Studentengemeinde in Schwierigkeiten zu bringen oder gar zu gefährden, übernahm ich als ihr Vertrauensstudent die Verantwortung. (Wie naiv!)

Am 30. Januar 1967 hielt Milan Machoveć im Saal der Stadtmission einen Vortrag unter dem Titel: »Die Bergpredigt und der Marxismus«. Der Abend fand große Resonanz, die Theologen Heino Falcke und Christoph Hinz als Podiumsteilnehmer waren erfreut und verblüfft über den regen Austausch.

Auf dem Heimweg ins Hotel fragte ich den Professor, warum sich die politische Wirklichkeit nicht verbessere, obwohl sich offensichtlich das Denken von Marxisten substanziell verändere. Schließlich sei er doch Ordinarius für Philosophie an der Karls-Universität. Und er sagte wörtlich zu mir: »Junger Freund, warten Sie nur ein Jahr, dann werden Sie sehen!«

Ich reagierte wie der ungläubige Thomas. In der DDR konnte ich keine Bewegung oder Öffnung feststellen. Gesprächsversuche mit »Offiziellen« scheiterten – Maulkorb selbst für Wissenschaftler noch 1988, als wir in Halle mit dem Sektionsdirektor für Philosophie über das SED-SPD-Papier reden wollten. Er hatte sich bereit erklärt, bekam dann aber das Verbot der Partei.

Stattdessen die schroffe Abgrenzungsideologie der späten Ulbricht-Ära: »Keine ideologische Koexistenz«, hieß die Parole. Friedliche Koexistenz nur aus Gründen der Vernunft angesichts der Mega-Bomben?

Auf dem Januar-Plenum 1968 wählte das ZK der KPČ einen neuen Parteichef: Dubček löste Novotny ab. Mein Freundeskreis war durch die folgenden Ereignisse wie elektrisiert. Wir saugten alle zugänglichen Informationen auf, z. B. auf der Kurzwelle von Radio Prag. Das berühmte »Manifeste der 2000 Worte« und der »1000 Worte« wurden aus der Tschechoslowakei rübergeschmuggelt. Wir schrieben die systemkritischen Texte ab und verbreiteten die Durchschläge. Sie waren Vorläufer der Charta 77, ein Zeichen des Versuchs, die Demokratie aus dem Apparat heraus zu entwickeln und dabei alles zu vermeiden, was die »Bruderstaaten« zu einer militärischen Einmischung provozieren könnte.

Wir bibberten mit, als sich die kommunistischen Partei- und Regierungschefs in Warschau trafen und die nicht anwesende neue tschechische Partei- und Staatsführung in einem Brief unter Druck setzten.

Wir bibberten mit, als die Truppen des Warschauer Paktes nach Militärmanövern auf tschechoslowakischem Gebiet im Sommer 1968 nicht abziehen wollten.

Wir bibberten mit, als die Gespräche in Čierna nad Tisou, in jenem berühmten Eisenbahnwagen, zwischen Leonid Breschnew und Alexej Kossygin einerseits und Alexander Dubček und Oldřich Černik andererseits stattfanden. Nach quälenden Verhandlungen schien eine friedliche Lösung möglich zu sein. Dubček machte Zugeständnisse an die Bruderparteien, aber der Weg zum Verzicht der KPČ auf die führende Rolle der Partei, auf ihr in der Verfassung festgeschriebenes Wahrheits- und Machtmonopol war eingeschlagen.

Endlich die Verbindung von Freiheit und Gerechtigkeit! Endlich ein intellektueller Dialog!

Prag wurde zum Synonym für Hoffnung. Die Verlegung von Truppen der NVA und der Roten Armee an die tschechische Grenze machte Angst.

Am 12. August reiste ich mit meiner Freundin nach Prag. Dort wollten wir uns verloben und unsere Anzeigen versenden, gewissermaßen aus dem »Reich der Freiheit«. Wir erlebten Überwältigendes. Nach Feierabend und bis in die Nacht Diskussionen, tausende und abertausende Menschen. Das Volk war auf der Straße. Arbeiter und Angestellte, viele junge Leute, Frauen und Greise diskutierten mit den Funktionären. Selbst Kommandeure der Kampfgruppen stellten sich dem Dialog.

Alle hatten Angst vor einem sowjetischen Eingreifen wie 1956 in Budapest. Deshalb sollten die Reformen mit Augenmaß und ohne Gewalt ablaufen – ohne »Provokationen« und mit der Versicherung, im RGW und Warschauer Vertrag zu verbleiben. Sogar aus der Armee hörte man Forderungen nach politischer Öffnung.

Die gesellschaftliche Umwälzung kam von oben, aus der Kommunistischen Partei selbst, und fand im Volk Resonanz. Die Leute entwickelten eigenständige Aktionen und Ideen. Zustimmung artikulierte sich auf den Straßen und in der Presse, die sich von der Zensur befreit hatte. Wir trafen auf westdeutsche Studenten, vor allem linke. Sie hatten, ganz anders als wir, aufgrund ihres Westgeldes keine Schwierigkeiten, ein Quartier zu finden. Und sie setzten in Prag lautstark »ihr 68« fort. Ihr Gegenüber waren das westdeutsche Establishment und die Amerikaner in Vietnam. Sie hatten Träume vom Sozialismus als Realutopie. Im Stakkato intonierten sie ihre Ho-Ho-Ho-Chi-Minh-Rufe in der berühmten Bierstube U Fleku. Für uns Ostdeutsche interessierten sie sich nicht. Der »real existierende Sozialismus« störte ihr ideelles und ideales sozialistisches Welt-Konstrukt. DDR-Bürger zu sein war in Osteuropa und erst recht in Westeuropa und in den Augen der Westdeutschen geradezu ein Makel.

In Prag lag viel Angst in der Luft, aber noch sehr viel mehr Hoffnung. Wir erlebten, wie Zigtausende auf die Prager Burg strömten, als Tito zu Besuch kam. Tschechen sagten uns, das sei die erste Demonstration, an der sie nach 1945 freiwillig teilgenommen hätten. Sie trugen selbst angefertigte Plakate, auf denen unter anderem stand »Tito da, Ulbricht ne«. Spontane Begeisterung, als Tito vorüberfuhr und Dubček sich am Fenster des Hradschin zeigte. Es war die Freiwilligkeit, es war der Veränderungswille, es war die Fröhlichkeit und es war der Ernst, die politische Besonnenheit, die uns am gesellschaftlichen Aufbruch der Tschechen und Slowaken faszinierten. »Sozialismus mit menschlichem Antlitz!« Diese Forderung Dubčeks war geradezu entlarvend, denn sollte es überhaupt einen Sozialismus ohne ein menschliches Gesicht geben können?!

Vielen ging Dubček nicht weit genug. Doch er musste im Blick behalten, was durchsetzbar und von Moskau noch tolerierbar war.

Am 19. August reisten wir zurück. Zwei Tage später weckte mein Vater mich mit dem unvergesslichen Schmerzsatz: »Friedrich, steh auf, die Russen sind in Prag einmarschiert.« Was hatte mein Vater da gesagt? Steh auf! Aber ich war gelähmt. Und stand doch wieder auf.

Prag war nicht an sich selbst gescheitert, sondern nur an den Panzern der »Bruderstaaten«.

Zu den Textmappen, die ich in den kommenden Jahren während meiner Abwesenheit regelmäßig zunächst auf dem Boden und später bei meinem vertrauten Nachbarn – Propst Hans Treu – versteckte, gehörten die Abschriften der »2000 Worte« aus dem Juni 1968: »Gewidmet den Arbeitern, Bauern, Angestellten, Wissenschaftlern, Künstlern und allen«, verfasst von Ludwig Vaculik.

Der Aufruf endet mit den Worten: »In diesem Frühling ist von Neuem wie nach dem Krieg eine große Chance zu uns zurückgekehrt. Von Neuem haben wir die Möglichkeit, unsere gemeinsame Sache in die Hände zu nehmen, die den Arbeitstitel ›Sozialismus‹ trägt und ihr eine Gestalt zu verleihen, die unserem einst guten Ruf und der verhältnismäßig guten Meinung entspräche, die wir ursprünglich von uns hatten. Dieser Frühling ist soeben zu Ende gegangen und wird nie wiederkehren. Im Winter werden wir alles erfahren.«

Welche düsteren Vorahnungen!

Der Aufruf hatte mit einer Erinnerung daran begonnen, dass der Sozialismus, mit dem sich nach 1945 eine große Hoffnung verband, in die »Hände unrechter Leute« geraten sei.

»Es hätte nicht so sehr geschadet, dass sie nicht genügend staatsmännische Erfahrungen, sachliche Kenntnisse und philosophische Bildung besaßen, wenn sie wenigstens mehr gewöhnliche Weisheit und Anstand gehabt hätten, die Meinung anderer anhören zu können, und ihre schrittweise Ablösung durch Fähigere zugelassen hätten.«

Smrkovsky, damals Vorsitzender der Nationalversammlung, antwortete auf die harsche Kritik mit »1000 Worten«. Er musste die praktisch-politische Dimension im Blick behalten – stets die Russen im Nacken. In der ČSSR entwickelte sich eine politische Gesprächskultur, die unsereins geradezu elektrisierte.

Smrkovsky schrieb: »Lassen wir nicht zu, dass Leidenschaften, eine Psychose der Rache und Revanche erregt werden. Erlauben wir nicht, und das liegt mir besonders am Herzen, dass die Eingriffe gegen jene, die das Gesetz zur Verantwortung ziehen wird, in irgendeiner Hinsicht ihre Familienangehörigen, insbesondere ihre Frauen und Kinder, bedrücken. Selbst die unerlässliche Ablösung der Menschen in unserem Staats- und Parteiorganismus müssen sich – glaube ich – in diesem Geiste vollziehen: würdig, human und demokratisch.« (Veröffentlicht in der Prager Tagespresse vom 5. Juli 1968.)

Er mahnte, das gemeinsame Ziel müsse sein, dass bestimmte Personen ihre Funktionen niederlegen, aber nicht die Gesellschaft verlassen. Er wollte niemanden exkommunizieren oder aus der Nation ausstoßen. Er wollte gerade nicht die Säuberungen wiederholen, die die Stalinisten regelmäßig vorgenommen hatten. Das sollte das Neue sein!

Wer ahnte damals, dass erst einundzwanzig Jahre später genau aus diesem Geist heraus die demokratische und friedliche Umwälzung im sowjetischen Machtbereich eingeleitet werden konnte? Unter einem sowjetischen Generalsekretär, der zum Dialog fähig und willens war! Bei seinem Besuch 1986 in der Tschechoslowakei hatte Gorbatschow freilich kein einziges distanzierendes Wort über die Invasion verloren. Er musste wohl selbst politische Rücksicht nehmen und seine Schritte zur Demokratisierung vorsichtig gehen – die späteren Putschisten hatten noch viel Macht. Das blieb nicht nur seine Krux, sondern begleitete sein schließliches Scheitern.

Zu den Texten, die nach dem Einmarsch der Truppen des Warschauer Pakts die Hoffnung wachzuhalten versuchten, gehörten u. a. Wolf Biermanns Lied »Das Land ist still. Noch« und Reiner Kunzes bei Rowohlt erschienene Gedichtsammlung »Sensible Wege«.

Wenn ich nach 40 Jahren zurückblicke, dann erscheint mir der Prager Frühling auch als ein Kampf um Worte, um das freie Wort. Gefährlich wurde uns die Angst derer, die das freie Wort fürchten mussten und gerade so viel Verstand hatten, zu erkennen, welches der freien Worte ihrer Macht gefährlich werden konnte. Sie wussten wohl auch, dass sie sich der freien Diskussion nicht stellen konnten, weil sie unterliegen würden. Ihr Wahrheitsanspruch war durch ideologische, militärische und geheimdienstliche Macht abgesichert. Eine Dialogkultur konnte sich nicht herausbilden. Angst kam in Gestalt Angst machender Macht daher.

Milan Machoveč hatte – in Anlehnung an Gedanken Ernst Blochs – ein Buch geschrieben mit dem Titel »Jesus für Atheisten«. Ausgerechnet der Dozent für Philosophie an der Militärakademie in Brünn, Vitezslav Gardavský, hatte bereits 1966/67 in der Literaturzeitschrift »Neue Literatur« einen Aufsatz geschrieben mit dem Titel »Gott ist nicht ganz tot. Betrachtung eines Marxisten über Bibel, Religion und Atheismus«.

Die in Wien ansässige Katholische Paulusgesellschaft sowie evangelische Theologen, die das Denken eines Ernst Bloch für die Theologie fruchtbar gemacht hatten (darunter Jürgen Moltmann 1964 in seinem Buch »Theologie der Hoffnung«), führten schon seit Mitte der 60er Jahre einen Dialog, der insbesondere um das philosophische Menschenbild und die moderne Anthropologie kreiste. Nicht zufällig griff man in diesen Debatten auf die Frühschriften von Marx zurück.

Das östliche System konnte sich nicht vollständig abschotten. Bücher, die bis 1968 im Giftschrank gestanden hatten, wurden veröffentlicht. Wie absurd! Just in jenem Jahr erschien in der Marx-Engels-Werkausgabe, der berühmten »blauen Reihe«, der erste Teil des Ergänzungsbandes mit jenen aufregenden und anregenden Manuskripten, die die Grundlage für einen spannenden Dialog bilden konnten – zumal Marx gänzlich unideologisch über Humanismus, Arbeit, das Menschenbild und vor allem über das Phänomen der Entfremdung und deren Überwindung reflektiert hatte.

Ernst Blochs Interpretation der Feuerbach-Thesen von Marx, die Schriften von Herbert Marcuse über eine Gesellschaft, in der alles vergegenständlicht wird, der Mensch zu einer Ware wird, sowie Erich Fromms programmatische Schrift »Die Revolution der Hoffnung« begleiteten die Diskussion in den freien, kulturell-akademischen Zirkeln der DDR, insbesondere unter dem Dach der evangelischen Kirchen. (1970 erschienen die genannten, lange inkriminierten Schriften von Karl Marx in einer populären Reclam-Reihe. Man dachte wohl, sie würde sowieso keiner freiwillig lesen, zumal jene Manuskripte nicht so leicht verständlich sind.)

Dass die Dissidenten in der ČSSR, in Ungarn oder in der DDR zumeist keine Antikommunisten waren, ließ sie der Führung besonders gefährlich erscheinen. Sie bezogen sich auf die Ur-Quellen, analysierten sie kritisch und bezogen sie auf ihre Gegenwart.

»Setze den Menschen als Menschen und sein Verhältnis zur Welt als ein menschliches voraus, so kannst du Liebe nur gegen Liebe austauschen, Vertrauen nur gegen Vertrauen etc. Wenn du die Kunst genießen willst, musst du ein künstlerisch gebildeter Mensch sein; wenn du Einfluss auf andere Menschen ausüben willst, musst du ein wirklich anregender und fördernd auf andere Menschen wirkender Mensch sein. Jedes deiner

Verhältnisse zum Menschen – und zu der Natur – muss eine bestimmte, dem Gegenstand deines Willens entsprechende Äußerung deines wirklichen individuellen Lebens sein. Wenn du liebst, ohne Gegenliebe hervorzurufen, das heißt, wenn dein Lieben als Lieben nicht die Gegenliebe produziert, wenn du durch deine Lebensäußerung als liebender Mensch dich nicht zum geliebten Menschen machst, so ist deine Liebe ohnmächtig, ein Unglück.«[21]

Darum ging es auch uns Dissidenten: Das Individuum wieder in sein Recht einzusetzen, statt den Menschen bloß als ein Gattungswesen zu definieren, das als »vergesellschafteter Mensch« bestimmte Funktionen in der Gesellschaft unter Anleitung der Partei auszuüben hätte. Und welch wahre Sätze über *gegenseitiges* Vertrauen im Stasi-Staat ...

Marx wurde zum Kronzeugen für den Aufbruch in eine Gesellschaft, in der der Einzelne ein nicht entfremdetes Dasein führen kann und in ein Verhältnis zur Natur versetzt wird, das keine Verlierer kennt. Wie hilfreich sind solche Ansichten auch in der heutigen ökologischen Diskussion!

Selbst die kritischen Bemerkungen von Karl Marx über die Religion blieben erkenntnisfördernd. Die Marxisten des Jahres 68 beschäftigten sich wieder ernsthaft mit Immanenz und Transzendenz. Marx' Religionskritik wurde nicht mehr auf den – von Lenin verfälschten – Satz reduziert, dass die Religion »Opium des Volkes« sei, sondern Ausdruck des Elends und Protest gegen das Elend, Gemüt einer herzlosen Welt, Geist geistloser Zustände. Was bedeutete es praktisch, dass »Religion als entäußertes menschliches Selbstbewusstsein« gewertet wurde?[22]

In der Auseinandersetzung mit Hegel hatte Marx geschrieben, dass der Kommunismus positiver Humanismus und das Ziel der versöhnte Mensch sei, der mit der Natur und mit sich selbst in Einklang kommt. »Atheismus, Kommunismus sind keine Flucht, keine Abstraktionen, kein Verlieren der von dem Menschen erzeugten gegenständlichen Welt, seiner zur Gegenständlichkeit herausgeborenen Wesenskräfte, keine zur unnatürlichen, unentwickelten Einfachheit zurückkehrende Armut. Sie sind vielmehr erst das wirkliche Werden, die wirklich für den Menschen gewordene Verwirklichung seines Wesens und seines Wesens als eines wirklichen.«[23]

Die ernsthafte Auseinandersetzung mit dem Marxismus ohne ideologische Scheuklappen und ohne antikommunistischen Furor hatte begonnen – bis die Panzer kamen und keinerlei These und Antithese mehr gelten ließen, nur noch nackte Machtdemonstration.

Es war ein Gedanke in die Welt gekommen, der nicht mehr herauszubringen war. Marx'sche Grundideen fanden politische Gestalt in dem Konzept, das Josef Smrkovsky als Ideal der Untrennbarkeit von drei Begriffen zusammengefasst hatte: SOZIALISMUS, DEMOKRATIE, HUMANISMUS. (Das hat sich nicht erledigt. Der internationale Finanzmarkt, die »Finanzindustrie« dominiert die Welt-Agenda und bringt dabei das ganze neoliberale System ins Wanken – mit noch unabsehbaren Folgen.)

Ich war nach meinem Studium, von 1967 bis 1971, Studieninspektor im Studentenwohnheim in den Franckeschen Stiftungen. Natürlich haben wir uns in Seminaren und vertraulichen Gruppen in unseren Zimmern über die Gesamtsituation nicht nur unterhalten, sondern auch überlegt, wie wir sie mitgestalten könnten.

Eine besondere Herausforderung wurde im April 1968 die sogenannte Volksaussprache über die neue Verfassung, die die vorherige von 1949 ablösen sollte. Ausgerechnet der Vertreter der Ost-CDU (wenn ich mich recht erinnere, war es der Kreisvorsitzende von Halle), rechtfertigte uns gegenüber, warum man den Begriff der Gewissensfreiheit aus dem Verfassungsentwurf gestrichen hatte: Der Begriff sei idealistisch, untauglich und unwissenschaftlich.

Uns war insbesondere dieser Gewissensvorbehalt wichtig, nicht zuletzt angesichts des Versagens unserer Elterngeneration, die dem Staatsgehorsam so weit gefolgt war, dass die Stimme des Gewissens unhörbar geworden war. Texte, die Dorothee Sölle im »Politischen Nachtgebet« in Köln vorgetragen hatte, bestärkten uns. Insbesondere ihre Überlegungen zu einer künftigen christlichen Ethik, die unter dem Titel »Phantasie und Gehorsam« erschienen waren, übertrugen auf unsere Verhältnisse. Nie wieder »unbedingten Gehorsam« geloben!

Ich hatte am 16. März 1968 an die Kommission zur Ausarbeitung der neuen Verfassung geschrieben: »Um des wissenschaftlichen Fortschritts willen bitte ich zu überlegen, ob man nicht ausdrücklich ›die volle Informationsfreiheit‹ in Artikel 16 gewährleisten sollte. Um der umfassenden und sachgerechten Meinungsbildung willen bitte ich, die Informationsfreiheit auch in Artikel 23 zu erwähnen, entsprechend der ›Erklärung der Menschenrechte‹ von 1948 im Artikel 19. In Artikel 18,3 oder in Artikel 19 bitte ich, den Begriff der Gedanken-, Gewissens- und Religionsfreiheit entsprechend der ›Erklärung der Menschenrechte‹ Artikel 18 bzw. entsprechend der bisher geltenden Verfassung Artikel 41 aufzunehmen. Das mit Gewissensfreiheit Gemeinte findet in den entsprechenden Verfassungsartikeln meines Erachtens kein Äquivalent. Es gehört aber wesensmäßig zur Würde und Freiheit der Persönlichkeit und seiner Unantastbarkeit (nach Artikel 18,3; 26,1; 26,3).«

Beim heutigen Lesen des Textes spüre ich, wie sehr ich mich bemühte, dem Macht-Gegenüber zu signalisieren, dass ich mich nicht als sein prinzipieller Feind verstehe, sondern zur Verwirklichung demokratischer Prinzipien beitragen wollte. Die innere Zensur wirkte: Ich gebrauchte die damals gängige Formulierung »in unserem Staat«, um keine generelle Distanz auszudrücken. Das wirkt heute geradezu unterwürfig, doch wahrscheinlich wollte ich nur die generelle Ablehnung aller meiner Vorschläge verhindern, die, wenn man mich als Feind und Antikommunist betrachtet hätte, unausweichlich gewesen wäre. Ein Blick ins Strafgesetzbuch, vor allem das politische Strafrecht betreffend, mag nachträglich erklären, warum man so vorsichtig formulierte: aus Angst.

In der Folge haben die DDR-Kritiker nicht genügend gewürdigt, dass trotz vorheriger vehementer Ablehnung »die Glaubens- und Gewissensfreiheit« im Artikel 20 der Verfassung von 1968 zumindest auf dem Papier gewährleistet wurde!

Ich kann nicht verschweigen, dass ich im April 1968 sehr enttäuscht war über die »Bevölkerung der DDR«. An diesem Tag hatte sie ein einziges Mal die Möglichkeit, ein Votum abzugeben, statt nur Stimmzettel zu falten. Die Zettel, auf denen über die Verfassung abgestimmt wurde, hatten ein Ja- und ein Nein-Kästchen. Die Regierenden hatten vor dieser selbst anberaumten einzigen Volksabstimmung große Angst. Das zeigte sich daran, dass man in fast allen staatlichen Betrieben im Vorfeld schriftliche Willenserklärungen zugunsten dieses Verfassungsentwurfes abgegeben und in den Schaufenstern ausgelegt hatte. Die ganze Stadt war mit Ja-Plakaten zugeklebt, sogar die Scheiben der Straßenbahnen. Ob im Fleischer- oder im Miederwarenladen: Im Schaufenster lag die unterschriebene Versicherung der Werktätigen aus: »Ich stimme offen mit JA.«

Ich machte mich mit meiner Schwester und einer weiteren Studentin auf, nachts im Tunnel am Thälmann-Platz, auf den Treppenstufen des Hanserings mit Kreide bzw. mit Fettstift »Nein« zu schreiben. Auf diese Idee müssen auch andere gekommen sein, denn wir begegneten Polizisten mit Hunden und Wassereimern. Insgesamt ein hilfloser Versuch.

Damals beobachtete ich erstmals die Wahlvorgänge und stellte fest, dass das Wahlergebnis wohl kaum gefälscht war und nur etwa 6 Prozent mit »Nein« gestimmt hatten. Meine Gefühle schwankten zwischen Enttäuschung, Wut und Verachtung. Einmal hatten wir in der kommunistischen Diktatur die Möglichkeit, bewusst »Nein« zu sagen. Mein Schulfreund Bernd Herbst wurde in Jena verhaftet und zu vier Jahren Zuchthaus verurteilt, weil er seine Bekannten in Briefen dazu aufgefordert hatte, mit »Nein« zu stimmen. Nach einem Jahr kaufte ihn die Bundesrepublik infolge der politischen Bemühungen Egon Bahrs frei.

Im Sommer 1968 versuchte ich, den Dialog auch in der DDR zu führen. Über befreundete Mittelsmänner hatte ich erreicht, dass zwei Dozenten der philosophischen Fakultät in eines der Wohnheime der Theologiestudenten gekommen waren, um über das Menschenbild zu diskutieren. In dem Gespräch war bald zu spüren, dass sie sich nicht von der SED-Ideologie entfernen würden. Auch in der sogenannten theoretischen Zeitschrift der SED mit der Bezeichnung »Einheit« öffnete sich kein einziges Diskussionsfeld. Die »Ideologie der Abgrenzung« wurde verschärft. Polemische Schriften gegen die »bürgerliche Philosophie« erschienen en masse. Ich kaufte vieles, wegen der Zitate aus Schriften von Fromm, Horkheimer, Marcuse u. a.

Als im Oktober 1968 die von Halle an der Saale in die Tschechoslowakei verlegten Sowjet-Truppen zurückkehrten und das Volk zu einem großen Meeting auf der Leninallee aufgerufen wurde (die Kolonne der Panzer und Mannschaftswagen erstreckte sich über 6 Kilometer), ging ich mit einigen Studenten dorthin. Horst Sindermann und ein höherer sowjetischer Offizier hielten Reden über die Friedensmission, die die Sowjetarmee in der Tschechoslowakei erfüllt habe.

Uns wurde sehr deutlich, dass wir zu einer verschwindenden Minderheit gehörten, denn das Volk säumte in Massen die lange Leninallee. Sie winkten aus freien Stücken, als sich der Militärtross in Bewegung setzte. Das kleine ohnmächtige Zeichen, das wir setzten, bestand darin, dass wir unsere wenigen Russischkenntnisse hervorkramten und den Sowjetsoldaten – auf Panzerspähwagen kletternd – folgende Fragen stellten:

Warum sind Sie in die Tschechoslowakei einmarschiert?

Haben sich die Tschechen und Slowaken gefreut, als sie kamen?

War das tschechische Volk traurig, als Sie nun wieder abgezogen sind?

Die einfachen Sowjetsoldaten verstanden überhaupt nichts und wollten nur Fotos mit uns knipsen. Ein Offizier aber verstand und wehrte uns mit einer Handbewegung schroff ab.

Studenten der ABF (der Arbeiter-und-Bauern-Fakultät) standen im Pulk direkt an den Frankeschen Stiftungen und winkten den Sowjetsoldaten nicht nur formal, sondern richtig begeistert zu. Ich fragte sie nach dem Grund ihrer freudigen Zustimmung und war sofort umringt von einer großen Gruppe, die mir erläuterte, dass sie »gut finden, was die Truppen gemacht haben, weil sie den Sozialismus und den Frieden gerettet haben«.

Einige dieser Studenten kannten mich natürlich, den Inspektor des Hauses 8 in den Stiftungen, in dem die »Staatsfeinde« wohnten. Die Theologiestudenten hatte man im April 1968 verdächtigt, nachts mit Ölfarbe an den Giebel der ABF ein großes Kreuz gemalt zu haben und daneben ein großes Nein. Wir waren es nicht gewesen. Heute könnte ich sagen: Leider! Damals war ich froh, dass der Versuch, uns dafür verantwortlich zu machen, nicht von Erfolg war. Die Studenten wären in Geheimprozessen verurteilt worden.

Ich war glücklich, dass noch andere etwas gewagt hatten, denn das Gebäude der ABF wurde natürlich Tag und Nacht von Studenten bewacht, die regelmäßig dafür eingeteilt worden waren. Ich vermutete damals, dass ABF-Studenten das Kreuz selbst gemalt hatten. Also gab es Oppositionelle im Apparat?

Der Funke von 68 sollte durch sowjetische Panzertruppen ausgelöscht werden. Der Prager Frühling scheiterte nicht an sich selbst. Die Hoffnung von 68 blieb, weil die Ideen unabgegolten blieben. Dass dabei globalstrategische Interessen beider Seiten eine große Rolle gespielt haben, verstand ich erst später. Eine sich allmählich aus dem RGW und dem Warschauer Vertrag lösende Tschechoslowakei hätte das globale Gleichgewicht zugunsten des Westens verschoben.

Als meine Tochter mir im August 1989 erklärte, sie würde nicht wie ich 20 Jahre warten wollen und deswegen planen, über Ungarn in den Westen gehen – um dann nach einer gewissen Zeit wieder zurückzukehren. Als sie das sagte, war ich bereit, aufs Ganze zu gehen. Ich wusste doch, dass ich sie nicht wiedersehen würde, wenn sie »abhaut«.

Dass das Volk sich im Herbst 1989 erhob, hatte ich vorher nicht für möglich gehalten. Einundzwanzig Jahre nach dem Symboljahr 68 wurde der Wunsch nach Demokratie erfüllt. Der Sozialismus war tot; die Mehrheit wollte ihn nicht mehr, selbst wenn er »freiheitlich« daherkäme.

Das Erbe des »Prager Frühlings« braucht dringend Erben.

»Von Abgötterei, Lügen und Krämerei ganz loskommen«
Plädoyer für eine erneuerte Universitätskirche St. Pauli

Nicht ohne Bewegung stand ich zusammen mit einigen tausend Leuten am 30. Mai 2008 genau an der Stelle, an der vor 40 Jahren die Universitätskirche hastig gesprengt und abgeräumt, samt Gräbern verscharrt und verkuhlt wurde, auf Geheiß einer Partei und ihrer kleingeistigen Funktionäre mit hypertrophen Machtanmaßungen, die im Namen des menschlichen Fortschrittes, der Vernunft und des sogenannten »sozialistischen Humanismus« ein reales und ein symbolträchtiges Auslöschungswerk vollbrachten.

Die sog. Avantgarde der Arbeiterklasse setzte ein finsteres Zeichen ihrer Macht, verbunden mit der alltäglich belastenden Hybris, auch über das Denken »ihrer Menschen« bestimmen zu können. Walter Ulbrichts Kirchenzerstörung stand in der Tradition kommunistischer Herrscher wie Lenin, Chruschtschow und Mao, die ebenfalls Kirchen sprengen oder verwüsten ließen.

Ulbrichts bekanntestes Bauwerk, die Mauer mitten durch Berlin und die Stacheldrahtzäune mit Todesstreifen mitten durch Deutschland, die die Bauarbeiter statt der von ihm versprochenen Wohnungen errichteten und die er als »antifaschistischen Schutzwall« firmiert hatte, überdauerte 28 Jahre. Beton war fortan der Baustoff und grau die Farbe des Landes voll roter Losungen.

Eine lange Zeit für viele, die sie erlitten haben, eine kurze Zeit in der Weltgeschichte. Der sächselnd-singende Spitzbart, die vielleicht an despektierlichen Witzen reichste Figur der deutschen Geschichte, verstand es, seine Art Fortschrittsdenken zu diktieren, Macht nach seinem Gutdünken auszuüben, Angst einzuflößen. Selbst zaghafter Widerstand wurde scharf sanktioniert. Die große Mehrheit nahm alles hin oder machte alles mit – in einem Gemisch aus Überzeugung und Unterwerfung. Welche Alternativen hatte man in einem eingemauerten Land? Umso höher sind alle Frauen und Männer zu schätzen, die sich diesem Kirchenabbruch entgegengestellt hatten. Viele hatten inständig gebetet, dass dieses Haus nicht zerstört würde, und viele hatten deutlich Einspruch erhoben, Einwände höflich formuliert. Jeder mit seinen Mitteln, ob »Denkmalschützler«, Studenten, Hausfrauen, Professoren.

Ich zitiere beispielhaft aus dem Brief meines späteren Bischofs Werner Krusche an den damaligen Oberbürgermeister: »Ich habe ... als an beiden Händen kriegsversehrter Theologiestudent das durch den Angriff schwer beschädigte Dach in tagelanger Arbeit ausbessern helfen ... Soll denn wirklich im Frieden das nachgeholt werden, was den amerikanischen Bomben im Kriege nicht gelungen ist?« Der Abbruch wäre »ein sinnloser Zerstörungsakt, der für einen antihumanistischen Geist« zeugt. Es nützte alles nichts.

Die Partei, die immer Recht hatte, setzte das Recht der Macht durch, und sie setzte alle Organe ein, um jeden öffentlichen Widerstand und Widerspruch im Keim zu ersticken. Und das ausgerechnet im Jahr 1968, in dem weltweit vieles hoffnungsvoll aufgebrochen war, einem Jahr, in dem die vielleicht letzte Chance bestanden hatte, die beiden großen Menschheitsideen »Freiheit« und »Gerechtigkeit« in einer demokratischen Gesellschaft zum Ausgleich zu bringen.

Während Gustav Heinemann im Deutschen Bundestag gesagt hatte, Jesus sei nicht gegen, sondern auch für Karl Marx gestorben, wurden er und die nach ihm benannte Leipziger Universität gegen die christliche Religion mit brachialer Gewalt in Stellung gebracht. Just am Ort der Kirche wurde statt des christlichen Altars der Altar dieser »Religion ohne Gott« aufgerichtet. Es war eine Zeit der ideologischen Verhärtung und Abgrenzung, in der das Wort »Dialog« als das ideologische Schmähwort schlechthin galt; »revisionistisch« oder »versöhnlerisch« wurde abwertenddrohend genannt, wer sich anderen geistig öffnete und »die Linie« selbstdenkend verlassen hatte.

Umso erstaunlicher und umso mehr zu würdigen ist wohl, dass von dieser Stadt am 9. Oktober 1989 ein Signal für einen so mächtigen wie friedlichen Wandel auf dem Territorium Deutschlands ausging, in dem die Siegermacht Sowjetunion das

Sagen gehabt hatte. Dieses System, erfüllt von panischer Angst vor jeder Öffnung, brauchte, um zu überleben, Selbstabriegelung und ideologische Abschottung. Sogar Mitglieder der eigenen Partei wurden regelmäßig reglementiert. Wo die Angst an der Regierung ist, da regiert die Angst – Angst machend.

Die SED erhob den Anspruch, den Fortschritt der Menschheit und Humanität zu verkörpern. Die DDR sollte als einzig rechtmäßiger deutscher Staat alle in eine frohe und glückliche Zukunft führen. Dies aber hatte eine Bedingung: die Unterwerfung unter das marxistisch-leninistische Wahrheits- und Herrschaftsmonopol. Die Sprengung der Paulinerkirche war ein systemimmanenter symbolischer Akt mit weitreichender Absicht und Bedeutung: An so zentraler Stelle am Karl-Marx-Platz im Gelände der Karl-Marx-Universität sollte keine Universitätskirche stehen und womöglich Menschen anziehen.

Im Gefolge des von Nazi-Deutschland entfesselten Raub- und Vernichtungskrieges, der zum »totalen Krieg« erklärt worden war, sollten viele deutsche Städte samt unersetzbarer Kulturgüter unwiederbringlich zerstört werden. Die Kirche St. Pauli war erhalten geblieben. »Eine riesige Staubwolke lag über Leipzig und diese verdammte Ohnmacht«, erinnert sich Karin Wiekhorst, die vom Dach des Grassi-Museums aus die Sprengung fotografiert hatte.

Kirchenzerstörungen gehörten seit Anfang zur kommunistischen Machtausübung, die jedenfalls in der UdSSR bis in die Chruschtschow-Ära praktiziert wurden. 1968 mussten nun noch die Trümmer zertrümmert und tief vergraben werden. Nichts sollte bleiben. Nicht gerade fröhlich gingen die Bauarbeiter ans Werk, freilich gehorsam einer Partei, die sich die Macht genommen hatte, genommen von keiner geringeren Autorität als von »der Geschichte« selbst, deren Gesetzmäßigkeiten zu beschleunigen die SED sich anheischig gemacht hatte.

Das leninistisch-tschekistisch-stalinistische System in Ulbricht-Honnecker'scher DDR-Version hat in all den Jahren der Spaltung zu wenig Widerstand erfahren. Das sollte heute ehrlich und selbstkritisch ausgesprochen werden. Freilich: allenthalben wurden die ideologischen Hebel und Knebel in grober oder minutiöser Form angesetzt, Geschichte auf den Leisten der sozialistischen Parteilichkeit geschlagen. Antikommunismus wurde als »Grundtorheit unserer Epoche« gebrandmarkt, wofür man verfälschend Thomas Mann in Anspruch genommen hatte. Auch dies eine der Geschichtsklitterungen, die seit 1946 kolportiert wurden.

Mit Thomas Mann wird man den »Kommunismus« als Idee, als großen Menschheitstraum, der in der menschheitsgeschichtlich viel älteren kommunistischen Utopie steckt, gerade in der globalisierten Welt mit ihren effizienten Ausbeutungspraktiken, den Privatisierungsorgien und Ressourcenkriegen nicht arglos und achtlos wegwerfen oder verdammen dürfen.

Widerstand und Widerspruch ist gegen jede Wiederholung dieser Verformung der sozialistischen Idee anzumelden – Widerspruch und Widerstand, wo immer im Namen der Freiheit, im Namen der menschlichen Würde und der Gerechtigkeit unzählige Opfer gebracht und gefordert werden, wo Millionen im Namen des »Fortschritts« zu leiden haben. Kurs halten gegen jede Erscheinungsform von Diktatur, in welcher Farbe oder Version sie auch auftritt! Jedem Fundamentalismus, ob politisch, ideologisch oder militärisch, entgegentreten!

Wer im Mann'schen Sinne nicht »antikommunistisch« ist, leistet jeglichem demokratisch-sozialistischem Gedanken einen Bärendienst.

Unsere Welt braucht wieder eine Idee von Gerechtigkeit in Freiheit – verbunden mit einem Wissen um die Unverfügbarkeit unserer grundlegenden Werte, verbunden mit dem Wissen um die Fragilität und Gefährdung unserer Wertbestimmungen.

Die Universitätskirche mitten im Campus mag fortan – unter den Herausforderungen des 21. Jahrhunderts – als ein Ort des profilierten Dialogs und der vergegenwärtigenden Aneignung großer Traditionen, als Ort der Selbstbesinnung, der Selbstklärung, der Orientierung und der Handlungsmotivation fungieren.

Es zeigte sich 1968 ganz unverhohlen, dass es nicht bloß um die Universitätskirche, sondern ums Prinzip ging. Wie tief ging die Abneigung gegenüber dem »Priesterseminar«! Auf evangelischer Seite hatte es freilich seit dem 16. Jahrhundert, seit 1530 kein Priesterseminar mehr gegeben!

Der Leipziger SED-Chef Paul Fröhlich ließ seine ganze Verachtung gegenüber der Kirche heraus: Am stärksten würden ehemalige Nazis gegen die Sprengung auftreten, und »vom moralisierenden, weinerlichen … ideologisch gesehen mittelalterlichen Mief« werde man sich nicht anstecken lassen. Es folgt ein primitiver Vergleich: »Entweder wollen sie nun die Universität, soll die Wissenschaft blühen und sie wollen ein anständiges Leben, oder wir bauen Kirchen!« Manche heutige Äußerung aus der Universität im Streit um die Universitätskirche kommt jeder Fröhlich-»Alternative« peinlich nahe.

Werner Krusche hatte damals gewarnt, dass diese Aktion von den christlichen Bürgern als ein sinnloser Zerstörungsakt angesehen werden würde, der »für einen ausgesprochenen antihumanistischen Geist« zeugen würde. Von diesem antihumanistischen Geist legte diese Zerstörung wahrlich ein beredtes Zeugnis ab. Wer da im Besitz aller Wahrheit und aller Macht sich dünkte, wer gewissenlos Kirchen sprengte, kulturelle Erinnerung vernichtete oder dem Verfall preisgab, wurde geradezu zwangsläufig zum eifrigsten Befürworter der Niederwalzung von Freiheitsträumen mit Panzern am 21. August 1968.

Diese beiden Ereignisse und die damals herrschende sogenannte »Abgrenzungsideologie« stehen in einem engen Zusammenhang. Dazu gehört das Verdikt gegen jede Annäherung, gegen »dritte Wege« und andere als »revisionistisch« oder »konterrevolutionär« diskreditierte Ideen, die in der ČSSR zu substanziellen Dialogen geführt hatten, auch zwischen Christen und Marxisten.

Ideologische Borniertheit und zynische Machtattitüden gehörten und gehören zusammen. Das ist unmissverständlich anzusprechen, ohne dass man damit in das Horn verbissener Antikommunisten blasen müsste.

Der frühere Landeskonservator Heinrich Magirus schrieb sehr treffend: »Wehmut über das Verlorene muss zu einer gewissen Demut führen, um an das Vergangene glaubhaft zu erinnern.« Das Ulbricht-Fröhlich'sche Zerstörungswerk sollte uns veranlassen, hier ein deutliches Zeichen der Erinnerung und der Verlebendigung zu setzen, statt faktisch zu vergleichgültigen und für erledigt zu halten, was geschehen ist, wodurch endgültig nochmals getilgt würde, was hier gestanden hat: eine Kirche für die Universität, eine Kirche der Universität, die die Frage nach Gott offenhält und nicht für abgeschlossen ausgibt.

Hier können Bekennen und Fragen, Vita contemplativa und Vita activa, das Beten und das Kämpfen, das Nachdenkliche und das Vorausdenkende, das Intellektuelle und das Ehrfurchtsvolle zusammengebracht und zusammengedacht werden.

Eine Kirche, die nicht stört, sondern sich immer nur einzufügen, einzugliedern, einzuschmiegen und einzuschmeicheln sucht, ist nicht bei ihrem Auftrag und macht sich in dem Maße überflüssig, als sie sich gebrauchen lässt. Zu jeder Zeit hat Kirche ihren Ort in der Gesellschaft zu suchen – nicht als feierliche Garnierung oder als gefälliger Steigbügelhalter der jeweiligen Herrschaften, die sich allzu gern höherer Legitimität zu versichern suchen.

Die Kirche ist weder ein Ort so welt- wie konsequenzenloser Innerlichkeit noch ein Instrument entmündigender Beherrschung von Menschen, schon gar nicht Legitimationsquelle für Kriege oder Propagandistin einer nationalen oder sozialen Ideologie, sondern folgt, sofern sie christliche Kirche bleibt, dem Zeugnis des Jesus von Nazareth.

Da bleibt sie ein hilfreicher, ein heilsamer, ein aufrüttelnder, ein orientierender, ermutigender, kraftspendender Störfaktor – als Salz und Licht der Welt. Wo Kirche nicht kritisches Ferment bleibt, wird sie entbehrliche Beilage. Die auf uns überkommenen wunderschönen Kirchengebäude mit ihrem unsere Städte prägenden architektonischen Gesicht sind Orte, in denen Kirche geschieht, wo die Schar der Zusammengerufenen (ecclesia: die herausgerufene Schar, eine bisweilen sehr kleine Schar) sich versammelt, das Leben in dieser Welt reflektiert, wo man meditiert, sich justiert und orientiert.

Kirche ist ein Ort, wo Solidarität mit denen geübt wird, die es schlechter haben, ein Ort, wo Danken, Bitten und Loben, Trauern und Gedenken, Sich-Aussprechen und Miteinander-Besprechen ihren Raum finden. Wo der Einzelne ein Einzelner bleibt, aber sich als ein Einzelner in einer Gemeinschaft wiederfinden kann! Die Kirche ist und bleibt ein Ort, wo eine so befreiende wie gefährliche Erinnerung laut wird, eine Erinnerung, die die Welt des Herodes bis in die Träume hinein unsicher macht.

Die Kirche als Ort befreiender und gefährlicher Erinnerung reflektiert unseren Umgang mit Macht, unsere Unterwerfung unter die Macht. Sie thematisiert Machtanmaßungen der Mächtigen und Machtmissbrauch der Diktatoren. Sie benennt auch offen Anlehnungs- und Gehorsamsbereitschaft von Untertanen. Sie ermutigt zum offenen Wort: »Schreit, was euch ins Ohr geflüstert wird, herab von den Dächern«, schärft Jesus ein.

Kirchen, zumal evangelische, sind nur Kirchen, wenn sie Einübungsräume des Mündigwerdens, der Sprach- und Sprechfähigkeit aller sind und bleiben. Unsere Welt-Zeit braucht Kirche – mitten in der Stadt, mitten im Leben, mitten im Universitätsgelände. Die Kirche als einen Ort, wo unser Geist durch die Musik Flügel, also eine Ahnung von dem bekommt, was Himmel ist – mitten in allem Beschwerlichen, mitten in der Welt, die so viel Asche produziert, die so viel Glitzermüll anbietet, im Kaufhaus wie im Fernsehen, die so viele Ressourcen verschleißt und so viel Giftmüll zurücklässt.

Leipzig braucht dieses national wichtige Symbol versuchter Wiedergutmachung eines Zerstörungsaktes mitten in Friedenszeiten, damit nicht frühere ideologische Borniertheit heutige areligiöse Gleichgültigkeit oder zeitgeistige areligiöse Arroganz ergänzt.

Damals zu protestieren bedurfte einigen Mutes. Immerhin hatte man nicht nur Ulbricht im Rücken, sondern auch die unüberwindliche Mauer der Alternativlosigkeit vor Augen. Und so verdienen am Tag der Erinnerung an die Sprengung besondere

Erwähnung und Respekt all diejenigen, die als Einzelne mutig Protest einlegten, insbesondere alle protestierenden Studenten, bis hin zum FDJ-Sekretär Kurt Zimmermann.

Wenn nun hier eine als solche erkennbare Kirche wiederersteht, dann wäre dies auch eine Verneigung vor denen, die hier seinerzeit Zivilcourage gezeigt haben, eine Zivilcourage, der es zu jeder Zeit und in jedem System bedarf.

Was geschehen ist, ruft nach Wiedergutmachung – so gut das noch möglich ist. Das bedeutet, dass nun durch die Innenarchitektur das Christliche nicht wieder zu einer Art Sonderbereich für sonderbare, gar vorgestrige Leute gemacht wird, die sich heutzutage nicht der Mehrheit der religiös Gleichgültigen beugen wollen. Wer in einem »nachempfundenen« Kirchenraum den Altarraum mit Panzerglas abtrennt und so umbauen will, dass der Kirchencharakter noch »durchscheint«, aber weg vom Leben bleibt, der will nichts verstehen von den drei miteinander verbundenen Funktionen, die diese erste deutsche Universitätskirche gehabt und in vier Jahrhunderten wahrgenommen hat: nämlich eine Kirche für Gottesdienste, eine Konzerthalle für Universitätsmusik und ein Raum für akademische Festakte gleichermaßen zu sein. Drei Funktionen in einem verträglichen Miteinander – statt dahinter in einem abgegrenzten, von den Orgelklängen kaum erreichbaren Raum »religiöse Handlungen« auszuüben.

Es geht in einer protestantisch geprägten Tradition um ein produktives Miteinander von Geistlichem und Profanem – nicht um (Ab-)Trennung. Sakrales und Menschliches sind nicht zu vermischen, bleiben indes aufeinander bezogen, weder über-, noch unter-, noch nachgeordnet!

Niemand strebt ein herrschaftliches Überstülpen an; es geht um einen produktiven Dialog, um das Wachhalten einer Geschichte, die uns für die Zukunft etwas zu sagen hat.

Die Universitätskirche ist der Ort, wo Selbst-, Welt- und Gotteserkenntnis zusammentreffen und aufeinandertreffen können: Mündig machend, nicht bevormundend.

Was in Leipzig geschieht, betrifft alle Christen in Deutschland mit unserer ökumenisch wahrzunehmenden Rolle in der Gesellschaft.

Martin Luther hat (ein Jahr vor seinem Tode) in seiner Weihepredigt vom 12. August 1545 über die Heimsuchung gepredigt, die die Menschen erkennen sollten. Viele hätten diese Heimsuchung nicht erkannt und sich dagegengestellt. Luther diagnostiziert: »Man sieht eine solche Undankbarkeit und Verachtung, dass einem wohl das Herz brechen möchte. Und so kann sich auch Christus nicht enthalten. Er muss weinen.« Der Reformator fährt fort: »Es sind freilich viele Gelehrte und verständige Leute da, Doktoren, Juristen etc., doch wenn Christus kommt, freundlich anklopft und ihnen sein Wort predigen lässt, wollten sie es nicht hören und sagen: hinweg ...«

Hört ihr Zeitgenossen, hört ihr Wissenschaftler, ihr Stadtplaner, ihr Bürgerinnen und Bürger aus Leipzig und von überallher! Gerade Luther war es, der von jeglicher Bevormundung freimachen wollte. »Christus kommt und will dir helfen, von Abgötterei, Lügen und Krämerei ganz loszukommen.«

Könnte uns das gelten im Blick auf 40 zurückliegende Jahre? Bei immer erneutem Ansturm der Abgötterei, der Lügen und des Krämergeistes?

Luther hatte 1545 seinen Zuhörern zugerufen: »Studiert getrost, auf dass der Herrgott auch Leute habe, die ihm das Korn ausdreschen helfen.« Selbst wenn uns seine Sprachform fremd ist, so ist doch folgende Bemerkung Luthers höchst nachdenkenswert: »Der Teufel und der Heilige Geist – das Bette ist ihnen beiden zu klein. Einer muss dem anderen weichen.«

Der Diabolus bleibt unter uns als der große Durcheinanderbringer, als ein Tausendkünstler, aktiv – und er macht natürlich auch vor der Intelligenz nie halt.

Mir scheint bisweilen, dass die ideologische Borniertheit der kommunistischen Jahre durch eine postmoderne Distanz, verbunden mit unentschiedenem Denken oder vornehmer Abschätzigkeit, abgelöst worden ist.

Leipzig braucht die Universitätskirche als eine störende, als eine heilsame Erinnerung, in der Vergegenwärtigung geschieht, damit menschliche Zukunft gefördert wird, immer das bedenkend, worüber wir als Menschen nicht verfügen können. Kirche als Störfaktor, als innerer Kraftquell, als Orientierungsort.

Die Kirche soll als Kirche erkennbar bleiben und allem offenstehen, was einem solchen Raum angemessen ist. Und offen für alle bleiben – mitten in der Universität!

Der zum Teil am 30. Mai 2008 in Leipzig vorgetragene Text stützt sich auf Christian Winters sehr gründliche, faktenreiche und differenzierte Dissertation »Gewalt gegen Geschichte. Der Weg zur Sprengung der Universitätskirche Leipzig«, die 1998 in der Evangelischen Verlagsanstalt Leipzig erschienen ist.

Prägende Menschen

Wohl dem, der prägende, ermutigende Menschen und treue Freunde in seinem Leben gefunden hat. Das können nahe Angehörige oder Menschen sein, die keinen »großen Namen« haben, doch deswegen keineswegs »kleiner« sind: unsere liebe alte Tante, die keinen Geburtstag vergisst, der freundliche Nachbar, dem man jederzeit seinen Wohnungsschlüssel anvertrauen kann, die so beherzte wie zuverlässige Krankenschwester, die über Jahrzehnte treue Freundin, der verständnisvolle Freund.

Im Leben eines jeden gibt es – wenn er Glück hatte – Personen, auf die er »nichts kommen lassen« will. Simon Dach bringt eindrucksvoll in einen Reim, was Freundschaft ist:

> Der Mensch hat nichts so eigen,
> So wohl steht ihm nichts an,
> Als daß er Treu erzeigen
> Und Freundschaft halten kann;
> Wann er mit seinesgleichen
> Soll treten in ein Band,
> Verspricht sich, nicht zu weichen
> Mit Herzen, Mund und Hand.

Von der Freundschaftspflege hielt den »Menschenfischer« Johannes Rau kein wichtiger Termin ab. Nicht geschicktes Knüpfen von allerlei nützlichen Seilschaften, sondern das Lebendighalten von Freundschaftsbanden trieb ihn zu herzlich-aufmerksamer Zugewandtheit an. Wie er das all die Jahre geschafft hat, bleibt sein Geheimnis. Und es lässt erahnen, wie viel Kraft er zusätzlich aufgebracht und eingesetzt hat, um alles unter einen Hut zu bringen.

Er wusste immer Prioritäten zu setzen, besaß ein ungeheures Gedächtnis für Gesichter, Namen, Daten und Zusammenhänge, war immer ganz bei seinem jeweiligen Gegenüber. Durch sein hohes Amt und wichtige Staatsgeschäfte ließ er sich nicht von ganz menschlichen »Nebensächlichkeiten« abbringen. Solche Verlässlichkeit schließt freilich eine hohe Verletzbarkeit ein, weil sie mit großer Fähigkeit zum Mitfühlen verknüpft ist.

Wie konnte einer so viele Freundschaften aufrechterhalten zu so vielen, so unterschiedlichen Menschen? Seine Unbefangenheit und seine humorvolle Herzlichkeit ließ große Nähe zu und ging doch ganz und gar nicht zu Lasten des Respekts vor der Person und den Ämtern, die er »gut bekleidet« hat. Um ein Wort schien Johannes Rau nie verlegen, eine aufmunternde Geste, einen nachdenklichen Satz, eine hintergründige Bemerkung, die eine verkrampfte oder peinliche Situation auflösen konnten. »Kaiser Wilhelm«, erzählte er mir in einem Gespräch über das Vaterland und seine vielen Symbole, »fuhr immer mit der Fähre nach Norderney. Nach zehn Jahren verlieh er in einer feierlichen Zeremonie dem Kapitän der Fähre den Kronenorden dritter Klasse. Ein Jahr später kommt der Kaiser wieder an Bord, der Kapitän macht Meldung und der Kaiser fragt ihn grimmig: ›Warum tragen Sie den Orden nicht, den ich Ihnen im vorigen Jahr verliehen habe?‹ Da schlägt der Kapitän die Hacken zusammen und sagt: ›Majestät, den trage ich nur bei besonderen Gelegenheiten!‹«

Ihm nahm man ab, dass er ein guter Patriot ist, ohne jeden Anflug von vaterländischem Pathos oder gar überhöhtem Nationalstolz. Er konnte als erster Bundespräsident vor der Knesseth sprechen – und er hatte etwas zu sagen, was ihm keine Redenschreiber vorsagen mussten, so gut er wohl auch seine Helfer für seine vielfältigen Auftritte als Bundespräsident auszuwählen wusste.

Worüber sich manch andere lustig gemacht haben, war gerade seine Stärke: Er unterließ es nie, zu den kleinen Leuten zu gehen, zu den kleinen Vereinen, zu all denen, die sonst keiner großen öffentlichen Würdigung für wert befunden wurden. Zugleich wusste er sich zu bewegen in den »höheren« Kreisen.

Volksnähe ohne Anbiederung, eben weil er ganz er selbst war. Er brauchte sich nie herabzulassen. Er war einfach nie höher gestiegen, und sein Amt war ihm nie zu Kopf gestiegen. Und das spürten die Menschen. Er wusste – wie Luther das einst ausgedrückt hatte – aufzutreten, konnte auch aufhören und dann irgendwo unter den Leuten am Tisch stehen und sein Bier trinken.

Bisweilen als Versöhner bespöttelt, ließ er sich nicht davon abbringen, versöhnend zu wirken, ohne Unterschiede zu verwischen. Er hat in seinem Leben auch ziemlich viel abbekommen – aber zunächst viele wunderbare Gaben Gottes, bevor allerlei Berufszyniker, Neider und Mäkler ihm etwas übergeholfen haben. Natürlich ist so einer dann auch dünnhäutig – aber sollte das als ein Makel gelten?

Zornig bin ich immer noch über die sogenannte vierte Gewalt, die sich weithin geweigert hatte, seine Impulse aus den zahlreichen Reden als zentrale Herausforderungen aufzugreifen, zu würdigen oder nur auf sie aufmerksam zu machen.

Dieser große Menschenfreund – auch mir ein wunderbarer Freund.

Über einen Politiker zu sagen, er sei unbestechlich, traut man sich heute kaum mehr. Aber Egon Bahr ist unbestechlich, vertrauenswürdig, verlässlich.

Als ich mich im Dezember 1989 auf dem SPD-Parteitag in Westberlin öffentlich für einen Dialog mit den SED-Reformern aussprach und ebenso öffentlichen Widerspruch von einem gewissen Ibrahim Böhme erntete, kam Egon Bahr zu mir in die Reihe und drückte mir die Hand. Mehr nicht. Diese Geste sagte alles – und begründete eine bis heute während Freundschaft. Immer noch lerne ich von ihm. Er sucht stets die Lösung eines Problems, nachdem er es messerscharf analysiert hat.

Er kann anerkennen und loben. »Fabelhaft« ist eines seiner Lieblingsworte.

Am 31. Juli 2001 schrieb er im »Tagesspiegel« unter der Überschrift »Versöhnen statt Spalten«, dass wir uns »von der Vergangenheit nicht dumm machen lassen sollen. Wie ernst ist uns eigentlich noch das Ziel der inneren Einheit durch Versöhnung? ... 1989 hat die SED-Führung – erstmals ohne Moskau zu fragen – souverän gehandelt und den Weg zur Einheit freigelegt, durch die das Land wieder zum Subjekt der Geschichte wurde. Ein Denkmal für den Mauerfall sollte daran erinnern, dass der Druck der Ostdeutschen, nicht der Westdeutschen, das monströse Ding beseitigt hat. Es könnte versöhnen, weil es zeigte, dass unser Volk fähig ist, etwas Unmenschliches zu etwas Positivem zu wenden, aus einer Niederlage einen Erfolg zu machen, durch Politik friedlich und gewaltfrei. Die Vergangenheit darf den Weg in die Zukunft nicht versperren.«

Solches Denken hat bei Egon Bahr Kontinuität. Erfolgversprechend ist nur ein von der Realität ausgehendes Handeln, unabhängig davon, ob diese einem passt oder ob die Personen auf der gegnerischen Seite einem passen oder nicht. Rückschläge, Anfeindungen und Verdächtigungen gab es und gibt es dabei natürlich gratis. Auch davon hat Egon Bahr genügend erfahren. »Nicht im Möglichen schweben, das Wirkliche tapfer ergreifen, nicht in der Flucht der Gedanken, allein in der Tat ist die Freiheit.« (Dietrich Bonhoeffer, 1943) Wer nichts tut, tut nichts Falsches, und wer handelt, wagt zu scheitern und setzt sich den Ambivalenzen der Wirklichkeit aus. Egon Bahr hat das stets getan. In einer Rede in Dresden (1992) bezeichnete er die Aussöhnung als Schlüssel für die Einheit, forderte eine Amnestie für teilungsbedingte Delikte und einen gesamtdeutschen Dialog über die 60 Jahre deutscher Geschichte, von 1930 bis 1990. Gnade solle vor Recht ergehen, damit Versöhnung Raum gewinnen könne, klar sehend, wie schwierig Aussöhnung ist. Aber »kein Volk kann gesunden – und das ist ja Aussöhnung ohne Vergessen – mit dem andauernden Benennen und Aufrechnen von Schuld. Es gibt Unverzeihliches.«

Auf verschlungenen Wegen bekam ich zu Beginn meiner Dozententätigkeit im Wittenberger Predigerseminar Walter Jens' Abhandlung »Die christliche Rede: Manipulation oder Verkündigung?« in die Hände und konnte meine Übungen zur Homiletik inhaltlich und methodisch daran entlang konzipieren, fand ich doch endlich das, was ich bei Theologen vergeblich gesucht hatte: jene Befreiung von der hybriden Selbstüberanstrengung, die Predigt sei das Wort Gottes. Die Predigt ist zunächst eine Rede, die auch die menschlichen Mittel einzusetzen hat, um Menschen für ihre Wahrheit zu gewinnen; eine Rede, die nicht die Wahrheit selbst sein kann, sondern die Wahrheit im Hier und Jetzt, die ein Einzelner bezeugt: als ein konkreter Mensch in einer konkreten Situation für konkrete Menschen – mit aller Entschiedenheit und Vorläufigkeit zugleich. Die »Verfehlungen« der Predigten – z. B. im Wilhelminismus und Faschismus – sind wachsam und kritisch im Blick zu behalten. Der Anspruch der Kanzelrede muss indes nicht niedrig gehängt werden, aber jenes Vertraulichkeit suggerierende Gerede, was »Gott will, plant, vorhat …«, sollte tunlichst unterbleiben. Und der Pfarrer sollte mit menschlichem Maß, aber auch mit menschlicher Kraft Seinem Wort – einem Wort unter den Wörtern – sein Wort geben: »So sage ich – und dies hat ER gesagt. Das ist der Text – und dies ist meine Deutung.« Die Predigt hat es freilich schwer, in Konkurrenz mit anderen »Mundhäusern« zu bestehen (dem Parlament, dem Fernsehen, dem Rundfunk), aber sie muss wirkungsorientierter werden, ohne Übertreibung, falsches Pathos, demagogische Attitüde. Gerade sie kann verdeutlichen, wie schwer ein Wort wiegt, wie wunderbar ein Wort öffnet, wie tief die Wahrheit reicht und wie hoch sie erhebt. Der Mut zur Subjektivität kommt gerade aus dem Respekt vor der Wahrheit. Die Kanzelrede wird so Eröffnung eines verbindlichen Dialogs. Sie ist weder beliebig noch rechthaberisch.

1987 hatte ich für ein Buch zu Jens' 65. Geburtstag einen handschriftlichen Brief »in den Westen« geschrieben (somit war er kein Druckerzeugnis, für das es einer staatlichen Genehmigung bedurft hätte):

»Auf der Suche nach geistigen Vätern sind Sie mir seit 25 Jahren ein unverzichtbarer Partner geworden. Sie haben wohl vielen aus der Nachkriegsgeneration in diesem Lande Türen aufgetan und uns dann selber hindurchgehen lassen. Sie haben in dieses Land hineingewirkt: erhellend, ermutigend, erfrischend.

Sie sind uns stets als ein linker Mitchrist aus der Bundesrepublik begegnet, aber nie besserwisserisch-belehrend, sondern als wacher Zuhörer, der trotz aller Pervertierungen dem Gesellschaftsmodell ›Sozialismus‹ – und uns darin! – eine Chance gab und gibt.

Aber Sie haben eben die Pervertierungen weder geleugnet, noch haben Sie diese mit dem Wesen des Sozialismus identifiziert. Sie haben in Mutlangen demonstriert – auch weil Sie sich uns gegenüber im Wort wussten.«

Wie wichtig war uns solches auf Einäugigkeit verzichtendes Denken in der christlichen Friedensbewegung der DDR! Verbunden waren wir nicht zuletzt im Prophetenwort, dass »Schwerter zu Pflugscharen und Spieße zu Winzermessern« umgeschmiedet werden. Wollte man uns als fünfte Kolonne des Imperialismus denunzieren, so diffamierte man die westliche Friedensbewegung als fünfte Kolonne Moskaus. Der Friedenswille, der höher ist als alle menschliche Vernunft – und als alle Abschreckungslogik –, verband uns und stärkte uns.

Ich meditierte am 6. November 1983 im Kontext der Friedensdekade im Beisein von Inge und Walter Jens in Halle an der Saale den Satz: »Dein Feind braucht Frieden.« Er unter meinen Zuhörern! Er hatte vor mir über das Gleichnis vom barmherzigen Samariter gesprochen. Wir ahnten nicht, wie sehr beides zusammenpasste, gänzlich unabgesprochen. Anschließend traf ich Jens zum ersten Mal persönlich. In der Bohley'schen Wohnung führten wir bis spät in die Nacht ein intensives und ernstes Gespräch – auch über die Fragen von Gehen und Bleiben, Friedenskampf und Menschenrechten.

In meiner Meditation hatte ich vor ca. 1000 Zuhörern gesagt:

Liebe Freunde, liebe Feinde, fragt nicht mehr:
Wer wen?
Sagt nicht mehr:
Wir sind das Gute,
ihr seid das Böse,
wir sind das Morgen,
ihr seid das Gestern.
Suchen wir gemeinsam das Leben,
suchen wir den Streit,
der uns leben lässt.
Uns alle.
Wenn wir heute Frieden wollen,
müssen wir uns auch den Kopf unserer Gegner zerbrechen,
ohne ihnen die Köpfe zu zerbrechen.
Meine Angst ist deine Angst.
Eure Angst ist unsere Angst.
Der Angstfriede ist am Ende.
Er bringt alle zu Ende.
Er bringt alles zu Ende.
Frieden ist nur noch Frieden mit dem Feind.
Der Friede ohne den Feind wäre in unserer Welthälfte
der Friede nach dem Untergang.
So viel scheint sicher,
so viel ist sicher,
tot-sicher.
Dein Feind braucht Frieden.
Du brauchst Frieden. Mit ihm.
Darum:
Besser schlecht miteinander gesprochen
als gut aufeinander geschossen.
Besser unbeholfen aufeinander zugehen
als gekonnt übereinander herfallen.
Besser langsam mit Geduld
als schnell mit Wut.
Besser nach-verhandeln

als nach-rüsten.
Besser gemeinsame Punkte suchen
als Unterschiede herausstellen.
Besser heute den ersten Schritt wagen
als morgen den letzten Schritt riskieren.

Liebe Freunde, unsere Feinde sind auch Menschen, zuerst Menschen, auch wenn sie es uns oft schwer machen, das zu glauben, auch wenn wir es ihnen oft schwer machen zu erkennen, dass wir zuerst Menschen sind, die in ihnen zuerst Menschen sehen. Und sie werden Feinde bleiben, wenn wir sie wie Feinde behandeln, statt aus Feinden Gegner, aus Gegnern Partner, aus Partnern Freunde zu machen versuchen.«

Nach dem Untergang des Sowjetsystems gibt es einen merkwürdig nachholenden Hass, der die alten, geradezu neurotisch anmutenden Feindbilder reaktiviert. Wer seinen Gegner besiegt hat, muss nicht auf ihm herumtrampeln.

Nach der – glücklich überwundenen – Ost-West-Konfrontation ist die eine Weltmacht übrig geblieben, außerdem eine substanziell geschwächte UNO, unberechenbare Atomwaffen-Staaten und entstaatlichte, weltweit agierende Terrornetzwerke mit Verfügungsmöglichkeit über Massenvernichtungsmittel. Wir leben in einer Welt nicht ab-, sondern zunehmender Ungerechtigkeit, Demütigung und Verzweiflung. Die neuen Fundamentalisten schaukeln einander hoch. Und die Aufgaben eines gerechten Friedens bleiben. »Dass Gerechtigkeit und Friede sich küssen« (Psalm 85,11).

In diesem fortwährenden Einsatz war und blieb ich Jens verbunden. Nicht zuletzt im Bemühen eines fairen Umgangs zwischen Ost und West.

In seiner Festrede, gehalten im Wittenberger Rathaus nach der Verleihung des Friedenspreises des Deutschen Buchhandels, im Oktober 1993, schlug er die Gründung eines Collegiums Erasmianum vor.

»Wann, frage ich, wird man beginnen, den Lateinunterricht statt mit Cäsars ›Gallischem Krieg‹ mit den ›Colloquia familiaria‹ des Erasmus von Rotterdam zu beginnen: den Dialogen eines Mannes, von dem zu lernen ist, wie mühelos sich Sanftmut mit Entschiedenheit, ein friedlicher Sinn mit Courage und Witz vereinigen lässt ...«

Wie erhellend ist es, bei Erasmus nachzulesen und zu sehen, wie nahe wir uns waren! Jeder Krieg: eine Kreuzigung; jeder Anschlag auf die pax Christi ein Attentat auf deren Begründer. »Ist Jesu ganzes Leben«, heißt es in der »Querela pacis«, »etwas anderes als Unterweisung zu Eintracht und gegenseitiger Liebe?« Jens schloss mit einer dringlichen Anregung: »Wie wichtig wäre es, das abgebrochene Gespräch des 16. Jahrhunderts zwischen Luther und Erasmus, zwischen Reformation und Renaissance bei der Vorbereitung des 500. Jubiläums des Thesenanschlags Luthers produktiv fortzuführen – in einer Stadt, die Lessing nach seiner Promotion fluchtartig verließ; weil lutherische Orthodoxie hier waltete. Erasmus wie Lessing brauchen einen geistigen Platz in Wittenberg: universalistisch, pazifistisch, dialogisch, humanistisch, aufklärerisch, entschieden dem Geiste Christi folgend, aber nie eng, konfessionell verengt.« Und mein großer Freund Walter Jens gehört in diese Tradition! 1987 hatte ich ihm geschrieben: »Ihre Auslegung zu Römer 8 wieder lesend, habe ich eine große Bitte an Sie, für uns, für Sie: dass Sie noch Kraft und Zeit – auch Spaß – fänden, uns die Paulusbriefe zu übersetzen. Sie, der Sie Gedankenführung und Sprachstil des Paulus so meisterhaft – und soweit ich sehe: einmalig – zu analysieren verstehen, Sie, der Sie selber so faszinierend mit dem Anakoluth arbeiten – Sie sollten uns Paulus übersetzen!« Inzwischen liegt die meisterhafte Römerbriefübersetzung vor. Er hat sie mir als »Freund und geistlichem Rat« zugeeignet. Mit Jens'scher Verschmitztheit. Ich lese oft darin und freue mich dabei wie ein Kind.

Walter Jens – ein Typ für einen Protestantismus, der nicht in seiner Orthodoxie erstickt, sondern sich unauflöslich mit der Aufklärung verschwistert, einer Aufklärung, die – ganz im Lessing'schen Geist – das bloß rational Eindimensionale überschreitet, die das Pathos nicht scheut, wohl aber das falsche meidet, und die die Widersprüche des Lebens selbst zur Sprache bringt, die Tragik und die Beglückung. Sprache der Präzision heißt, das Schöne und das Angemessene in Einklang zu bringen: sperrig, die Patina abreibend, das Glatte aufrauend, das Darunterliegende sichtbar machend.

Ins problematische öffentliche Gerede kam Walter Jens zu seinem 85. Geburtstag im Jahre 2008, weil einer seiner Söhne nicht nur die schwere Demenz des Vaters bekannt gemacht hat, sondern sie auch noch moralisch deutete. Es schmerzt mich sehr, ihn nicht mehr erreichen zu können, wo er zwar noch am Leben, zugleich aber »nicht mehr da ist«. Bei meinem Besuch im Herbst 2008 hat er mich nicht mehr erkannt ...

Um so erfreulicher ist es, den 91-jährigen Bischof Werner Krusche noch immer so wach erleben zu dürfen, »meinen Bischof«, der mich 1970 ordiniert und durch schwere Zeiten in jeder Weise geleitet und begleitet hat; ein Hirte, wie er »im Buche steht«, ein Prediger von menschlichem, theologischem, rhetorischem Format. Wie nachhaltig und lebensprägend ein Bischof in der evangelischen Kirche wirken kann, habe ich früh an Johannes Jänicke und später an Werner Krusche erfahren dürfen. Offene Ohren, klare Sprache, tief verankerte Frömmigkeit, verständnisvolles Herz, mutige Rück- und Vorausschau, (über-)großer Fleiß, lutherischer Realitätssinn, politische Klarsicht, Standhaftigkeit mit Humor. Die Demut eines Großen.

1967 hatte er zum 450. Jahrestag der Reformation in der Predigtkirche Friedrich Schleiermachers in Halle einen Vortrag zum Thema »Die Reformation geht weiter« gehalten. Als er ein Jahr später feierlich in das Bischofsamt eingeführt wurde, entrollten einige Studentinnen und Studenten vor dem Magdeburger Dom ein Plakat: »Die Reformation geht doch weiter, Herr Bischof?«. Zugleich hatten wir aus dem Konvikt, das ich als »Inspektor« von 1967 bis 1971 leitete, einen Brief geschrieben, in dem wir ihn zu einem Gespräch nach Halle einluden. Er kam keine vier Wochen später. Das vergisst sich nicht. Im Herbst 1981 erreichte ihn ein Protestbrief von Prof. W. Girnus wegen angeblicher Aussagen des »Magdeburger Bischofs« über die polnische Krise. Er hatte dazu auf der Synode gar nichts gesagt. Der Protest hätte sich allenfalls auf meine – verzerrt wiedergegebenen – Äußerungen beziehen können. Trotzdem schrieb er Herrn Girnus einen verständnisvollen Brief, wissend, was dieser als Hitler-Gegner in der Nazizeit erlitten hatte.

Ich wusste mich – wie viele andere auch – aufgehoben in einer Kirche, in der er unser Bischof war – in einem Gleichgewicht von Kollegialität, Kompetenz und Autorität. Mit ihm konnten wir auf Augenhöhe reden und hatten zugleich großen Respekt vor ihm.

Sehr verschiedene Künstler haben mich geprägt. 1965 stieß ich während einer sonntäglichen Führung in der Galerie Moritzburg in Halle auf ein Gemälde von einem gewissen Wolfgang Mattheuer mit dem Titel »Kain«. Vor diesem Bild entspann sich sofort ein intensives Gespräch mit dem damaligen Direktor Heinz Schönemann, so dass sich die anderen Besucher allmählich zerstreuten. Ich aber war fasziniert, erschüttert, berührt und aufgewühlt, hatte hier doch einer endlich das verstanden, was in der Genesis im Kapitel 4 über die Selbstgefährdung des Menschen steht, *jedes* Menschen, der ein Messer, ein Gewehr in die Hand nimmt und dessen Blick sich verfinstert, jedes Menschen, der sich innerlich verkrümmt und nach seiner Tat feige flieht. Zurück lässt er nicht nur einen Toten, den eigenen Bruder, sondern auch dessen Frau und Kind. Auf Mattheuers Bild ist im Hintergrund der Mordtat eine Stadt zu sehen – als Synonym für Macht und Gewalt.

In meinem Studium hörte ich derzeit viel literar-historisches Grübeln über verschiedene Quellen, die in diese sogenannte »jahwistische Quelle« eingeflossen sind, aber kaum etwas zur Hermeneutik dieser grundlegenden Menschheitsmythen.

Dass solch ein Bild in der »sozialistischen Arbeiterstadt Halle« gezeigt werden konnte, hat mich in besonderer Weise beschäftigt. Es war bereits auf der auf der 7. Bezirkskunstausstellung 1965 in Leipzig zu sehen gewesen. Unvergesslich ist mir jene schwarz-graue düstere Dynamik des Schreckens. Hier hatte ein Künstler aus der DDR der tragischen Geschichte nachgesonnen, die an den Anfang der Bibel – an den Anfang der Menschheit – gesetzt worden war. Es wird klar: Hier wird nicht über Vergangenheit geredet, sondern über Gegenwart, über den Jammer der einen (verlorener Vater, Ehemann, Freund, Sohn und Bruder) und über das Rasen des anderen im Banne seiner Tat, unserer Taten.

Seitdem habe ich das Schaffen Wolfgang Mattheuers aufmerksam verfolgt. Das sind nunmehr über 40 Jahre. Seine Bilder spiegelten gleichzeitig gesellschaftliche und persönliche Existenz. Sie bezogen sich immer auf Wirklichkeit und wollten Wirklichkeit zeigen, den Betrachter zum Einschreiten bewegen. Ich erinnere mich an »Ein weites Feld« (1973), wo er angesichts der Großraumlandwirtschaft klarmacht, wie klein der Spielraum für die freie Natur und für das Spiel der Kinder werden wird, wenn alles der ökonomischen Effektivität untergeordnet ist.

»Hinter den sieben Bergen« – das war die schöne, große Illusion, nach der Menschen streben, jenes Eiapopeia eines Zukunftsversprechens in einer weitgehend devastierten Landschaft.

In Mattheuers Variationen zu Sisyphus wird die Sinnfrage wieder und wieder ins Bild gerückt. Wozu das alles? Wohin das alles? Wohin denn ich?

Die ökologische Bedrohung geht nicht nur von der Großindustrie aus, durch CO_2 und anderen schädlichen Ausstoß, sondern entsteht auch, wenn die kleinen Bürger den Baum vor ihrem Haus als störend empfinden: »Ein Baum wird gestutzt« (1971). Wie viel Versiegelung der Landschaft, wie viele tote Bäume überall – durch menschlichen Eingriff, durch menschliche Unachtsamkeit, die Macht der Bagger und den Straßenbau. Heute trauere ich über die massenhaft sterbenden Alleenbäume, die gelichteten Linden, die toten Eichen ...

Am Horizont immer wieder die Hoffnung, die Hoffnung einer Jugend, die der Sonne entgegenläuft, Hand in Hand, fröhlich, unbeschwert, während sich die riesigen Ohren eines Zeitungslesers buchstäblich durch die Zeitung hindurchfressen –, der als Zensor oder kleiner Petzer sofort die Hand am Telefon hat, um zu denunzieren. Auf dem Zeitungsbild selbst ein großer Schlapphut. Mattheuers Bilder sind eine treffliche Verfremdung in einer entfremdeten Welt. Da sage noch einer, die Zensur in der DDR sei perfekt gewesen. Sie war es glücklicherweise nicht, so wenig wie alle Malerei angepasst war!

In Mattheuers Bildern fixiert sich die Erkenntnis einer sich rasant verändernden Welt. Durch sie lernen wir das Bild unserer Welt besser zu sehen. Mattheuer passt nicht ins Schema. Damals nicht. Heute nicht. Er sieht und macht sichtbar. Hält fest, was festgehalten, was dem Vergangenen nicht preisgegeben werden darf.

Im April 2000 sagte Wolfgang Mattheuer, als ich in der Wittenberger Evangelischen Akademie mit ihm und seiner Frau Ursula über ihre Lebenswege sprach:

»Den freischaffenden Gebrauchsgraphiker gibt es so nicht mehr. Das sind heute alles Angestellte bei Agenturen, am Computer sitzend. Aber damals konnte man davon gut leben und schaffte sich durch diese relativ hohen Honorare – nach heutigem Maß wenig, aber damals viel – Freiheit, nämlich Freiheit, seine Bilder zu machen. Die Zeit war zwar begrenzt, war geteilt in die Auftragsgebrauchsgraphik und die freien Arbeiten. Aber das Ergebnis dieser Brotarbeit war so viel Einkommen, dass man frei sein konnte, denn ohne Geld kann man nicht frei sein. Nie. Heute nicht und damals auch nicht.«

Mattheuer war frei und half mit seiner Kunst anderen, freier zu werden. Er starb im April 2004.

»Scharfes Auge, scharfe Feder, sanftes Gemüt« habe ich 2007 die Eröffnungsrede der Ausstellung des Brandenburger Cartoonisten Paul Pribbernow überschrieben. Sie sagt viel über ihn, über uns, über die DDR-Zeit und die anhaltenden Turbulenzen seit 1989.

Paul Pribbernow ist ein genauer, stiller, scharfsinniger, witziger und guter Zeichner, der das Leben nachzeichnet, die Augen öffnet, das Übersehene und die Übersehenen ins Bild bringt, im besten Sinne provoziert, herausfordert, aufreizt, aufwiegelt. Brecht abwandelnd sage ich: Eingreifend zeichnen!

Angesichts seiner Bilder kann man nicht einfach neutral und unberührt bleiben. Der Betrachter muss sagen: Ja, so ist es! Oder: Nein, so ist es nicht! Oder: So habe ich es noch gar nicht gesehen. Manchen seiner Bilder habe ich gewünscht, dass sie Postwurfsendungen würden, und noch heute geht es mir so – z.B. mit dem Bild des Verkäufers, der einen Flachbildfernseher anpreist: »Mit diesem Flachgerät haben wir uns dem Programm des privaten Fernsehens angepasst.« Aber es geht ja nicht nur um den Verkäufer des Fernsehgerätes, sondern auch um die Menschen, die es kaufen und nicht mehr merken, wie flach sie sind und weiter werden, sich auf der Höhe der Zeit wähnend. Der Kampf gegen die Dummheit geht weiter. Zunächst sind wir selbst die Adressaten der Kritik, der Selbstkritik, der genauen, ehrlichen Selbstbetrachtung, zu der Paul Pribbernow uns verhilft. Er ist so einer wie Erich Fried, der einmal geschrieben hatte: »Wer will, dass die Welt so bleibt, wie sie ist, will nicht, dass sie bleibt.«

Pribbernow hat einen Blick für unsere Schwächen und einen Blick für die Schwachen. Er traut sich, das Fette, das Feiste, das Grobe, das Gierige und das Geizige, das Machtversessene und das Verantwortungsvergessene ins Bild zu bringen. Und immer wieder hat er überraschende Ideen: Da sehe ich sein Bild von einer Treibjagd mit Stangen, Sensen, Hämmern und Äxten, die an einem brandenburgischen See endet. Derjenige, den sie da hetzen und der in seiner Not in den sumpfigen See springt, um der Meute zu entkommen, trägt die Züge von Karl Marx.

Es sind dieselben Leute, die einst in Schützenvereinen, dann bei den Kampfgruppen und jetzt wieder in Schützenvereinen jemanden suchen, den sie jagen können. Die Menschen spüren nicht, welch ein Mob in ihnen steckt, wenn sie sich gemeinsam mit anderen vom Hass gegen einen zum Feind Erklärten geradezu berauschen lassen. Gejagte werden Jäger und umgekehrt, in der windigen Wende der Zeiten. Die Meute verschluckt das selbstverantwortliche Individuum. Pribbernows Bilder versperren dem (selbst-)kritischen Betrachter die feigen Ausreden und Entschuldigungen.

Er ist wahrlich in der DDR nicht hofiert worden und zeigt sich jetzt im »Reich der Freiheit« ziemlich undankbar, weil er sich einfach nicht verändert hat; er guckt immer noch mit scharfem Blick auf die Welt, in der so vieles schief läuft.

Ich denke etwa an die Arbeit »Lieber Gott, mach mich fromm, dass ich in den Westen komm«. Es gab neben den Widerständlern aus Verzweiflung eben auch Leute, die in der DDR durchaus gut lebten und plötzlich in die Kirchen strömten, weil sie hofften, dass ihnen hier zur Ausreise in den Westen verholfen werden würde. Ich vermute, nur wenige von ihnen sind nach ihrem Weggang engagiert bei der Kirche geblieben. Aber sie haben – nach einer sich ausbreitenden Lesart – mit ihrem Ausreisemut eigentlich den Umsturz in der DDR bewirkt. Ja, auch sie waren daran beteiligt, dem ummauerten System die Legitimationsgrundlage zu entziehen. Aber wenige waren zuvor in der Bürgerrechtsbewegung aktiv gewesen.

Er ist uns Christen immer mit einem zugekniffenen linken Auge gegenübergetreten: »Seid ihr wirklich so, wie ihr vorgebt zu sein?«

Am besten von seinen neueren Arbeiten gefällt mir, wie er den zerstückelten Drachen mit dem Emblem der DDR darstellt. Manche können gar nicht genug kriegen beim Hacken auf *alles*, was DDR war, selbst wenn sie einst mit Inbrunst gesungen hatten »Die BRD wird rooot« (Biermann, der gar nicht genug daran tun konnte, in diese DDR zu kommen und die Kollektivierung der Landwirtschaft zu preisen). Jeder muss redlich auch zu seinen eigenen Irrtümern stehen.

Pribbernows Kunst ist mutig, wahrhaftig und diskussionsfreudig. Wer die Gästebücher seiner Ausstellungen anschaut, spürt, dass sich viele Menschen von seinen Bildern angesprochen fühlen. Viele bewunderten seinen Mut. Der Mut anderer macht einem auch immer selbst Mut. 1993 schreibt jemand, dass ihn beeindruckt habe, dass Pribbernow trotz seiner Scharfsicht den

Menschen mit Warmherzigkeit begegne. Viele haben sich einfach bedankt und sich gefragt, ob sie so weiterleben können, wenn er mit dem, was er zeigt, recht hat.

Das Bild, das mich am nachdenklichsten macht, ist vielleicht ein etwas plakatives, aber die Dinge eben klar benennendes: Der im Himmel schwebende Gott-Vater (oder ist es vielleicht Mose?) schüttet einen Sack aus mit lauter Symbolen von Religionen und Religionssurrogaten, und die Menschen strecken sich danach, um einen der Anker aufzufangen und damit sich selbst zu erhöhen, sich zu binden, anderen gegenüber sich abzugrenzen, sich zu unterwerfen, um im Namen des eigenen Guten gegen die anderen, die dann die Bösen sind, anzutreten. Aus dem Sack des lieben Gottes fallen afrikanische Totems, ein Buddha, das Kreuz, aber eben auch Hakenkreuz und ein 100-Euro-Schein. Verehrter Betrachter: Denk nur nicht, wenn du es siehst, du seiest nicht gemeint, sonst erhebst du dich moralisch über andere und lachst auf Kosten anderer.

Paul Pribbernow braucht keine Seminare zu besuchen oder politische Wahlkampfreden zu hören, um zu wissen, wer das Steuer wirklich in der Hand hat, wessen Namen bloß noch symbolisch am Steuerrad stehen. Er war und ist ein Feind der Indoktrination, ein Gegner aller Kriege, der Propaganda und der Parolendrescher. Er sieht die Verwundungen der Natur und nennt die Verursacher. Dabei spürt man in all diesen Bildern auch seine Lust an der Erkenntnis, die Lust an der Gestaltung, die Lust an der Provokation. So ein stiller, so ein bescheidener Mensch findet seine ganz eigene Expressivität.

Wunderbar, dass er nicht aufgehört hat, sich mit seinen Mitteln gegen das zu wehren, was in dieser Welt durch unsere eigene Schuld schief läuft – besonders dagegen, dass sich die Arm-Reich-Schere immer weiter öffnet. Wer seine Bilder pessimistisch findet, hat sie nicht verstanden, denn sie enthalten einen indirekten, aber doch starken Imperativ, es nicht beim Status quo zu belassen. Denen, die es nicht sehen wollen, hat er nichts zu sagen. Verklebte Augen, zugestopfte Ohren und zugenähte Münder gab es und gibt es überall und immer wieder.

Pribbernow setzt sich mit seinen Bildern ein und setzt uns seiner Sicht aus.

Er ruft jeden aus der Lethargie, aus der Bequemlichkeit, aus der Selbstbezogenheit. Er ist ein künstlerischer An- und Aufrührer, ein Wachmacher und ein Ermutiger, ganz im Sinne meines Lieblingsphilosophen Albert Camus: »Klar sehen und doch hoffen.« Ich will ihm zurufen: »Mach weiter, lieber Paul. Wir brauchen dich.«

Es gibt so unterschiedliche Zugänge zur Welt wie es unterschiedliche Professionen gibt.

Im »Willy-Brandt-Kreis« sind seit elf Jahren viele Kompetenzen im gemeinsamen Nach- und Vorausdenken vereint. Egon Bahr ist mit Günter Grass Begründer – und nun versuche ich mich als Nachfolger Egon Bahrs als »Vorsitzender« des Kreises.

Klaus Staeck, der politische Plakatkünstler, gehört dazu wie der Soziologe Oskar Negt.

Jedes Land hat und braucht seine Intellektuellen, Nachdenker, Vordenker, Querdenker, die die Anstrengung des Gedankens zu einer Lust werden lassen – nicht zuletzt durch die Klarheit ihrer Sprache, durch Konsequenz und Konsistenz eines Denkens, das die Existenz existenziell tangiert. Intellektuelle überschreiten die Grenzen ihres Faches, wissen auch um die Begrenztheit des Denkens und dessen, was wir wissen können, worauf wir hoffen dürfen und was wir schließlich tun sollen. Frankreich hatte Bourdieu und Baudrillard. Wir Deutschen haben Kluge und Negt, Habermas und Jens. Nur, die Franzosen wissen die Ihrigen mehr zu schätzen. Es ist selten geworden, dass Intellektuelle im Denkpaket erscheinen – wie Negt und Kluge im »Unterschätzten Menschen«. Oskar Negt, ein universaler Gelehrter aus Hannover, der es vermocht hat, Soziologie, Philosophie, Politologie, Literatur, Pädagogik und Zeitgeschichte als Wissenschaftler, als Hochschullehrer, als Publizist und nicht zuletzt als Person des öffentlichen Lebens nicht nur miteinander zu verbinden, sondern auch noch auf eine so einleuchtende und erleuchtende Weise zu vermitteln.

Alle, die das Geschick unseres Landes mitbestimmen, sind gut beraten, wenn sie sein opus magnum »Arbeit und menschliche Würde« (2007) nicht nur läsen und verstünden, sondern daraufhin Reformen in Angriff nähmen, die dem anspruchsvollen Wort »Reform« in hilfreicher Weise entsprechen. Dieses Buch ist keine kalte, in Soziologendeutsch verfasste Analyse, sondern es ist mit klarem und kühlem Blick und zugleich mit Mitgefühl und Empörung geschrieben.

»Die Menschheit in der eigenen Person zu achten«, bezeichnete Immanuel Kant als einen Ausdruck von Würde – ein Begriff, der geradezu den Grundtext seiner Philosophie bildet. Würde hat ihm zufolge keinen Preis, weil sie das benennt, was die Menschen in ihrer Gattungsgeschichte von den Tieren und den Dingen unterscheidet.

Negt war und ist ein engagierter Fürsprecher für alle, die es schlechter haben als er. Solidarität kommt ja erst dann zu ihrem Ziel, wenn die Starken Solidarität mit den Schwachen üben, statt dass nur die Schwachen solidarisch mit den noch Schwächeren sind.

Freiheit braucht Einsicht in die Bedingungen und in die Folgen menschlichen Handelns. Demokratie lebt nur solange, wie es Einsichtige gibt.

Oskar Negt, ein Königsberger, weiß die Flucht und den Verlust der Heimat einzubetten in die Schreckensgeschichte, die Deutschland mit dem Einmarsch in Polen, in die Tschechoslowakei und die Sowjetunion angestoßen hat. Negt ist ein Mensch, auf den du dich verlassen kannst, der sich nicht opportunistisch wendet, sondern sich von der Wirklichkeit zu neuen Erkenntnissen führen lässt, ohne sich und seine Grundsätze aufzugeben. Ein herausfordernder, wahrlich mäeutischer Gesprächspartner, der aus seinem Gegenüber etwas »herausholen« kann, was dieser noch gar nicht gewusst hatte.

Die Gewerkschaften müssten in der Zeit, in der das Kapital so schnell und global agiert, sehr viel flexibler sein und durch Internationalisierung ihrer Arbeit erreichen, dass das Kapital einer Konfrontation nicht ausweichen und einfach in sogenannte

Billigländer abwandern kann. Es bedarf also dringend der Sozialstandards, nicht nur in der Bundesrepublik, sondern weltweit. »Sozialstaat und Demokratie« bildeten eine unzertrennbare Einheit. Wer den Sozialstaat in seinem Kern beschädigt, legt die Axt an die Wurzel der Demokratie.

Aber Negt schaut noch weiter und sieht, dass die Arbeit selbst kein isolierter Eigenwert ist, dass ihr Zweck und der Zusammenhang, in dem sie verrichtet wird, mitbedacht werden müssen: Ob sie entfremdet ist, ob sie gerecht entlohnt wird, ob sie der Umwelt schadet und ob sie soziale Disparitäten begünstigt oder vermindert. Man hört immer wieder, die Welt sei so unübersichtlich und orientierungslos geworden. Ein Denker wie Oskar Negt ist ein eindrückliches Gegenbeispiel. Seine Bücher zu lesen ist ein intellektuelles Vergnügen, nicht ohne Anstrengung. Ihn zum befreundeten Lehrer zu haben, ist mir ein Glück.

Jedes Land braucht seine Vordenker und Fürsprecher, seine Vorläufer und Nachfolger. Sie haben die Fähigkeit, wichtige Dinge deutlich und verständlich an- und auszusprechen, befördern im besten Fall das eigene Denken, das eigene Engagement und helfen, das Gewissen des Einzelnen zu schärfen, anstatt es – als »Gewissen der Nation« – zu entlasten oder gar zu ersetzen (Böll und Grass haben das stets vehement abgelehnt).

Und jedes Land sucht sich aus seiner Geschichte Idole und Lehrmeister, in denen sich der Einzelne wiederfindet – in einem Ich-Ideal oder einem persönlichen Idol. Es braucht Personen, an denen sich ein Wir-Gefühl festmacht. Einige werden in Festreden der Nationalfeiertage als Autoritäten herangezogen – in der Hoffnung, selbst ein wenig von ihrem Licht abzubekommen. Ob das der Dichterfürst Goethe ist oder der Fürst Bismarck, Kant oder Thälmann, Bach oder Brecht. Die Knef oder unser Udo mit dem Hut auf der »Andrea Doria«. Liedermacher, Schauspieler, Entertainer werden – generationenspezifisch – lebensbegleitend. Idole haben je eigene Qualitäten und decken einzelne Lebensbereiche ab. Manche regen zum Nacheifern an, aber immer wird auch auf Idolen herumgehackt, werden dunkle Seiten oder persönliches Versagen genüsslich aufgespürt. Das Maß der bitteren Enttäuschung entspricht dann dem Maß der Idolbildung.

Wer etwas zu sagen hat, und das auch noch treffend und unbestechlich tut, wer es so sagt, dass er gehört wird, Kanäle findet, auf denen er sich erfolgreich bemerkbar machen kann, wer zudem eine bestimmte Denklinie erkennbar macht und sich nicht zeitgeistig einschlürft und einschleicht, dem bringen manchmal selbst seine Gegner Achtung entgegen. Zugleich sammeln sich Gegner und Neider um ihn, die nur auf seinen Sturz warten.

Bisweilen schlittern besonders prononciert denkende Menschen nahe am Skandal entlang. Sie sind nie unumstritten und bringen mit originellen Einwürfen Debatten voran. In der Regel stellt sich niemand selbst aufs Podest, sondern wird – hoch erhoben – beklatscht und verehrt. Eine sogenannte »moralische Instanz« ist eine Person, die in persönlicher Unabhängigkeit Richtungsweisendes zu sagen hat. Für Ostdeutsche – auch für mich – war und ist Christa Wolf eine solche Person. Auch Günter Grass ist so ein Mensch, der nicht nur fähig zu einer scharfsinnigen, bildhaften, verdichteten und weiträumigen Analyse ist, sondern auch einer, der weiterführende Gedanken zu formulieren versteht und aufrütteln möchte und aufrütteln konnte. (Anreger will Grass sein, nicht Aufreger vom Dienst.)

Stets wurden die sogenannten Instanzen Projektionsfiguren für das, was wir selber nicht zu leisten vermocht haben. Sie werden hoch erhoben und verändern sich charakterlich aufgrund der ihnen zugeschriebenen Rolle. Ich kenne kaum einen, der davon unbeeinflusst geblieben ist. Die Luft »da oben« wird dünn. Und wer erst einmal zur moralischen Instanz aufgebaut wurde, kann sich oft gar nicht mehr normal verhalten, zumal mit der Bekanntheit seine Gefährdung Schritt für Schritt wächst. Personen nehmen Posen an und werden in Promi-Rollen gedrängt. Doch wer Persönlichkeiten persönlich kennenlernt, spürt bald, dass sie kaum anders sind als man selbst. (So beantwortete die unvergessliche Rut Brandt einmal die Frage eines Kindes, »wie berühmte Leute« seien.)

Zumal in unserer skandalsüchtigen Mediengesellschaft erleben wir, wie Einzelne hoch erhoben werden, um dann umso tiefer gestürzt zu werden. Jeder, der irgendwie herausragt, sammelt auch um sich herum Scharen von Kläffern und Gegnern. Wer sich also eine moralische Instanz oder ein Idol aufbaut, muss wissen, was er tut: Er verehrt einen durchaus fehlbaren, schwachen, widersprüchlichen, versagenden und selbstbezogenen Menschen.

All das erlebten wir auch an der Person von Günter Grass.

Er war, er ist und bleibt: Günter Grass – eine unverwechselbare, eine unverzichtbare, eine Gedanken bewegende Stimme Deutschlands in den Brüchen, nach den Brüchen des 20. Jahrhunderts. Er hat sich in seiner Autobiografie vorgeworfen, als Junge nicht die richtigen Fragen gestellt zu haben. Stellen wir miteinander heute die richtigen und lebenswichtigen Fragen?

Dieser als junger Mann nationalistisch Verblendete hat seither die richtigen Fragen gestellt, sich pointiert in die Debatten eingemischt, er hat sich für die ungeteilten Menschenrechte und einen gerechten Frieden engagiert, für Aussöhnung, Entspannung und Abrüstung zwischen Ost und West und gegen jeden alten und neuen Nationalismus das Wort ergriffen. Er hat eindringlich gewarnt vor unserem falschen Zivilisationsweg, der den Planeten in die ökologische Sackgasse treibt. Er traf immer den Nagel auf den Kopf – und wenn es sein musste, auch den Daumen seiner Gegner. Rege beteiligte er sich an den brisanten Diskussionen in Zeiten des Wettrüstens 1981, z.B. bei der Begegnung zur Förderung des Friedens mit Stephan Hermlin in Ostberlin. Er stellte sich politisch vehement an die Seite Willy Brandts und seiner Entspannungspolitik, teilte mit ihm das Demokratieverständnis und das Interesse für Intellektuelle und für Künstlerisches. Er verwechselte nie literarische Utopie mit den Möglichkeiten politischer Praxis, auch stets gegen linke Radikalität in der 68er Bewegung und im RAF-Terror.

Günter Grass hat nie gesagt: »Hört mal her! Hier redet eine moralische Instanz.« Er redete, wann und wo es ihn drängte. (Er war bisweilen unbelehrbar, etwa bei der Befürwortung des Kosovo-Krieges oder in seinem Urteil über die Ausstellung von Hitlers Lieblingsbildhauer Arno Breker.)

Er ist ein wunderbar knorriger, einfühlsamer Mensch, einer, der weiß, was er sich als Zeitgenosse schuldig ist, lebend in einem Land, das einen Weltkrieg und den Holocaust zu verantworten hat. Er hat den Deutschen – bisweilen unbarmherzig – den Spiegel vorgehalten und gegen die Verschleierung, Beschönigung oder Rechtfertigung der nationalsozialistischen Vergangenheit gekämpft. Den eigenen Makel, der mit den schrecklichen Runen der Waffen-SS verbunden ist, hat er nicht verleugnet, wohl aber lange verschwiegen.

Nun wird diese Station im Leben desjenigen, der als 17-jähriger gründlich verirrt und verführt war, zum Stolperstein gemacht, als wäre er Marine-Richter gewesen, der noch in den Apriltagen des Jahres 1945 Todesurteile über Deserteure gefällt hätte.

An der beneideten »moralischen Instanz« arbeiten sich nun viele, allzu viele Kleingeister ab und solche, die endlich einmal an jemanden ordentlich rütteln können, der stets mutig war. Man denke an den kleinen Kläffer Karasek (»Grass hat sich den Nobelpreis erschlichen.«) oder an den Hitler-Biographen Fest (»Er steckte tiefer im Nazisumpf als viele andere, die er kritisiert hat.«)

Ich habe allen Grund, Günter Grass freundschaftlich für das zu danken, was er mir seit 45 Jahren bedeutet. Auch die Auseinandersetzung mit ihm war stets produktiv. Soll denn eine Generation heranwachsen, die sich aus allem politischen Engagement heraushält? Grass' Haltung ist keinesfalls »von gestern«, erfüllt von Sorge und Hoffnung für Künftiges, dem Genuss des Lebens durchaus zugeneigt, aber nie aus dem Blick verlierend diejenigen, denen es schlecht geht.

Heimat zwischen Gärten und Wüsten, zwischen einsam und gemeinsam

Gärten des Menschen – Garten des Menschlichen

Ich weiß, wovon ich rede, wenn ich vom Garten als verwirklichter Utopie spreche. Kindliches Urerlebnis, verbotene Früchte, irre Düfte, betörende Farben, Summen und Zwitschern, wunderbares Versteck, Geheimnis des Säens, die Zeit des Pflanzens und die Zeit des Ausreißens, die Mühe des Hackens und Jätens, des Gießens und Beschneidens, sodann die Lust des Erntens. Mein Vater, der Gartenarchitekt, Landmann und Imker aus Passion. Er, der Hirte – ich, der Hütejunge für unsere Schafe, Anpflocker und Melker für die Ziegen, Maulwurfjäger und Erdbeerdieb. Sensenmäher und Spargelstecher. Leben ohne Garten ist entfremdetes Leben.

Der Garten ist der Lebensraum, der dem Menschen geradezu konstitutionell angemessen ist. Der Garten gehört zu den Urmythen wie zu den Ursehnsüchten des Menschen – als Natur und als Kultur, als ein umgrenztes Zuhause in einer entgrenzten Welt.

Die Bibel lässt die Menschheitsgeschichte in einem Garten, einem paradiesischen Ort beginnen – mit einem Auftrag an den Menschen und mit etwas Unantastbarem ...

»Und Gott der HERR pflanzte einen Garten in Eden gen Osten hin und setzte den Menschen hinein, den er gemacht hatte. Und Gott der HERR ließ aufwachsen aus der Erde allerlei Bäume, verlockend anzusehen und gut zu essen ...

Gott der HERR nahm den Menschen und setzte ihn in den Garten Eden, dass er ihn bebaute und bewahrte ...

Und Gott brachte Tiere auf dem Felde und Vögel unter dem Himmel zu dem Menschen, dass er sähe, wie er sie nennte. Und der Mensch gab einem jeden Vieh und Vogel unter dem Himmel und Tier auf dem Felde seinen Namen.« (1. Mose 2,8.15.20).

Dieser Schöpfungsbericht aus der Genesis erzählt so wunderbar tiefgründig, so wunderbar naiv von Gott, dessen Name eigentlich unaussprechlich ist:

Gott, der Schöpfer, hat Lust an seiner Schöpfung, die sich vollendet in seiner Tätigkeit als Gärtner, als der erste Gartenarchitekt: ER pflanzte einen Garten und dachte den Menschen als Gärtner. Er setzte ihn in den Paradiesgarten, dass er in ihm lebe und von ihm lebe, dass er ihn bebaue und bewahre, dass er der Natur ihre Gesetze ablausche, ohne sie gewalttätig zu beherrschen, dass er sich einfüge, das ihn Umgebende so ausnütze, dass es als Lebensraum bestehen bleibt. Alles in diesem Garten hat seinen Platz und seine Funktion – auch wenn es nicht sogleich benennbar oder erkennbar ist. Dort sind Bäume, allerlei Bäume, verlockend anzusehen und gut zu essen. Das Staunen über die Schönheit geht dem verbrauchenden Genuss voraus.

Der Oikos ist das Haus, der bewohnbare Ort, Ökologie die »Lehre von den Beziehungen zwischen Lebewesen und Umwelt«, Oikonomie betrifft die Gesetze der Wirtschaft, der Hausverwaltung, die Wirtschaftslehre, die Haushalterschaft. Und die Oikumene ist die Erde, die für alle Menschen da ist, die dem Menschen zur Heimat werden soll, zu seinem Zuhause, nicht bloß zu seiner zufälligen Behausung. Die Welt als »Haus des Menschen«, als Garten gilt es zu bewahren, und zwar indem der Mensch verändert, was er vorgefunden hat. Dabei soll er durchaus konservativ vorgehen, denn das Althergebrachte behält seinen Wert, sofern es sich unter veränderten Bedingungen bewährt und neuen Herausforderungen standhält. Das jeweils Neue ist keineswegs zugleich das Bessere und das Gegenteil von »progressiv« nicht »reaktionär«, wie die Ideologen stets hervorhoben. Wir haben in der DDR erlebt, wohin solche Fortschrittsideologien, Klischees und tödlichen Vereinfachungen führen.

Und die Lebewesen leben mit- und voneinander. Der Garten Eden ist gewissermaßen der erste Ökohof und nicht die reine

Idylle, er erfordert Arbeit: Kopfarbeit, Handarbeit, Planung und Umsetzung, Konzept und Projekt. Adam macht »sich zu schaffen« im Garten Eden. Der spätere Sündenfall ist auch zu verstehen als ein erster – folgenreicher und irreversibler – Eingriff, mit dem der Mensch die Lebensgesetze des Gartens willentlich verletzt und die Grenzen dessen, was er tun darf, überschreitet. Dann beginnt seine Mühsal – die Mühsal der Arbeit außerhalb des Paradieses, denn er wird aus der grünen, wasserreichen Oase in die trockene, steinige Wüste verwiesen.

Die Welt als Garten verstehen, das heißt, sie als überschaubaren und unverwechselbaren Lebensraum verstehen. Wir Menschen empfinden offensichtlich große Sehnsucht nach dem Umgrenzten, Eingehegten, dem, worin wir uns ganz auskennen, worin alles seinen Platz hat – für uns. Jeder Garten hat etwas Einmaliges, nicht Wiederholbares, es sei denn, das kasernierte, betonierte, abgezirkelte Denken hätte auch auf Beete, Wege und Wiesen abgefärbt. Manche haben den Terror von Kleingärtnern kennengelernt, die eher auf den Kasernenhof als in einen Garten passen. Zugleich wollen wir heraustreten, die Weite sehen, das nicht Umgrenzte genießen, den Horizont, um dann wieder ins Eingehegte zurückzukehren, in einen Garten, um den herum eine große Hecke wächst. Eine Hecke, die abschirmt und durchlässig ist.

Welch ein Unterschied zwischen einem Garten und einem riesigen Weizenschlag, Rübenfeld, Maisacker. Ein Weizenschlag kann in den Weiten Amerikas genauso aussehen wie in den Weiten Russlands oder in der Magdeburger Börde. So weit das Auge reicht: Weizen oder Rüben. Damit kein romantisches Missverständnis entsteht: Zur Ernährung so vieler sind große Felder nötig. Aber auf den Weizenfeldern lockert meist nur noch der Klatschmohn die Uniformität auf, Farbenpracht in der Eintönigkeit. Er löst Gefühle der Begeisterung und der Trauer aus, denn wir wissen: Er blüht so zart, so leuchtend und fällt ganz schnell in sich zusammen. Die Üppigkeit des Lebens, das schnelle Verwelken und Sterben so nahe beieinander! Die Blütenblätter der Gartenrose, der Heckenrose zumal, öffnen sich und fallen ab. Auch die Rosen von der Gärtnerin auf dem Marktplatz senken nicht traurig ihre Köpfe, ohne je aufzublühen. Sie blühen auf und fallen ab. Wie herrlich der Rittersporn, selbst wenn der Blütenstaub auf der Tischdecke im Wohnzimmer ärgerlich sein mag. Oder denken wir an die pralle Knospe, die prächtige Blüte der Pfingstrose.

Das Besondere des Gartens ist seine Vielfalt. Die Pflanze für den Schattenplatz und die Pflanze, die Sonne braucht, die hochwachsenden Bäume und die tief wurzelnden Weinstöcke, die begrenzenden Büsche, die jährlich wiederkehrende Blumenstaude, die jährlich zurückzuschneidende Rose, das veredelte Apfelbäumchen, die gesteckte Zwiebel und die gesäte Zwiebel, die in die Erde gesetzte, sodann angehäufte Saatkartoffel, der Schnittsalat und der Kopfsalat, die übermannsgroße Sonnenblume, die aus dem kleinen Kern herauswächst, wenn nicht die Amsel kommt und das junge kleine Pflänzchen wegpickt.

Kein guter Gärtner käme darauf, die Wege im Garten zu versiegeln. (Können Sie sich daran erinnern, wie hart es war, wenn der Vater sagte: »Junge, die Wege hacken.«)

Arbeit im Garten, Arbeit am Garten: das Graben, das Harken, das Häufeln, das Hacken, das Warten, das Ernten, das Pflücken, das Schneiden, das Mähen, das Jäten, das Veredeln, das Binden, das Grubbern, das Walzen, das Düngen. Mit dem in der Tonne aufgefangenen Regenwasser wird gegossen, wenn die Blumen dürsten. Der Garten braucht viel lebendige Arbeit, Arbeit eines einzelnen Menschen, der klug überlegt, in welcher Folge was in die Erde einzubringen ist. Es gibt die vielen Beete in bester Lage und den Komposthaufen in der Ecke. Auch das Dunkle, den Ort, wo alles wachsen kann, den hinteren Teil, der – zumal für das kleine Kind – etwas Unheimliches hat. Mein Vater bewirtschaftete, je älter er wurde, einen immer kleineren Teil seines Gartens. Über dem Übrigen rief er den »Gottesfrieden« aus. Die Natur holte sich schnell alles zurück. Es war chaotisch-schön. Der von meinem Vater ausgerufene »Gottesfrieden« war das Chaos der Vielfalt. Da haben Igel und Iltis eine Chance. (Solch wunderbares Chaos darf nicht verwechselt werden mit der ärgerlichen Unordnung und Vermüllung.)

Nicht umsonst hat Lucas Cranach in seinem Weinberg-Bild die sinnvollen Tätigkeiten in einem Garten beschrieben und das unsinnige Tun der Päpste verglichen mit dem, was die Reformatoren Sinnvolles tun wollten. Es ging eben nicht um das revolutionär-ungeduldige Ausreißen all dessen, was war, sondern um das kluge Umgehen mit dem, was ist, und dem, was uns überkommen ist, was sich im Menschen- und Naturleben rhythmisch wiederholt; niemand erfindet die Welt ganz neu, aber jeder kann sie entdecken – für sich.

Ich habe es als Kind erlebt, wie die Kühe abends in der großen Herde von den Elbwiesen heimkamen, sich auf ihrem Weg aufteilten und jede ihr Hoftor oder ihren Stall als ihr Zuhause aufsuchte. So wird eine Kuh zu unserer Kuh, so wird ein Hund zu unserem Hund, so wird sogar ein Huhn zu unserem Huhn, das auf den Ruf des Hausherrn und der Hausherrin hört. Im Ökoparadies sind die Tiere für Adam und Eva Partner. Sie haben einen Namen, auf den sie hören. Sowie die Bauersfrau »Tiet tiet tiet« ruft, kommen sie herbei wie die Kinder. Als riefe die Mutter: »Kinder, das Essen ist fertig. Händewaschen.«

Nun, keine romantische Idylle: Die Lämmer werden geschlachtet, das Huhn wird zum Suppenhuhn, das Schwein zum Schinken ... Aber sie alle haben vorher gelebt, nicht vegetiert und wurden eben nicht behandelt »wie Vieh«, sondern waren »das liebe Vieh«. Die Tiere im Garten: die angebundene Ziege, das gehütete Schaf, das flauschige Kaninchen, die Hühner unter den Bäumen.

Die Tiere sollten unter einem Namen nicht bloß kategorisiert werden. Sie werden Subjekt, indem der Mensch sie benennt. Das Schaf mit Namen Cora, der Hund mit Namen Branko, die Miezekatze, die sich mit dem Hund verträgt; Hund und Katze verhalten sich im familiären Zusammensein nicht wie »Hund und Katze« – sie können Geschwistern bisweilen ein Beispiel für »Sichvertragen« geben.

Noch ein Wort zu den Hühnern, die wir zu schnell die »dummen Hühner« nennen. »An unseren Hühnern werden wir erkannt.« Was tun wir den Hühnern an, wenn wir sie in Legebatterien stecken, sie ernähren mit einer Mischung aus Kraftfutter und Medikamentenstößen, die sie vor Ansteckungsgefahr bewahren sollen? Sie sehen nie den Himmel. Sie dürfen nie in der Erde scharren und einen Wurm finden. Sie haben nie die Gemeinschaft der Hühner oder der Küken erlebt. Welch ein wunderbares Bild, wenn eine Glucke brütet und später die kleinen Küken um sich schart, die bei jeder Gefahr unter ihren Flügeln Schutz suchen. So wie der Mensch auf das zurückschaut, was er geschaffen hat, ist das Huhn stolz auf das gelegte Ei und gackert vor Freude. Das nennen wir dann ein glückliches Huhn. Das schmeckt man an den Eiern.

Jeder weiß: Was nicht in Massen, sondern nach ökologischen Gesichtspunkten produziert wird, muss sich auf dem Markt behaupten. Ökohöfe leben mehr vom Einsatz menschlicher Arbeit. Hier kommen das Ökologische und Ökonomische zusammen – als kluges, weitsichtiges Haushalten. Der Nutzen, also der Ertrag, und der eingebrachte Aufwand müssen einander entsprechen. Es geht nicht um eine realitätsferne Romantik, sondern darum, dass wir so wirtschaften lernen, dass alles, was wir tun, verantwortungsvoll getan wird. Nur nachhaltiges, verantwortungsvolles Handeln lässt die Böden auf Dauer fruchtbar, das Wasser auf Dauer trinkbar und die Seen und Meere auf Dauer fischreich bleiben.

Jeder Nutzen von heute muss dem Schaden von morgen gegenübergestellt werden. Ein polnischer Aphoristiker hat formuliert: »Man sollte sich mit den ganz großen Problemen beschäftigen, solange sie noch ganz klein sind.« Das ist ein Denken, das vorausschauend ist, zu vorausschauendem Handeln anregt, stimuliert oder gar zwingt. Wir sind geradezu verpflichtet, die Folgen all unseres Tuns und Lassens abzuschätzen, wenn wir uns nicht den Fluch der nächsten Generationen einhandeln wollen. Das Denken in Kategorien der schnellen Rendite könnte unsere Welt sehr bald zerstören, sofern wir die Lebensgesetze der Natur, die Regenerationsfähigkeit der Flüsse, der Meere, der Wälder, der Böden, nicht berücksichtigen.

Unbegrenzte Herrschaft über die Natur führt uns kollektiv an Grenzen. Der gnadenlosen Ausbeutung des Menschen durch den Menschen folgte die hemmungslose Ausbeutung der Natur durch den Menschen. Die Natur, zur Umwelt erklärt, schlägt zurück und führt uns unsere Ohnmacht vor Augen – es sei denn, wir gäben uns kollektiv einen großen Ruck und definierten uns als einen Teil der Natur, in der und von der und mit der wir verträglich zu leben haben. Früher nannte man das Umkehr – zum Leben.

»Schockierender Weltklimabericht. Unser Planet stirbt ...«, ist es lediglich der übliche Boulevard-Sensationsjournalismus, wenn diese Überschrift fett auf Seite 1 von »Bild« prangt und deren Kommentator eine neue Demut gegenüber der Natur einfordert? Am 23. Februar 2007 titelte »Bild« dann in riesiger Schrift: »Wir haben nur noch 13 Jahre ...« Am nächsten Tag lieferte die Zeitung dem Lesevolk wieder eine Ehekatastrophe von Prominenten, und auch die gewohnte knusprige Nackte blieb der Seite 1 treu.

Es gibt zu oft Strohfeuer des Entsetzens, aber zu selten nachhaltige Aufregung, die zu Konsequenzen führen oder diese wenigstens ernsthaft einfordern würde. Entschiedene Schritte der Umkehr in einem festen Kontrakt zwischen Regierten und Regierenden bleiben aus. Wer hat schon den Mut zur unbequemen Wahrheit mit noch unbequemeren Konsequenzen für uns alle, die wir uns so behaglich eingerichtet haben, ohne die Folgen im Einzelnen und im Ganzen in den Blick zu nehmen. Vielleicht ist der Mensch von Natur aus nicht in der Lage, diese globale Unübersichtlichkeit und Abhängigkeit aller von allen zu begreifen und auf sein ganz persönliches Verhalten zu übertragen und darin einen mitentscheidenden Faktor für mögliche Zukunft zu sehen. Verhaltenspsychologisch sind wir offensichtlich Revierwesen mit engem Revierhorizont und müssen doch global denken: in größeren Zeithorizonten als denen unseres eigenen Lebens, des Lebens unserer Kinder und Enkelkinder. Ein Denken nach der Parole »Nach uns die Sintflut« wohnt uns offenbar inne, zumal dann, wenn es uns im Ganzen doch ganz gut geht.

Auch wer sich mit den großen Weltproblemen (also dem Welthunger, der Weltzerstörung durch Waffen und Umwelteinflüsse, den Epidemien und der Ressourcenverknappung) beschäftigt und sich davon anrühren lässt, hat Anteil an der Welt, in der wir leben und von der wir leben. Wir sind Täter und Opfer zugleich. Unsere Ohnmacht ist real, und sie ist bequeme Ausrede. Wir alle haben ein unentrinnbares Schicksal, fahren vielleicht ein wenig weniger Auto, fliegen ein wenig weniger weit, aber eben alles nur »ein wenig«. Wenn überhaupt. Häufig denkt man auch, »die anderen müssten erst einmal ...«.

Die drohenden Weltprobleme sind nicht eine Frage von Wissen oder Nichtwissen, sondern eine Frage des Handelns, das Menschen als Einzelne und in der Gemeinschaft ihrer Kommunen oder Länder wagen. Der Kabarettist Georg Kreisler fragte vor über 20 Jahren: »Was machen wir aber, wenn uns die freie Natur plötzlich abhanden kommt durch Bevölkerungsexplosion, Rohstoffmangel, exponentielles Wachstum, wenn die Natur eines Tages ganz einfach weg ist, ausgestorben, abgebröckelt, vertrocknet, ... was machen wir, wenn wir eines Tages aufwachen und jemand sagt uns, es gibt keine freie Natur mehr, ... leider, leider. Opfer der Technik. Aber dafür gibt es mehr Nachtlokale, mehr Kosmetika ..., was machen wir dann? Nichts machen wir! Das sieht man ja heute schon, daß wir nichts machen.« Das ist bitter. Das ist wahr. Das ist ganz und gar nicht zynisch.

Es war ein Philosoph, ein im Ganzen sehr ruhig nachdenkender Mensch, dessen Hauptwerk »Gnosis« hieß, der grundlegend neues Denken einforderte. Es ist längst nicht abgegolten, was Hans Jonas 1979 in die Debatte warf: »Das Prinzip Verantwortung. Versuch einer Ethik für die technologische Zivilisation«. Sein philosophisches Manifest ist auch eine prinzipielle Auseinandersetzung mit dem »Prinzip Hoffnung« des Ernst Bloch, der noch ganz und gar von einem überschwänglichen sozio-ökonomischen Zukunftsoptimismus geprägt war und die Veränderung, die der Mensch in Natur und Gesellschaft vornahm, unter einem prinzipiell positiven Vorzeichen sehen konnte.

Jonas sieht die Existenz des Menschen selbst bedroht, den Menschen in der Falle seines Tuns – genau zu dem Zeitpunkt seiner höchsten Macht über die Natur spürt er doch, wie sehr er von dem abhängig ist, was er sich zum Werkzeug gemacht hat.

Nur *einen* Tag lang stand in der Zeitung, dass die fruchtbare Magdeburger Börde zu versteppen droht, weil es zu wenig Hecken, zu wenig Niederschlag gibt und der Grundwasserstand absinkt. Wer verantwortlich handeln will, muss etwas von der Heiligkeit der Dinge spüren, mit denen wir zu tun haben – der Heiligkeit des Lichtes, der Sonne und des Wassers. Zum Beispiel schien es kurzfristig günstig, weiträumig Dränagen anzulegen, aber der Grundwasserspiegel ist dadurch ebenso weiträumig gesunken. Es gab geradezu eine Entwässerungsideologie, als müssten alle Überschwemmungsgebiete, alle Moore, alle Feuchtwiesen trockengelegt werden, um normales Ackerland daraus zu machen. Es bewährt sich nicht: Das Nicht-zu-Nutzende und das Zu-Nutzende brauchen einander – nebeneinander.

Und so ist es auch mit der Elbe. Sie kann und soll als eine Wasserstraße genutzt werden, aber so, dass der Mensch sich den Gesetzen der Natur anpasst.

Nachhaltigkeit darf kein Programmwort nur einer Partei sein, die sich grün nennt; es ist das einzig Verantwortliche, das Haushalterische, das ökonomische Programm für eine ökologisch verträgliche Ökonomie. So wie es Klaus Töpfer viele Jahre in Nairobi für die UNO engagiert tat. Den von der EU Ende 2008 gefassten Beschluss, große Teile der Industrie vom Emissionshandel mit Kohlendioxid-Zertifikaten auszunehmen, hat er kritisiert, da wir »zwei Krisen gleichzeitig in Angriff nehmen müssen: die Finanzkrise und die Krise des Planeten«: »Wir müssen das Überwinden einer ruinierten Finanzwirtschaft verbinden mit einer gezielten Stabilisierung einer sich erneuernden Industrie- und Wirtschaftsstruktur«, betonte er.

»Haben oder Sein« titelte 1976 Erich Fromm, der Illusion begegnend, wir würden durch Mehr-Haben auch mehr sein. Er suchte unverdrossen die messianische Vision einer Harmonie zwischen Menschheit und Natur. Eben diese Harmonie ist global auf eine bestürzende Weise gefährdet. Und gerade deshalb gilt es, statt ein zur Passivität verführendes Sintflutbewusstsein zu verbreiten, unverdrossen ein Apfelbäumchen der Hoffnung zu pflanzen – oder eben am Dresdener Elbtal den Kampf um eine 200 Jahre alte stattliche Rotbuche zu führen, die den nekrophilen Verkehrsplanern (ohne jedes Gespür für die Natur, ihre Schönheit, ihren Eigenwert und ihren Nutzen) schlicht im Wege steht. Auch wenn noch so viel Kämpfe verloren gehen, ob am Amazonas oder an der Havel – im Einzelnen geht es immer auch ums Ganze: die Überlebensfähigkeit des Oikos, trotz des Menschen. Die Begeisterung ist eine größere Kraftquelle als die Besorgnis.

Immer haben Menschen im Elementaren auch etwas Heiliges gesehen und gesucht, im Brunnen, in der Quelle zumal, wissend, wie wichtig das Wasser ist und wie gefährlich die Verwüstung. Nicht zufällig fließen die beiden Ur-Ströme durch den Garten Eden. In der Schöpfung ist nichts zufällig. Gottes Weisheit ist seine ökologische Weisheit, der wir als seine Con-Creatoren, also als Mit-Schöpfer, folgen können oder uns versündigen – am Leben selbst.

Die Welt als »Kindergarten« – als Garten für ihre Kinder. Schön, nützlich, überschaubar. »Wir sind doch hier nicht im Kindergarten« – dieser Satz gilt als Schelte. Ich höre ihn als Klage: Ja, wir sind nicht mehr im Kindergarten, dem Garten der Sehnsucht und des Zuhauseseins.

Gott ist der erste Gärtner. Seine Idee ist der Mensch im Gartenreich …

Gott will uns als Gärtner des Gartens Erde, in dem, mit dem und von dem wir leben. Und den wir genießen: anschauend, bearbeitend, veredelnd, riechend, fühlend, tastend. Wir brauchen heute mehr denn je: Gartenschutz, Heimatschutz, Landschaftsschutz. Indem wir dieses kleine Stück Welt schützen, nutzen wir uns und dem Ganzen. Jeder Erdenbürger hat in seinem Lebensumfeld die Aufgabe, die den Menschen anvertraute Erde zu bebauen und zu bewahren. Jeder wirke mit seinen spezifischen Begabungen daran mit.

Das wird zur Freude vielfältiger Arbeit in der vielfältigen Welt. »Geh aus, mein Herz, und suche Freud in dieser lieben Sommerszeit« – das ist das immer wieder zu Herzen gehende Lied Paul Gerhardts, das in die Kindheit, in die Heimat weist und den Garten als verwirklichte Utopie aufzeigt.

Das Feld der Ehre und die Ährenfelder
Zur Erinnerung an eine Schlacht

I.

Die Geschichte der Menschheit, bis an unsere Urgründe und Ursprünge zurückverfolgt, beginnt in den Büchern des Alten Testaments nicht nur mit einem Brudermord, sondern auch mit der Konkurrenz zwischen zwei Lebensweisen, nämlich der des nomadischen Viehzüchters Abel und der des sesshaften Landmanns Kain. Kains Blick verfinstert sich, er senkt seinen Kopf, sieht dem anderen nicht frei in die Augen. Über ihn herrscht etwas Böses, bis er sich selbst vergisst und zu seinem Bruder sagt: »Komm, lass uns aufs Feld gehen.«

Damit beginnt der ganze Menschheitsschlamassel. Seither schreit das Blut der toten (Menschen-)Brüder aus der Erde, dem Ackerboden, dem Felde der Feldschlachten, der verordneten Schlächtereien.

Menschen werden aufs Feld geschickt, um die Ähren zu ernten oder zu lesen. Und sie werden aufs Feld geschickt zur Schlacht, zum Schlachten, zum Abschlachtwettbewerb, kurz »Krieg« genannt. Das Schlachtfeld wird zum Feld der Bewährung. Statt Ähren zu lesen, werden Leichen geborgen. Zur »Erinnerung an unsere Helden« richtet man später Steine auf.

Nach der Schlacht von Jena und Auerstedt 1806 wurde die gesamte bereits eingebrachte Ernte vernichtet, doch bleibt die große Menschheitsvision von der endgültigen Verwandlung der »Schwerter zu Pflugscharen« bestehen. Jede Generation steht aufs Neue vor der Aufgabe, dass die Schwerter, die Blut bringen, zu Pflugscharen werden, die Leben bringen. Brotkörner statt Schrotkörner. Winzermesser für den Wein, statt Spieße in den Bauch.

Krieg – ein typisch männliches Bewährungsfeld? Endlich heraus aus der Langeweile des Alltags. Etwas Großes geschieht. Der Kriegsgott als Gott der Stärke, Männlichkeit, Tapferkeit, Unerschrockenheit.

Lebenslang wird sodann davon erzählt. Hier kommen männliche »Tugenden« zum Tragen – im ewigen Streit zwischen den Lebenskonzepten »Sparta« und »Athen«.

Der »Herr der Heerscharen« steht Pate, oder Jupiter und Mars. Im Krieg werden Gehorsam, (Todes-)Mut, Kameradschaft und Liebe zum *Vaterland* eingefordert, die man mit seinem eigenen Blut auf dem »Feld der Ehre« bezahlt.

Das Feld: das Getreidefeld, das Landefeld, das Ruhefeld, das Kräftefeld, das Erntefeld, das Schlachtfeld, das Flachfeld, das Brachfeld, Sehfeld, das Eckfeld, das Blickfeld, das Kartoffelfeld, das Spielfeld, das Zielfeld, das Stoppelfeld, das Riesenfeld, das Wechselfeld, das Mittelfeld, das Kohlfeld, das Rollfeld, das Erdölfeld, das Rübenfeld, das Grubenfeld, das Roggenfeld, das Birkenfeld, das Kohlenfeld, das Minenfeld, das Wappenfeld, das Ährenfeld, das Gartenfeld, das Weizenfeld, das Steinfeld, das Kornfeld, das Haferfeld, das Experimentierfeld, das Exerzierfeld, das Ackerfeld, das Trümmerfeld, das Mauerfeld, das Manöverfeld, das Angriffsfeld, das Spannungsfeld, das Versuchsfeld, das Kolchosfeld, das Schussfeld, das Gefechtsfeld, das Gesichtsfeld, das Arbeitsfeld, das Tätigkeitsfeld, das Saatfeld, das Magnetfeld, das Kampffeld, das Schlachtfeld, das Sportfeld, das Blutfeld, das Kollektivfeld, das Toleranzfeld, das Sturzfeld, das Feld ...

Mythisch geworden sind das Amselfeld, das Lechfeld, das Totenfeld vor Verdun, die Felder im Kursker Bogen, die Seelower Höhen.

Wie oft hören wir Friedensfeld, wie oft Kriegsfeld, wie oft Erkenntnisfeld, wie oft Sackgasse?

Im Ersten Weltkrieg, der Urkatastrophe des 20. Jahrhunderts, blieben sie »für Gott, Kaiser und Vaterland« auf dem Felde. Sie starben angeblich »für uns«, selbst in der Niederlage als Helden. Wer aus meiner Generation hat als Kind nicht immer wieder gehört, der Vater, der Bruder oder der Ehemann sei »im Felde geblieben« oder »gefallen«. Das sind verharmlosende, verschleiernde Worte, weil man sich nicht zu sagen getraut, was ist: Sie wurden erschossen, kamen um im Grauen mörderischen Schlachtens. Begräbnisrituale für getötete Soldaten setzen immer wieder das Schwülstige über das Blutige.

Man denke nur an die Gedenkzeremonien für die im Irak oder in Afghanistan getöteten Soldaten oder erinnere sich an das, was die Russen nach ihrem Einmarsch 1980 am Hindukusch vorexerziert haben.

Immer wieder wird versucht, Kriege religiös zu legitimieren oder mit geistiger Munition zu unterfüttern. Denen, die einen lieben Menschen verloren haben, muss zumindest ein Sinn suggeriert werden – am besten einer, der in die Ewigkeit deutet.

So wurden im März 2003 auf den Titelseiten westlicher Zeitungen betende Amerikaner abgebildet, die mit dem Abendmahlskelch in der Hand in die Schlacht gegen Anhänger des Diktators zogen – ganz so wie wohl die Iraker, die sich ihres Allahs, des Einzigen und Allmächtigen, erinnerten und vergewisserten, ehe sie die ungläubigen Eindringlinge zurückzuschlagen versuchten.

Wer über Krieg und Frieden nachdenkt und offen spricht, begibt sich selbst aufs Minenfeld. So erklärte die Irak-Kriegsbefürworterin Angela Merkel und Freundin des amerikanischen Präsidenten Bush, der Westen müsse aus dem Irak-Krieg die Lehre ziehen, in Zukunft mit *einer* Stimme zu sprechen. Ich fragte, mit welcher? Mit der Bushs? Merkel sagte damals nichts über den Irak-Krieg und seine unabsehbaren Folgen oder darüber, dass Prävention vorbeugende, zivile Maßnahmen – auch entschlossene – meint und nicht, vorbeugend Krieg zu führen. Wer die militärisch-technischen Probleme zu lösen sich anschickt, ohne die geistigen und psychologischen und gar die sozialen innerhalb eines Landes mit anzupacken, sät nur neue Gewalt.

II.

Ein Blick zurück: 1806 hat Preußen auf den Feldern vor Auerstedt eine vernichtende Niederlage erlitten – nach der Schlacht bei Austerlitz, wo die Österreicher unterlagen. Dieser Niederlage verdanken wir schließlich die Reform Preußens, aber auch die Geburt des deutschen Nationalismus während der Befreiungskriege, die 1870/71 zum Deutsch-Französischen Krieg führten, wo das Deutsche Reich in »Blut und Eisen« geschmiedet wurde. Sodann die Revanche von Frankreich nach der Niederlage 1918 mit dem Versailler Vertrag mit seinen Demütigungen und Knebelungen. Eroberung von Paris im Juni 1940 mit großem Pomp. Schließlich die bedingungslose Kapitulation am 8. Mai 1945.

Diese Niederlage war letztendlich eine Befreiung für uns Deutsche, so viel Leid sie auch in der Folge des den anderen zugefügten Leides mit sich brachte. Es kam zur Aussöhnung mit Frankreich, Polen und der Sowjetunion im Zuge der Entspannungspolitik. Deutsche Politiker bewährten sich »auf dem Felde der Politik«, weil sie einsahen, dass Krieg stets Scheitern von Politik bedeutet und nicht die Fortsetzung der Politik mit anderen Mitteln ist.

Wir Deutschen »verdanken« der schließlich friedlichen, aber durchaus auch durch Rüstungskonkurrenz herbeigeführten Niederlage eines Weltsystems, dass wir jetzt in Frieden und Demokratie in einem vereinten Europa leben.

III.

Die bellizistische Tradition in der deutsch-protestantischen Kirche ist tief verwurzelt.

In einem Gebetbuch aus dem Jahr 1705 verordnet Seine Königliche Majestät vorzubeten: »Absonderlich wollest Du, o großer Gott, Deinem Gesalbten, unserem lieben Landesvater bei seiner Regierung geben ein weises Herz, königliche Gedanken, heilsame Ratschläge, gerechte Werke, tapferen Mut, starken Arm, verständige Räte, sieghafte Kriegsheere, getreue Diener und gehorsame Untertanen ..., weil auch seiner Majestät Truppen und

Armeen noch immer zu Felde ziehen müssen, so begleite Du sie, o Herr! mit der Wacht deiner heiligen Engel, berate sie vor Verräterei, Neid, Missgunst und Uneinigkeit.«

Pfarrer A. Eckert blickte 1913 in einer Predigt auf die Schlacht bei Jena und Auerstedt zurück: »Es war Gottes Wille, dass unser Preußenvolk 1806 und 1807 gedemütigt wurde, und der Ruhm der preußischen Waffen ... erblasste. Dieses Volk musste durch ein Läuterungsgericht hindurchgehen, um zu neuen Höhen emporsteigen zu können. Und derselbe Gott, der das Volk in die Tiefen der Schmach geführt hatte, hob es mit starker Hand wieder in die Höhe. Als die Macht des Korsaren auf den Eisfeldern Russlands zerbrach, wurden unserem Volke die Augen aufgetan: ›Das ist Gottes Finger!‹, so ging es wie ein Schrei durch das Preußenvolk.«

Der Krieg als große Katharsis! Das Pathos der Befreiungskriege konnte im Nationalsozialismus trefflich genutzt werden, insbesondere, wenn Deutschtümelei und Luthertum vermischt wurden, wie dies in Ernst Moritz Arndts »Vaterlandslied« von 1812 geschehen war.

> Der Gott, der Eisen wachsen ließ,
> der wollte keine Knechte;
> drum gab er Säbel, Schwert und Spieß
> dem Mann in seine Rechte;
> drum gab er ihm den kühnen Mut,
> den Zorn der freien Rede,
> dass er bestände bis aufs Blut,
> bis in den Tod die Fehde.
>
> …
>
> Wir wollen heute Mann für Mann
> mit Blut das Eisen röten,
> mit Henkerblut, Franzosenblut –
> O süßer Tag der Rache!
> Das klinget allen Deutschen gut,
> das ist die große Sache.

Auch solche Kirchenlieder wurden im protestantisch geprägten Deutschen Reich mit vaterländischer Inbrunst gesungen. Ihrer Logik folgten auch die Kirchen- und Staatsführer in England, in Frankreich, in Belgien, in Russland. Allerchristlichste Sieges-Bitt-Lieder gegeneinander!

Dagegen steht die Hellsichtigkeit eines Erich Mühsam, der bereits im Februar 1914 in seiner Zeitschrift *Kain* über das große Morden schrieb: »Man schämt sich allmählich vor sich selbst, immer und immer wieder den moralischen Gemeinplatz aussprechen zu müssen, dass Krieg schlecht und hässlich, Friede gut, natürlich und notwendig ist. Aber wir wollen noch tausendmal die Gründe der anderen widerlegen, um vor der Nachwelt nicht in der lächerlichen Haltung solcher dazustehen, die vor Dummheit und Herzenskälte resignieren und kapitulieren. In diesem Zeitalter raffiniertester technischer Zivilisation gibt es für den Erfindergeist immer noch keine höheren Aufgaben als die Vervollkommnung der kriegerischen Mordinstrumente. Wessen Gewehre und Kanonen am weitesten schießen, am schnellsten laden, am sichersten treffen, der hat den Kranz. Das Scheußliche und Groteske gehen Hand in Hand durch das zwanzigste Jahrhundert und rufen die Völker auf zur Bewunderung der Weltvollkommenheit.« Da beschreibt einer am Anfang des 20. Jahrhunderts, was in schrecklicher Weise Wirklichkeit werden sollte. Dabei hätte spätestens seit dem Dreißigjährigen Krieg jeder informierte Mensch wissen und begreifen können, was Krieg ist und was Krieg nicht nur aus der Welt macht, die er zerstört, sondern auch aus den Menschen, die an der Zerstörung teilhaben und mit gutem Gewissen oder gar »keckigem Mut« andere töten, die eben nicht mehr Menschen sind, sondern Feinde: Franzosen oder Russen.

Mich beschäftigt seit langer Zeit ein Widerspruch, den ich mir mit 14 Jahren (eine Browning mit 16 Schuss in der Hand) bewusst machte. Im Krieg ist Töten gefordert, und wer die meisten Menschen tötet, ist der größte Held. In Friedenszeiten steht auf Mord die Höchststrafe. Und Töten im Krieg darf man nicht

Mord nennen, denn es ist ja befohlen. Krieg ist also der zivilisatorische Ausnahmezustand, in dem Töten gerechtfertigt wird.

Der Theologe Günther Dehn, der im von Revanchelust bestimmten Deutschland der 20er und 30er Jahre Pazifist zu sein wagte, wurde wegen seiner Ansichten von der aufgebrachten Studentenschaft aus Halle an der Saale vertrieben. Im Zusammenhang mit der Diskussion um den mutigen Theologen Dehn schrieb Kurt Tucholsky 1931 seinen kleinen Essay »Der bewachte Kriegsschauplatz«. Rückblickend auf das Schlachtfeld vor Verdun prägte er darin eine Wortfigur, die bis heute die Diskussion aufwallen lässt: »Soldaten sind Mörder.« Tucholsky beklagte die Hetze gegen einen Professor Gumbel, der einmal »die Abdeckerei des Krieges ›das Feld der Unehre‹ genannt hat«, und wies darauf hin, dass im Kriege zwei Wirklichkeiten nebeneinander existierten: das normale bürgerliche Leben und der Kriegsschauplatz. »Da gab es vier Jahre lang ganze Quadratmeilen Landes, auf denen war der Mord obligatorisch, während er eine halbe Stunde davon entfernt ebenso streng verboten war. Sagte ich: Mord? Natürlich Mord. Soldaten sind Mörder. Es ist ungemein bezeichnend, dass sich neulich ein sich sicherlich anständig findender protestantischer Geistlicher gegen den Vorwurf gewehrt hat, die Soldaten Mörder genannt zu haben, denn in seinen Kreisen gilt das als Vorwurf ... Die Gendarmen aller Länder hätten und haben Deserteure niedergeschossen. Sie mordeten also, weil einer sich weigerte, weiterhin zu morden, und sperrten den Kriegsschauplatz ab, denn Ordnung muss sein, Ruhe und die Zivilisation der christlichen Staaten.«

Es mag für die Kirchen der Welt von Bedeutung bleiben, dass Papst Benedikt XV. bereits im Sommer 1915 den »Krieg als eine grauenhafte Schlächterei« gegeißelt und davon gesprochen hatte, dass »Bruderblut das Land tränkt und das Meer färbt«. In einem inständigen Appell, in einem Aufschrei für den Frieden schrieb er: »Mögen bald Dankgebete für die Versöhnung der kriegführenden Staaten emporsteigen zum Höchsten, dem Schöpfer alles Guten; mögen die Völker, vereint in brüderlicher Liebe, den friedlichen Wettstreit der Wissenschaft, der Künste und der Wirtschaft wiederaufnehmen, und mögen sie sich, nachdem die Herrschaft des Rechts wiederhergestellt ist, entschließen, die Lösung ihrer Meinungsverschiedenheiten künftig nicht mehr der Schärfe des Schwertes anzuvertrauen, sondern den Argumenten der Billigkeit und der Gerechtigkeit, in ruhiger Erörterung und Abwägung. Das würde ihre schönste und glorreichste Eroberung sein.«

Allen Menschen sei ins Stammbuch geschrieben: Das Feld ist das Feld für die Ähren, die Brot bringen. Es darf nicht zu einem »Feld der Ehre« depraviert werden, das mit dem vergossenen Blut auch neuen Hass bringt.

Wer heutzutage vor den blühenden oder bereits abgeernteten Feldern von Auerstedt steht, der möge sich von Herzen des Friedens freuen und ein mitleidiges Lächeln für die meist dickbäuchigen Männer übrig haben, die gern in die alten Uniformen schlüpfen, um Krieg nachzustellen – vielleicht, weil sie in ihrer Kindheit nicht genug »Räuber und Gendarm« gespielt und später ihren Kopf kaum angestrengt haben. Das Volk bleibt verführbar und entflammbar, zumal in jedem nationalen Rausch. Und es ist lenkbar auf die Wege des Friedens: Die Kämpfe werden auf den Fußballfeldern geführt und fair entschieden. Und keiner bleibt auf der Strecke, und jeder trauert oder freut sich mit seiner Nation – bis zum nächsten Spiel.

Aber Krieg ist kein Spiel. Er ist bitterster, allerbitterster Ernst. Krieg ist nicht zum Nachspielen geeignet. Keine Verniedlichung des Krieges, nachdem wir mit guten Gründen seine Heroisierung hierorts hinter uns haben!

Die friedensstiftende Kraft der Religion im Umbruch 1989

Ihre friedensstiftende, Zivilcourage weckende, emanzipatorische Rolle konnte die christliche Botschaft im Herbst 1989 entfalten.

Die weltgeschichtliche Wende von 1989, die die Menschheit vom Abgrund drohender Vernichtung zunächst einmal in überraschender Weise wegführte, lässt sich in ihrer menschheitsgeschichtlichen Bedeutung noch immer erst in Umrissen erahnen.

Fehlten gar Tote? Vielleicht liegt es auch daran, dass unsere Wahrnehmung des Großen und Bedeutungsvollen durch eine tausende Jahre zurückreichende Geschichte so sehr auf Töten, Tod und Zerstörung, also auf Siege und Niederlagen, Helden und Gefallene, orientiert ist, dass eine anders geartete Größe nicht entsprechend ihrer Bedeutung gewürdigt wird.

Die hochgerüstete, atomar höchst potente Sowjetunion konnte sich unter dem Nichtchristen Michail Gorbatschow Ende der 80er Jahre, als sie einsehen musste, dass sie das Wettrüsten ökonomisch verloren hatte, den Regeln des jahrtausendealten Ehren-Kodexes entziehen, unserem endlichen, sterblichen Leben einen größeren Wert beimessen als einem angeblich ehrenvollen Tod und somit einen friedlichen Abgang von der Weltbühne einleiten. Das bleibt ein historisches Unikum. Ist es übertrieben zu sagen, dass dieses Wunder die »in der Bibel enthaltenen Wundererzählungen in seiner Bedeutung übertrifft?«, fragte der Theologe Georg Baudler.

Dass es so weit kam, ist einer Entspannungspolitik zu verdanken, die den Ostblockstaaten einen Gesichtsverlust ersparte und der ganzen Welt eine Perspektive zu geben schien. Man lese die von der Sowjetunion und Indien proklamierte »Deklaration von Delhi« (1986) oder die große, völlig beiseite geschobene »Charta von Paris für ein neues Europa« (1990). Darin erklärten die Staats- und Regierungschefs von 34 KSZE-Staaten feierlich, das »Zeitalter der Konfrontation und der Teilung Europas« werde abgelöst durch ein »neues Zeitalter der Demokratie, des Friedens und der Einheit«. Die Herstellung der staatlichen Einheit Deutschlands wurde als ein »bedeutsamer Beitrag« zu einer Friedensordnung in einem geeinten und demokratischen Europa gewürdigt, Menschenrechte, Rechtsstaatlichkeit, individuelle und wirtschaftliche Freiheit und soziale Gerechtigkeit uneingeschränkt als Leitziele anerkannt. Am Rande des KSZE-Gipfels in Paris verabschiedeten die 16 NATO-Staaten und die sechs des Warschauer Paktes eine »Gemeinsame Erklärung«, in der sie ihre frühere Verpflichtung zum Nichtangriff bekräftigten. Sie definierten sich gegenseitig nicht mehr als Gegner, sondern als Partner, die gewillt sind, »einander die Hand zur Freundschaft zu reichen«. Die Versuchung insbesondere der Vereinigten Staaten, nun den Sieg auf Kosten der auseinandergebrochenen, ökonomisch trudelnden Sowjetunion auszukosten, führte dazu, dass ein so großes europäisches Friedensdokument einfach zum Papiermüll geworfen wurde.

Bisher hatten totalitäre Mächte angesichts des Untergangs immer den verzweifelten Versuch eines großen Vernichtungsschlages unternommen, ehe sie von der geschichtlichen Bühne abtraten. Es ist also das schlechthin Unverhoffte eingetreten! Wenn man es theologisch sagen wollte: das Mütterliche Gottes, also die ABBA-Macht, von der Jesus ausgeht, hat in einer Nische der Weltgeschichte Gestalt angenommen. Es ist die Verwandlung des El-Schaddai zu Jahwe als mütterlich-fürsorgende Kraft, vom Ich-bin-da-Gott zum ABBA-Gott, zu dem Gott, der von Menschen mit »Mama« oder »Papa« angesprochen wird, jenen kindlichen Lallworten der Zuwendung und der Bitte der Schutzbedürftigen.

Es gilt, nach den gütigen Zügen im »Antlitz des Schicksals« zu suchen und sich angesichts aller immer wieder aufklaffenden Abgründe um die gewaltfreie Lösung von Konflikten zu bemühen. Der Mensch erscheint dann nicht als das ehrenlose, erbärmliche Beutetier, sondern als der letztlich vom Schicksal geliebte Sohn, die geliebte Tochter, für die das »Heldentum« des Jesus aus Nazareth gerade nicht im heldischen Zurückschlagen besteht.

Der slowenische Psychoanalytiker Slavoj Žižek hat in seiner Schrift »Das fragile Absolute. Warum es sich lohnt, das christliche Erbe zu verteidigen« (Berlin 2000) die biblische Tradition als ein religiös-geistiges, tragfähiges Fundament für die Rechte und Freiheiten des Menschen bezeichnet. Nicht nur im Christentum, sondern in allen drei Abraham-Religionen stehe der Mensch – gleichgültig, welchen Platz er in der Gesellschaft einnimmt, also gleichgültig, ob er Sklave oder Sultan ist – in einer unmittelbaren Beziehung zur Schicksalsmacht.

Die Grundlage dafür ist die unzerstörbare Würde und der Wert jedes einzelnen Menschen, der sich Gott, dem Allbarmherzigen, anvertraut und sich nicht wieder dem Raubtierhaften überlässt.

Der Herbst 1989 war ein herausragendes Beispiel einer gelungenen Deeskalation. Mit Gebeten und Kerzen wurde eine friedliche Revolution gegen einen mächtigen Sicherheitsapparat geführt, der keinen Anlass fand zuzuschlagen, wohl aber täglich dazu bereit war. Man wartete nur auf einen Befehl. Mut, Entschlossenheit, Besonnenheit, Zivilcourage, Augenmaß, beständiges Schwanken zwischen großer Angst und großer innerer Gewissheit! Eine Welt-Macht, die sich von der Geschichte legitimiert sah, wurde friedlich abgelöst.

In der DDR waren vor allem die evangelischen Kirchen zum Vorbereitungsraum einer gewaltlosen Revolution geworden, ein Forum für die Regeneration Enttäuschter, für läuternde Selbsterkenntnis, für Erkenntnis der »Erbsünde Gewalt« und für die Motivation zur gewaltfreien Lösung von Konflikten. Das passierte ohne jede Absprache, trotzdem zeitgleich und in gleicher Form. Der schnelle Bote der friedlichen Revolution wurden alsbald das (West-)Fernsehen und der Rundfunk, bis plötzlich auch die eigenen Medien erwachten und so spannend wie tiefgründig wurden wie nie wieder. Der Wittenberger Pfarrer Gottfried Keller heftete am 31. Oktober 1989 zehn Thesen zum Dialog mit Tesafilm, nicht mit Reißzwecken an die alte Rathaustür. Darin war zusammengefasst, wie wir den Umbruch gestalten wollten, damit er friedlich gelingt. Es hatte sich – anfänglich sehr zaghaft – eine Kultur des Dialogs entwickelt, die nach 40 Jahren Ab- und Ausgrenzung niemand mehr für möglich gehalten hatte. Uniformierte saßen bald an Tischen, die quer zum Altar standen, und sie redeten mit denen, die eine andere Gesellschaft wollten – mit uns Dissidenten. Es genügten wenige Entschlossene; dann schlossen sich Volksmassen dieser Bewegung an und Hunderttausende fanden Geschmack am aufrechten Gang und daran, die eigenen Angelegenheiten in die Hand zu nehmen. Ein Elektriker legte im September 1989 in Arnstadt folgendes Flugblatt mit dem Aufruf zur Kundgebung am 30. September 1989 um 14 Uhr am Holzmarkt aus:

Was für ein leben?
was für ein leben?
wo die wahrheit zur lüge wird,
wo der falsche das zepter führt
was für ein leben?
wo die freiheit tot geboren,
wo schon scheint alles verloren
was für ein leben?
wo alte männer regieren
wo noch menschen an grenzen krepieren
…
was für ein leben?
wo liebe nicht existiert,
wo man langsam erfriert.

Biblische Texte als Zeugnisse einer Lerngeschichte

Beim heutigen Umgang mit den Zeugnissen der Bibel, die etwa in einem Zeitraum von 1000 Jahren entstanden sind, muss nach dem damaligen Sinn und der damaligen Zielrichtung des überlieferten Textes gefragt und überlegt werden, wie der Text historisch einzuordnen ist und welche Relevanz er heute haben oder eben nicht mehr haben kann.

Diese Schriften aus einer fernen Zeit vor 3000 bis 2000 Jahren widerspiegeln einen Teil der menschlichen Lerngeschichte: von der Vielgötterei zum einzigen Gott, vom »Herr der Heerscharen« zum JAHWE-GOTT, zu einem »Ich-bin-da-Gott«, der dem Menschen unverfügbar und damit nicht für eigene Interessen instrumentalisierbar wird.

Die Unterscheidung zwischen den Schriften des Alten und des Neuen bzw. des Ersten und des Zweiten Bundes bleibt sinnvoll. Christliches Denken setzt sich bewusst ab von dem rächenden Gott des Alten Testaments. Christen sollten sich an die helle Seite Gottes halten! (Luther hat deshalb zwischen dem Deus absconditus und dem Deus revelatus unterschieden.) Im

Mittelpunkt der Jesusbotschaft steht »das Reich Gottes und seine Gerechtigkeit«, verbunden mit einem Friedensverständnis, das den Fremden und den Gegner einschließt. Aber wir leben weiter in der Gewaltwelt, aktiv und passiv. (Vgl. Markus 10,35–45)

Erlösungsbedürftigkeit

So unbestreitbar es ist, dass sich vieles strukturell wiederholt und sich der Mensch im Großen und Ganzen gleich bleibt, so unbestreitbar gibt es Möglichkeiten für Veränderung und Fortschritt, nicht nur den Wiederholungszwang, die Zwangsläufigkeit und Determinierung. Der Mensch ist nicht dazu verurteilt, so zu bleiben, wie er ist. Christliches Denken geht nicht von einer Unabwendbarkeit des Schicksals aus, ohne dass es, den realen Menschen übersehend, utopisch wäre. Das christliche Menschenbild – jedenfalls in seiner augustinisch-protestantischen Prägung – ist stark vom Apostel Paulus, insbesondere vom Römerbrief Kapitel 7 und 8 geprägt, und Paulus wiederum ist vom Denken Platons beeinflusst. Der Mensch erlebt in sich einen permanenten Widerspruch zwischen Ich-Ideal und Wirklichkeit, zwischen Wollen und Vollbringen, zwischen freiem Willen und dem schmerzlichen Erkennen mächtiger Gegenkräfte und unentrinnbarer Zwangsläufigkeiten. Wir können nicht aus eigener Kraft aus unserer Haut. Der Mensch bedarf der Loslösung von sich selbst, und er bedarf der Erlösung, die er sich nicht selber schaffen kann. Der Schuldiggewordene bedarf einer ihm zukommenden Gnade, um neu anfangen zu können. Der Mensch, der ausruft »Wer wird mich erlösen aus dem Leibe dieses Todes?«, erfährt sich »in Christus« als eine Neuschöpfung.

Die Religion im New War

Die Frage nach Religion und Gewalt und Kultur wird angesichts der Vernichtungswaffen, die der Welt zur Verfügung stehen, zu einer Frage der Weiterexistenz der Gattung. Man stelle sich nur vor, pakistanische Fundamentalisten würden in den Besitz von Atomwaffen kommen.

Dies ist auch Schuld der Atommächte, die den Atomwaffen-sperrvertrag nicht einhielten, sondern munter gerüstet haben und weiter rüsten. Die Amerikaner entwickeln Mini-Nukes und NMD, die Russen eine gigantische Vakuum-Bombe und kündigen eine ganz neue Generation von Atomwaffen und Trägerraketen an. Und George W. Bush hat sich zu einer Warnung vor dem »Dritten Weltkrieg« verstiegen, für den hurtig weitergerüstet werden muss, um Amerikas strategische Überlegenheit und Unangreifbarkeit zu sichern. Gefährliche Illusionen, die der neue Präsident hoffentlich als solche kennzeichnet.

Die friedenschaffende Funktion von Religion wurde insbesondere seit dem 11. September 2001 kaum noch sichtbar und hat wenig politische Relevanz – abgesehen von der beeindruckenden multireligiösen Trauerveranstaltung im Yankee-Stadion in New York noch im September 2001; natürlich ohne Teilnahme des damaligen Präsidenten oder seines Vizepräsidenten. Hier betonten Vertreter aller Religionen das friedliche Erbe. Sie alle identifizierten sich mit den USA, und alle riefen in ihrer Tradition einen Gott an, der nicht der Gott des Sieges, der Rache und des Hasses ist, sondern ein Gott der Barmherzigkeit mit allen seinen Menschenkindern.

Die Religion als Sinnbeschafferin des sinnlosen Sterbens in den Kriegen der Herrn ist historisch total diskreditiert. Die Zeugnisse religiöser Instrumentalisierung des staatlich verordneten Mordens sind in Deutschland noch überall zu sehen – mit biblischen Texten garniert. »Niemand hat größere Liebe als der, der sein Leben lässt für seine Freunde« – ein Satz aus dem Johannesevangelium ist auf monumentalen Kriegerdenkmälern des Ersten Weltkrieges zu lesen. In der Sylvestri-Kirche in Wernigerode findet sich unter der Überschrift »Unsere Helden« ein Gekreuzigter, der seine Arme über den Namen der im Ersten Weltkrieg Gefallenen ausbreitet. Unter dem Gekreuzigten steht die Zeile in Stein gehauen: »Sie starben für dich«. Dem Gekreuzigten zu Füßen liegt ein toter Soldat mit Stahlhelm und Gewehr. Das eben ist Blasphemie: Sie starben für dich – für dich, den Betrachter –, für Gott, für den Gekreuzigten, für alle vaterländisch denkenden Nachkommen der Deutschen.

Jegliche Sinnbeschaffung, die über die Trauer und das Gedenken hinausgeht, ist blasphemisch. Überall in unserem Land, auch vor und in Kirchen, stehen blasphemische Inschriften auf den Gedenkstelen für 1870/71 und 1914–1918. Und in fast allen Kirchen spürt man, wie schwer es war, nun auch der eigenen Toten aus dem Raubkrieg von 1939 bis 1945 angemessen zu gedenken.

Wer erinnert sich noch des längeren Streites um die Inschrift an der zentralen Gedenkstätte der Bundesrepublik in Berlin? Mit der Formulierung »Die neue Wache ist der Ort der Erinnerung und des Gedenkens an die Opfer von Krieg und Gewaltherrschaft« wurde auf jede Sinngebung und Bewertung der ganz unterschiedlichen Opfer verzichtet.

»Süß scheint der Krieg den Unerfahrenen« – ein vergessenes Friedensmanifest

Eine ganz offensichtlich verheerende Rolle hat ein auf Pindar zurückgehendes Diktum gespielt. Da heißt es in der Übersetzung aus dem Griechischen: »Süß ist der Krieg den Unerfahrenen, aber jemand, der ihn erfahren hat, schaudert allein bei der Vorstellung über die Maßen.« Daraus wurde späterhin in der Verkürzung und Verdrehung »Süß und ehrenvoll ist es, für das Vaterland zu sterben«.

Erasmus von Rotterdam hat im Jahre 1515 die erste europäische Antikriegsschrift in Auslegung dieses Pindar-Zitates geschrieben. Sie erweist sich nach wie vor als außerordentlich aktuell. Süß ist der Krieg eben nur für die Unerfahrenen; alle, die Krieg erlebt haben, kommen zu ganz anderen Schlüssen.

Bert Brecht (»Der Soldat von La Ciotat«) oder Wolfgang Borchert (»Draußen vor der Tür«) fragen mit Grausen nach dem »lieben Gott« angesichts ihrer Schreckenserfahrungen. »Wo warst du, lieber Gott, lieb?«

Erasmus von Rotterdam preist in seiner Friedensschrift den Menschen, der nicht für den Krieg geschaffen wurde. Denn wenn man die Erscheinung und die Gestalt des menschlichen Körpers ansehe, merke man sofort, dass die Natur – oder vielmehr Gott – »ein solches Wesen nicht für Krieg, sondern für Freundschaft, nicht zum Verderben, sondern zum Heil, nicht für Gewalttat, sondern für Wohltätigkeit erschaffen« habe. Ein jedes der anderen Lebewesen stattete die Natur mit eigenen Waffen aus: »Die Angriffslust der Stiere rüstete sie mit Hörnern, die Löwenwut mit Klauen. ... Einzig den Menschen erzeugte die Natur nackt, schwach, zart, wehrlos mit weichem Fleisch und glatter Haut. Nichts kann man an den Gliedern sehen, was für den Kampf oder eine Gewalttätigkeit bestimmt wäre; bei alledem ist zu sagen, dass die übrigen Lebewesen meist – gleich wie sie geboren sind – imstande sind, sich selbst am Leben zu erhalten. Nur der Mensch kommt so auf die Welt, dass er lange Zeit ganz von fremder Hilfe abhängt. Er kann weder sprechen, noch laufen, noch Nahrung erlangen, er kann bloß durch Wimmern und Weinen nach Beistand rufen: so dass man auch hieraus schließen kann, er ist als einziges Lebewesen ganz für Freundschaft geboren, die hauptsächlich durch gegenseitige Dienste zustandekommt und Bestand hat. Demnach will die Natur, dass ein Mensch das Geschenk des Lebens nicht so sehr sich selbst als vielmehr dem Wohlwollen gutschreibe, dadurch würde er sich nämlich klarmachen, für Güte und enge Verbundenheit bestimmt zu sein.«[24]

Erasmus schildert den Krieg, als hätte er die Grauen des Krieges selber erlebt oder als ahne er gar voraus, was im Dreißigjährigen Krieg geschehen würde. Was man meiden, wünschen und verbannen solle, das sei ganz gewiss der Krieg, »denn keine andere Sache ist wohl gottloser, unheilvoller, weitreichender verderblich, zäher festsitzend, abscheulicher und insgesamt für den Menschen, um nicht zu sagen für den Christen, entwürdigender. – Erstaunlich genug, sagen zu müssen, wie Krieg heutzutage allenthalben und ohne weiteres aus beliebigem Grunde unternommen wird, wie grausam und barbarisch er geführt wird, nicht nur von Heiden, sondern von Christen, nicht bloß von weltlichen Leuten, sondern gar von Priestern und Bischöfen, nicht allein von Jungen und Unerfahrenen, sondern sogar von Alten und ebenso oft von Erfahrenen, nicht nur vom Volk und von der ihrer Natur nach leicht erregbaren Menge, sondern hauptsächlich von den Fürsten, deren Amt es wäre, die unbesonnenen Aufstände der einfältigen Menge durch Weisheit und Vernunft zu besänftigen.«[25]

Der Mensch aber habe so wunderbare geistige und körperliche Gaben mit einer wahrhaft bewundernswerten Mannigfaltigkeit, und in ihn sei ein Fünkchen des göttlichen Geistes gelegt, eine ungewöhnliche Freude in der Seele, wenn jemand durch ihn gerettet wird, und er sei doch ein Ebenbild Gottes, damit er »wie eine sozusagen irdische Gottheit für das Heil aller sorge«[26].

Sodann beschreibt der große europäische Humanist den Krieger: »Die finsteren Mienen und der Ton schrecklicher Stimmen, auf beiden Seiten geharnischte Truppen, der furchtbare Schall und zugleich das Blitzen der Waffen, das unangenehme Lärmen einer so großen Menge, die drohenden Blicke, die dröhnenden Hörner, den Schrecken erregenden Klang der Trompeten, die Donnerschläge der Kanonen, nicht weniger furchtbar als wirklicher Donner, aber von größerer Schädlichkeit, das wahnsinnige Kriegsgeschrei, den rasenden Ansturm, die ungeheure Zerfleischung, den grausamen Wechsel von Fallenden und Niedermetzelnden, die Haufen der Gemordeten, die mit Blut überfluteten Schlachtfelder, die mit Menschenblut gefärbten Flüsse. Es passiert dabei manchmal, dass der Bruder auf den Bruder, der Vetter auf den Vetter, der Freund auf den Freund trifft und unter dem allgemein tobenden Wahnsinn das Schwert ins Eingeweide dessen stößt, von dem er niemals auch nur durch ein Wort verletzt wurde.«[27]

Erasmus sagt, das Massaker folge selbst auf den geglückten und gerechten Krieg. Er weiß von der dem Krieg innewohnenden Eskalation. Dann preist er wieder den Menschen, der in der Lage sei, Löwen zu bändigen, Schlangen zu zähmen, Bären fügsam zu machen, und doch derartig zum wilden Tier – viel wilder als jedes Tier – degenerieren kann.

Erasmus wagt es, gegen den bellizistischen und grausam kriegführenden Papst Julius II. zu polemisieren. Er schreibt: »Es gibt welche, die Beifall klatschen, die Lob spenden, die eine mehr als höllische Sache heilig nennen (sogar jene schon rasenden Herrscher noch aufwiegeln und Öl, wie man sagt, ins Feuer gießen). Der eine verheißt vom Heiligen Stuhl denen die Vergebung aller Sünden, die unter seines Fürsten Fahne kämpfen würden.« Er zeiht solche Pfaffen, Bischöfe oder Päpste der Blasphemie, denn »mit einer so teuflischen Sache vermengen wir Christus. Die Heere treffen zusammen, auf beiden Seiten das Kreuz-Zeichen vorantragend, das wohl selbst vermögen sollte zu mahnen, auf welche Art und Weise sich für Christen es ziemen würde, zu siegen. … Wo denn ist das Reich des Teufels, wenn es nicht im Krieg ist?«[28]

Erasmus erinnert an Jesus, den Friedensbringer, über dessen Geburt schon das universale Friedenslied gesungen wurde, der sich von den Seinen mit dem Friedensgruß verabschiedet hat und dem Primus Petrus verbietet, ihn mit dem Schwert zu verteidigen.[29] Konsequent verweist er darauf, welche Leiden Christus auf sich nahm, um sein Ziel ohne Anwendung von Gewalt zu erreichen[30] – und auf die Friedensbotschaft Christi. Das Ziel des evangelischen Glaubens sei eine christuswürdige Lebensführung, und Militia Christi heiße im Anschluss an den Epheserbrief, Kapitel 6, Verse 14–17: auf Gottes Hilfe vertrauen.

»Doch was sagt unser Imperator Jesus Christus zu denen, die nach entgegengesetzter Hilfe trachten? ›Wer mit dem Schwert schlägt, wird durch das Schwert umkommen.‹ Wenn wir mit Christus siegen wollen, lasst uns gürten mit dem Schwert der evangelischen Schriften, lasst uns den Helm des Heils nehmen, auch den Schild des Glaubens und die hinterlassene wahrhaft apostolische Rüstung. So wird es sein, dass wir dann ganz besonders siegreich sind, wenn wir besiegt werden. ... Es ist weniger übel, ein offener Türke oder Jude zu sein als ein heuchlerischer Christ.«[31]

Das blasphemischste Symbol sieht er darin, dass Papst Julius II. sich in der eroberten Stadt Bologna ein unverwüstliches Erzmonument ausgerechnet am Dom errichten ließ. Herzog Alfons von Ferrara ließ es später abtragen und die Metalltrümmer der Papst-Julius-Statue zu einer Kanone verarbeiten ... Nichts spricht eine deutlichere Sprache gegen die Schuldgeschichte des Christentums als die Verkehrung des Evangeliums in eine die Gewalt legitimierende und Gewalt anheizende Lehre.

Noch immer wird Christus, der Friedenskönig, in unserer Welt gekreuzigt. Noch immer gehen seine wahren Nachfolger mutig den Weg aktiver Gewaltlosigkeit.

Lass dich nicht vom Bösen überwinden
Wie Hass belastend und entlastend wirkt

Jede positive Emotion hat auch ihr starkes Gegenteil. Wer stark zu lieben fähig ist, kann ebenso stark dem Hass verfallen. Jeder richtet sich ein, in der Liebe, im Hass. Wer nun in seinem Leben das Glück hatte, von anderen Menschen nichts Schlimmes zu erleiden, dem mag es leicht fallen, anderen zu raten, doch lieber von jeglichem Hass abzulassen. Und wer die ansteckend-destruktive Wirkung von Hass als ein Gehasster (auch aus ganz subtilen Gründen oder aus gar keinem ersichtlichen Grunde) noch nicht erlebt hat, weiß noch nicht, welch ein natürliches Hasspotential auch in ihm schlummert. Sind wir überhaupt frei, uns im Konfliktfall für oder gegen Hass zu entscheiden – oder wirken frühkindliche Erfahrungsmuster (unbewusst) weiter und wirken nicht zudem genetische Determinanten?

Hass und die vergleichbaren Gefühle, die sich negativ auf andere, anderes oder gegen einen selbst richten, sind keinem ganz fremd, es sei denn, er ist keiner Emotion zugänglich. Ärger, Zorn,

Verbitterung, Wut, Groll, Unmut, Missgunst, Enttäuschung, Liebesentzug, Quälsucht oder Quälzwang, Verachtung, Rachsucht, Gehässigkeit, Abscheu, Ekel, Vernichtungsphantasien, Ablehnung, existenzielle Konkurrenz prägen die Beziehungen zwischen Alten und Jungen, Gewinnern und Verlierern, Herrschenden und Beherrschten, »Szenen einer Ehe« wie den »Kampf der Kulturen«. Alles ganz alltäglich, ganz privat und ganz kollektiv seit Kain und Abel, »Joseph und seinen Brüdern«, der Landnahme des Volkes Israel oder diversen »Königsdramen« bis zu den monströsen Hexen- und Judenverbrennungen. Im 20. Jahrhundert sind die »Achse des Bösen« und der Kampf gegen die jeweiligen Fremdrassigen, die »Ungläubigen« oder die Gläubigen zum Schreckbild geworden in Lidice, My Lai, Ruanda, Abu Ghraib, Grosny und Kandahar.

So wahr es ist, dass man nichts so stark hassen kann, wie das, was man einmal stark geliebt hatte, so offenkundig sind die disparaten Ausflüsse von Liebe und Hass. »Aus Hass und Neid folgt alles Unglück, Mord, Jammer und Plage in der Welt, durch den Teufel gestiftet; aus der Liebe aber eitel Glück, Friede, Heil, Hilfe, Trost, Rat und das Beste, was Gott selbst hat und gibt.« (Martin Luther)

Philosophie, Anthropologie, Theologie und Psychologie geben denkbar weit voneinander abweichende Auskünfte über die Ursachen. Hass als eine hochemotionale negative Bindung an einen anderen (oder an eine Menschengruppe, eine Lebens- und Denkweise) mit entsprechenden destruktiven Phantasien und Praktiken scheint eine durchaus natürliche menschliche Regung in einem ständig wechselnden Verfolgter-Verfolger-Mechanismus zu sein. Äußerungen des Hasses, bis hin zum Vernichtungstrieb, gehören nach Mitscherlich »zu den Möglichkeiten der menschlichen Triebkonstitution. Ihre schöngeistige Verleugnung ist selbst ein Kennzeichen der unbewältigten Aggressionslust.«[32]

Hass ist die Kehrseite der Liebe, weshalb gerade Liebende einander so intensiv hassen können und damit eine andauernde Bindung aneinander anzeigen. Wie selbstverständlich spricht der so nihilistische wie weise Prediger Salomo von der Zeit zu lieben *und* zu hassen, zu bauen *und* einzureißen, was gebaut ist. »Töten hat seine Zeit, heilen hat seine Zeit.« (Prediger 3,1–9) Ist das ethischer Relativismus, gar ethische Indifferenz oder bloß ein erfahrungsgesättigter, ernüchterter Realismus, vor dem sich humane Maximen beweisen und bewähren müssen?

Hass ist jedenfalls das leicht entflammbare Brennmaterial der Seele für die Feuer der Gewalt; aber Gewalt braucht nicht notwendig einen Hassantrieb. Sie kann auch ganz kalt daherkommen und ihre ansteckenden Orgien feiern. Adolf Eichmann hat – anders als sein höchster Auftraggeber, »der Führer« – die zu vernichtenden Juden nicht gehasst. Er ist nur ein Beispiel für einen mörderischen Bürokraten, der gehorsam »seinen Job« macht. Erich Fromm erkannte: »Es ist die Haltung totaler Gleichgültigkeit und eines völligen Mangels an Mitgefühl; es ist die Haltung einer totalen Bürokratisierung, welche die Menschen behandelt, als ob es sich um Dinge handelte.«[33]

Nichts kann uns veranlassen zu glauben, Ähnliches könne sich nicht wiederholen. Bush hasste Saddam und umgekehrt, andere führten deren Befehle aus. Mörderische Erfahrungen stacheln den Hass erst an und befeuern Gewalt und Terror. Das sinnlose Tun braucht den Hass, und der Hass schafft das Sinnlose. Überschüssige Triebenergie findet gesteuerte, oftmals ideologisch verbrämte destruktive Entlastung und Entladung. Und ehemalige Freiheitskämpfer mutieren zu grausamen Despoten (wie Mao, Khomeini, Mugabe).

Es gibt freilich Ausnahmemenschen, die »trotz allem« unfähig – und unwillig – zum Hassen sind, obgleich sie nach Erlittenem viel Grund dazu hätten. (Heutzutage werden sie weithin einfach als »Gutmenschen« bespöttelt.) Zuallererst ist an die Überlebenden der beispiellosen Vernichtung der europäischen Juden und viele ihrer geistigen Exponenten und Künstler zu denken: Menuhin und Wiesel, Jonas und Fromm, Bloch und Bubis, Frankl und Kertész, Celan, Tabori und Fried, Sachs, Domin und Ausländer.

Zu denken ist auch an den inzwischen 85-jährigen, unermüdlich friedensbewegten Kämpfer mit dem »Lernziel Solidarität«, an den stets der »Logik des Herzens« (Pascal) folgenden Psychoanalytiker Horst-Eberhard Richter. Er widerstreitet dem Machbarkeitswahn ebenso wie der Technikgläubigkeit und wird von der »Horizonterweiterung unseres Mitgefühls« angetrieben. Obwohl er Ursache genug gehabt hätte, »die Russen« zu hassen, die seine Eltern während eines Spaziergangs 1945 erstochen hatten und den vom Kriege ausgemergelten und »moralisch erniedrigten« Heimkehrer 1946 ganz allein dastehen ließen. Sein ganzes Leben ist ein Leben *gegen jede Destruktion,* ob innen oder außen, und *für die Stärkung der liebenden Wesen,* die wir Menschen im Grunde seien.

Andererseits hat der Hass eine so anhaltende, destruktiv-kraftvolle und negative Kraft, dass unsere Welt weiter und wieder in schier aussichtsloser Weise brennt. Es lassen sich mühelos Großkonflikte aufzählen, wo der Hass vor allem gegen »Fremde« und andere Nationen brennt oder schwelt und täglich neuen Hass gebiert, der nach Entladung dürstet. Die Instrumentalisierung religiös-kulturell bedingter Ideologien sowie einseitiger Erinnerungen und alter Ängste, das Schüren von Rivalitäten, das Streben nach (Über-)Macht, die gnadenlose Durchsetzung eigener Interessen sowie hypertrophe Allmachtsphantasien und Phobien von Herrschenden tun ein Übriges. Nichts, so scheint es, ist den Völkern im Allgemeinen so leicht plausibel zu machen wie die Logik von Schlag und Gegenschlag, angereichert mit einem gerüttelt Maß an Hass und Selbstgerechtigkeit. Mehrheiten und öffentliche Plausibilität finden die Scharfmacher aller Couleur umso leichter, als jedes Nachgeben als Schwäche denunziert wird, das Denken im Sieg-Niederlage-Schema triumphiert, die Wut zum Flächenbrand wird, alle rationalen Differenzierungen plötzlich wegfallen, die Mahnungen zum Maßhalten verhallen und die pazifizierenden Gegenkräfte nicht zuletzt aus Angst vor dem Furor entfesselter Massen erlahmen. Dem allgemeinen Skandalisierungsbedürfnis kommt der auflagenbesessene Boulevard mit seiner fatalen Emotionalisierungmacht nach.

Religionen konnten in der menschlichen Geschichte und sie können heute als besondere Hassverstärker wie als wirkkräftige Hassminderer fungieren, wobei die höchst-denkbaren Autoritäten – die jeweiligen Götter – den Hass legitimieren und motivieren oder eben minimieren. Entweder heißt es also »Die Rache ist mein, spricht der Herr«, *oder* es wird proklamiert »Ich hasse, die dich hassen, Herr« mit den jeweiligen Konsequenzen.

Zu den geradezu unerträglichen Provokationen gehört der Brief des Apostels Paulus an die verfolgte Gemeinde in Rom. Das steht so sehr gegen die in uns wirkenden Kräfte des Destruktiven, so wie wir selbst Destruktives, Aggressives, Ehrverletzendes, Quälendes, Peinigendes, Rohes, gar »Mörderisches« erlitten haben.

Eine ganz elementare menschliche Reaktion ist nach erlittenem Leid die Sucht, gar Sehnsucht nach Vergeltung, nach Rache, nach Entlastung durch Re-Aktion auf Erlittenes – verbunden mit der Illusion, nun sei es gut und der Schmerz würde durch den Vergeltungsakt nachlassen, also entlastend wirken. Hass aber hat es an sich, maßlos zu werden, sich dauerhaft einzunisten und sich deshalb immer neue Objekte für seine Entladung und Entlastung zu suchen. Und der entfachte Gegen-Hass scheint dem eigenen Hass nur recht zu geben und verfestigt die eigenen Hassgefühle.

Die Erfahrung lehrt: »Eine linde Antwort stillt den Zorn; aber ein hartes Wort erregt Grimm.« (Sprüche 15,1) Und »besser ein Gericht Kraut mit Liebe als ein gemästeter Ochse mit Hass. Ein zorniger Mann richtet Zank an, ein Geduldiger aber stillt den Streit.« (V. 17 f.)

Der vormals von einem anti-christlichen Furor beherrschte fundamentalistische Zeltmacher Paulus, dem auf einer seiner Verfolgungsreisen Christus begegnet, ist schließlich zu der befreienden Erkenntnis gelangt, der Christ solle um Christi, um seines sühnenden und versöhnenden Kreuzes und um der darin sich manifestierenden Liebe Gottes willen, um der im Glauben erfahrenen Vergebung willen dem Wieder-Hassen keine Chance lassen. Aus der erfahrenen Barmherzigkeit erwächst nicht nur eine geläuterte Psyche, sondern auch ein mutiges Handeln, das sich den Prinzipien dieser Welt *und* den im Menschen selbst so allmächtig herrschenden Prinzipien entgegenstellt und mit neuem Empfinden und Denken auch ein neues Verhalten an den Tag legt. (Vgl. Römer 12,1–2) Im Hintergrund steht also nicht ein moralischer Appell, sondern eine »religiöse« Erfahrung. Ganz im Geiste der Bergpredigt folgert Paulus: »Segnet, die euch verfolgen; segnet, und fluchet nicht.

Freut euch mit den Fröhlichen und weint mit den Weinenden ... Vergeltet niemand Böses mit Bösem. Befleißigt euch der Ehrbarkeit gegen jedermann. Ist es möglich, so viel an euch ist, so habt mit allen Menschen Frieden. Rächet euch selber nicht, meine Lieben. ... Lass dich nicht vom Bösen überwinden, sondern überwinde das Böse mit Gutem.« (Römer 12, 12 ff. in Auswahl) Bei dieser mitfühlenden Grundsolidarität handelt es sich nicht um Dulden, um bloßes Hinnehmen, sondern um mutiges, beherztes Tun in einem neuen Geist.

In der Bergpredigt ist überliefert: »Ihr habt gehört, dass gesagt ist: ›Du sollst deinen Nächsten lieben und deinen Feind hassen.‹ Ich aber sage euch: Liebet eure Feinde; segnet, die euch fluchen; tut wohl denen, die euch hassen; bittet für die, so euch beleidigen und verfolgen; auf dass ihr Kinder seid eures Vaters im Himmel. Denn er lässt seine Sonne aufgehen über die Bösen und über die Guten und lässt regnen über Gerechte und Ungerechte. Denn wenn ihr liebt, die euch lieben, was werdet ihr für Lohn haben? Tun nicht dasselbe auch die Zöllner? Und wenn ihr nur zu euren Brüdern freundlich seid, was tut ihr Sonderliches? Tun nicht dasselbe auch die Heiden? Darum sollt ihr vollkommen sein, gleich wie euer Vater im Himmel vollkommen ist.« (Matth. 5, 43–48)

Dem Feinde, dem Fremden, selbst dem Gewalttätigen nicht mit gleicher Münze heimzahlen – nicht in Gedanken und Gefühlen, nicht mit der Zunge und nicht mit der Faust. Im Bösen das menschliche Antlitz suchen und ein neues, verträgliches Verhalten suchen. Also konsequente Friedenspolitik betreiben und mit der inneren Abrüstung beginnen! Eher Leiden erdulden als zufügen. Im anderen immer zuerst den Menschen, ein Geschöpf Gottes, suchen und sehen. Wer Feindesliebe für unpraktisch hält, bedenke die praktischen Folgen von Feindeshass. Dem Weg der Entfeindung eine Chance lassen, wissend, wie lang der Weg ist. Dem Bösen nicht das Feld überlassen, sondern die Friedensbewegung stark machen. »Es gibt keinen Weg zum Frieden; der Frieden ist der Weg.« Das sagte der 1968 erschossene Friedensnobelpreisträger, der Schüler des Jesus und des Gandhi, der Kämpfer für seinen Traum der Brüderlichkeit, Martin Luther King. Er nannte die die Schwarzen hassenden Weißen Amerikas »unsere kranken weißen Brüder«.

Mit den Feinden sind in der Bergpredigt offensichtlich die Fremden gemeint, die nicht zur eigenen Gruppe, Ethnie, Religion oder Stamm Gehörigen. Es geht darum, das dem Menschen innewohnende, verhaltensbiologisch fixierte Prinzip abzuschwächen, nur für das Leben der Allernächsten zu sorgen und alle zu hassen, die fremd sind. Und es gilt darauf zu setzen, dass es eine ebenso starke Antriebskraft zum kreatürlichen Mitfühlen gibt, das zu verträglichem Handeln antreibt.

Ein Teufel und ein Engel sitzen uns im Nacken. Wer gewinnt über uns? Solange wir das innere Gespaltensein nicht auf die jeweils anderen projizieren, sind wir der Lösung schon ein Stück näher. Viele unserer Geistesheroen oder Vorbilder mögen uns irritieren oder enttäuschen – *solange* wir nicht selbst die in uns lauernden Widersprüche erkennen und uns einreden, der Hass habe bei uns und in uns keine Chance. Martin Luther konnte die zehn Gebote so vorzüglich auf ihre aktivierende Seite hin auslegen und selber ein mitfühlender wie sozial aktiver Christ sein, wie er andererseits antijüdische Ausfälle hatte, die einen – zumal im Angesicht der Wirkungsgeschichte – erschaudern lassen.

Nachdem Luther geraten hatte, dass man die Synagogen und Judenschulen in Brand setzen, den Rabbinern das Lehren und den Juden überhaupt das Wuchern verbieten und die kräftigen Juden zur Zwangsarbeit verpflichten solle, fährt er fort – wahrscheinlich der lautstarken Zustimmung des Pöbels stets sicher: »Wenn du nun siehst oder denkst an einen Juden, so sprich bei dir selbst also: Siehe, das Maul, das ich da sehe, hat alle Sonnabend meinen lieben Herrn Jesus Christ, der mich mit seinem teuren Blut erlöst hat, verflucht und vermaledeit und angespieen, dazu gebetet und geflucht vor Gott, dass ich, mein Weib und Kind und alle Christen erstochen und aufs jämmerlichste untergegangen wären, (der Jude) wollt's selber gern tun, wo er könnte, dass er unsere Güter besitzen möchte, hat auch vielleicht heute dieses Tages vielmal auf die Erde gespieen über dem Namen Jesus (wie sie pflegen), dass ihm der Speichel noch im Maul und Bart hängt, wo er Gelegenheit hätte zu speien …

Ein solch heilloses, durch und durch böses, durchgiftetes, durchteufeltes Ding ist's um diese Juden, so diese 1400 Jahre unsere Plage, Pestilenz und alles Unglück gewesen und noch sind … So rauben sie und saugen uns aus, liegen uns auf dem Halse, die faulen Schelmen und müßigen Wänste, saufen, fressen, haben gute Tage in unserem Hause, fluchen zu Hohn unserem Herrn Christus, Kirchen, Fürsten und uns allen, drohen und wünschen uns ohn' Unterlass den Tod und alles Unglück. Denke doch, wie kommen wir armen Christen dazu, dass wir solch faules, müßiges Volk, solch unnützes, böses, schändliches Volk, solche lästerliche Feinde Gottes umsonst sollen ernähren und reich machen, dafür wir nichts kriegen als ihr Fluchen, Lästern und alles Unglück, das sie uns tun und wünschen können? …

Ich hab' viel Historien gelesen und gehört von den Juden, so mit diesem Urteil Christi (überein)stimmen. Nämlich, wie sie die Brunnen vergiftet, heimlich gemordet, Kinder gestohlen, wie droben gemeldet …«

Das ist Hass-Rhetorik vom feinsten und gröbsten – man kann Leute gewinnen, wenn alles Übel auf einen anderen oder andere Volks- oder Religionsgruppen abgeladen werden kann. Zumal dann, wenn man ihnen unterstellt, dass sie bespeien, was einem selbst heilig ist. Es ist schwer zu ertragen, zu sehen, dass dieser große feine Prediger Luther solche Hasstiraden loslassen konnte. Hatte er doch noch 1523 geschrieben: »Denn unsere Narren, die Päpste, Bischöfe, Sophisten und Mönche, die groben Eselsköpfe … haben bisher also mit den Juden gehandelt, als wären es Hunde und nicht Menschen, haben nichts mehr können tun als sie schelten und ihr Gut nehmen … Ich hoffe, wenn man mit den Juden freundlich handelt und aus der heiligen Schrift sie säuberlich unterweist, es sollten ihrer viel rechte Christen werden … Darum wäre meine Bitte und mein Rat, dass man säuberlich mit ihnen umginge und aus der Schrift sie unterrichte, so könnten ihrer etliche herbeikommen. Aber nun wir sie nur mit Gewalt treiben und gehen mit Lügenrede um, geben ihnen Schuld, sie müssten Christenblut haben, dass sie nicht stinken, und ich weiß nicht, was des Narrenwerks mehr ist, dass man sie gleich wie Hunde behandelt, was sollten wir Gutes an ihnen schaffen? Ebenso, dass man ihnen verbietet, unter uns zu arbeiten, hantieren und andere menschliche Gemeinschaft zu haben, womit man sie zu wuchern antreibt, wie sollte sie das bessern?«

Am Beispiel dieses radikalen Umschwungs Luthers von 1523 zu 1546 lässt sich klar ablesen, wie eine enttäuschte Liebe oder enttäuschte Erwartung umschlagen kann. Jede enttäuschte Liebe hat das Zeug zum Hass: die geschlechtliche, die zwischenmenschliche, die politische, die ideologische. Offenbar wurden in ihm Kräfte des Hasses so übermächtig, dass er die Juden – neben den Papisten – als die Feinde und Übeltäter schlechthin ausmachte. Luther hatte erwartet, die Juden würden, nachdem die christliche Lehre von römischen Dogmen gereinigt worden war und man sich auf die gemeinsame Basis, die Heilige Schrift, besonnen hatte, erkennen, dass Jesus tatsächlich der von den Juden lang erhoffte und ersehnte Messias sei. Als sie dies nicht taten, warf er alle früh gelernten Vorurteile, Gräuelmärchen, Schandparolen auf sie.

Der Hass kann wie Eiter unter einer zugebundenen Wunde pochen und unversehens ausbrechen, zwanghaft und maßlos werden. Ich erinnere mich an den Hass, der mir in Wittenberg entgegenschlug, als ich 1991 am Schluss eines Interviews über den künftigen Umgang mit dem aus sowjetischem Exil zurückkehrenden Erich Honecker gesagt hatte, dass ich ihm natürlich, wenn er von einem Mob verfolgt würde, meine Tür öffnen würde. Daraus machten die Nachrichtenagenturen, ich hätte Erich Honecker und seine Frau Margot in mein Haus eingeladen.

Viel Schlimmeres musste der wirklich großherzige Pfarrer Uwe Holmer in Lobetal aushalten, als er die Honeckers tatsächlich in sein Haus aufgenommen hatte und jeden Morgen mit ihnen frühstückte – als einer, der wahrlich mit seiner ganzen

Familie die Nachteile der kommunistischen Diktatur hatte ertragen müssen. Das Volk aber wollte sein Hassobjekt.

Werden keine Wut-, Frustrations- und Entwürdigungsgefühle zugelassen, geschweige denn Widerspruch und Widerstand gewagt, Abwehrgefühle verboten und der Gehorsamskotau brav geleistet, kommt es zum nachholenden Selbsthass von Duckmäusern, die in der Diktatur viele »Marken geklebt« hatten (wie dies in der Transaktionsanalyse genannt wird).

Es ist die Aufgabe von Erwachsenen, eine Dauerfixierung auf Hassobjekte zu vermeiden, Enttäuschungsgefühle nicht ausufern und in Fremddestruktion münden zu lassen. Das setzt voraus, (unvermeidliche) Hassgefühle als solche zu erkennen, zu rationalisieren, rechtzeitig auszuleben, also sich Luft zu machen. Dabei kann und soll man den Eigenanteilen aus der eigenen Psyche auf die Schliche kommen (Selbsterkenntnis statt Projektionszwang!).

Als Hassableiter können Polemik, Satire, Groteske, Karikatur, Spottgedicht und Kabarett dienen. Sie humanisieren auch und bringen zum Ausdruck, was nicht zum Ausbruch kommen darf. Solche Gefühle lassen sich auch abarbeiten im Kino, im Theater, in der Oper. Wie nahe Liebe und Hass, Schmerz und Zerstörung beieinander liegen und wie stark sie ineinander greifen, wird in ergreifender Weise in Shakespeares »Romeo und Julia« auf die (innere) Bühne gebracht.

Wir können dem Hass selbst nicht entraten, aber seinen Orgien widerstehen: durch Sublimierung. Zugespitzt gesagt: Wer nicht hassen kann, kann auch nicht lieben. Goethe schrieb in den »Wahlverwandtschaften«: »Der Hass ist parteiisch, aber die Liebe ist es noch mehr.« Der Umschlagplatz für beides ist unsere Seele, sind unsere Leidenschaften, unsere Antriebe, unsere Umtriebe. Sehr Persönliches und ganz Politisches liegen sehr nahe beieinander.

Wenn Menschen, die von innen her zerstört, von Lieblosigkeit, Einsamkeit und Misstrauen erfüllt sind, Macht bekommen, werden sie für andere gefährlich, lebensgefährlich. Man vergegenwärtige sich die Obsessionen des Obergefreiten aus Braunau, der an der Wiener Kunsthochschule abgelehnt worden war, die Grausamkeiten, verbunden mit Massenhysterien, von Caligula bis Josef Wissarionowitsch Dschugaschwili, der sich Stalin nennen ließ. Das Lieblingswort des Caligula lautete: »Oderint, dum metuant!« Also: »Lass sie hassen, wenn sie nur fürchten.« Aber die Fürchtenden werden zu Instrumenten des Hassenden bei der Vernichtung derer, die froh sind, dass sie selbst (noch) nicht vernichtet werden.

Wie groß sind Menschen, die große menschliche Bewährungsproben durchstanden haben – im unbeugsamen Kampf um die Erhaltung der eigenen Würde und in dem Verzicht, anderen nun auch ihre Würde zu nehmen, selbst denen nicht, die sie ihnen auf schändlichste Weise geraubt hatten. Das ist keine Schwäche, sondern Ausdruck großer innerer Kraft, eines Großmuts!

Nach 21 Jahren auf Robben Island durfte Nelson Mandela seine Frau Winnie das erste Mal umarmen. Sie beide galten als das große Paar der Widerstandsbewegung. Er vermochte auch nach Winnies Eskapaden gut von ihr zu reden – nach allen Verwerfungen und Enttäuschungen. Nelson Mandela weiß, was Glück ist, und er weiß, dass Selbstaufgabe und Hassenergie in gleicher Weise das Innere zerstören würden. Und so kann er in seiner Autobiografie »Der lange Weg zur Freiheit« von dem außergewöhnlichen Augenblick sprechen, als er seine 21-jährige Tochter in den Arm nehmen kann, die mit einem eigenen Kind kommt, das so alt ist, wie seine Tochter es war, als er sie das letzte Mal im Arm gehabt hatte.

Am 10. Februar 1985 schreibt er: »Ich bin kein gewalttätiger Mensch … Erst als uns keine anderen Formen des Widerstandes mehr zur Verfügung standen, wandten wir uns dem bewaffneten Kampf zu. … Mir liegt meine eigene Freiheit sehr am Herzen, aber eure Freiheit liegt mir noch mehr am Herzen. Zu viele sind gestorben, seit ich ins Gefängnis ging. Zu viele haben wegen ihrer Freiheitsliebe gelitten. Ich schulde es ihren Witwen, ihren Waisen, ihren Müttern und ihren Vätern, die getrauert und um sie geweint haben.«

Ihm wurde die Freiheit angeboten unter der Bedingung, dass er aus dem ANC austritt. Er fragt selbstbewusst und ungebrochen:

»Welche Freiheit bietet man mir an, wenn die Organisation des Volkes verboten bleibt? ... Nur freie Menschen können verhandeln, Gefangene können keine Verträge schließen. Ich kann und werde nichts unternehmen, solange ich und ihr, das Volk, nicht frei seid. Eure Freiheit und meine Freiheit sind nicht zu trennen. Ich werde zurückkommen.« Diese Worte hatte seine Tochter Zindzi vor einer jubelnden Menschenmenge vorgetragen.

Dass Mandela so reden kann, ist einerseits Zeichen seiner großen inneren Reife und Kraft, andererseits Ausdruck seiner Bescheidenheit und Selbsterkenntnis, aus der heraus er von sich selber sagt, er sei nicht tugendhafter oder selbstaufopfernder als der Mann neben ihm gewesen. Er ließ sich nirgendwann auf einen Sockel stellen. Geradezu als ein Resümee schreibt er am Schluss seiner Autobiographie: »Während dieser langen, einsamen Jahre wurde aus meinem Hunger nach Freiheit für mein eigenes Volk der Hunger nach Freiheit aller Völker – ob weiß oder schwarz. Ich wusste so gut, wie ich nur irgendetwas wusste, dass der Unterdrücker genau so befreit werden musste wie der Unterdrückte. Ein Mensch, der einem anderen die Freiheit raubt, ist ein Gefangener des Hasses. Er ist eingesperrt hinter den Gittern von Vorurteilen und Engstirnigkeit. Ich bin nicht wahrhaft frei, wenn ich einem anderen die Freiheit nehme, genauso wenig wie ich frei bin, wenn mir meine Freiheit genommen wird. Der Unterdrückte und der Unterdrücker sind gleichermaßen ihrer Menschlichkeit beraubt.«

Hier haben wir einen beeindruckenden Menschen vor uns, der glaubwürdig und kaum selbstbezogen die Spirale des Hasses unterbricht und als Subjekt Teil eines Ganzen bleibt, eines Ganzen, für das er sich Freiheit der Entfaltung wünscht – sowohl für sein unterdrücktes Volk wie auch für die, die unterdrückt haben.

Vergegenwärtigt man sich hingegen die Selbstgerechtigkeit, mit der der untergegangene Staat DDR und seine Repräsentanten behandelt werden, und wie nachträglich ihre Geschichte geschrieben wird, nimmt es nicht wunder, dass die andere Seite anfängt, zu verleugnen, zu beschönigen, abzuwehren.

Auf der Gedenkstätte der Sozialisten in Friedrichsfelde, wo

Rosa Luxemburg und Karl Liebknecht begraben sind, wurde ein schlichter Gedenkstein mit der Aufschrift »Den Opfern des Stalinismus« zum Stein des Anstoßes. Die ganze Unversöhnlichkeit lässt sich an zertrampelten Nelken auf jenem Stein nachvollziehen. Es gibt »Experten«, die das Leben in der DDR kaum kannten und das Leben im heutigen Osten wenig kennen, sondern sich höchstens Befragungsergebnisse zuliefern lassen, um damit das Entsetzen im Westen über die Ostler zu schüren, als ob sich dort etwa 30 % die Mauer zurückwünschen würden.

Auf einem Wahlplakat in Hessen hieß es Anfang 2008: »CDU am 27. Januar: Linksblock verhindern! Ypsilanti, Al-Wazir und die Kommunisten stoppen!« Die ersten beiden Namen assoziieren die Fremden, die uns regieren wollen, und »die Kommunisten« reichen als Kollektivschreck. Da braucht man keine Namen anführen ... Hier wird alte Kommunistenphobie auf die heutige Linke übertragen, als ob dort Mauerbauer und Stasileute das Sagen hätten.

Ein anderer Weg ist möglich. Die Südafrikaner haben ihn beschritten. Es bedurfte dazu der Autorität eines 24 Jahre lang eingekerkerten Freiheitskämpfers und eines so mutigen wie geistig und geistlich überzeugenden Bischofs Tutu, aber auch der überraschenden Einsichtsfähigkeit eines Frederic de Klerk. Mandela und die Südafrikaner haben gezeigt, dass man auch nach schrecklichsten, lang anhaltenden Grausamkeiten die Antwort aus Rache und Hass vermeiden kann. Das ist möglich, ohne dass irgendetwas verwischt, verleugnet, verdrängt, verharmlost wird, sondern die Konflikte zur Sprache kommen und in jenen wahrlich nicht immer gelingenden Prozessen vor den Wahrheits- und Versöhnungskommissionen bewertet werden.

Innere Freiheit von Hass ist menschlich möglich und in praktische Politik übersetzbar. Das braucht Personen, die menschliche Größe haben und Massen durch ihr Beispiel, durch ihre Argumente und ihre Einfühlung überzeugen können.

Ein Mitglied des ANC tötete 1986 eine weiße Frau. Ihr Sohn, Dr. Siebert, erklärt: »Ich bin froh, dass viele ... Frieden mit uns machen möchten, weil ich selbst die Last der Wut, des

Schmerzes mit mir herumgetragen habe. Ich habe keinen Groll gegen Philemon. Ich denke, dass meine Mutter auch das in dieser Weise gewollt hätte. Sie wurde erschossen, als sie ein Glas für Maxa holen wollte. Meine Mutter hätte diese Form der Gastfreundschaft jedem gewährt, der durch ihre Tür gekommen wäre.«

Und der Betroffene, der die Mutter ermordet hatte, beteuert vor der Kommission: »Ich möchte noch einmal um Vergebung bitten.« Ähnliches hatte es nach 1989 in einzelnen Fällen auch im vereinigten Deutschland gegeben, als z. B. der jetzige Prediger einer Freikirche, damaliger Soldat, einem seiner damaligen Kameraden gegenübersaß und ihm seine Spitzeleien vergeben konnte. Aber das änderte nichts an dessen Stigmatisierung und Rauswurf aus dem Sender.

Wir Menschen sind offenbar liebes- und hassbesessene Wesen, einander herzlich zugewandte wie abgewandte, mit Horrorphantasien und Horrorpraktiken aufladbare Geschöpfe. Es geht um nicht mehr und nicht weniger als um eine nachhaltige Unterbrechung des Hass-, Gewalt-, und Rache-Kreislaufes. Offensichtlich muss dabei eine Doppelstrategie verfolgt werden: Zum einen gilt es, die Ursachen dafür, dass einzelne Menschen oder Menschengruppen einander hassen, zu minimieren, zum anderen bedarf es der individuellen Leistung des Menschen, sich nicht dem Hass zu ergeben, wiewohl er allen Grund dazu hätte.

Ich komme noch einmal auf Martin Luther zurück. Er konnte ein Fürsprecher wie ein Hassprediger gegenüber den Juden sein. Seine Phobien reichten bis in seine letzten Predigtworte vor seinem Tod 1546 in Eisleben, da sich in ihm ein Feindbild verfestigt hatte.

In der Auslegung des 5. Gebotes hat Luther schreiben können: »Geduld, Sanftmütigkeit, Güte, Friedsamkeit, Barmherzigkeit und in allen Dingen eine warme, freundliche Herzlichkeit zu jedem Menschen, auch dem Feind gegenüber ohne jeden Hass zu sein, ohne Zorn und Bitterkeit. Hierher gehören alle Lehren von der Geduld, Sanftmütigkeit, Friedsamkeit, Einigkeit.« Er konnte sogar präventiv denken: »Wer das 5. Gebot bricht, wer sich Zorn, Hass, der Zwietracht nicht entgegenstellt und ihnen zuvorkommt, wo er nur kann …«

Das *Zuvor*kommen, nicht bloß das *Nach*bereiten ist wichtig. Vor 1933 wäre es darum gegangen, Hitler zuvorzukommen. Und es gibt ein Zuspät, nicht nur in der Medizin, auch in der Politik muss es um Vorsorge, um Prävention gehen, nicht bloß um Nachsorge. Hassende können auch dieses Prinzip umdrehen und sogenannte Präventivkriege führen, zumal dann, wenn sie von Phobien beherrscht werden wie George W. Bush oder andere selbstwertschwache Persönlichkeiten.

Der Hass hat es an sich, dass er nicht nur dem Gehassten gilt und diesem im Extremfall ans Leben will, sondern er beschädigt auch den, der hasst. Im Extremfall zerstört er den Hassenden selbst. Man erinnere sich an Michael Kohlhaas. Bertolt Brecht greift in seinem Gedicht »An die Nachgeborenen« im Jahre 1938 (längst schon von den Nazis ins Exil getrieben) die innere Problematik eindrucksvoll auf.

Wirklich, ich lebe in finsteren Zeiten!
…
Ich wäre gerne auch weise.
In den alten Büchern steht, was weise ist:
Sich aus dem Streit der Welt halten und die kurze Zeit
Ohne Furcht verbringen.
Auch ohne Gewalt auskommen
Böses mit Gutem vergelten
…
Alles das kann ich nicht:
…
Dabei wissen wir doch:
Auch der Hass gegen die Niedrigkeit
Verzerrt die Züge.
Auch der Zorn über das Unrecht
Macht die Stimme heiser. Ach, wir
Die wir den Boden bereiten wollten für Freundlichkeit
Konnten selber nicht freundlich sein.[34]

Damit ist das ethische und psychologische Dilemma beschrieben: Soll denn der Gewalttätige triumphieren, weil der Gewaltlose alles passiv – lammfromm-opferbereit-duldend – hinnimmt? Oder muss erst der Gewalttätige aus dem Wege geräumt werden, ehe ein neues Verhalten beginnen kann? Lässt sich die eine oder die andere Entscheidung überhaupt generalisieren? Es bedurfte doch des entschlossenen Kampfes der Völkergemeinschaft gegen Nazi-Deutschland, und der Hass der vorrückenden Truppen, die Augenzeugen deutscher Verbrechen geworden waren, ist nur zu verständlich, wenngleich Racheakte meistens nicht direkt Schuldige trafen.

Der junge Jurist Sebastian Haffner hatte 1939 – freiwillig ins Exil gegangen – von einer besonderen Versuchung berichtet, als er noch im Deutschland Hitlers lebte: »Man will sich nicht durch Hass und Leiden seelisch korrumpieren, man will gutartig, friedlich, freundlich, nett bleiben. Wie aber Hass und Leiden vermeiden, wenn täglich das auf einen einstürmt, was Hass und Leiden verursacht? Es geht nur mit Ignorieren, Wegsehen, Wachs in die Ohren tun, sich Abkapseln. Und es führt zur Verhärtung aus Weichheit und schließlich zu einer Form des Wahnsinns: zum Realitätsverlust ... Ich habe kein Talent zum Hass. Ich habe immer zu wissen geglaubt, dass man schon durch ein zu tiefes Sich-Einlassen in Polemik, Streiten mit Unbelehrbaren, Hass auf das Hässliche etwas in sich selber zerstört – etwas, das wert zu erhalten und schwer wieder herzustellen ist. Meine natürliche Geste der Ablehnung ist Abwendung, nicht Angriff. Auch habe ich ein sehr deutliches Gefühl für die Ehre, die man einem Gegner antut, wenn man ihn des Hasses würdigt – und genau dieser Ehre schienen mir die Nazis nicht würdig. Ich scheute die Intimität mit ihnen, die schon der Hass auf sie mit sich bringt; und als die stärkste persönliche Beleidigung, die sie mir antaten, empfand ich nicht so sehr ihre zudringlichen Aufforderungen mitzumachen ... als die Tatsache, dass sie mich täglich durch ihre Unübersehbarkeit zwangen, Hass und Ekel zu empfinden, wo doch Hass und Ekel mir so gar nicht ›liegen‹.«[35]

Erstes Resümee: Hass generalisiert. Hass zerfrisst. Hass macht nicht frei. Hass entlädt sich – wird aber nicht befriedigt durch die Entladung oder Genugtuung, sondern wird Ursache zu erneutem Hass. Mir erzählte 1997 der Präsident des Tschechischen PEN Jiří Stránský, dass ihm 1953 als 21-jährigem, zu sieben Jahren politischen Gewahrsams Verurteiltem, ein mitgefangener älterer Lyriker geraten hatte: »Bewahre dich vor dem Hass auf alle, die schuld sind, dass du unschuldig im Gefängnis leiden musst. Lass den Hass nicht in dich hinein. Du wirst ihr erstes Opfer. Hass zerstört zuerst dich selbst.«

Hass macht so blind wie die Liebe. Er ist kaum noch dem Argument zugänglich. Er legt sich die Welt eindeutig zurecht. Wehe, du widersprichst dem Hasserfüllten. Gibt es nicht doch eine verständliche menschliche Entlastung durch Hass, indem man erlittenes Leid auf ein Objekt lädt, das einem Leid zugefügt hat? Muss man Hass nicht nur verstehen, sondern auch zulassen, um ihn danach erst wirklich überwinden zu können? (Biblische Psalmen sind voll von Hassausbrüchen – als Psychohygiene oder als Munition?)

Hass ist seinem Wesen nach irrational und deshalb auch rational kaum erreichbar, argumentativ nicht auszuhebeln und moralisch nicht aus der Welt zu schaffen.

Hass kann zu einer Daseinsweise werden, indem der Hassende mit seinem Hass identisch wird, bis er *alles* Böse in sich abspaltet und auf das Hassobjekt projiziert.

Ganz abgesehen von schlimmen Erfahrungen, die man mit anderen gemacht hat, gibt es offensichtlich ein uns innewohnendes Bedürfnis nach Hass und nach Hassobjekten, wobei der Hass eine Form von Selbstbestätigung und ein Ausdruck gekränkten Narzissmus sein kann.

Die biblischen Psalmen sind ja voll von Hasstiraden aufgrund von erfahrenen Verletzungen. Zugleich verselbständigt sich der Hass und richtet sich auf Phantome, die subjektiv als sehr real erlebt werden und sich ihre konkreten Personen(gruppen) geradezu suchen.

Man darf die Erkenntnis und Erfahrung nicht ignorieren, dass der Hass und die ihm folgenden »Rache«-Akte nicht ungeschehen machen können, was an Grausamem, Schrecklichem, Verletzendem geschehen ist. Wird versucht, das Leid dadurch aus der Welt zu schaffen, dass dem Täter selbst oder der Menschengruppe, der er zugehört, etwas Ähnliches an den Hals gewünscht oder an diesen vollzogen wird (in der schlimmsten Form im entfesselten Bürgerkrieg bzw. im Krieg als angeblichem Reinigungsbad, gar zu »Stahlgewittern« heroisiert), führt das in die Hass- und Revanchespirale.

Was geschehen ist, darf freilich nicht dem Vergessen oder dem Verdrängen, dem Verschleiern und dem Rechtfertigen anheimgegeben werden. Es muss zur Sprache kommen. Die Opfer brauchen Erinnerung, die Überlebenden Fürsorge und so weit möglich Wiedergutmachung durch die Gesamtgesellschaft. Zusätzlich ist das nötig, was Sigmund Freud »Trauerarbeit« genannt hat.

Man stelle sich vor, Nelson Mandela wäre als ein Hassender von Robben Island zurückgekehrt und hätte die Schwarzen Südafrikas zur Vergeltung aufgerufen, indem er wortmächtig daran erinnert hätte, wie viel Leid den Schwarzen in den Zeiten der Apartheid zugefügt worden war!

Man stelle sich vor, nach dem 8. Mai 1945 hätten die Opfer der Grauen des Zweiten Weltkrieges an den Deutschen umfassend Vergeltung geübt – so wie es viele, die aus dem Osten vertrieben worden waren oder aus Angst geflüchtet waren, in den unmittelbaren Kriegswirren noch erlebt und erlitten haben.

Man stelle sich vor, die Polen hätten nach Kriegsende die gesamte Intelligenz einer mittelgroßen Stadt – sagen wir Leipzigs, Magdeburgs oder Halles – auf eine Weise umgebracht, wie dies Deutsche in Lublin in den Kellern des Schlosses getan hatten.

Es geht freilich nicht an, einer laschen Gut-Menschen-Strategie zu folgen, mörderische Konflikte zu verharmlosen, sondern man muss dem ganzen Ernst, der ganzen Tiefe, der ganzen Dramatik des Hasses und seiner Ursachen mutig ins Auge sehen. Hass bezeichnete Václav Havel, einer, der freilich genügend Gründe zum Wiederhassen gehabt hätte, »als ein Vakuum in der menschlichen Seele und nicht bloß ein bloßes Nicht-Vor-handensein von Liebe«. Der Hass habe sehr viel mit der Liebe gemein. »Vor allem eben jenes sich selbst transzendierende Element, dieses Verbundensein mit dem anderen, diese Abhängigkeit von ihm, ja, dieses Delegieren eines Stückes eigener Identität an den anderen. So, wie sich der Liebende nach der Geliebten sehnt und nicht ohne sie sein kann, so sehnt sich auch der Hassende nach dem Gehassten. Und so ist die Liebe, wie der Hass, letzten Endes Ausdruck einer Sehnsucht nach dem Absoluten, wenn auch ein tragisch widersinniger Ausdruck.«[36]

Hass wird somit zur anderen Seite der Liebe, zu jener den Menschen völlig bestimmenden, seiner Freiheit beraubenden Obsession mit seiner geradezu zwanghaften Sucht, seinem Hassobjekt Übles zu wünschen oder ihm Schmerzhaftes zuzufügen, ob psychisch, physisch, materiell oder seinen Ruf betreffend. Verachtung und Verächtlichmachung gehören zu den Vorstufen des Hasses, der sich negativ an den Gehassten bindet.

Kann Hass auch heilsam sein?

Die Psychoanalytikerin Jane Goldberg dagegen meint, Hass sei weder eine Krankheit noch eine Störung. Er sei ein elementarer biologischer Anpassungsmechanismus und notwendig, um mit Bedrohungen, Ärger, Frustration fertigzuwerden. Sie geht noch weiter und behauptet: »Hass ist konstruktiv, wenn er dem Selbstschutz dient, und er ist eine lebenswichtige Reaktion, die jedem zur Verfügung stehen muss. Er nimmt nur dann pathologische Züge an, wenn er mit ungestillten kindlichen Bedürfnissen verschmilzt, und er wird dann destruktiv, wenn er in die Tat umgesetzt wird.« Daher sei er als zum psychischen Gleichgewicht gehörig zu bewerten.

Wer ehrlich zu sich selbst zu sein vermag, spürt in sich ein tägliches Quantum an Hass; dieser erfüllt somit offenbar eine stabilisierende Funktion, indem wir das eigene Böse mit all seinen Gefahren aus uns ausstoßen und auf andere entladen können.

Hass leitet in uns wohnende destruktive Antriebe ab. Wir brauchen die anderen nicht nur, weil wir nicht ohne sie leben können – also aus Selbsterhaltungsgründen, auch nicht nur, um zu lieben und geliebt zu werden bzw. um ein Nähe- und Selbstwertbedürfnis mit ihnen zusammen zu befriedigen, sondern wir brauchen sie auch, um sie je und dann zu hassen. Es bilden sich dabei unversehens eigentümliche, aneinander gebundene »Hassgemeinschaften« heraus. Sie fallen auseinander, sowie ihnen das verbindende Hassobjekt abhanden gekommen ist. Wer jeglichen Hass vermeiden will, übernimmt sich nicht nur, er destabilisiert sich auch selbst, weil er das nicht auslebt, was in ihm steckt.

Die Frage ist einfach, wie wir Hass auf eine zivilisierte Weise ausleben, ihm die zerstörerische Spitze nehmen, ihn in Konkurrenzgefühle »zurückfahren« und dazu gewisse Kampfrituale suchen und nutzen – sei es in Spiel und Sport oder eben in politischen Parteien, die alle nach Regeln funktionieren – und im Vollzug einen Entlastungscharakter gewinnen, sofern den Beteiligten eine gewisse Selbstdistanzfähigkeit geblieben ist.

Emotionale – also nicht kalkülhaft gesteuerte – Wutausbrüche wirken kathartisch, befreiend, lösend, entlastend. Danach: Schwamm drüber! Das wäre ein gereifter Umgang mit Wutstauungen. Schwer genug. Jedenfalls sollte man sich vor einem vorschnellen Totalverdikt hüten und nicht meinen, den Hass moralisch ausmerzen zu können, indem man ihn einfach als etwas völlig Inakzeptables denunziert.

Wo allerdings die Hassphantasien Tat werden oder wo der Hass die Herrschaft übernimmt und alle anderen Gefühle dominiert, wo gar der Hass geschürt und instrumentalisiert wird (Gruppenhass, Völkerhass, Rassenhass, Fremdenhass), entfaltet er seine gefährlich-maßlose, destruktive Wirkung.

Im ganz normalen Lebensvollzug gibt es eine Fülle sich mischender oder aufschaukelnder negativer Gefühlsregungen (Narzissmus, Kränkung, Demütigung, Zurücksetzung, Ungleichbehandlung, Nichtachtung oder Nichtbeachtung etc.) Da sind Hassgefühle kaum vermeidbar – und sei es gekränkte Mutterliebe, die zu Mutterhass wird, zur Eifersucht gegenüber der

Mutter oder dem Vater. Geschwisterhass erwächst aus realer oder eingebildeter Bevorzugung des anderen. Neid auf Erfolgreiche oder Höherbegabte sowie Rassen- und Klassenhass aus Ungerechtigkeit oder krasser sozialer Differenz, ja jegliche Minder-Wertigkeit sucht oder hat einen Schuldigen.

Der Psychoanalytiker Arno Gruen hat in seinem Buch »Falsche Götter. Über Liebe, Hass und die Schwierigkeit des Friedens« unsere innersten Antriebe und Verletzungen ebenso erklärt wie die politische bzw. religiöse Instrumentalisierung negativer Gefühle, die im einzelnen Menschen schlummern. Sie gehen zurück auf den unvermeidlichen Liebesentzug, der durch die Aussetzung des Menschen in die Welt, seine mehrfache »Abnabelung« erfolgt. Dem nach Nähe dürstenden Kind, das mit dem Phänomen des Alleinseins und Alleingelassenwerdens unabdingbar konfrontiert ist, nistet sich ein bestimmtes Potenzial aus Gefühlen der Enttäuschung, der Kränkung, der Vereinsamung, der Vernachlässigung oder gar der Abwertung und der Ablehnung ein. Eine nicht gelingende Selbstannahme (z. B. aus dem Gefühl der permanenten Insuffizienz oder der erfahrenen Minder-Wertigkeit) führt in eine depressive Grundhaltung. Liebesentzug wird als Selbsthass destruktiv. Diese Kraft wird auf andere projiziert, wird ab- und umgelenkt. Selbstentlastung erfolgt durch Schmerzzufügung – bis hin zur (lustvollen) Unterwerfung und dem Niedermachen anderer. Wenn solche Persönlichkeiten Macht bekommen, wird es doppelt gefährlich, weil sie diesen Selbsthass mit voller Wucht und Lust an anderen ausleben. Es gibt in jeder Gesellschaft genügend Menschen, die sich aus Angst winselnd, gefügig, gleichgültig, kalt berechnend oder gar begeistert unterwerfen.

Eine massenhafte – begeisterte oder angstbesetzte – Unterwürfigkeit und Selbstverleugnung von Unterdrückten verwandelt sich über den uneingestandenen Selbsthass und eine zu spät erkannte Vergeblichkeit in nachholenden Hass, der seine Opfer sucht, indem die damalige (oder heutige) Gruppenzugehörigkeit zum Kriterium für den wird, der gehasst wird. Nachholender Hass wird zur besonders großen Gefahr nach dem Ende von

Diktaturen, in denen Menschen sich zu Steigbügelhaltern von Unterdrückung oder Verbrechen gemacht hatten. Eben jene willfährigen Helfer …

Andererseits gibt es die aburteilende, selbstgerechte Überlegenheitshaltung derer, die nie in diktatorischen Systemen haben leben müssen, die etwa die Gnade westlicher Geburt oder den Vorteil rechtzeitiger Flucht gehabt hatten, deren Feindbildprägungen indes lange nachwirken und die nach dem Sieg ihres politischen Koordinatensystems ein merkwürdiges Nachtretbedürfnis mit einer gewissen moralischen Rigorosität verbinden.

Es gilt für den Einzelnen wie für ganze Gesellschaften zu erkennen, dass es zu einem entspannten und zivilisierten Umgang miteinander (auch in Konflikten) nur dann kommt, wenn die handelnden Personen integrierte Persönlichkeiten sind, die die emotionalen Kräfte (also die Anteilnahme und die Einfühlung) mit den rationalen Kräften (dem Argumentativ-Sachlichen) zu verbinden wissen.

Geradezu lebenswichtig für eine funktionstüchtige Demokratie bleibt, dass mündige, so kritische wie selbstkritikfähige BürgerInnen die Mechanismen, die bei Individuen, Gruppen oder Massen wirken, rechtzeitig erkennen, damit sie sich nicht (wieder) falschen Göttern aus Angst unterwerfen – wobei gerade die falschen Götter mittels ihrer Macht ihre eigene Angst zu besiegen hoffen, die Liebe ihrer Völker mit deren Unterwürfigkeit verwechselnd.

Jedem, der wirklich erwachsen werden will, ist zugemutet, sich dem in ihm schlummernden Hass zu stellen, der als Selbsthass, als nicht geglückte Selbstannahme, als verpasste Autonomie und als mangelnde Integrationsfähigkeit der ambivalenten Gefühlsantriebe wirkt. Hass ist ein ansteckender Virus. Nur wenige entkommen ihm wirklich.

Für seine frühkindlichen Prägungen kann niemand etwas, aber jedermann ist zuzumuten, sich dem Hass als einer Folge von Liebesverlust zu stellen, ihn weder zu verleugnen noch zu verdrängen, schon gar nicht an denen auszuleben, die sich unterwerfen oder sich selbstentlastend an die wegwerfen, die als falsche Götter uns eine (krude) Selbstbestätigung und Selbstentfaltung suggerieren. Der auf andere abgeladene Selbsthass ist Ausdruck eigner, verdrängter Destruktivität, die in dem Maße gefährlicher wird, wie sie von keiner Selbstreflexion getrübt wird.

Alle von den Macht-Idolen abgeleitete und geborgte Macht ist nur Ausdruck verleugneter Angst, verbunden mit Selbstheroisierung und Allmachtsphantasien. Solschenizyn hat in seinem Buch »Der erste Kreis« eindrucksvoll dargelegt, dass die Gefangenen der Scharaschka viel eher autonom waren als die, die ihnen ihre Freiheit genommen hatten. Er macht dies in der Begegnung eines Scharaschka-Häftlings mit Stalin deutlich. Stalin bietet dem passionierten, aber zwangsentwöhnten Raucher und vom Tod Bedrohten mit der herablassenden Gnade eines »Allmächtigen« eine Zigarette an, genau wissend, wie süchtig der Häftling danach ist. Doch jener lehnt aus Selbstachtung und in Freiheit ab. Das steigert natürlich die Vernichtungswut des kalten Diktators.

Das Ziel der Begleitung und Heranbildung von jüngeren Menschen (als permanente Herausforderung für bewusste Selbstbildung!) in der funktionalen wie der intentionalen Erziehung muss die integrierte Persönlichkeit sein, die in der Lage ist, negative Antriebe und destruktive Fixierungen zu erkennen, zu bändigen, zu besänftigen und ihnen gegebenenfalls einen adäquaten, andere nicht wiederum belastenden Ausdruck zu geben.

Das in uns Schlummernde soll zum *Ausdruck*, aber nicht zum *Ausbruch* kommen – z. B. in einem nach Regeln erfolgenden Wettkampf, wo die inneren Impulse spielerisch ausgelebt, nicht unterdrückt werden. Destruktiver Überschuss wird erkannt und benannt, aber nicht projiziert, sondern integriert. Nur die integrierte, autonome selbstbewusste, sich über sich selbst und andere bewusste Persönlichkeit kann dem Hass entrinnen.

Biblische Erinnerungen

Die Bibel ist weniger ein Moralbuch als vielmehr ein Buch, das den inneren Zustand des Menschen, seine (problematischen) Beziehungsgeflechte zu anderen beschreibt – ein realistisch-hintergründiges Erzählbuch über gefundene oder versäumte Konfliktlösungen.

Hagar, die ägyptische Magd, soll dem kinderlosen Abraham – mit ausdrücklicher Zustimmung Saras – ein Kind gebären. Als sie schwanger wird, demütigt sie ihre Herrin Sara. Ismael, ihr Sohn, wird schließlich mit ihr zusammen verstoßen, als Sara selbst doch noch einen Sohn, den Isaak, bekommt. Ein Konflikt mit Folgen bis heute.

Mose, den adoptierten Pharaosohn, packt angesichts der Peinigung der israelitischen Sklaven die Wut, und er erschlägt einen ägyptischen Aufseher. Er muss fliehen und führt sein Volk aus der Sklaverei, jubelnd mit Mirjam, als die sie verfolgenden ägyptischen Truppen vor ihren Augen jämmerlich ersaufen.

Mose zertrümmert voller Zorn die Gesetzestafeln, als das Volk in seiner Abwesenheit sich einen Goldstier zum Gott macht und um ihn tanzt.

Die Israeliten schlachten alle Einwohner Jerichos im Gefolge ihrer annektierenden gewaltsamen Landnahmepolitik ab – Frauen, Kinder, Vieh – und nehmen die Stadt mit »Furcht und Schrecken« gegen die Feinde ein.

König Saul hasst und verfolgt David, den Usurpator seiner Macht und Liebling des Volkes. Und David weint – unechte? – Tränen über seinen im Kampf getöteten Freund Jonathan und König Saul, dessen Vater. Absalom, der älteste Sohn Davids, intrigiert gegen seinen Vater um die Macht und wird im Kampf getötet. David lässt seinen Geheimdienstchefs freie Hand, bis auch sie nacheinander umgebracht werden. Salomo verdrängt – mit Hilfe seiner Mutter Bathseba – alle Halbbrüder mit brutaler und subtiler Gewalt. Elia lässt alle Baalspriester abschlachten – und die Hunde lecken das Blut des Königs Ahab und der (fremdländischen) Königin Isebel. Den Propheten Jesaja packt die Wut über die Schönen und Reichen, deren Gier und Rechtsbeugung. Der Prophet Amos geißelt mit schärfster Polemik die soziale Ungerechtigkeit und die geistliche Bigotterie. Jesus vertreibt voller Zorn die Händler und Geldwechsler vor dem Tempel. Jesus fordert Nachfolge als ganzen Bruch mit dem bisherigen Leben und dessen Bindungen, um für die Nachfolge tauglich zu werden: »Wenn jemand zu mir kommt, und hasst nicht seinen Vater, Mutter, Frau, Kinder, Brüder, Schwestern und dazu sich selbst, der kann nicht mein Jünger sein.« (Lukas 14,26)

Zweites Resümee: Hass erwächst aus (früh)kindlichen Kränkungs-, Vereinsamungs-, Minderwertigkeits-, Nichtachtungs- und Nichtbeachtungsgefühlen, die allesamt Wurzel von Fremdhass als umgelenktem Selbsthass und unterdrückten Verletzungserfahrungen werden. Hinzu kommt ein Triebüberschuss, der nicht konstruktiv ausgelebt wurde oder werden konnte.

Hass kann produktiv sein und die Kraft geben, sich konsequent und rigoros aus knechtenden Verhältnissen freizumachen.

Ungebändigter Hass kann in jedes Verbrechen gegen die Menschlichkeit führen.

Zugleich solidarisiert Hass Menschengruppen im Kampf gegen einen gemeinsamen Feind samt aller Vernichtungsphantasien. Hass entfaltet eine ungeheure destruktive Kohäsionskraft und macht zu allem fähig, sobald das Gewissen als eigene Urteils-, Entscheidungs- und Handlungskraft ausgeschaltet und der Gruppengehorsam zur obersten Instanz wird.

Hass kann in ideologisch-religiöser Anmaßung alles Anders-Denken oder Anders-Glauben auslöschen wollen.

Gefühle von Hass, Wut, Zorn lassen sich nicht unterdrücken – nur lenken, begrenzen, sublimieren, damit sie nicht ungefiltert, generalisierend, projizierend oder im destruktiven Rausch ausgelebt werden. Hass zieht den Gehassten in der Regel in den Hassmechanismus hinein. Es ist enorm schwer, sich jedem Wieder-Hassen zu entziehen. Dem entgegenzuwirken, bleibt eine der großen, stets neu zu lernenden Herausforderungen für den Einzelnen, für unsere Gesellschaft und für das ganze Menschengeschlecht. Das ist schwer, aber nicht unmöglich.

Wo es gelingt, werden wir zu integrierten Personen.

Hier stehe ich und kann auch anders

Was es heißt, in einer Kirche ein Zuhause zu finden

I.

Die Redewendung »Man soll die Kirche im Dorf lassen« deutet ursprünglich auf den unverwechselbaren, unverzichtbaren, unveräußerlichen (und zu pflegenden) Mittelpunkt einer Stadt oder eines Dorfes. Die jeweilige Kirche ist auch für diejenigen »unsere Kirche«, die nicht zur Kirche gehören oder den christlichen Glauben nicht teilen. Kirchen sind Identifikationsorte – in ihrer Schönheit und Einmaligkeit, wiewohl sie alle einen bestimmten Stil haben. Sie sind Teil der Identifikation stiftenden Erinnerung – erhalten und wiederhergestellt nach allen Feuersbrünsten oder kriegerischen Zerstörungen. Man denke an den emotionalen Wert der Dresdener Frauenkirche und der Kreuzkirche, an den Dom zu Münster oder die Marienkirche in Kiel – aufwendig wiederaufgebaut, Wahr-Zeichen (!) der Städte.

Wie aber werden die Kirchen wieder Lebensorte für mehr Menschen, die sich darin beheimaten, diese Räume als besondere Orte des Feierns und des Klagens, der Orientierung und der Ermutigung, der Meditation und der Gemeinschaft, der Stille und der Musik, der Selbstklärung und der Selbststärkung, der Katharsis durch Schuldeingeständnis und eines Zuspruchs, über die ein Mensch nicht verfügen kann, erfahren, aufsuchen, brauchen wie das täglich Brot für die Seele?

Auf dem Wittenberger Marktplatz stehen zwei Denkmäler: Auf dem einen steht *Martin Luther* und weist mit seinem Finger auf die Schrift. »Hier ist die Wahrheit. Allein das Wort ist es. Allein dieses Wort ist es. Und ich bin es, der es euch sagt.«

Zwanzig Meter weiter steht *Philipp Melanchthon* mit einem wiegenden Schritt, in die Weite schauend, eine Schriftrolle in der Hand, gewissermaßen seinen Verhandlungsgegenstand. Sein Lebensmotto: »Ich rede von deinen Zeugnissen vor Königen und schäme mich nicht.«

Die evangelische Kirche braucht beides: jene Gewissheit, von der der Einzelne sich tragen lässt, *und* jene Bereitschaft, mit dem anderen zu reden, über das Eigene hinauszusehen, sich jedenfalls nicht weiter an der konfessionellen Kleinstaaterei zu beteiligen oder die Enge des Geistes für das »Sichere« – weil Eingegrenzte – zu halten. Überzeugen können nur Zeugen, für die Offenheit nicht Beliebigkeit und Festigkeit nicht Dogmatismus bedeuten.

Hier stehe ich. Dafür stehe ich. Lass uns reden.

Ich kann auch anders, als nur immer wieder dasselbe zu wiederholen.

Die Kirche ist – wie alle Vereine – in der Gefahr, nur einen abgezirkelten Kreis zu erreichen und unversehens Selbst-Ghettoisierung zu betreiben. Die evangelische Kirche hat es in ihrer Geschichte immer wieder vermocht, in ein Gespräch mit den »Gebildeten unter den Verächtern« der Religion einzutreten. Sie muss dieses Gespräch suchen und dabei genau wahrnehmen, wo in der Gesellschaft ihre Fragen aufgegriffen werden: in der Literatur, im Theater, in der Musik, in der Malerei, im Film.

Ich nenne Wim Wenders Film »Land of Plenty«, die Psalmübersetzung von Arnold Stadler, Stücke von George Tabori, die Musik Arvo Pärts und immer wieder, immer wieder Rembrandt und Chagall.

Kieślowskis »Dekalog« erfordert besondere hermeneutische Anstrengung. Und der Religionsdialog zwischen Faust und Gretchen wird in neueren Inszenierungen ganz neu ganz ernst genommen, nicht als Geplänkel zwischen der Naiven und einem Aufgeklärten.

Es muss uns in der Kirche unruhig machen, dass man neu erwachendes religiöses Interesse konstatiert, ohne dass es sich für die traditionelle Kirche und ihre Gottesdienste erkennbar auswirkt. Sollten wir unsere Gottesdienste als Teile der Kultur – nicht nur des Kultus! – betrachten und sie nicht so erfindungsreich wie traditionsbewusst gestalten? Wir sollten uns auch etwas von dem abgucken, was im Theater als »Ritual« versucht wird.

Die Kirche ist doch auch eine Bühne (unter Beteiligung des Publikums) wie das Theater auch eine Kanzel ist, deren Vor-Führungen so gut sein müssen, dass man sie gut und gerne mehrfach ansieht und anhört. Uns Kirchenleuten könnte es helfen, unsere Perspektiven zu erweitern und unsere Sprache aufzufrischen *und* zu vertiefen, wenn wir mehr davon wahrnähmen, wie das Theater existenzielle und religiöse Fragen aufgreift, aufraut, aufwirft, verfremdet – bisweilen auch ganz verdirbt. In jüngster Zeit setzen sich Theater von Zittau bis Frankfurt am Main, von Hamburg über Berlin bis Meiningen verstärkt mit Religion auseinander – mit der Bibel insgesamt, den Zehn Geboten oder Stücken, die thematisieren, »was die Welt im Innersten zusammenhält«. Jedes Tschechow-Stück gehört dazu, und Tschechow wird an fast allen Theatern gespielt. Meist gehen sie in verfremdeter Weise mit Religion um, bald spürend, wie wenig Verfremdung beim Publikum wirklich ankommen kann, wenn die Besucher weithin das, was verfremdet wurde – also das Original –, kaum noch kennen.

Gerade durch das Theater kann für die Kirche erkennbar werden, dass Existenzfragen *vor* moralischen Fragen zu stehen kommen. Und die Werteorientierung des Lebens ist nicht zuerst eine moralische Frage, sondern eine das Selbstverständnis und die innerste Orientierung des Menschen betreffende, also eine Frage nach den »Existenzialen«: Angst, Liebe, Schuld, Tod, Sinn.

Das Theater ist eine der Säulen für die Demokratie, so wie das Theater einst die Demokratie geradezu aus sich heraus geboren hat. Zugleich ist ein Theater ein Ursprungsort des Zelebrierens, nicht zuletzt durch die Wiederholung und Neuinszenierung ganz alter Texte, die sich nicht verbrauchen. So müssen auch die biblischen Texte erkennbar und erfahrbar gemacht werden, statt die Zuhörer mit erworbenem exegetischem Wissen und vordergründigen Aktualisierungskünsten zu langweilen.

Wie spricht die Kirche die Sprache der Zeit? Indem sie *nicht* ihre Sprache spricht. Indem sie das Wagnis getrost eingeht, die großen Inhalte auch in großer Sprache zu tradieren, indem sie dem Zauber der (deutschen) Sprache weiter Wirkmächtigkeit zutraut und dabei zugleich beständig bei der Literatur – der Tradition wie der Moderne – in die Schule geht. (Hören Sie einmal genau hin, wie gut oder schlecht biblische Texte öffentlich gelesen werden.) Der Glaube bleibt ein lohnendes und spannendes, ein wortgebundenes und zugleich befreiendes Ärgernis in der Zeit. Oder aber er wird beliebig anbiederisch und banal.

Theologie in actu sollte als *Theopoesie* daherkommen, nicht als Über-Korrektheit »in gerechter Sprache«, mit der ein nachvollziehbares inhaltliches Anliegen sprachlich kaputtgeritten wird – ähnlich fatal, wie einst die gute Nachricht, die dem »Bild«-Zeitungsleser verständlich sein wollte. Alle diejenigen, die in der Kirche Verantwortung tragen, müssen ein gutes Gefühl für gute Sprache haben und behalten, um ein dem Glaubensgehalt entsprechendes Sprachgefühl zu erhalten oder zu wecken.

Die Lust der Erkenntnis ist nicht zuletzt Lust an der Sprache. Und Mehrsinnigkeit ist etwas anderes als Mehrdeutigkeit.

Eindeutige Stellungnahmen der Kirche stehen nicht im Gegensatz zur Differenzierung – wohl aber zur Feigheit vor der Entscheidung.

II.

Mit Protestantismus wird – falls damit überhaupt noch etwas verbunden wird – jene Tapferkeit eines Einzelnen vor dem Reichstag zu Worms 1521 assoziiert.

Der Mönch Martin Luther – das Schicksal des Jan Hus vor Augen – bekennt sich mutig zu seinen Schriften. Er distanziert sich also nicht in einem Oettinger'schen Sinne von sich selbst, gar unter Außendruck, sondern weigert sich – auch nach 24 Stunden Bedenkzeit und nach ängstlich-durchwachter Nacht – zu widerrufen, es sei denn, er würde mit Gründen, mit Schriftgründen (!) widerlegt. Er steht unter der Drohung, als Ketzer verbrannt zu werden. Schließlich war das zugesicherte freie Geleit bei Jan Hus hundert Jahre zuvor mörderisch gebrochen worden.

Luther beruft sich auf das Zeugnis Jesu vor dem Hohenpriester Hannas, dem Jesus einst geantwortet hatte: »Habe ich Unrecht geredet, so beweise es, dass es Unrecht ist.« (Johannes 18) Er will sich der Macht des Arguments beugen, nicht dem Argument der Macht. Und er bleibt fest. Die letzten Worte seiner Widerrufsverweigerung lauten: »Und da mein Gewissen in den Worten Gottes gefangen ist, kann und will ich nichts widerrufen, weil es gefährlich und unmöglich ist, etwas gegen das Gewissen zu tun. Gott helfe mir. Amen.«

Solche Haltung ist protestantischer Geist: *Gewissensbindung* des Einzelnen – ohne den Stolz eines Heiligen. Das autonome und theonome Subjekt lebt, denkt, handelt, glaubt nicht mit gutem, wohl aber mit getröstetem Gewissen. Ein Gewissen, das zum Handeln befreit ist, wagt die konkrete Entscheidung, die kaum jemals ohne Schuld bleibt.

So hatte Luther schon am 10. März 1521 auf dem Wege zum Reichstag gepredigt, wohl auch sich selbst Mut zusprechend, als er sagte: »Es muss alles daran gewagt werden. Man darf sich nicht fürchten vor Gewalt oder Reichtum, sondern muss den Mund auftun. Denn wer die Ehre oder das Geld lieb hat, der führt das Predigeramt nicht mit Recht. Man muss den Hals drangeben und muss allein Christus lieb haben.«

Also, es wird letztlich nur derjenige, der selber von einer Sache erfüllt und ausgefüllt, gestärkt und bekräftigt ist, das kräftige und treffende Wort weitersagen können. Nur ein Begeisterter wird begeistern können. Die bestallten Religionsdiener verwalten und zelebrieren die Langeweile, oder sie versuchen, durch Aufpeppen neue Kunden zu akquirieren, indem sie zugleich die alten Kunden – jene berühmten »treuen Seelen« – eher verschrecken, ohne »neue Kundschaft« zu gewinnen.

Wenn das Wort nicht so sehr verbraucht oder missbraucht worden wäre, würde ich sagen: Was wir brauchen, ist zuallererst ein »entschiedenes Christentum«.

In einer Art Vermächtnisgedicht Theodor Fontanes findet sich diese Strophe:

> Tritt ein für deines Herzens Meinung
> Und fürchte nicht der Feinde Spott,
> Bekämpfe mutig die Verneinung,
> So du den Glauben hast an Gott.

Ich lese diese Sätze Fontanes heute im Angesicht des obwaltenden Zynismus und viel gekonnter Spötterei.

Auf Luther zurückkommend, meine ich also: Aufrecht stehen,

sich nicht aus Angst oder Berechnung beugen und sich nicht in Unterwürfigkeit winden; unbestechlich bleiben – ob durch Lob oder Tadel. In Demut und Freimut mit Unbefangenheit, Festigkeit auf einen höheren Schutz vertrauen.

»Gott helfe mir. Amen.«

Solcher Glaubenstrutz kann sich selbst durchaus bewahren vor rechthaberischem Trotz. Es gibt Ja-Ja- und Nein-Nein-Situationen. Und es gibt Situationen und Problemstellungen, in denen man genau abwägen und Ambivalenzen aufzeigen muss, um sodann eine ausgewogene Entscheidung zu treffen, der man den Kompromisscharakter abspürt, oder ein Sowohl-als-auch gelten lässt. Das reicht von den militärischen Einsätzen unter dem Mandat der UNO – oder ohne UNO – bis zur Frage der Kinderbetreuung im Kleinstkindesalter, bis hin zu Fragen der Genmanipulation, einem Sterben(-Lassen) in Würde und zur Patentierung von Leben.

In einer Gesellschaft, in der die Wahrheit statistisch ermittelt wird und Parteiprogramme von Zustimmungsquoten her entworfen werden, wird die evangelische Kirche eine Kirche der Entschiedenheit bleiben müssen, statt zu einer Kirche der Beliebigkeit zu werden.

Eine Reformkirche (ecclesia semper reformanda) ist keine Zeit-Geist-Kirche. Die protestantische Kirche wird sich immer im Sinne des Apostels Paulus in der »Unterscheidung der Geister« zu üben haben unter der einen Überschrift: Jesus – Kyrios. Jesus ist der Herr. Dieser Herr begegnet uns zugleich als Bruder, als Freund, als ein Begleiter, ein Helfer, ein Liebender, als ein Wissender und ein Verstehender.

Ihrer »Fremdheit« in der Welt wird sich Kirche nie schämen dürfen. Sie wird zu jeder Zeit fragen, was »Salz, Licht und Sauerteig zu sein« konkret bedeutet und wie das Reich Gottes ein kritisches und ein Hoffnung stiftendes Kontrastprogramm zu den »Reichen der Welt« bleibt.

Zeitgeistkirche wäre eine Kirche, die stets modern sein will und bald alles modern nennt, was gerade in Mode ist, also das, was der Trend so vorschreibt.

Manche scheinen die größte Angst davor zu haben, weiter als altmodisch zu gelten, und meinen, sich nun auch den Gesetzen des modernen Managements oder der Marktforschung unterwerfen zu müssen. McKinsey gibt vor, was bald nachgebetet wird. Da wird behauptet, unsere »Message« sei gut, wir müssten nur noch die Verpackung verbessern, konsequent kundenorientiert arbeiten, ohne dass man sich noch genügend Rechenschaft darüber gibt, was denn »die gute Message« heute sei.

Im Bild geredet: Wenn man auf Powerpoint vertraut, ohne dass man selber noch Power hat, oder wo es nicht mehr im Kopf, sondern nur noch an der Maustaste klickt, wo Recherchieren durch Googeln, wo das Reflektieren durch Recherchieren ersetzt wird, ist alles verloren. Leblos Beschlagene lassen alles ersterben, weil das Spontane, das Authentische, das von Herzen Kommende unterbleibt. Die Gedanken werden dann ebenso leblos wie der Computerausdruck.

III.

Alles aufs »Wort und seine Strahlung« setzen: das Wort, das trifft und zutrifft, von dem der Sprecher selber ergriffen ist und mit dem er andere ergreifen will, wo Sinn und Hinter-Sinn, Offenbares und Poetisch-Verborgenes zusammenkommen. Gegen den Trend der Zeit sollen wir dem Wort, das gesprochen wird und dessen Gewicht im Sprechen erfahrbar wird, etwas zutrauen.

Die Viva Vox, die lebendige Stimme, die das *Wort* weiterträgt, hat ein Gewicht, das dem Hörer gewichtig wird und das in seiner Gewichtigkeit eben nichts Belastendes hat, sondern etwas Befreiendes entfaltet.

Zum Wort gehört das *Bild*, der *Raum*, die *Musik*. Mit dem Evangelium zu den Leuten zu kommen heißt zu wissen, woher sie kommen, und aufzuzeigen, wohin wir gehen bzw. wie es mit unserer Welt nicht weitergehen kann, wenn es einfach so weitergeht.

Die Kirche wird – sehr traditionell! – darauf achtzugeben haben, dass die drei Säulen der Kirche *gleichgewichtig* behandelt werden: die *Verkündigung* (Kerygma), die *Gemeinschaft* (Koinonia) und der *Dienst* in der Welt und an der Welt (Diaconia).

Wir sollten alles tun, dass die Kirche im Dorf bleibt, auch in der Klein- und in der Großstadt. Der Symbolwert der Präsenz ist geradezu unbezahlbar, lokale und personale Erreichbarkeit von Kirche im Nahbereich ist unverzichtbar. Ein Gefühl von Verlässlichkeit und Zugehörigkeit lässt sich am besten im überschaubaren Raum wecken und stärken: »Das ist unsere Kirche. Da habt ihr etwas davon.« Eine unbenutzte Kirche : »Hier war mal was.«

Eine stilvoll gepflegte, geöffnete Kirche als Raum der Stille ist eine heilsame Störung unserer Alltage. In diesen Räumen ist mit aller Liebe, mit aller inneren und äußeren Kraft, mit aller Phantasie Gottesdienst zu gestalten – als ein Ereignis für die kommende Woche aus den Erfahrungen der zurückliegenden Woche heraus!

In den Kirchenräumen kann immer wieder ein Transzendenzgefühl aufkommen: *Was ist, ist nicht alles. Es gibt etwas, das uns überschreitet, aber mich als Einzelnen nicht übergeht.* Hier trete ich meinem menschlichen Maß gegenüber als eine vergängliche Kreatur – aber ich werde nicht kleingemacht und sehe mich nicht dem Nichts gegenüber.

Christliche Religion kann sich indes nie in transzendentalen »Relitrips« mit bewusstseinserweiternden Erfahrungen erschöpfen. Viel mehr erwächst eine (soziale) Lebensverpflichtung aus einem Urvertrauen zu einem Gott, dem ich in personaler Sprache begegnen kann, ohne das Transpersonale auszuschließen.

Der Raum spricht. Das Wort spricht. Die Musik spricht. Es geht um den Wiedergewinn des Erlebnisses gemeinsamen *Singens*, des *Sich-Versenkens*, des Aushaltens von Stille und des gefüllten *Schweigens* in unseren sakralen Räumen.

Hier geht es um etwas. Hier geht es um alles. Hier geht es um mich. Deshalb muss es neben gelingenden Anknüpfungen an ganz Alltägliches immer um etwas ganz Elementares, etwas Unentrinnbar-Existenzielles gehen.

Die WAS-Frage geht der WIE-Frage voraus; aber sie ist nicht ohne die Frage nach dem Adressaten zu beantworten. Dabei kann dann die Tradition eine förderliche, eine geradezu entlastende

Rolle spielen: Man *muss* nicht alles neu erfinden. Man *kann* anknüpfen und kann getrost etwas hinter sich lassen. Man steht auf dem Boden langer Erfahrung. Man bezieht sich auf alte Texte mit Mehrwert. Man gibt etwas weiter, was sich solange nicht erschöpft, wie man es nicht bloß zelebriert. Das *Alte* ist weder das Allzeit-Altbewährte noch das längst Verstaubte. Das *Neue* ist weder das Bessere schlechthin, noch kann es vorschnell als das »Neumod'sche« abgetan werden.

Bei der Anknüpfung an die Sprache der Jetzt-Zeit wird man sich genau nicht an gängige Sprachverkrüppelung, Sprachverkümmerung und Sprachverflachung anpassen, sondern in protestantischer Tradition eine erkenntnisfördernde Sprachvertiefung suchen, Sprach*erweiterung* ermöglichen, Sprach*freude* wecken, ja Wirklichkeit geradezu *wach*rufen!

Offenheit für alles, was gerade »dran« ist, führt ins Leere. Nur jemand, der erkennbar für etwas steht, wird ein lohnender Gesprächspartner, auch ein lohnender Partner für die Auseinandersetzung im Dialog.

Wo *Frömmigkeit* nicht mit Offenheit gepaart wird, wird sie einfach eng und stickig. Aber wo *Offenheit* nicht mit Frömmigkeit gepaart ist, wird alles flach, beliebig, leer.

Ich will sagen: Tradition ist auch ein bergendes Haus, in ihm zu leben eine Art und Weise, tief eingegrabene – auch lange vergrabene – Erinnerungen wieder zu erwecken. Wir sollten nicht zu achtlos und arglos Traditionen über Bord werfen, sondern sie auf unsere Zeit *beziehen*.

Das Modische ist nicht das Moderne. Anpassung ist eine durchaus ambivalente Größe. Und Kirche ist schlecht beraten, wenn sie bloß auf Bedürfnisse reagiert, statt sie auch zu wecken oder aufzunehmen, sie zu vertiefen oder zu verändern. Die Kirche begibt sich auf einen (ziemlich teuren!) Holzweg, wenn sie sich Beraterfirmen und deren Denkstrukturen ausliefert mit den berühmten Evaluierungen, Qualitätsmanagements, Kundenoffensiven etc. etc.

Was die Kirche in ihren immer noch so wunderbaren Kirchenräumen ermöglichen kann, sind Erweiterungen der Innenräume des Menschen. Es ginge darum, mit allem Kenntnisreichtum und aller Phantasie Erlebnisse in den Kirch*räumen* und in der Kirche als *Gemeinschaft* zu ermöglichen, die Tiefenwirkung haben, statt »Events« mit Feuerwerkscharakter zu veranstalten. Alle Verantwortlichen sollten sehr aufmerksam darauf sehen, was im säkularen Raum an Existenzfragen aufgeworfen wird, die theologisch von Relevanz sind, stetig die Schnittmengen suchen zur Schule, zum Theater, zur Kommune, zu den Medien etc. und deshalb Kontakt zu den Personen halten, die diese Institutionen qualitäts- und phantasievoll beleben.

IV.

Die protestantische Kirche ist nicht unwesentlich geprägt von dem Impetus, der von Luthers »Freiheit eines Christenmenschen« ausgegangen war. Dieser stellte das Individuum in den Mittelpunkt und ordnete es nicht den Institutionen unter. »Habe den Mut, dich deines eigenen Verstandes ohne Anleitung eines anderen zu bedienen«, lautete Kants Definition der Aufklärung. Wer sich auf den »Mut des Verstandes«, den »Mut des Entschlusses« und den »Mut des Herzens« besinnt und diesen Mut in tätiger Zuwendung zum anderen umsetzt, weiß Gemüt und Verstand zu versöhnen sowie das Existenzielle mit dem Sozialen zu verbinden.

Heinrich Heine hat in den Reiseschriften »Die Bäder von Lucca« mehrere Dialoge über Religion aufgezeichnet. Ein Hamburger Geschäftsmann versucht, sein Verhältnis zur katholischen, zur protestantischen und zur jüdischen Religion zu bestimmen. Von der katholischen sagt er, sie mache ihm nicht einmal Vergnügen, sie sei »eine Religion, als wenn der liebe Gott eben gestorben wäre, und es riecht dabei nach Weihrauch, wie bei einem Leichenbegängnis«. Dies sei wahrlich keine Religion für einen Hamburger. Auf die Frage, wie er zur protestantischen stehe, antwortet er: »Die ist mir wieder zu vernünftig, Herr Doktor, und gäbe es in der protestantischen Kirche keine Orgel, so wäre sie gar keine Religion. Unter uns gesagt, diese Religion schadet nichts und ist so rein wie ein Glas Wasser, aber sie hilft auch nichts. Ich habe sie probiert, und diese Probe kostet mich 4 Mark 14 Schilling –« »Wieso, mein lieber Herr Hyazinth?« »Sehen Sie, Herr Doktor, ich habe gedacht, das ist freilich eine sehr aufgeklärte Religion, und es fehlt ihr an Schwärmerei und Wunder; indessen, ein bisschen Schwärmerei muss sie doch haben, ein ganz klein Wunderchen muss sie doch tun können, wenn sie sich für eine honette Religion ausgeben will.« Und die altjüdische, die hält er für gar keine Religion, sondern für »ein Unglück«. Aber er wolle sich nun mit dem neuen israelitischen Tempel behelfen: »… ich meine den reinen Mosaik-Gottesdienst, mit orthografischen deutschen Gesängen und gerührten Predigten und einigen Schwärmereichen, die eine Religion durchaus nötig hat. So wahr mir Gott alles Gut's gebe, für mich verlange ich jetzt keine bessere Religion, und sie verdient, dass man sie unterstützt.«[37]

Religiöse Vollzüge werden eben nicht erlebt, wo es nicht auch feierlich zugeht.

Vor lauter Vernünftigem sollten wir den Katholiken im Gottesdienst nicht das Faszinosum und Tremendum überlassen. Keine Scheu vor Feierlichkeit und schöner und berührender Gestaltung unserer geistlichen Vollzüge! Feierlichkeit braucht so wenig krampfhaft zu sein wie Natürlichkeit nicht aufgesetzt zu sein braucht. Ökumenisch lernen hieße, sich im Zwischenraum von Vernunft und Mysterium zu bewegen. Zugleich haben wir uns natürlich vor jedem religiösen Brimborium und der Inszenierung des schönen Scheins zu hüten.

Jede Religion, die sich nicht der Vernünftelei anbiedert, lebt auch vom Gemüt, von der Schwärmerei, vom Geist und von den Mysterien des Glaubens – nicht von dessen Rätselhaftigkeit oder Vernunftwidrigkeit, sondern von dem unser Innerstes wunderbar Berührenden des Religiösen, zumal in biblischen Zeugnissen.

Keine unserer Deutungen erübrigt die überlieferten großen Bilder, in denen Wahrheiten ausgesprochen werden, die ohne diese Bilder nicht adäquat aussprechbar sind. Ich nenne die

Himmelsleiter, den brennenden Dornbusch, den Turm von Babel, den Engelsgesang vor den Toren Bethlehems, den Weg nach Emmaus mit dem Brotbrechen im »Abendlicht« (Stephan Hermlin).[38]

Man mag die Mysterien mit guten Gründen entzaubern wollen. Aber das ist nicht Aufgabe der Kirche. Das Christliche ist und bleibt in der Welt eine der vielen Spielarten der Religio, also der Rückbindung, der Rückbindung auch an das unausschöpfbare Geheimnis des Lebens selbst. Die Kirche ist ein Ort, an dem die nicht rational beantwortbaren Fragen nach dem Woher, Wohin, Wozu gestellt werden und jeweils Antworten gesucht und gefunden werden, die das Innere so stabilisieren, dass der Mensch im Äußeren bestehen kann als ein mündiges Individuum mitten in einer »freien Assoziation freier Bürger«.

V.

Christsein heißt zuallererst ein Zeuge zu sein, ein Zeitzeuge zu sein, der die Zeit im Lichte Christi sieht. Zeuge zu sein heißt, eine Überzeugung zu haben, diese auszudrücken und dem im eigenen Leben eine Gestalt zu geben, um dann auch andere zu überzeugen, ohne ihnen etwas überzuhelfen. Im Konfliktfalle heißt Zeuge sein, auch selber zum Zeugen zu werden. Wer keine Überzeugung hat, kann sie auch nicht anderen mitteilen. Wer eine Überzeugung hat, muss sie mit anderen zu teilen suchen.

Um nicht zu vereinsamen, nicht alles auf sich allein abzustellen und sich nicht zu verrennen, braucht man Gesprächspartner. Was »Zeuge sein« heißt, haben einzelne Personen vorgelebt, die später Vorbilder wurden, von denen für das eigene, ganz alltägliche Leben zu lernen ist. Zeitzeugen sind sie geworden, weil sie rechtzeitig aus einem JA heraus, das ihnen selbst zugesprochen wurde, auch das deutliche NEIN wagten und wagen.

Ich erinnere an die Rundfunkrede Dietrich Bonhoeffers vom Februar 1933 im Deutschen Rundfunk. Sie wurde einfach unterbrochen. Bonhoeffer hatte wahres und falsches Führertum benannt – zu einer Zeit, als die Mehrheit der Deutschen sich nach einem Führer sehnten und viele sich diesem Besessenen geradezu fanatisch anvertrauten und händereckend unterwarfen. Andere wurden zu Zeugen in den Konzentrationslagern, statt sich in – verständlicher – Angst abzuducken. Wieder andere waren geflohen, weil sie sich der Verfolgung nicht aussetzen wollten. Auch sie wurden zu Zeugen eines anderen Deutschlands, als die große Mehrheit der Deutschen verirrt war.

Christ zu sein heißt, für etwas einzustehen und auch anderen erkennbar zu machen, wofür man einsteht. »Hier stehe ich. Ich kann auch anders« – ist ein durchaus gefährliches Bonmot.

Wir sind es einander schuldig, klarzustellen, *wo* wir stehen, *wofür* wir stehen, *wogegen* wir stehen, *warum* wir aufstehen, wo die Grenze für unsere Kompromissbereitschaft liegt, wo also das Gewissen zu schlagen beginnt. Das Wohltemperierte passt nicht zu einem Christen. Stets steht das Menetekel der Offenbarung des Johannes über uns: dass wir nicht heiß oder kalt, sondern lau sind und deshalb ausgespien werden.

Aber »heiß« kann nicht heißen: fundamentalistisch, kompromisslos, fanatisch oder dogmatisch, sondern für etwas zu brennen, ohne dadurch je andere zu *ver*brennen.

Der verfolgte türkische Schriftsteller Nâzim Hikmet hat dies in einem einfachen Gedicht so ausgedrückt:

> Wenn ich nicht brenne,
> wenn du nicht brennst,
> wenn wir nicht brennen,
> wie
> kann
> die
> Finsternis
> erleuchtet
> werden …[39]

Die von der EKD annoncierten »Leuchtfeuer« sind zuallererst einzelne Menschen, die von innen her leuchten, die *erleuchtet* sind und andere zu erleuchten in der Lage sind, ohne dass sie sich deswegen zu einem Leuchtturm erheben, vor dem die anderen in ihrer Niedrigkeit und Armseligkeit erblassen müssten.

Eine in die Gesellschaft geschmeidig eingepasste Kirche, die sich an den diversen Trends orientiert und immer »gut aufgestellt sein« will, ist entbehrlich.

Ein Christsein, das vor allem um Unauffälligkeit bemüht ist, schämt sich des sperrigen Zeugnisses, das wir der Welt schuldig sind. Das Evangelium ist immer wieder ein Ärgernis, den einen eine Torheit, den anderen ein Skandal.

»Die Kirche« sollte nicht aus dem Munde ihrer Würdenträger zu allem Möglichen *ihren Senf* dazugeben, aber seismographisch auf Verwerfungen und Erschütterungen hinweisen und sagen, welche (Aus-)Wege sie sieht, welches Umdenken uns abverlangt ist oder vor welchen Aporien wir stehen.

Die Kirche wird sich nicht den Mechanismen der schnell wechselnden Zustimmung oder des öffentlichen Beifalls aussetzen, wohl aber darauf bedacht bleiben, dass sie als kompetent und glaubwürdig wahrgenommen wird. Sie steht nicht unter dem Druck, sich selber als unfehlbar darzustellen, weil sie weiß, dass wir alle mit unserem Tun und Lassen Versagende (und auch Verzagende) sind, die um Vergebung wissen und *deshalb* mutiger handeln – also auch irren – können.

Genau darum kann die Kirche rechtzeitig, ja vorzeitig Themen aufgreifen, um die es um der Zukunft willen gehen sollte. Und das sind die global wie lokal (über-)lebenswichtigen Fragen nach »Gerechtigkeit, Frieden und Bewahrung der Schöpfung« – und damit auch die Frage an jeden Einzelnen, wie er »seinen Platz in der Schöpfung gehörig erfülle« – was Kant unter die wichtigsten Angelegenheiten des Menschen rechnete.

Ich nenne einige Beispiele: Musste es erst zum dramatischen, zunächst geheim gehaltenen Bericht der UNO kommen, um zu zeigen, was wir anrichten mit unserer Art zu wirtschaften, zu produzieren und zu konsumieren, mit unseren Exkrementen umzugehen, den globalisierten Weltverkehr zu vervielfachen, die ganze Welt als eine einzige Materialressource zu verstehen, die allen überall möglichst billig und effizient zur Verfügung steht, also die Dinge der Welt vorrangig materiell zu bewerten, um sie auszubeuten und sie dann zu *ver*werten? Dieser unser Umgang mit der »Materie« als bloßem »Material« – nicht als geheiligter Schöpfung – umzugehen, ist von Übel. Das Nicht-Menschliche ist nicht bloß Materie, sondern Teil der mater, der Mutter aller Dinge.

Die Kirche ist nicht bloß für menschliches Verhalten in einem moralischen Sinne zuständig, sondern noch viel mehr für die dahinterliegenden Grundeinstellungen zum Leben, die zu neuem Verhalten führen. *Verhaltensweisen* wird man nur ändern, wenn sich auch *Einstellungen* ändern. Dazu gehört z.B. der Wiedergewinn von *Dankbarkeit* für das Gegebene, verbunden mit der *Verantwortung* für das uns Gegebene – verdichtet in dem, was Albert Schweitzer »Ehrfurcht vor dem Leben« genannt hat.

Eine Kirche, die immer wieder mit dem Odium des Gestrigen behaftet ist, wird allzu gern irgendwie »mit von der Partie sein« wollen, um nicht als vorgestrig zu erscheinen. Auch die Kirche will »modern« sein, will nicht immer als Dauermäkler erscheinen, der jedem Fortschritt kritisch entgegensteht. Was aber, wenn der Fortschritt lediglich das Neue, aber nicht das Bessere ist?

Ich nenne summarisch einige andere Herausforderungen, zu denen die Kirche etwas zu sagen hat und wo sie etwas sagt, auch Respekt findet.

Ich denke an die Frage der Entlassung der Terroristen aus dem Gefängnis gemäß den Regeln unseres Rechtsstaates. Hier wurde Bischöfin Margot Käßmann zu einer Zeugin im Deutschen Fernsehen, die etwas zu sagen wagte, was unseres Amtes ist. So klar wie differenzierend und verständnisvoll nach den verschiedenen Seiten hin.

Dazu gehört der Umgang mit der DDR-Vergangenheit. Das Zeugnis der Kirchen wurde hier – aufs Ganze gesehen – in dem Maße verweigert, wie es in Südafrika durch Bischof Tutu und Nelson Mandela abgegeben wurde. Wahrheit *und* Versöhnung!

Versöhnung nicht ohne Wahrheit, aber auch Wahrheit nicht ohne Versöhnung.

Ich nenne die dramatische Überalterung unserer Gesellschaft – einerseits durch eine immer höhere Lebenserwartung mit enormen finanziellen Kosten und mentalen Veränderungen – bis hin zum Umgang mit immer mehr reduziertem Leben von immer mehr Menschen. Haben wir den Mut, auch von einem würdigen Sterben-Lassen zu reden? Und was bedeutet andererseits der dramatische Rückgang der Geburten?

Welche humanitären, welche politischen, welche militärischen Aufgaben hat die Bundesrepublik auf welche Weise international wahrzunehmen und welche nicht?

Welcher militärische Einsatz ist wo gerechtfertigt? Ist die Entscheidung richtig, Tornados nach Afghanistan zu schicken und diese in die amerikanische Strategie gegen die Taliban einzubinden, statt mit Selbstbewusstsein und innerer Konsequenz die bisherige deutsche Strategie zur Hilfe zum Wiederaufbau fortzuführen? Die Kirche schwieg. Das Parlament entschied anders als das Volk dachte.

Es erscheint nicht nur richtig, sondern notwendig, dass die Kirchen zur Mitbeteiligung an demokratischer Meinungsbildung aufrufen.

Und *was* wird aus den Seelen der Menschen, wenn sie fortgesetzt – massenhaft und von Kind an – sich selber dem entsensibilisierenden, geschmacksverderbenden Fernsehmüll ausliefern?

VI.

Allgemein wird ein neues religiöses Allgemeininteresse konstatiert, das anwächst, sich aber nicht auf die Kirchen als Institution oder die Kirchen als Räume bezieht, in denen wir unsere Gottesdienste feiern.

Eine religiöse Sehnsucht ist wohl zu bemerken. Zugleich schwindet das christlich-religiöse Basiswissen über unsere abendländische Kultur. Wer vermag zu unterscheiden zwischen dem, was allgemeine Religiosität und was christlicher Glaube ist?

Egotrips ins Innere oder das Ausloten innerer Welten nach bestimmten Methoden ist noch nicht das, was man christlich nennen kann. Mystik gibt es im christlichen Sinne nicht ohne Widerstand. Dorothee Sölle hat das in einem tiefgründigen Buch einleuchtend dargelegt.

Der Innenwelt Raum lassen, Raum geben, beim Tieferloten etwas entdecken – das kann als ein erfüllender Reichtum erfahren werden, das kann Kraft geben, kann die Außenwelt besser verstehen lehren, kann vor allem der Illusion entraten, dass das Außen *alles* sei.

Mit allen Sinnen dem Sinn nahe kommen und sich besinnen, um besonnen handeln zu können.

Gerade der Aktive braucht das Kontemplative. Es wird als ein Glück erfahren, wenn man der gelangweilten Banalität entkommt. »Mensch, werde wesentlich!«

Wir werfen in den Kirchen die zentralen existenziellen Fragen auf und versuchen Antworten, ohne auf alles eine Antwort zu haben. Kirchen und die Gemeinden bräuchten einen viel stärker entfalteten und ausgeformten Kontakt zu all denen, die an denselben Fragen wie wir herumwürgen. Das sind eben die Dichter, die Maler, die Musiker, die Philosophen der Vergangenheit wie der Gegenwart.

Nur der, der etwas zu sagen hat, ist auch der Rede wert. Martin Luther schrieb zugespitzt: »Fern von uns Christen seien Skeptiker und Akademiker, willkommen aber die, die doppelt so hartnäckig als selbst die Stoiker ihre Sache mit Entschiedenheit vertreten ... Nichts ist bei den Christen bekannter und vertrauter als die entschiedene Behauptung. Hebe die entschiedenen Behauptungen (=Gewissheiten) auf, so hast du das Christentum beseitigt.

Der Heilige Geist ist kein Skeptiker ...«

Denn der Glaube ist »Stehfest des Herzens«, und er bleibt doch Argumenten zugänglich. Ziel muss immer der »mündige Christ« sein, der in der Gemeinde einen sinnvollen Ort für lebendige Dialoge findet.

Religion als Behausung des Menschen –
in einer globalisierten Welt

Die Erde ist seit Kolumbus, also seit der Entdeckung der Endlichkeit und der Kugelförmigkeit unserer Mutter Erde im Jahre 1492, mehr und mehr zum Lebensraum des Menschen geworden, den er sich zunutze macht, den er ausbeutet, beherrscht und sein Eigen nennt und zugleich aufteilt. Der ganze Globus ist nun unser. Und unser Handeln ist global auf einer *Welt* geworden, die als einsamer Planet um die Sonne kreist und nicht weiß, ob es woanders vergleichbare Lebewesen gibt.

Wir sind einerseits in unendliche Weiten gestellt und brauchen andererseits einen umgrenzten Raum.

Unter »Globalisierung« verstehen wir zunächst eine globalisierte Handelswelt. Die Menschen führten weltweit Handel, führten Kriege um Territorien und Ressourcen, aber inzwischen entdecken wir mehr und mehr, dass wir verflochten sind mit allem, abhängig von allem und allen und damit zugleich verantwortlich für alles.

Das bekommen wir gegenwärtig zu spüren, gleichgültig, wo wir wohnen: am Klima, an den Ressourcen, an den Atomkraftwerken (und deren Rückständen), am rasanten Rückgang der Artenvielfalt, an den Löchern in der Ozonschicht und an den Weltfinanzmärkten, seit die Welt ein globaler Markt für frei agierende Finanzjongleure wurde und so viel Geld in der Welt unterwegs ist, dass es keine »reale« Deckung mehr gibt.

Aber wir als Menschen sind alle »Revierwesen« geblieben und beanspruchen Verfügungsgewalt über die ganze Welt. Für die einen ist die Globalisierung eine verwunderliche, wunderbare und einträgliche Sache. Zugleich breitet sich auf allen Kontinenten eine so diffuse wie elementare Angst vor den Globalisierungsfolgen aus, die sich nicht nur religiös-fundamentalistisch oder nationalistisch-rassistisch nutzen lässt, sondern die weltweit barbarische und gewalttätige Auseinandersetzungen zeitigt – sowohl um die Autonomie von Ländern und Territorien als auch um Ressourcen und Einflusssphären weltweit.

Die Konflikte mit der islamischen Welt werden vielfach als Kampf um westliche Werte gedeutet, ohne die globalstrategischen Aspekte offen zu benennen, zumal dieselben Werte dabei nicht nur verletzt, sondern tagtäglich entwertet werden.

Insbesondere die sogenannte westliche Welt betrachtet und behandelt die übrige Welt als den seinen Reichtum garantierenden Rohstoffausbeutungsraum. Die Chinesen »ziehen nach«, und Russland meldet sich als Hegemonialmacht zurück.

Eine lange vernachlässigte Dimension ist seit dem Ende der Blockkonfrontation hinzugekommen: die enorme Bedeutung kultureller Traditionen und religiöser Bindungen.

Eine globalisierte Welt verlangt geradezu nach kultureller Identität. Leider bringt sie oft auch Regression und Abwehr des Fremden und der Fremden mit sich. Die Supermacht USA wurde acht Jahre lang von einem Mann mit einer ausgesprochenen texanischen Weltsicht regiert, der im Übrigen keinen Schritt tanzen, aber gut schießen kann. Er war ein naher Freund des inzwischen verstorbenen Charlton Heston, der über mehrere Jahre die Lobby der Waffenbesitzer in den Vereinigten Staaten angeführt hat. George W. Bush bestimmte wesentlich über das Weltgeschick, über Krieg und Frieden zumal. Gleichzeitig ist er fromm und trug diese Frömmigkeit gern vor den Fernsehkameras zur Schau. Seine Wählerschaft stammte zu großen Teilen aus dem besonders fromm-bigotten sogenannten Bible Belt. Bushs – den Irakkrieg provozierender – Hauptgegenspieler war Saddam Hussein, der sich selbst erst sehr spät dem Islam zugewandt hatte, war doch die Baath-Partei im Grunde eine säkulare, keine religiöse Bewegung. Saddam Hussein setzte im Konflikt mit den USA auf die Solidarität der muslimischen Welt. Und der im wörtlichen Sinne unfassbare Bin Laden versteht seinen weltumspannenden Terror als einen Heiligen Krieg. George W. Bush rutschte 2001 das Wort »Kreuzzug« heraus. Beinahe überall auf der Welt werden alte Muster reaktiviert.

Die Art der Bush-Regierung, Weltmacht auszuüben, hat Langzeitfolgen. Die neue Administration wird sehr komplizierte Aufräum- und Umbauleistungen zu erbringen haben, ökonomisch, politisch, mental. Obama übernimmt ein vergiftetes Erbe und steht vor Herkulesaufgaben wie wohl kein anderer Präsident seit 1945: der UNO und dem Völkerrecht die ihnen zustehende Autorität zurückgeben, den amerikanischen Traum wiederbeleben, das Image des Landes aufhellen. Eine Integration der Religionen in einen weltweiten Verständigungsprozess, wie ihn Hans Küng angeregt und wesentlich auf den Weg gebracht hat, wird unentbehrlich sein. Religionen sind nicht die Ursache von Kriegen; aber sie werden in Kriegen und für Kriege – auch von diversen Geistlichen! – instrumentalisiert. Es gibt keinen Weltfrieden ohne Religionsfrieden. Aber es gibt auch keinen Religionsfrieden ohne Weltfrieden.

Instrumentalisierung der Religion für Machtzwecke ist keine muslimische, auch keine jüdische oder christliche (ob evangelische oder katholische) Spezialität, sondern eine Gefahr, sobald man die eigene Religion als *die Wahrheit* schlechthin betrachtet und die anderen Erdenbürger als Objekte der Missionierung behandelt oder als »Ungläubige« bekämpft. Vor allem die drei monotheistischen Religionen stehen im Fokus der Kritik, weil die Zurückführung auf *ein* Prinzip die Tendenz zur Ausschließlichkeit habe, so insbesondere Jan Assmann. In den Kriegen der letzten 1500 Jahre war es der *eine* Gott, der aus der abrahamitischen Tradition kam, ob er nun Jehova, Gott oder Allah genannt wurde.

Eine Verständigung der Religionen über das Verbindende wird in der globalisierten Welt unabdingbar, wenn wir wollen, dass unsere Welt weiterhin lebenswert ist. Dazu wäre das gemeinsame ethisch-religiöse Fundament der Religionen herauszuarbeiten und eine versöhnte Verschiedenheit anzustreben. Gleichgültigkeit gegenüber der Religion wäre genauso fatal wie jegliche fundamentalistische Ausformung. Die Religion fungiert im Grunde als eine Bastion gegen die (Welt-)Angst und gibt dem Menschen ein ihn überschreitendes Zuhause.

Weltkulturen am Scheideweg –
globaler Kampf oder produktiver Dialog

Geradezu gebetsmühlenartig wurde Samuel Huntington zitiert. Man sprach sich für oder gegen seine These vom »Kampf der Kulturen« aus, ohne die Problemstellung weiter zu differenzieren. Huntington prophezeit die Neugestaltung der Weltpolitik im 21. Jahrhundert – nach dem Ende der Blockkonfrontation zwischen Ost und West. Sein Buch hatte er vor den Anschlägen vom 11. September 2001 geschrieben. (Es geht auf einen schon 1993 veröffentlichten Aufsatz zurück.) Dennoch erweckt es den Eindruck, als würden sich Huntingtons Befürchtungen bewahrheiten. Er greift die Frage auf, ob wir in einer ökonomisch globalisierten Welt zu einem geregelten Neben- und Miteinander der Kulturen gelangen, da Universalismus – so der Autor – weder nötig noch möglich sei. Solch ernüchternde Wahrheit gegenüber gutgemeintem realitätsfernem Multikulti-Idealismus tut bisweilen sehr not.

Schließlich gibt es ein verwaschenes Gefühl, das uns glauben macht, wir seien »doch alle Menschen«. In der Sowjetzeit z. B. beteuerte man, »Christentum und Kommunismus wollten im Grunde dasselbe«. Nein, ich wollte und will nicht »dasselbe« wie die Kommunisten, weil sie ein Menschenbild vertraten, das einfach nicht geerdet war. Sie waren viel »himmlischer« als Christen. Sie nahmen den realen Menschen nicht wahr und reduzierten das Leben auf ökonomische Interessen, als ließe sich das Problem des Menschen durch Vergesellschaftung der Produktionsmittel lösen und als sei der Mensch im Sozialismus von lauter altruistischen Antrieben geleitet. Und wenn nur »die Guten« die Macht hätten, würde auch die Macht gut werden. Nicht zuletzt daran ist der Kommunismus moralisch und politisch gescheitert. Die stalinistische Säuberung, die chinesische Kulturrevolution und die Gewalt der roten Khmer waren die Taten kommunistisch-barbarischer Fundamentalisten. Dessen ungeachtet gibt es Dinge, über die »Andersgläubige« sich einig werden können und für die sie gemeinsam wirken können, denn das Kreatürliche ist uns allen eigen; nichts Menschliches ist uns fremd. Die »goldene Regel« »Was du willst, dass dir die andern tun, das tu ihnen auch« mag als verbindende Klammer gelten. Dies gilt in übertragener Weise auch im Verhältnis zwischen Christentum und anderen Religionen.

Es gibt viele Dinge, die uns Menschen miteinander verbinden. Zuerst ist es unsere Grundangst. Wir erschaffen uns verschiedene Behausungen, in denen wir uns sicher fühlen. Auch Religionen gehören dazu. »Kultur und Identität von Kulturen … prägen heute in der Welt nach dem Kalten Krieg die Muster von Konkurrenz, Desintegration und Konflikt«, schrieb Huntington. »Bemühungen, eine Gesellschaft von einem Kulturkreis in einen anderen zu verschieben, sind erfolglos. Länder gruppieren sich um die Führungs- oder Kernstaaten ihrer Kultur«, fuhr er fort.

Er warnte vor sogenannten Bruchlinienkriegen, die sich im Wesentlichen zwischen Muslimen und Nicht-Muslimen abspielen würden. Das Überleben des Westens hänge davon ab, dass die Westler »sich damit abfinden, dass ihre Kultur einzigartig, aber nicht universal ist, und sie sich einigen, diese Kultur zu erneuern und vor der Herausforderung durch nichtwestliche Gesellschaften zu schützen. Ein weltweiter Kampf der Kulturen kann nur vermieden werden, wenn die Mächtigen dieser Welt eine globale Politik akzeptieren und aufrechterhalten, die unterschiedliche Wertvorstellungen berücksichtigt.« Den Glauben an die Universalität der westlichen Kultur kritisierte er als »falsch«, »unmoralisch« und »gefährlich«.

Huntington spricht einige Wahrheiten aus, die eigentlich selbstverständlich sind: dass Menschen sich nämlich über Herkunft, Religion, Sprache, Geschichte, Werte, Sitten und Gebräuche und über deren Institutionen definieren, dass sie sich mit kulturellen Gruppen identifizieren, also mit ihren Ethnien, ihren religiösen Gemeinschaften, Nationen und Kulturkreisen. Es ist eine bedauernswerte Tatsache, dass Kollektive erst dann wissen, wer sie sind, wenn sie wissen, wer sie *nicht* sind und *gegen* wen sie sind. Gefährlich wird es, wenn sich die Identität einer Gesellschaft bildet, indem sie sich über ihren Feind definiert, sich also nicht positiv, sondern negativ konstituiert. Die Ungläubigen mit aller Kraft zu bekämpfen und zurückzudrängen, wird zum kulturellen Gruppenkitt. Der Kampf gegen die Ungläubigen kann noch wichtiger werden als die Gemeinschaft der Gläubigen, sofern man so eigene Konflikte kaschiert, verdrängt oder projiziert. Die Folge ist ein immer wieder – jetzt wieder archaisch – aufkommendes, aber weltgefährdendes manichäisches Gut- und Böse-, Wahr- und Falsch-, Freund- und Feind-, Licht- und Dunkelschema.

In einer globalisierten Welt sind wir aber geradezu darauf angewiesen, dass sich westliches und orthodoxes Christentum, Hinduismus, Buddhismus, Islam, Taoismus und Judentum auf das besinnen, was ihnen *gemeinsam* ist. Die Suche nach dem Gemeinsamen wäre dem Frieden dienlich, ohne dass es zu einer Nivellierung im Ganzen kommen müsste. Respekt, Akzeptanz und Verständnis sind Bedingungen für ein gedeihliches, gegenseitig vorteilhaftes Zusammenleben. Der ganzen Völkergemeinschaft und jedem einzelnen Land muss daran gelegen sein, Recht und Ordnung zu erhalten und alles für die Stärke des Rechts zu tun, mit dem Ziel, transnationale Mafiaorganisationen, Rüstungsdealer und Drogenkartelle zurückzudrängen und andererseits den *Rückgang* sozialer Solidarität – bei gleichzeitiger Zunahme kulturbezogener Gewalt – zu stoppen.

Ich betone noch einmal: Es geht um Recht und Ordnung im eigenen Lebenskreis. Es geht um den Erhalt von staatlichen Ordnungen, in denen Recht herrscht, auf das man sich erfolgreich, unter Funktionstüchtigkeit der Gewaltenteilung, berufen kann, und darum, dass die Länder, die auf ihre Rechtsordnung mit Recht stolz sein können, dann auch international der *Stärke des Rechts* mehr vertrauen als dem *Recht der Stärke*.

Was die Vereinigten Staaten nach der Generallegitimation durch die UNO zwei Tage nach dem 11. September 2001 zu tun begannen, wurde zu einem Abschied von den Prinzipien der Vereinten Nationen. Man hatte gleich hernach dem UN-Generalsekretär mit dem Friedensnobelpreis kurzzeitig den Mund gestopft. Es dauerte einige Zeit, bis Annan seine Sprache wiederfand – auch gegenüber den Vereinigten Staaten, die selbst den UN-Sicherheitsrat durch ihre Übermacht in die Bedeutungslosigkeit katapultierten. Die UNO konnte zunächst einen Präventivkrieg gerade noch verhindern. Doch die Bush-Administration wollte den Krieg gegen den Irak um jeden Preis. Schamlos wurden der UN-Vollversammlung 16 Lügen vorgetragen, die den Krieg rechtfertigen sollten. 2008 entschuldigte sich Colin Powell, dies sei der schwarze Fleck in seiner Karriere, doch George W. Bush schob alles seinen Geheimdiensten und deren Falschinformationen in die Schuhe.

Huntington fasste seine Beobachtung zusammen: »Der Aufstieg transnationaler Wirtschaftsunternehmen geht zunehmend einher mit der Ausbreitung transnationaler krimineller Mafiastrukturen, Drogenkartelle und terroristischer Banden, die gegen die Zivilisation gewaltsam vorgehen.« Recht und Ordnung seien die erste Vorbedingung jeglicher Zivilisation. Der eigentliche Kampf sei der globale Kampf »zwischen Zivilisation und Barbarei«. Die großen Weltkulturen sollten mit ihren großen Leistungen auf den Gebieten von Religion, Kunst und Literatur, Philosophie, Wissenschaft und Technik, Moral und Mitgefühl vereint marschieren, da sie sonst getrennt geschlagen würden.

Wie schnell aber wird »Barbarei« pauschal den anderen zugeordnet, etwa mit der ominösen politischen Konstruktion der »Achse des Bösen«, wobei »das Böse« offensichtlich eine religiöse Kategorie ist, die psychologisch, politisch und militärisch genutzt wird.

Es führt in Sackgassen, wenn *wir* uns »die Zivilisation« nennen und die *anderen* »die Barbarei«. Stattdessen müssen wir uns bemühen, das zu stärken, was an humanen gemeinsamen Werten in den jweiligen Kulturen enthalten ist. Das gilt insbesondere für die Stärkung eines liberalen Islam.

Ich leite aus dem Gesagten zwei wesentliche Erkenntnisse ab:
1. Unser eigener Kulturkreis bedarf der intensiven und kontinuierlichen Selbstbesinnung auf das, was ihn bei der Beant-

wortung der Fragen trägt und prägt: »Wie wir leben, wovon wir leben und wofür wir leben«.

Die geistige Kultur des Westens ist durch materielle Übersättigung und mediale Verflachung erschlafft. Kulturelle Identität gewinnt ihre Gestalt durch alle, die sich ihr zugehörig fühlen. Sie geben die nötige Vitalität und Stabilität. Wir brauchen selber eine erkenn- und benennbare kulturelle Identität; sonst sind wir keine Gesprächspartner für andere Kulturen. Es gibt viel geistig-kulturellen Nachholbedarf, wobei manche aus den westlichen Bundesländern meinen, nur im Osten hätte man abendländische Grundlagenbildung nötig. In massenhafter medialer Selbstverblödung sind wir längst geeint!

2. Die plurale und multikulturelle Welt bedarf einer Kultur des gegenseitigen Verstehens und der Akzeptanz. Unlösbar wird der Konflikt, wenn sich eine Seite der Verständigung verweigert. Ein Klima des offenen Dialogs ist in arabisch-muslimischen Staaten bislang nirgendwo anzutreffen.

Verständnis und Akzeptanz zu organisieren ist zunächst Aufgabe der führenden Personen und maßgeblichen Institutionen des Kulturkreises, in dem die Menschen leben. Von diesen Personen hängt viel ab, von Bush, Putin, Mubarak, Olmert oder Abbas bzw. deren Nachfolgern. Welche Signale gehen von ihnen aus? Wofür stehen sie? Wofür setzen sie sich glaubwürdig, zielstrebig und kontinuierlich ein? Haben sie eine Vision? Welche? Wie gelingt es ihnen, mit den fundamentalistischen Flügeln in den eigenen Reihen fertig zu werden? Welchen Mut zum Frieden haben sie – und woher speist sich ihr Mut? Barack Obama ist es gelungen, die Stimmung in Richtung Wandel zu drehen und viele Hoffnungen auf sich zu vereinen.

Entgehen die Staatenlenker und die Eliten der Länder der Instrumentalisierung der Religion für Gewalt und Zerstörung und halten sie zugleich ihre geistig-kulturellen Wurzeln hoch?

Religiöse Grundsubstanz – das Ur-Vertrauen

Fragen wir zunächst selbst nach der Grundsubstanz des Christlichen. Sie lässt sich in drei Punkten zusammenfassen:

1. Der Mensch ist ein Wort- und ein Verantwortungswesen; er nimmt seine Verantwortung vor Gott im Zusammensein mit anderen Menschen wahr: Adam, wo bist du? – Kain, wo ist dein Bruder Abel? Das sind Grundfragen aus Ur-Geschichten.

   Der Mensch erhebt sich nicht ins Göttliche – Gott beugt sich ins Menschliche. Dies steht hinter der Behauptung, dass der Zimmermannssohn aus Nazareth der Gesandte Gottes ist – dieser Welt und jedem Menschen zugute.

2. Ein Mensch ist nicht die Summe seiner Leistungen und muss sich sein Menschsein nicht erst verdienen. Die Gabe geht der Aufgabe prinzipiell voraus. Der Mensch muss sich nicht vor Gott rechtfertigen – er ist gerechtgesprochen und soll nun das Rechte tun. Er wird geliebt und soll nun auch lieben. Ihm widerfährt Barmherzigkeit, und nun soll er auch barmherzig sein. Er wird versöhnt und soll nun das Versöhnungswerk tun. Was ein Mensch tut, ist verantwortliche Ausübung dessen, was er (mit-)bekommen hat; mit seinen empfangenen Talenten soll er wuchern, wissend, dass alles, was er hat, letztlich etwas Empfangenes ist.

3. Glaube ist das Grundvertrauen, dass Gott gut zu dieser Welt und zu uns ist. Es ist so die gottes- wie selbstgewisse Behauptung des »Trotzdem«. Glauben meint nicht das Für-Wahr-Halten eines bestimmten Kanons von Sätzen oder Dogmen, sondern bedeutet, ein Grundvertrauen, eine existenzielle Gewissheit zu haben.

   »Wurzelpflege« ist nötig, um die Rückkehr von irrationalistischen Fundamentalismen zu minimieren. Ein interreligiöser Dialog zwischen den Weltreligionen gelingt, wenn alle Beteiligten ihre eigene Tradition ernst nehmen und gleichzeitig bereit sind, die Relativität ihrer Wahrheit (als Überzeugung) anzuerkennen. Eine faule Toleranz macht die Ergebnisse des Dialogs faul. Das Ziel eines Dialogs der Weltreligionen muss die Schaffung eines Wertekanons mit weltweitem Rechtscharakter sein, der so etwas wie eine sozial-ethische Globalisierung anzustreben hätte. Wenn ein solcher Kanon nicht gefunden wird, werden sich die Beziehungen der Völker und der Bürger barbarisieren, um nach dem Ausschlussprinzip zu funktionieren: Wer schneller, mächtiger und reicher ist, wird sich durchsetzen. Das würde schließlich einen »Clash« der Zivilisationen heraufbeschwören.

Die humanen wie die natürlichen Lebensgrundlagen stehen auf dem Spiel. Neben dem ökonomischen Erfolg als Ergebnis von Konkurrenz bedarf es eines verbindlichen Völkerrechtsrahmens, dessen Koordinaten Frieden, Gerechtigkeit und Naturbewahrung sind. Dazu bedarf es eines holistischen, eines umfassenden, nicht auf den Menschen und seine Bedürfnisse beschränkten Weltbildes als Grundlage.

Ziel ist es, dass die Welt nun »Haus des Menschen«, aller Menschen, wird und dass dieses Haus sich lebensverträglich einfügt in die Natur, in der und von der die Menschen leben.

Das Verschwinden der Ewigkeit – die Zukunft der Tradition

Tradition heißt nicht, die Asche zu verwahren,
sondern die Glut wieder zum Lodern zu bringen.

I.

Das Wort »Ewigkeit« wird im allgemeinen Sprachgebrauch verbunden mit der Konnotation *Unendlichkeit* der Zeit*dauer*, mit etwas unserem Vorstellungsvermögen kaum mehr Zugänglichem. Wenn wir sagen »Das ist nicht für die Ewigkeit«, meinen wir damit »Es ist vergänglich« oder gar »Es ist in absehbarer Zeit verloren, vergessen, verrottet«. Und aus der Angst davor, dass alles vergänglich ist, schaffen wir Ewigkeitssymbole oder stellen uns in lange Traditionsketten; in diesen Ketten wird die jetzige Generation und jeder Einzelne ein Glied, ein Verbindungsglied zwischen Vergangenheit und Zukunft.

Alle Kunst will Ewigkeit. Auch die Architektur will das, aber gerade sie lebt vom Verfall und von den Zerstörungen und von den diversen Umbauten.

»Ewigkeitssehnsucht« als Überdauern in der Zeit ist immer wieder uneingestandene menschliche Illusion: Die ewige Stadt *Rom* ist nichts weiter als eine schier unendliche Abfolge archäologischer Schichtungen. Ihren Zauber entfalten *alle* uns noch zugänglichen Schichten. Stets finden wir auf der Suche nach dem Ursprung die Tradition – versteinerte Wirkungsgeschichte. Das ewige heilige *Jerusalem* kämpft von Anfang an mit dem Widerspruch zwischen Vision und Realität – etwa zwischen der großen Vision des Völkerfriedens auf dem Berge Zion (Jesaja 2) und den Kriegszügen vergangener Jahrhunderte, die die Stadt zerrüttet haben. Bis heute ist sie tief gespalten. Und doch leuchtet für alle Besucher jenes Ewigkeitssymbol von Vollkommenheit und Schönheit der Form schlechthin, der muslimische Felsendom mit seiner Goldkuppel, und verbreitet Frieden.

Uns allen ist die Sehnsucht eigen, das Vorzeitliche, das »in die Ewigkeit« Zurückreichende, in Ehrfurcht zu bestaunen und zu betasten. Aber wir nehmen den Ursprung nur noch als Überlieferung oder als vielfache Überbauung wahr, z. B. in der Geburtskirche von Bethlehem.

Daneben entstehen immer wieder Fiktionen ewiger Herrschaft, ewigen Friedens, von der pax romana bis zur pathetischen Ausrufung des »Tausendjährigen Reiches« samt seiner architektonischen Gigantomanie. Man kann noch hinabsteigen in die Katakomben des Wahns – gleich neben dem Deutschen Theater, wo die Wiederkehr des Immergleichen auf der Bühne widergespiegelt oder aber der Abstand zum Vergangenen verdeutlicht wird, wo Entwicklungsgeschichte beschrieben und die Existenzfrage für heute gestellt wird – eben aus der Erinnerung an Vergangenes wird etwas gegenwärtig, um Zukunft zu gestalten, statt nur den Zwangsläufigkeiten von Tragödien zu folgen.

In der christlichen Denktradition ist Ewigkeit eine unerreichbare Zeitdimension, weil nur Gott das Attribut der Ewigkeit zukommt. Theologie reflektiert das Einbrechen des Ewigen in das Jetzt und das Aufblitzen einer gefüllten Zeit, verbunden mit der schier wahnwitzigen Hoffnung, dass einmal die Zeit als Zeit*ablauf* aufgehoben sein wird, bis dass »Gott alles in allem« sein wird, bis »kein Leid und Geschrei mehr« sein wird und »alle Tränen abgewischt« werden und die Menschen miteinander in der ewigen Stadt Jerusalem beglückt wohnen – in der Stadt, die herabkommt wie eine Braut, wo alle zu leben verstehen, unter Bäumen und an frischem Wasser, das es »umsonst« gibt (Apok. 21).

II.

Der als Verschwörer gegen Hitler eingekerkerte Theologe Dietrich Bonhoeffer hat im Mai 1944 einen Patenbrief an den Sohn seines Freundes Eberhard Bethge geschrieben, in dem er den Mehrwert der Tradition beschwört und sich zugleich den Herausforderungen des Zukünftigen stellt. »Mit dir beginnt eine neue Generation in unserer Familie. Die tiefe Verwurzelung in den Boden der Vergangenheit macht das Leben schwerer, aber auch reicher und kraftvoller. Es gibt menschliche Grundwahrheiten, zu denen das Leben früher oder später immer wieder zurückkehrt. Darum dürfen wir keine Eile haben, wir müssen warten können. ›Gott sucht wieder auf, was vergangen ist‹, heißt es in der Bibel (Prediger Salomo 3,15).

Es wird in den kommenden Jahren der Umwälzung das größte Geschenk sein, sich in einem guten Elternhaus geborgen zu wissen. Es wird der feste Schutzwall sein gegen alle äußeren und inneren Gefahren. Die Zeiten, in denen sich Kinder in Übermut von ihren Eltern lösten, werden vorüber sein. Es wird die Kinder in die Obhut ihrer Eltern ziehen. In ihrem Elternhaus werden sie Zuflucht, Rat, Stille und Klärung suchen.«

Sodann spricht Bonhoeffer von der allgemeinen Verarmung des geistigen Lebens, über die Rolle der Musik und der Frömmigkeit. Er wünscht dem Täufling, dass er auf dem Lande aufwachsen möge, denn die Großstädte hätten allen Schrecken auf sich gezogen. Verantwortungsbereitschaft sei Ursprung der Tat, man solle künftig nur denken, was man handelnd zu verantworten hat, und werde sich den Luxus des Zuschauers nicht mehr leisten. Er fragt, ob wir einer Zeit der kolossalen Organisationen, der Kollektivgebilde entgegengehen und wie sich darin der Einzelne zu behaupten versteht. Nach dem Zusammenbruch alles Überkommenen in der Nazizeit und der Verstrickung der Kirche in dieser düsteren Zeit gibt er angesichts dieser Taufe zu bedenken: »Alle die alten großen Worte der christlichen Verkündigung werden über dir ausgesprochen … Aber auch wir selbst sind wieder ganz auf die Anfänge des Verstehens zurückgeworfen – was Versöhnung und Erlösung, was Wiedergeburt und Heiliger Geist, was Feindesliebe, Kreuz und Auferstehung, was Leben in Christus und Nachfolge Christi heißt, das alles ist so schwer und so fern, dass wir es kaum mehr wagen, davon zu sprechen. – In den überlieferten Worten und Handlungen ahnen wir etwas ganz Neues und Umwälzendes, ohne es noch fassen und aussprechen zu können. Das ist unsere eigene Schuld. – Unsere Kirche, die in diesen Jahren nur um ihre Selbsterhaltung gekämpft hat, als wäre sie ein Selbstzweck, ist unfähig, Träger des versöhnenden und erlösenden Wortes für die Menschen und für die Welt zu sein. Darum müssen die früheren Worte kraftlos werden und verstummen, und unser Christsein wird heute nur in zweierlei bestehen: im Beten und im Tun des Gerechten unter den Menschen. Alles Denken, Reden und Organisieren in den Dingen des Christentums muss neu geboren werden – aus diesem Beten und aus diesem Tun.« Ein eindrucksvolles Vermächtnis eines Zeugen Jesu Christi, das über die dunkle Zeit der Naziherrschaft hinausblickt.

Die Kirchen (wie Religion überhaupt) waren und sind immer besondere Orte, in denen die Dialektik von Vergangenheit, Gegenwart und Zukunft ständig thematisiert und Traditionen bewahrt, weitergegeben und erneuert werden. Bewusst oder unbewusst stehen sie in der Nachfolge Pascals, der in seinen Reflexionen über die Zeit formulierte: »Die Vergangenheit und die Gegenwart sind unsere Mittel; die Zukunft allein ist unser Zweck.«

Wo etwas Vergangenes überliefert wird, wird an etwas erinnert, was einmal gewesen ist und was für heute und morgen Relevanz behalten hat oder behalten soll. Beim Tradieren und Weitertragen von Vergangenem in Künftiges leistet die Hermeneutik zweierlei: Einerseits interpretiert sie Früheres genau und lehrt verstehen, was einmal *war,* und gleichzeitig weiß sie zu übertragen und zu zeigen, was Vergangenes für Heutiges austrägt. So ist Hermeneutik weder vordergründige Aktualisierung, noch zielt sie nur ehrfurchtsvoll auf Vergangenes. »Mea res agitur« – meine Sache wird verhandelt. Wo dies nicht erkannt und (nach-)erlebt wird, bleibt Vergangenes vergangen.

III.

Eine nicht gelöste Streitfrage bleibt, ob das Leben letztlich nur die endlose, variierte *Wiederholung* des eigentlich Immer-Gleichen oder doch *Fort-Schritt* ist, eine Abfolge mit einer Entwicklung, einem Gang in noch Ungeahntes, noch nicht Erlebtes und Höheres.

Zeit ist zudem »Kairos«, ein besonderer *Augenblick,* die einmalige Gelegenheit, die Herausforderung, der ein Mensch sich im Moment stellt oder der er ausweicht. Der Mensch ergreift seinen

Kairos, oder er verpasst ihn. Hat unser Leben nur ein Ende oder auch ein Ziel?

Hintergrund allen christlich-theologischen Denkens bleibt das Schema von »Schöpfung – Fall – Erlösung – Vollendung«, wobei unsere Welt-Zeit nicht auf finis (=Ende), sondern auf ein telos (=Ziel) hinläuft, selbst unter geschichtlich dunklen Horizonten. Ein Mensch ergreift seine ihm gegebene Zeit und erfüllt sie, indem er sich ihren Herausforderungen (beglückt) stellt und sieht (getrost) sein Ende, das Unergründliche akzeptierend.

In Prediger Salomo Kapitel 3 heißt es: »Ein jegliches hat seine Zeit, und alles Vorhaben unter dem Himmel hat seine Stunde …« Welche Zeit »haben« wir denn? Keine. Augustinus hat in seinen Confessiones unübertroffen in der europäischen Geistesgeschichte über Zeit reflektiert und klargemacht, dass wir weder Vergangenheit noch Gegenwart und Zukunft haben, sondern allerhöchstens so etwas wie Ver-Gegen-Kunft. Augustin fragt: »Was ist an der Zeit wirklich? Bei genauem Hinsehen allein die Gegenwart, das Jetzt. Vergangenheit existiert nur in unserer Erinnerung. Zukunft nur in unserer Erwartung. Damit sind beide nicht eigentlich wirklich. Es ist die Beschränktheit unseres menschlichen Bewusstseins, die das immer Seiende allein im Nacheinander zu fassen vermag. Was aber in nicht endender Folge vor aus auftaucht und vorüberzieht, das ist vor Gottes Auge alles gleich gegenwärtig.«

Wir Menschen haben nur das Nacheinander der Zeit. Alles, was wir tun, tun wir sub specie aeternitatis oder sub specie mortis. Oder beides.

Die »Theologie der Hoffnung«, die eng mit dem philosophischen Denken Ernst Blochs und der Theologie Jürgen Moltmanns verbunden ist, hat sich insbesondere auf einen Vers aus dem 1. Johannesbrief bezogen: »Wir sind es noch nicht, wir werden es aber« (1. Johannes 3,2). Bei Johannes steht: »Meine Lieben, wir sind schon Gottes Kinder; es ist aber noch nicht offenbar geworden, was wir sein werden: Wir wissen aber, wenn es offenbar wird, werden wir ihm gleich sein, denn wir werden ihn sehen, wie er ist.« IHM gleich zu sein, heißt hier: in der Liebe zu bleiben, denn der, der in der Liebe bleibt, »der bleibt in Gott und Gott in ihm« (1. Johannes 4, 16).

Für den Umgang mit der Tradition ist entscheidend, wie wir Zeit verstehen: ob sich lediglich das schon Gewesene auf einer anderen Stufe wiederholt oder ob Neues zum Vorschein kommt. Welche Bedeutung behält für das Neue die Erfahrung des Alten?

Wer nichts Neues erwartet, mag weise sein und sich einfügen in die Zeit – so wie die Weisheitsliteratur der Bibel gewissermaßen ein gelassenes, ein getrostes, ein wissendes Sich-Einfügen in die Gegebenheiten einschärft. Oder aber man sieht die Welt als einen Raum voller Möglichkeiten, in dem Noch-nicht-Abgegoltenes steckt. Das aus ferner Vergangenheit Überlieferte wird, wo es erinnert wird, zugleich vergegenwärtigt. Biblische Texte können zu einer gefährlichen und zugleich befreienden Erinnerung werden. Man denke an die Erzählung der Geburt Jesu im Stall von Bethlehem, wie sie uns durch Lukas überliefert wird, sofern man sie nicht bloß als ein stimmungsvolles Ingredienz für Weihnachten versteht, oder an die großen Friedensvisionen des Propheten Jesaja (Jes. 2;9;11), sofern sie nicht auf die Zeit eines kleinen Volkes im Nahen Osten sechshundert Jahre vor der Zeitrechnung reduziert werden. Man denke an die Seligpreisungen des Wanderpredigers aus Nazareth, sofern man diesen Sätzen und den anschließenden Antithesen praktische Gültigkeit zumisst.

IV.

Meint Ewigkeit Unvergänglichkeit oder meint sie eine Qualifizierung der Zeit, wo »Zeit« und »Ewigkeit« prinzipiell unterschieden werden in Zeit und Ewigkeit? Meint sie die Unendlichkeit der Zeit, von keinem Menschen erfassbar, wie etwa die Vorstellung von Milliarden Jahren oder gar von Lichtjahren?

Im gottesdienstlichen »Kollektengebet« geht es nicht um Geldsammlung, sondern um innere Sammlung. Dieses liturgische Gebet schließt traditionell im evangelischen Gottesdienst mit der geheimnisvollen, nicht ausdeutbaren Formulierung: »Der DU lebst und regierst von Ewigkeit zu Ewigkeit.« Mit anderen

Worten: Ist Ewigkeit eher ein Schreckenswort (Tremendum), oder ist es ein anderes Wort für Trost, für GOTT, für den Ewigen, der in der Zeit erscheint? Der Ewige bleibt. Das um seine Vergänglichkeit wissende Würmlein Mensch wird von Gott im doppelten Sinne aufgehoben (Faszinosum).

Im evangelischen Gesangbuch konnte das Lied »O Ewigkeit, du Donnerwort« direkt *vor* dem Lied »O Ewigkeit, du Freudenwort« stehen. (Seit 1993 gehören beide Lieder nicht mehr zum Kanon evangelischen Liedgutes. Schwer begreiflich!)

> O Ewigkeit, du Donnerwort,
> o Schwert, das durch die Seele bohrt,
> o Anfang sonder Ende!
> O Ewigkeit, Zeit ohne Zeit,
> ich weiß vor großer Traurigkeit
> nicht, wo ich mich hinwende.
> Mein ganz erschrocknes Herz erbebt,
> dass mir die Zung' am Gaumen klebt.
>
> O Ewigkeit, Zeit ohne Zeit,
> ich weiß vor großer Traurigkeit
> nicht, wo ich mich hinwende.
> Nimm du mich, wenn es dir gefällt,
> Herr Jesu, in dein Freudenzelt.
> (Johann Rist, 1642, im Dreißigjährigen Krieg)

Kaspar Heunisch greift dieses Lied auf und dichtet im letzten Vers seines Liedes:

> O Ewigkeit, du Freudenwort,
> das mich erquicket fort und fort,
> o Anfang sonder Ende!
> O Ewigkeit, Freud ohne Leid,
> ich weiß von keiner Traurigkeit,
> wenn ich mich zu dir wende.
> Herr Jesu, gib mir solchen Sinn
> beharrlich, bis ich komm dahin. (1660)

Paul Gerhardt schuf 1566 das Lied:

Ich bin ein Gast auf Erden und hab hier keinen Stand;
der Himmel soll mir werden, da ist mein Vaterland.
Hier reis' ich bis zum Grabe, dort in der ewgen Ruh
ist Gottes Gnadengabe, die schließt all Arbeit zu.

Ewigkeit wird hier ein Wort für Gott. Vergänglichkeit verliert
ihren Schrecken, weil sie eingebettet wird in Ewigkeit. Das Grab
wird zum bergenden Bett, in dem der Mensch teil bekommt an
Gottes Ewigkeit.

V.

Wie sehr die Kunst auf der Kunst vorangegangener Generationen beruht, so sehr sucht sie stets ihr ganz Eigenes. Ernst Barlach
schrieb 1911 in einem Brief: »Dass sich nach vielen Fehlschlägen
einmal der Drang nach architektonischer Geschlossenheit ein-
stellt, ist wohl notwendig; je mehr man von innen heraus arbeitet, desto stärker, mächtiger, glaubt man, den Rahmen wählen zu
dürfen. Und ich glaube wirklich, dass ich mit aller Gewalt darauf
aus bin. Um stilisiertes Menschentum darzustellen, scheint mir
nur die Plastik für das Menschentum infrage zu kommen, das ins
Riesenhafte gesteigert ist, das durch Schicksal erschüttert oder
durch Selbstvergessen außer sich gebracht, kurz, irgendwie mit
dem großen Begriff ›ewig‹ in Verbindung gesetzt wird, das bei aller Zeitbedingtheit aus der Misere seiner Zeit herausgewachsen
ist, dessen Freud und Leid von keiner Überlegenheit belächelt
werden kann. Im Übrigen stehe ich wohl an einem Anfang.«

Aus der Misere aller Zeitbedingtheit herauswachsen, wer wollte
das nicht?

Geradezu pathetisch bringt das Problem unseres Traditions-
bruchs und unserer gleichzeitigen Sehnsucht nach dem Einssein
in einer gemeinsamen Geschichte und Gegenwart Gottfried
Benn in seinem Gedicht »Verlorenes Ich« von 1943 ins Bild. Der
Einzelne bleibt ein Einzelner – und Einsamer –, aber er kann
sich aufgehoben fühlen in einer mystischen Communio, in der
Gemeinschaft der Gläubigen im Vollzug des Brotbrechens.

Ach, als sich alle einer Mitte neigten
und auch die Denker nur den Gott gedacht,
sie sich den Hirten und dem Lamm verzweigten,
wenn aus dem Kelch das Blut sie reingemacht,

und alle rannen aus der einen Wunde,
brachen das Brot, das jeglicher genoß –
o ferne zwingende erfüllte Stunde,
die einst auch das verlorne Ich umschloß.[40]

Tradition führt Erfahrung zusammen, gibt dem Leben einen Rhythmus des Vertrauten, befördert Bindung und Verbindlichkeit in einer Gemeinschaft durch Stabilisierung des Einzelnen. Sie kann auch einengen, dogmatisch zwanghaft oder bloß äußerlich-rituell werden. Wo uns als Gesellschaft die (christliche) Tradition mit den natürlichen Rhythmen des Lebens – im Jahr und in der Lebenszeit – abhandenkommt, drohen wir geistig heimatlos zu werden und den Halt zu verlieren. Wer als Christ sehr bewusst im Kirchenjahr lebt, für den hat jeder Sonntag seine ganz eigene Prägung und ganz eigene Botschaft, die für die ganze Woche gilt: vom Spruch der Woche über Evangelium, Brieflesung und Wochenpsalm. Jeder Sonntag hat seinen Namen. Die Woche hört nicht mit dem Wochenende auf, sondern beginnt mit dem Sonntag, der auf die Alltage wirken will. Heute ist das alles zum »schönen Wochenende« verschmolzen.

Zu jeder Zeit wurde über Traditionsverlust lamentiert. Er führt einerseits zu Regression (etwa im neuen Papstkult, im Sektenhaften und im naiven Volksglauben) und andererseits in eine Leere, die zum Einfallstor diverser neuer Verführungen werden kann. Wir leben in einer Zeit bisher ungeahnter *Beschleunigung*, mit der unsere Seelen kaum mehr mithalten können. Es muss immer *alles* schnell, ausreichend, angenehm, bequem, erreichbar und konsumierbar sein. Dabei gewinnen wir scheinbar viel und merken nicht mehr, wie wir uns selbst verlieren.

Die *Informationsflut* produziert Orientierungslosigkeit. Man kann heute »im Prinzip« alles schnell wissen und sich dabei

Nichtwissen »ergoogeln«, wenn man nicht gelernt hat, Wichtiges von Unwichtigem zu trennen. Wo kulturelles Herkunfts*wissen* verebbt, gibt es auch kein *Versteh*en mehr. Wenn in der Überlieferung geronnene Erfahrung steckt, so steckt in ihr ein Orientierungswissen, das unterscheiden hilft.

Einerseits wird Kirche dafür gescholten, dass sie »zu traditionell« sei und die Tradition sich aufgebraucht hätte. Andererseits wird beklagt, dass auch sie sich dem Zeitgeist andiene, ihre eigenen Traditionen verrate und sich selbst banalisiere, dass sie das Transzendente auf das Allzumenschliche »herunterbrechen« würde.

Kirche ist tatsächlich immer »von gestern«, aber sie ist nur Kirche, wo sie stets für das Morgen des Humanum-Christianum da ist. Die Auslegung ist ein Versuch, den garstigen Graben der Geschichte zu überbrücken (Lessing), also von zufälligen Geschichtswahrheiten (als Feststellung über Vergangenheiten) zu ewigen Vernunftwahrheiten zu gelangen, freilich zu einer Vernunft, die nicht der Weisheit entbehrt.

Traditionsaneignung vollzieht sich in Anknüpfung *und* Widerspruch. Sie sollte vom Vor- und Missverständnis zum Verstehen führen: zum Verstehen des Selbst, der Welt und auch zum Verstehen dessen, was mit dem Verstand kaum erreichbar ist.

Alles christliche Reden und Tun vollzieht sich in einer Relation: coram Deo, vor Gott. Und es macht deutlich: mea res agitur, meine Sache wird verhandelt. Jede gelingende Vermittlung – etwa des biblischen Gedankenguts und der biblischen Texte, Schriften, Polemiken, Poesien, Prophetien, Gleichnisse, Gebetsexpressionen etc. – zielt auf symbolische Darstellung des Menschseins in Gemeinschaft, auf eine Selbst-Erkenntnis, die dem Leben Gehalt, Tiefe, Form, Erfüllung verleiht, was geradezu etwas Lustvolles hat, selbst im Schweren – wo das Traurige eben nicht beiseite gelassen oder eliminiert wird (z. B. im »Requiem« von Mozart oder Brahms). Wir können offensichtlich nicht Sinn erfahren, wenn wir Leid aussparen.

Was aber wird, wenn solche Selbsterkenntnis kaum gefragt ist? Dann erlahmt oder erstirbt das im Menschen immer wieder wach werdende religiöse Grundgefühl einer innersten Anbindung, das Gefühl einer »schlechthinnigen Abhängigkeit« (Schleiermacher) und eines ins Dasein Geworfenseins.

VI.

Die Tradition lebt einerseits von der Wiederholung, andererseits von der ständigen eigenen Aneignung, Variation und Weiterentwicklung. Wo natürliche Zeitenrhythmen nicht mehr stimmen und die Symbole nicht mehr verstanden werden, brechen Traditionen ab und gehen verloren. Nietzsche hatte einerseits den Tod Gottes gepriesen und sodann bang gefragt: »Wohin bewegen wir uns? – Fort von allen Sonnen? Stürzen wir nicht fortwährend? Gibt es noch ein Oben und Unten?«

Die aus dem Heidentum christlich adaptierten vielfältigen Symbole, Geschichten, Begriffe und die Feste innerhalb des Jahreskreises (katholisch) bzw. des Kirchenjahres (evangelisch) werden kaum mehr verstanden, werden verflacht, sinnentleert, auf Kommerz oder Konsum reduziert.

Das Christliche wird nicht religiös oder geistig assimiliert, sondern wird rein konsumtiv. Was nicht konsumiert werden kann, wird ausgeblendet. Man denke an Karfreitag, Totensonntag, Bußtag. Das Pfingstfest ist (bis auf den Ausflug ins Grüne) im kommerzialisierten Festkalender kaum spürbar, außer im obligatorischen Pfingststau. Jeder Sinn der Feste und jeder Zeitrhythmus geht verloren, wenn ab September die Weihnachtsmänner in den Kaufhäusern ausliegen, ab Januar dann die Osterhasen. Populär ist der heidnische Erntedanktag geblieben, ebenso der katholische Fronleichnamsumzug, während der Reformationstag immer mehr vom amerikanischen Gespensterspiel Halloween überlagert wird.

Tradition zu bewahren heißt auch, das Original im Blick zu behalten, den Ursprung im Sinn zu haben und Traditionsgeschichte mit einzubeziehen. Ist das Original nicht mehr sichtbar oder wird es nicht mehr verstanden, gibt es keine Weiterentwicklung und eigene Aneignung. Bisweilen werden religiöse Grundfragen von der Kirche ins Theater verschoben, natürlich verfremdet. Das setzt voraus, dass die Zuschauer wenigstens noch eine Ahnung von dem haben, *was* verfremdet wird. Freilich kann Tradition durch bloße »ewige« Wiederholung in tötende Zelebration oder lähmende Routine münden. Die Weihnachtslieder auf den Weihnachtsmärkten können einem aus den Ohren quellen, so dass man sie in ihrer Reinheit und Schönheit kaum noch wahrnehmen kann. Wirklich angeeignet werden sie indes nur, wenn man sie selber wieder singt.

Der vielzitierte Satz »Zukunft braucht Herkunft« umschreibt, dass Tradition Verwurzelung und Über-Sich-Hinauswachsen in einem sein kann. Die Verwurzelung wird nur möglich, wenn man sich der Wurzeln erinnert, also um seine kulturelle Vergangenheit weiß, sich ihrer vergewissert und ihr Erbe weiterführt.

VII.

Eine der wichtigsten Übermittlungsweisen von Vergangenheit ist die Narratio – das beständige Erzählen von der Kindheit bis ins hohe Alter.

Erzählen, das vergangene Erfahrungen nicht bloß historisiert, sondern auch aktualisiert, ist für die Selbstvergewisserung des Einzelnen wichtig. Es befreit ihn aus der Versklavung des Augenblicks und aus dem Wahn des »Nur-Jetzt«. Darin wird eine der wichtigsten pädagogischen Dimensionen erfahren, nämlich die Dimension der Zeit: Ich habe eine Zeit, ich war vorher, ich werde später sein.

Der Hamburger Theologe Fulbert Steffensky schrieb: »Das Subjekt kann nur bei sich sein, wenn ihm auch Verfremdung, Uneigentliches und damit Distanz zu sich selbst gelassen wird.« Das vollzieht sich nicht nur im Märchen, sondern auch in der Familiengeschichte oder in der Heimatkunde. Es ist ein Reichtum, die Geschichte der anderen mit sich zu tragen und von dieser Geschichte selber zu leben. Es ist »ein Reichtum, nicht alle Träume selbst träumen zu müssen, nicht alle Niederlagen selbst einstecken zu müssen und an den Siegen der anderen teilhaben zu können. Die Verleugnung des Kollektivs, die narzisstische Absolutheit des Ich ist eine der größten Zerstörungen, die dem

Subjekt angetan werden und die es sich selber antut.« Wer nur auf »Egomanie« setzt, geht seines kulturgeschichtlichen Auffangbeckens verlustig.

Um der Verengung der Tradition auf das Dörfliche, das Städtische oder bloß Nationale zu entgehen, kann und muss der Einzelne sich in weit Größeres hineindenken und sich daran orientieren.

Das Christentum – sofern wir seine besten Traditionen im Auge behalten – sucht nicht im Blut, sondern im Geist seine Verankerung. Und wer sich zum Corpus Christianum zugehörig fühlt, der stellt sich den Erinnerungen der eigenen Gruppe, vergisst weder die Siege noch die Niederlagen, baut »ein Stück kollektiven Bewusstseins und kollektiver Verständigung gegen die zunehmende Privatisierung von Sprache und Bewusstsein.«[41] Dazu wählen Menschen sich immer wieder Vorbilder aus der Vergangenheit. Ich nenne beispielhaft Franz von Assisi, Thomas a Kempis, Hildegard von Bingen, Albert Schweitzer, Dietrich Bonhoeffer oder Sophie Scholl.

Tradition ist der Versuch, sich selber in seiner Geschichte aufzusuchen und zu bestimmen, woher wir jeweils kommen. Dabei wird immer Deutung der Jetzt-Zeit in die vergangene Zeit eingetragen. Geschichtsfälschung, Geschichtsklitterung, Heroisierung oder voreilige Verwerfung inbegriffen! Wir erinnern uns in der Regel besonders an das, woraus wir heute einen Nutzen ziehen können. Unsere Erinnerung ist immer auch interessegeleitet. Bei jeder Weitergabe muss die Tradition kritisch überprüft werden.

VIII.

Der einzelne Mensch wird reicher durch die Erinnerung an Gelungenes und selbst durch seine Erinnerung an Schuldhaftes oder Tragisches. Erinnerung an gelungenes Leben wird als ein Vorschein gelingenden Lebens heute wahrgenommen. Große Menschheitsideen, wie sie in der Bergpredigt Gestalt bekommen haben, oder herausragende Persönlichkeiten wie die Waldenser oder die Mitglieder der »Weißen Rose« werden allzu leicht, allzu bequem eingemeindet. Traditionsaneignung bedeutet, die Tradition nicht ihres Stachels zu berauben, sie nicht weichzuspülen, nicht zu verharmlosen, sondern in ihrer Komplexität zu vergegenwärtigen. Dazu gehören auch die uns fordernden Seiten.

Wir stehen alle auf den Schultern unserer Vorfahren, auch auf deren Schutt, werden bald selbst zum Schutt – zugleich vorübergehend zu Schultern für Nachkommende.

Aneignung überlieferter Geisteskultur heißt: was galt, gilt – und bekommt *neue* Geltung, ohne das *einst* Gültige auszustreichen. Ob das, was wir als Botschaft an Nachkommende weitervermitteln wollen, angenommen wird, bleibt offen. Die Friedensbewegung hat in den 70er und 80er Jahren Erkenntnisse gewonnen, die ein Testament an die Jüngeren sein könnten. Im 21. Jahrhundert geht die Rüstung ganz schamlos in eine neue, gefährliche Runde, ohne dass die nachfolgende Generation bisher in bemerkbarer Weise protestiert hat. Indessen orientieren sich alle die, die nach Zeichen politischer Wachheit und nach praktischem Arrangement suchen, an der Attac-Bewegung oder an den Globalisierungskritikern, die im Juni 2007 am Zaun von Heiligendamm rüttelten. Deren Botschaft an all jene, die sagen, »man könne sowieso nichts mehr ändern« und die Globalisierung habe »ihre eigenen Gesetze«, denen man nur noch folgen könne, wurde verdichtet in dem einen mobilisierenden Satz: »Eine andere Welt ist möglich!« Und Barack Obama ist es im letzten US-Wahlkampf gelungen, den alten »amerikanischen Traum« wachzurufen, Zuversicht und Handlungsmut auszustrahlen und damit Hunderttausende Jugendliche für Politik zu interessieren und zu mobilisieren.

IX.

Das Wort »trado« bedeutet einerseits »ich übergebe« und andererseits »ich gebe preis«. Man gibt also, indem man etwas weitergibt, auch etwas preis.

Die Religion wird tradiert durch Symbole, Bilder, Gesten, Riten sowie durch Hymnen, Gebete, Verhaltensvorschriften, Gesetzestexte, Weisheitssprüche und philosophische Gedanken. Religiöses Gedankengut wurde in allen Kulturen durch Erzählungen weitergegeben. Religionen sind ursprünglich Erzählgemeinschaften. Die Wurzeln ihrer narrativen Traditionen liegen im Mythos, also im erzählenden Wort. Der Mythos gewinnt bei Platon eine hohe Relevanz, weil er im Mythos seine bedeutendsten philosophischen Gedanken mitteilte. Erst der Logos in der christlichen Dogmatik verdrängte den Mythos und verbannte somit die Sinnlichkeit und Lust aus den Lehrtraditionen der Theologie und der Wissenschaft überhaupt.

Die zentrale Gestalt des Christentums, Jesus von Nazareth, war weder Philosoph noch Schriftsteller, sondern ein Erzähler. Insbesondere seine Gleichnisgeschichten versuchten den Zuhörern das zu vermitteln, was er das Reich Gottes nennt – konkret, lebendig, verankert in der alltäglichen Erfahrung.

Dabei ist bemerkenswert, dass wir von dem Erzähler Jesus nur noch wissen, weil seine Geschichte und seine Geschichten weitererzählt wurden. So begegnet uns Jesus als erzählte Person, ja als ein erzählter Erzähler. Später haben sich ganze Legendenkränze daran gebunden, die die Kindheit Jesu, das Leben der Maria und das Geschick der Apostel weiterspinnen.

Die jüdische Bibel greift auf eine jahrtausendelange mündliche Überlieferung zurück, die in den Zelten des zunächst nur nomadisierenden Volkes von Sohn zu Sohn weitergegeben wurde. Das zeigt sich insbesondere in den Erzählungen von Abraham, Isaak und Jakob – bis hin zum gelobten Land: »Ein umherirrender Aramäer war mein Vater (gemeint ist Jakob), und als er nach Ägypten hinabzog, wurde er dort ein Fremdling ... und Jahwe führte uns aus Ägypten mit mächtiger Hand und ausgerecktem Arm, mit fruchtbaren Großtaten, mit Zeichen und Wundern, und brachte uns an diesen Ort und gab uns dieses Land, das von Milch und Honig überfließt.« (Deuteronomium 26,5–9)

In diesem Zentraltext der Juden wird deutlich, was Traditionsweitergabe als erzählte Vergegenwärtigung bedeutet: Es wird nicht von einem fernen Vater Jakob gesprochen, sondern von »*meinem* Vater«, und ER führte nicht Menschen aus irgendeiner fernen Vergangenheit in dies Land, sondern »brachte *uns* an diesen Ort und gab *uns* dies Land«.

Wo eben jene Vergegenwärtigung durch Erzählen in »Erzählgemeinschaften« abgebrochen wird, bricht Tradition ab. In den Erzählgemeinschaften werden Erfahrungen der Altvorderen, die »Wolke der Zeugen« von Abraham auf dem Berge Moria bis Johannes auf Patmos, wieder und wieder weitererzählt, angeeignet und vergegenwärtigt, gelegentlich auch instrumentalisiert, verfälscht, missbraucht. Die Auslegungen kommen hinzu. Sie sind zeitgebunden. Aber die Überlieferungen selbst sind immer wieder Gegenstand solcher Auslegungen.

Die Narratio verbindet mit Vergangenem und Vergangenen und eröffnet zugleich Zukunftsräume. So kann Carl Friedrich von Weizsäcker sagen: »Tradition ist bewahrter Fortschritt, Fortschritt ist weitergeführte Tradition.« Fortschritt als weitergeführte Tradition ist eben nicht bloß Zelebration und tote und tötende Litanei, sondern steht für einen Mehrwert des Überlieferten auf Zukünftiges hin. »Eine Gesellschaft, in der die Tradition zum Kult wird, verurteilt sich zur Stagnation; eine Gesellschaft, die von der Revolte gegen die Tradition leben will, verurteilt sich zum Untergang«, schrieb der liberale Marxist Leszek Kołakowski.

»Die Zeit fährt Auto« hatte vor über 60 Jahren Erich Kästner getitelt. Sie fliegt längst Jumbo und hinterlässt Eindrücke der Flüchtigkeit – ebenso wie ein gemailter Brief, der in Sekundenschnelle den Empfänger erreicht, der flüchtig und unpersönlich daherkommt, nicht nur äußerlich unterschieden von einem Brief, der mit der Hand geschrieben wird und drei Tage unterwegs war.

Wir leben in einer schnelllebigen Zeit, in einer Zeit der Halbwertzeiten, Verfallsdaten, der »Bastelbiographien« und unbeständiger Berufsbiographien mit kurz- und mittelfristigen Planungen, die ganz schnell über den Haufen geworfen werden müssen oder können. Der Traditionsverlust kann nicht durch einander abwechselnde Nostalgiewellen, Ausdruck jener trügerischen Sehnsucht nach der »guten alten Zeit«, wettgemacht werden. Unsere aus Antike, Judentum und Christentum gespeiste, in der Aufklärung und durch Aufklärung der Aufklärung geläuterte Kultur braucht nun eine neue Selbstvergewisserung über ihre Grundlagen. Das alles ist im umfassenderen, tieferen Sinne »Heimat«.

X.

Die Ewigkeit Gottes und die Vergänglichkeit des Menschen hat der die christliche Abschiedskultur prägende, mit dem Tode versöhnende Psalm 90 unübertreffbar in weisheitliche Poesie gebracht.

Herr, du bist unsre Zuflucht für und für.
Ehe denn die Berge wurden und die Erde
und die Welt geschaffen wurden,
bist du, Gott, von Ewigkeit zu Ewigkeit …
Denn tausend Jahre sind vor dir
wie der Tag, der gestern vergangen ist,
und wie eine Nachtwache.
Du lässest sie dahinfahren wie einen Strom,
sie sind wie ein Schlaf, wie ein Gras,
das am Morgen noch sprosst,
das am Morgen blüht und sprosst
und des Abends welkt und verdorrt
…
Unser Leben währet siebzig Jahre,
und wenn's hoch kommt,
so sind's achtzig Jahre
und was daran köstlich scheint,
ist doch nur vergebliche Mühe;
denn es fähret schnell dahin,
als flögen wir davon.
(Psalm 90, Vers 1–2.4–5.10 in der Übersetzung Martin Luthers)

Der Mensch hat also schon immer beklagt, dass seine Zeit schnell dahinflieht, ja dahinfliegt und hat Teilhabe gesucht an der Ewigkeit Gottes als dem Herrn und Geber der Zeit. Was am

Leben köstlich gewesen ist, das sei Mühe und Arbeit gewesen – so will es die Volksseele bei der Bestattung. Der Verblichene habe sich in der Arbeit (für andere!) geradezu verzehrt und darin seinen Lebenssinn gefunden. Im Text heißt es indes: »Was daran köstlich scheint, ist doch nur vergebliche Mühe.« Hinter dem Wunsch nach Würdigung der »Arbeit und Mühe« steht nichts anderes als der Wunsch, dass etwas Gutes in Erinnerung bleibt, sich Bleibendes materialisiert oder wenigstens »fürs Geschichtsbuch« eignet.

Jan Assmann erinnert an das alte Ägypten: »Die Spur der Gräber, diese grandiose, auf Ewigkeit abgezielte Selbstdarstellung einer Kultur, die es nicht dem Zufall überließ, was von ihr übrig bleiben sollte, hat die Jahrtausende überdauert und die Zeit das Fürchten gelehrt. ›Bauten, vor denen die Zeit sich fürchtet‹, nannte der arabische Geschichtsgelehrte Omara al Yamani die Pyramiden.«

Die Verewigungstechnik der Mumien und Gräber bei den Ägyptern berühren uns Heutige noch immer sehr eigentümlich. Sie scheinen für »Ewigkeit« als »unendliche Zeit« ein Zeit*maß* zu haben. Die nomadische (hebräische) Kultur ist dagegen eine Wortkultur, die im Nichtfassbaren ihr Genüge findet. Im biblischen Verständnis ist einzig Gott der Ewige, der Bleibende – in allem Werden und Vergehen. Der Zeitlose schenkt dem Menschen Zeit.

Christliche Tradition überträgt dies auf Jesus Christus: »Jesus Christus gestern und heute und derselbe auch in Ewigkeit.« (Hebräer 8, 8)

Der Ewige ist der Begegnende in *jeder* Zeit. Das ist prinzipiell etwas anderes als ein Zeitmaß, das wir mit Milliardstel Sekunde bzw. mit einer Jahrmilliarde beschreiben. Eine Jahrmillion Lichtjahre wird dann wie folgt angegeben: Ein mit Lichtgeschwindigkeit reisendes Raumschiff hat noch nicht einmal die Hälfte des Weges zur Andromeda Galaxie zurückgelegt, weil diese 2,3 Millionen Lichtjahre entfernt ist. Das alles sind Dimensionen der Ausdehnung der Zeit, die nicht mit Ewigkeit im theologischen Sinne gemeint sind.

Der protestantische Theologie Karl Barth knüpft an Augustin an, wenn er schreibt: »Ewig ist dasjenige Sein, in dessen Dauer Anfang, Folge und Ende nicht dreierlei, sondern eines sind, in welchem sie nicht auseinanderliegen: nicht irgend einmal, ein anderes, ein drittes Mal, sondern als Anfang, Mitte und Ende einmal und zugleich sind. Die Ewigkeit ist dieses Einmal und Zugleich von Anfang, Mitte und Ende und eben insofern: reine Dauer. Die Ewigkeit ist Gott, sofern Gott von sich selber und in allen Dingen einmal und zugleich, ohne Trennung, Ferne und Widerspruch ebenso Anfang, Mitte wie Ende ist. – Die Ewigkeit ist also nicht die Zeit, so gewiss die Zeit Gottes Geschöpf oder genauer: eine Form seiner Schöpfung ist. Die Zeit unterscheidet sich von der Ewigkeit dadurch, dass Anfang, Mitte und Ende in der Zeit als Vergangenheit, Gegenwart und Zukunft auseinanderliegen, ja geradezu auseinanderstreben. Ewigkeit ist genau diejenige Dauer, die der Zeit ... abgeht. Diese der Zeit abgehende Dauer hat und ist die Ewigkeit. Sie hat und ist Gleichzeitigkeit.«

»Gott«, schreibt Barth, »ist wirklich frei, weil die Zeit keine Macht über ihn hat, weil er als der Dauernde eine Macht über die Zeit hat, weil er eben in seiner Ewigkeit Gott ist. Alles Ding währt seine Zeit. Aber nur Gott selber ist ewig ... Menschlichkeit ist Zeitlichkeit und Zeitlichkeit ist Kennzeichen seiner Menschlichkeit. Menschliches Leben heißt: Gewesensein, Sein und Seinwerden. Was nun Gott und was der Mitmensch für mich in der Zeit sind, das sind sie mir in der Geschichte ihres Seins und Tuns und also in der Zeit, die sie auch für mich haben ... Und was ich für Gott und für den Mitmenschen bin, das bin ich ihnen meinerseits in der Geschichte meines Seins und Tuns und also in meiner Zeit, sofern ich in meiner Zeit so oder so für sie da bin.«

Was aber hat dieser ewige Gott mit den Menschen zu tun? Er wendet sich den Menschen zu, wird »Gott für mich«.

»Gott wäre mir nicht Gott, wenn er nur ewig in sich selbst wäre, wenn er keine Zeit für mich hätte. Dass er mich liebt und erwählt, meint und will, aufruft, richtet, straft, annimmt, befreit, bewahrt und regiert, dass er mein Licht, mein Gebieter, meine Hilfe, mein Trost, meine Hoffnung ist, das alles ist Geschichte, das alles hat seine Zeit.« So weit, so nachdenkenswert, Karl Barth in seinem Monumentalwerk »Kirchliche Dogmatik«.

XI.

Fulbert Steffensky hat die Kirche als das Haus, das die Träume verwaltet, charakterisiert. Die Kirche sei der Ort der Erinnerung an die Träume und der Ort der Erinnerung an die Opfer. Dies schuldet die Kirche sich selber, und sie schuldet es einer traumlosen Gesellschaft. Gedächtnis und Traum hängen zusammen.

»Es fällt mir schwer, mir eine Humanität vorzustellen, die nicht wesentlich Gedächtnis des Leidens und der Zerstörung ist. Es gab einmal einen von fast allen angenommenen Horizont, eine Lesart von Geschichte und Welt, einen Normenkanon, welcher Solidarität, Achtung des Lebens und Gedächtnis der Toten gebot.«

Zu den politisch spirituellen Aufgaben der Kirche gehört die Überlieferung der Geschichten und Bilder von der Würde des Menschen. »Dass das Leben kostbar ist, dass Gott es liebt, dass niemandem die Zukunft versperrt sein soll, dass wir zur Freiheit berufen sind, dass die Armen die ersten Adressaten des Evangeliums sind ... Das Evangelium baut unsere Träume von der Gerechtigkeit, es baut unser Gewissen. Der Mensch ist nicht nur verantwortlich *vor* seinem Gewissen, verantwortlich ist er auch *für* sein Gewissen. Es geht also darum, nicht nur nicht gegen sein Gewissen zu handeln, sondern sich und einander davor zu bewahren, kein Gewissen zu haben.« Traditionsvermittlung im christlichen Sinne heißt, die humanistische, die christliche und die sozialistische Würdetradition lebendig zu erhalten und unter den jeweils gegebenen Umständen gesellschaftlich wirksam zu machen. Der traditionsfreie Mensch wäre das Subjekt, das sich selber Horizont und Norm ist. »Wenn die normativen Horizonte eingestürzt und die Bilder vom ganzen Leben verschwunden sind, braucht man sich nicht einmal die Mühe des Kaschierens und Verdrängens zu machen und man kann die

Erinnerung kostenlos begraben. Es gibt auch die Würdelosigkeit, in sich selbst zu ruhen, des vergrabenen Gewissens und der ausgelöschten Träume.« So wird die Aufgabe der Kirche dringlich: Gedächtnis des Leidens und ein Raum fürs Gelingen zu sein.

Der humanitäre Mehrwert unserer christlichen Tradition verdient es, wachgerufen, wachgesungen, wachgeküsst zu werden.

Im Mittelpunkt steht der Mensch
Die allgemeinen Menschenrechte
zwischen Freiheit und Gerechtigkeit

Unser Grundgesetz beginnt mit dem feierlichen Indikativ: »Die Würde des Menschen ist unantastbar.«

Die Würde des Menschen wird aber angetastet, weltweit, täglich, vielfältig. Es ist Zeit, sich mit aller Kraft, aller Einsicht, aller Hoffnung, für die Einhaltung von individuellen und sozialen Menschenrechten national und international einzusetzen, als einzelne, als unabhängige Gruppen, als Länder mit ihren Regierungen und ihrer Opposition

– angesichts von so viel Hunger und struktureller Ungerechtigkeit,

– angesichts von so viel Kriegsleid und angesichts horrender Profite der Rüstungsindustrie (Wer Menschenrechte hoch hält, kann sich dem Verbot von Streubomben und Landminen nicht entziehen!),

– angesichts des Mangel an sauberem Wasser,

– angesichts des Wachstums der Wüsten und »effizienter« Ausplünderung der Naturschätze,

– angesichts von so viel Willkür und eines »Rechts der Stärke« statt der »Stärke des (internationalen) Rechts« als Reaktion auf weltweit agierenden Terrorismus, die indes die eigenen Prinzipien zur Geisel macht,

– angesichts von so viel Intoleranz, Militanz, Terror und so vieler Überlegenheitsposen der mächtig-reichen Nationen und Kulturkreise,

- angesichts von so viel Verlust menschenrechtlicher Grundsätze selbst in Demokratien,
- angesichts von so viel Macht einer renditebesessenen Anleger-Gesellschaft über menschengerechte und nachhaltig gestaltende Politik,
- angesichts der Freiheit der Habenden gegen die Unfreiheit der Nichthabenden.

Menschenrechte sind auch Widerstandsrechte gegen jede Form von Ungerechtigkeit und Unterdrückung. Dem Vorenthalten von Menschenrechten ist ebenso wie deren Instrumentalisierung in weltweiten Propagandaschlachten entgegenzuwirken (z.B. wenn man »Menschenrechte und Demokratie« sagt, aber »Öl« meint, wenn Kriege mit durchsichtigen Lügen gerechtfertigt, die UN-Charta übergangen bzw. einzelne Nationen unter Zustimmungsdruck gesetzt werden).

Wer für Menschenrechte kämpft, muss stets das *Geschick des einzelnen Menschen* im Blick haben, aber ebenso den *politisch-strukturellen Rahmen*, in dem sich Leben in Gemeinschaft vollzieht.

Die Freiheitsrechte gibt es nicht ohne den Einsatz von Freien für die Freiheit aller anderen und nicht ohne tatkräftige Unterstützung derer, die um ihre Grundrechte betrogen werden – ob im Reiche Lukaschenkos oder im Reich der Mitte, ob unter Mugabe oder angesichts einer US-Administration, die mit höchster Billigung in anderen Ländern foltern ließ und die Ergebnisse dann in Prozessen verwendete.

Ich besitze ein kleines blaues Büchlein, für mich ist es so etwas wie eine politische Reliquie. Es stand immer in Handreichweite, eine Art internationale Berufungsinstanz für das, was ich für richtig und notwendig hielt, und was ich politisch in dem Land zu bewirken versuchte. Als ich 22 Jahre alt war, 1966, wurde jenes kleine Büchlein »Die UNO. Kleines Nachschlagewerk« im Dietz-Verlag gedruckt. Darin findet sich auf Seite 166 ff. die Allgemeine Erklärung der Menschenrechte, die von der Vollversammlung der Vereinten Nationen am 10. Dezember

1948 als Resolution 217/III mit 48 Stimmen bei 8 Stimmenent-
haltungen angenommen worden war.

Gleich in der Präambel wird deutlich, wie es zu dieser Erklärung gekommen war, nämlich aufgrund der Missachtung der
Menschenrechte, die zu Akten der Barbarei geführt und das Gewissen der Menschheit tief verletzt hatte.

Es solle eine Welt geschaffen werden, in der Menschen, frei
von Furcht und Not, Rede- und Glaubensfreiheit zuteil wird.
Und es sei wesentlich, die Menschenrechte durch die Herrschaft
des Rechts zu schützen, heißt es in der Präambel. Schon in der
Präambel wird deutlich, dass es einen Glauben »an die grundlegenden Menschenrechte, an die Würde und den Wert der
menschlichen Person« braucht, einen Glauben, der sich nicht
mehr auf eine höchste übermenschliche Autorität, auch nicht
auf eine hohe menschliche Autorität in Rom oder in Moskau
oder im Weißen Haus bezieht, sondern als eine Sehnsuchts-
kraft, als eine Orientierungsmacht, als ein dem Menschen innewohnendes Gesetz wirkt und als eine Boje in den Stürmen der
Zeit »tief verankert« wird, die aber jederzeit auch ausreißen
kann.

Zuerst werden die Grundrechte des Menschen aufgezählt, die
aus seiner Würde folgen, immer im Hinblick auf die zurückliegende Barbarei, ehe in Artikel 22 das Recht des Menschen auf
soziale Sicherheit, in Artikel 23 das Recht auf Arbeit, gleichen
Lohn für gleiche Arbeit, auf befriedigende Entlohnung, soziale
Fürsorge, Schulbildung genannt werden.

Im Mittelpunkt steht der Mensch, der einzelne Mensch, nicht
ein Abstraktum, kein Produzent oder Konsument, kein Ensemble
gesellschaftlicher Verhältnisse, schon gar nicht der Mensch als
Teil eines Kollektivs, einer Klasse, einer Kirche, einer Rasse,
einer Nation, in denen dann das Kollektivgebilde alles und der
Einzelne nur noch Rädchen, Spielball, Salz oder Dünger ist.

Bei den Menschenrechten geht es immer um den Einzelnen,
seine prinzipielle, allem vorausgehende Gleichwertigkeit, seine
gleiche Würde, seinen gleichen Anspruch auf Leben, unabhängig von seinem Geschlecht, von seiner Rasse, von seiner Reli-

gion, von seiner Herkunft, von seiner Begabung, seinem Besitz, seiner Stellung. Der Arme ist ganz Mensch, ebenso wie der Alte und die Kranke und das Kind ... In diesem Sinne geht die Gleichheit nicht nur der Freiheit voraus, sondern ist Bedingung für die Freiheit.

Universelle und universale Menschenrechte als gleiches Lebensrecht für alle bleiben eine motivierende, eine universelle, eine alles umfassende Utopie.

Die Proklamation universeller Geltung enthält ein Problem: Wer verbürgt sich für sie, wie werden sie in positives Recht übersetzt und gesichert, und schließlich: Wie wird verhindert, dass sie zu einem politisch-ideologischen Kampfplatz gemacht werden?

Den Menschenrechten sind einige ungelöste oder unlösbare Probleme immanent, da sie von einer prinzipiellen Gleichheit aller Menschen ausgehen, die in der Praxis nicht durchsetzbar ist, sind doch Menschen aus verschiedenen Gründen immer sehr verschieden. Das Ziel kann nie die administrierte Gleichheit als Gleichförmigkeit sein, sondern nur die Proklamation des gleichen Grundanspruchs für Ungleiche. Dieser Grundanspruch bleibt so lange abstrakt, wie es keine Subjekte gibt, die ihn verteidigen, und keine Gemeinschaften, die ihn kodifizieren, also in einklagbares Recht zu übersetzen suchen. Der zweite, noch gewichtigere Grundwiderspruch ist der, dass der Mensch im Mittelpunkt des höchsten Rechts, des Menschenrechts, steht und eine anthropozentrische Sichtweise auf die Welt dominiert, die Menschenleben immer höher wertet als anderes Leben und anderes Sein und durchaus in Konkurrenz zu anderen Werten stehen kann. Nachhaltigkeit ist im Begriff der Menschenrechte nicht enthalten; weil sie sich immer auf den konkreten Menschen beziehen, beziehen sie sich immer auf die Gegenwart.

Ihre Herkunft aus der europäisch-atlantischen Geistes-, Kultur- und Politikgeschichte in den »Bill of Rights«, sodann in der amerikanischen Unabhängigkeitserklärung machen deutlich, welch einen hohen emanzipatorischen Wert der Begriff der Menschenrechte erlangen sollte und noch hat. Das hat freilich die US-Amerikaner nicht daran hindern können, bis Mitte des

19. Jahrhunderts die Sklaverei beizubehalten, und hat die Engländer nicht daran gehindert, bis weit nach dem Zweiten Weltkrieg noch Kolonien zu unterhalten.

Auch wenn es in ihrer weltumspannenden Hymne hieß, »die Internationale erkämpft das Menschenrecht«, hat die kommunistische Weltbewegung den menschenrechtlichen Grundimpuls sträflich vernachlässigt und einzig das soziale Menschenrecht im Blick gehabt, das von Staats wegen gewährleistet sein sollte. Bürgerliche, individuelle Freiheitsrechte hat sie in ihrer Theorie wie in ihrer politischen Praxis mit Hilfe ihrer festgefügten Ideologie im Marxismus-Leninismus-Stalinismus und der ihr entsprechenden Allmachtspartei nach Gutdünken und Willkür behandelt oder gar ganz ertränkt.

Karl Marx hatte in seiner berühmten »Einleitung zur Kritik der Hegel'schen Rechtsphilosophie« auf eine sprachlich griffige und denkerisch imposante Weise zunächst die Religion kritisiert und aus der Kritik des Himmels die Kritik der Erde abgeleitet, sie verwandelt von der Kritik der Religion in die Kritik des Rechts, die Kritik der Theologie in die Kritik der Politik, anerkennend, was durch Luthers Entdeckung des Einzelnen und seinen Ausbruch aus knechtischen Verhältnissen in die Welt gekommen war. Der Protestantismus sei freilich nicht die wahre Lösung, habe jedoch doch die wahre Aufgabe gestellt.

Was in einem sozialistischen Sinne Emanzipation ist, hat Marx kongenial in die folgenden Sätze gefasst, die zum Katechismus der menschlichen Emanzipationsgeschichte gehören und weiter gehören sollten (einmal abgesehen von der darin enthaltenen Gewaltoption): »Die Waffe der Kritik kann ... die *Kritik der Waffen* nicht ersetzen, die materielle Gewalt muss gestürzt werden durch materielle Gewalt, allein auch die Theorie wird zur materiellen Gewalt, sobald sie die Massen ergreift. Die Theorie ist fähig, die Massen zu ergreifen, sobald sie ad hominem demonstriert und sie demonstriert ad hominem, sobald sie radikal wird. Radikal sein ist die Sache an der Wurzel fassen. Die Wurzel für den Menschen ist aber der Mensch selbst. Der evidente Beweis für den Radikalismus der deutschen Theorie, also für ihre praktische Energie, ist ihr Ausgang von der entscheidenden positiven Aufhebung der Religion. Die Kritik der Religion endet mit der Lehre, dass der Mensch das höchste Wesen für den Menschen sei, also mit dem kategorischen Imperativ, alle Verhältnisse umzuwerfen, in denen der Mensch ein erniedrigtes, ein geknechtetes, ein verlassenes, ein verächtliches Wesen ist.«

Am Menschen, am Einzelnen also wird demonstriert, was die Theorie in der Praxis bedeutet. Es geht nicht nur um die Negation der Religion, einer Religion, in der der Mensch als Gotteskind als das höchste Wesen angesehen wird, über dem freilich ein höheres Wesen steht, das ihn will und bestimmt, sondern der Mensch ist für Marx selbst das Höchste.

Wenn der Mensch für den Menschen das höchste Wesen ist, dann kann dies nur ein gegenseitiger Prozess sein: der Hochschätzung des je anderen, der Höchstbewertung des Menschen, der sich keinem höheren Wesen unterwirft und dazu aufgerufen ist, alle (äußeren) Verhältnisse umzuwerfen, in denen der Mensch nicht Mensch sein kann, wo er ein erniedrigtes, ein geknechtetes, ein verlassenes, ein verachtenswertes Wesen ist.

Nun, es wirken auch noch »innere Verhältnisse«, innere Widersprüche und Antriebe, Macht- und Geltungsgelüste, destruktive Triebüberschüsse und frühkindliche Schädigungen mit Langzeitwirkungen, unbearbeitete, später ausgelebte Traumata, Rivalitäten und Obsessionen. Die tiefenpsychologischen, verhaltensbiologischen oder gruppendynamischen Aspekte dürfen weder ausgeklammert werde noch können sie als alleiniges Deutungsmuster herhalten. Die Psychologisierung aller menschlichen Angelegenheiten ist ebenso fatal wie eine nur auf Politik und (ökonomische) Interessen basierende Gesellschaftsanalyse.

Menschenrechte sind in Marx'schem Sinne auch bloße Theorie, sofern sie nicht Menschen intellektuell und emotional ergreifen und Menschen den Imperativ im Indikativ der Menschenrechte hören und ihm folgen. Da Marx davon überzeugt war, dass die Emanzipation des Menschen von Deutschland ausgehen müsse und könne, kann er emphatisch schließen: »Die Emanzipation des Deutschen ist die Emanzipation des Menschen. Der Kopf dieser Emanzipation ist die Philosophie, ihr Herz das Proletariat.«

An die Stelle des dritten Standes, anstelle der Masse Not leidender Menschen trat aber alsbald die Partei, die sich zur Avantgarde erklärte und die Herrschaft nach ihrem Gutdünken übernahm.

Der Gedanke, nie und nirgendwo zu dulden, dass ein Mensch erniedrigt, geknechtet, entwürdigt wird, blieb bei einzelnen »Genossen« und parteilich nicht organisierten marxistisch geprägten Denkern wach. Ich nenne Gramsci, Kołakowski, Havemann, Goldstücker, Bahro, Lukács, Bloch und Mayer, Machovec und Pelikan, Bourdieu, Sartre und Camus, Hobsbawm und Negt.

Für den Freiheitskampf muss man wohl stets seinen eigenen Kopf hinhalten. Ich erinnere nur an alle, die im spanischen Bürgerkrieg in den internationalren Brigaden gegen Franco gekämpft hatten und danach (wieder) in die Sowjetunion kamen und umgebracht wurden. Erich Mielke zählte nicht zu ihnen, auch wenn selbst gewissenlose, zu allem fähige Büttel unter Stalin nie davor gefeit waren, selber grundlos zu Opfern zu werden.

Das Postulat, dass der Mensch als Mensch gleiches Recht und gleiche Würde und gleichen Wert hat, beansprucht ohne Beweis Gültigkeit, ist auf Zustimmung angewiesen, bedarf keiner weiteren Begründung, kann aber auch nicht weiter begründet werden. Man hatte sich darauf geeinigt, Artikel 1 unseres Grundgesetzes nicht zu interpretieren, weil eine Interpretation geradezu mehrere Interpretationen hervorruft und damit den Grund-Satz relativiert und so als einen unantastbaren Satz entwertet.

Die Menschenrechte sind nicht von einer außerhalb des Menschen liegenden Instanz legitimiert. Das macht ihre Größe aus, auch ihre prinzipielle »Anschlussfähigkeit« für Nicht-Religiöse und für die sehr unterschiedlichen Religionen auf der Erde. Und genau darin liegt ihre Grenze und ihre Gefahr. Wer ist das autoritative Subjekt, das diese grundlegenden Menschenrechte als universell und universal geltende Rechte anordnet und sodann auch sanktioniert?

Jenes Problem ist im Buch »Exodus« bereits aufgeworfen worden, als nämlich der charismatische Führer Mose in einer Krise auf der Suche nach höherer Autorität für die Lebensregeln sich zurückzieht, auf den Berg Horeb/Sinai steigt, nach längerer Schweige-Zeit mit den 10-Gebote-Tafeln zu seinem entbehrungsmüden Volk zurückkehrt und nun mit Entsetzen ansehen muss, wie man gerade dabei ist, sich eine eigene Autorität zu schaffen, indem ein goldenes Kalb gegossen wird und man um dieses ekstatisch zu tanzen beginnt. Der Verstand ist ausgeschaltet, die Unterwerfung – das Wegwerfen der Freiheit mit eigener Verantwortung, Selbstunterwerfung unter das Glitzernde, unter Macht und Reichtum, unter die Autorität der Goldbarren – erfolgt orgiastisch.

Und sind – so ist weiter zu fragen – verhaltensbiologische, vom konstitutionellen Revierdenken bestimmte Gesetze nicht prinzipiell viel stärker als alle moralischen Vorsätze? Kain und Abel, das sind wir, im Innersten verhaftet einem übermächtigen Revierdenken, der Rivalität und einem aggressiv-destruktiven Triebüberschuss, der kein Halten kennt, wenn er einmal ausgebrochen ist. (Das sogenannte Milgram-Experiment von 1974 hat Bitteres über unsere Gehorsamsbereitschaft zutage gefördert.)

Ausgerechnet – oder logischerweise – die Zivilisationskatastrophe des Zweiten Weltkrieges führte zur Ausformung zunächst der UNO-Charta und dann zur Erklärung der Menschenrechte am 10. Dezember 1948, um eine Rechtsgrundlage auf allgemeinster Basis für die Ahndung künftiger Angriffskriege und Menschenrechtsverletzungen zu haben, sei es durch Einzelne, sei es durch ganze Staaten und Blöcke.

Wie schwierig die Ahndung ist und wie schwer auch rechtsphilosophisch zu legitimieren, liegt auf der Hand und wird immer von Neuem deutlich, wenn wir an die Prozesse gegen die Verantwortlichen der Massaker in den Jugoslawienkriegen, in Ruanda oder Darfur denken.

Wer ist legitimiert, auf welcher Rechtsgrundlage wen mit welchem Strafmaß an welchem Ort zu belangen? (Das Kidnapping Adolf Eichmanns war formal gesehen ein Völkerrechtsbruch gewesen, aber ihn unbehelligt bei sich in Argentinien zu beherbergen auch. Der Prozess gegen ihn verlief rechtsstaatlich. Der eiskalte Bürokrat des Holocaust zeigte das Dilemma innerstaatlichen Rechts auf, in dem Eichmann »nur gehorcht« hatte.)

Menschenrechte bleiben die einzige Boje der Weltzivilisation, wollen wir als Mitbewohner überall auf der Erde Menschenrechtsverletzungen sensibel, wach, entschlossen auf der Spur bleiben – trotz des Scheiterns. Die Liste der Verletzungen ist am 10. Dezember 2008, dem 60. Jahrestag der Proklamation, lang. Sie reicht von den Slums bis zu den Gefängnissen. Und welche Kriege hat die Völkergemeinschaft seit 1948 hinter sich, ob Korea- oder Vietnamkrieg, die Kongo- oder Nahostkriege, die beiden Afghanistan- oder die beiden Irakkriege – und nun zu Beginn des Jahres 2009 den barbarischen Krieg »gegen die Hamas« im dichtbesiedelten Gaza-Streifen sowie den laufenden Beschuss israelischer Ortschaften mit Kassam-Raketen. Die Völkergemeinschaft vermag zu wenig, wo dem gegenseitigen Hass militärisch freier Lauf gelassen wird.

Schwerste Menschenrechtsverletzungen sind nicht nur durch das organisierte gegenseitige Töten von Soldaten, sondern auch durch das Überhandnehmen sogenannter »Kollateralschäden« zu beklagen – ein zynischer Verschleierungsterminus, seit den Balkankriegen üblich geworden. Massenhaft tote Zivilisten »aus Versehen« und Zivilisten, missbraucht als Schutzschilde.

Gelten die allgemeinen Menschenrechte noch, wenn die Toten in New York offensichtlich unendlich vielmehr gelten als die (ungezählten) unschuldigen Toten im Krieg in Afghanistan gegen die Taliban?

Und wer legt einer Großmacht die rechtlichen und strafrechtlichen Zügel an, wenn das Recht der Stärke gilt, ob in Tschetschenien oder im Gefangenenlager wie Guantánamo. Auch die zweifelhafte Praxis der Todesstrafe in den Vereinigten Staaten legitimiert diese keineswegs, weiterhin der Hauptanwalt der global geltenden Menschenrechte zu sein.

Menschenrechte sind auch dann nur keine ideologisch-moralische Schimäre, wenn sie sich auf die Schwachen und deren

Rechte richten. Dazu gehören Kinderrechte, das Recht auf Brot, das Recht von Minderheiten, das gleiche Recht von Frauen, das gleiche Recht für Arme und für Reiche etc. etc.

Das bereits genannte Quasi-Apriorische der Menschenrechte macht ihre Schwäche aus; jede Generation muss sie sich in ihren Überzeugungen sowie in staats- und gesellschaftsbegründenden Gesetzen neu aneignen. Die grundlegenden Menschenrechte brauchen und beanspruchen einen geradezu liturgischen Glaubens-Status, sie müssen wiederholt und eingeschärft werden, damit sie auf Dauer gelten und sich vor allem in immer wieder heraufziehenden Konfliktsituationen (z.B. in ethnischen Konflikten) bewähren. Das Verhältnis der Mehrheitsgesellschaft zu ihren Minderheiten ist stets fragil.

Wie beides machtpolitisch gegeneinander ausgespielt werden kann, hat Dostojewski in seiner Legende vom Großinquisitor eindrücklich beschrieben. Darin schickt der Großinquisitor den vom Himmel herabkommenden Jesus wieder zurück, weil man ihn und seine Grundauffassung vom Menschen einfach nicht brauchen kann, wenn es konkret um Macht und um Wohlstand sowie um dafür nötige Unterwerfung geht. Ein Großinquisitor muss immer wieder kreuzigen und setzt sich als Machtrealist immer wieder an die Stelle des Erlösers mit dem sanften, dem barmherzigen, dem vergebungsbereiten, dem versöhnungsfähigen, dem gewaltlosen, dem verständnisvollen, dem freimütigen, offenen, gänzlich unverschlagenen Blick des Menschensohnes. Die Kälber wählen sich ihre Schlächter selber ...

Die Linke, insbesondere die marxistisch geprägte, bolschewistisch ideologisierte, als ML-fixierte Weltanschauungsgemeinschaft krankte an drei grundlegenden Fälschungen ihrer eigenen heiligen Schriften, ihrer höchsten Berufungsinstanz, den sogenannten Klassikern:

Die erste Fälschung bestand in der zunächst unbedeutend scheinenden Verschiebung eines Adjektivs: »Die Freiheit ist eine bürgerliche Schaukel.« Bei Marx hatte es schlicht geheißen: »Die bürgerliche Freiheit ist eine Schaukel.« Aber jener Satz hat das leuchtende Wort »Freiheit« beschädigt und es ganz und gar der Allmacht und dem totalitären Wahrheitsanspruch der Partei unterworfen, die die Massen anzuführen sich angeschickt hatte und dabei »im Interesse der Sache« so gut wie kein Verbrechen ausließ.

Die zweite Fälschung bezog sich auf das Individuum, das auf den Kern der Menschenrechte verweist, eine Fälschung, die letztlich etwas geradezu Unbegreifliches behält, hatten doch alle das Kommunistische Manifest hoch- und runtergelesen und dabei etwas überlesen, was folgenreich sein sollte – und in der DDR erst durch Stephan Hermlins Buch »Abendlicht« publik wurde. Marx/Engels hatten geschrieben: »An die Stelle der alten bürgerlichen Gesellschaft mit ihren Klassen und Klassengegensätzen tritt eine Assoziation, worin die freie Entwicklung eines jeden die Bedingung für die freie Entwicklung aller ist.«

Und was verbreiteten die Ideologie oder Lehrbücher und was setzte sich in den Köpfen derer fest, die die regelmäßigen Rotlichtbestrahlungen und ML-Seminare zu besuchen hatten? »Die freie Entwicklung aller ist die Bedingung für die freie Entwicklung eines jeden.« Hier zeigt sich jene verhängnisvolle Vorordnung des Kollektivs vor den Einzelnen, der Masse vor dem Subjekt – ganz zu schweigen davon, dass Marx und Engels eine Assoziation vorschwebte, die eine freie Entwicklung aller (Einzelnen) zum Ziel hat.

Und die dritte verhängnisvolle Fälschung geht schon auf Friedrich Engels zurück, der die 11. Feuerbachthese scheinbar nur sprachlich glättete, indem er ein »aber« eingefügt hat. Marx hatte geschrieben: »Die Philosophen haben die Welt nur verschieden *interpretiert*, es kömmt drauf an, sie zu *verändern*.« Im Marx'schen Sinne wird eine unterschiedliche Interpretation nicht völlig negiert, wohl aber die Aufgabe der Philosophie zugespitzt, dass ihr Denken sich nämlich in weltverändernder Absicht vollzieht. Daraus wurde in der Praxis, dass der Marxismus-Leninismus(-Stalinismus) die *einzige wissenschaftliche* Weltanschauung sei und alles andere nur ein philosophisches Vorgeplänkel darstelle, einschließlich jener simplifizierenden, grob kategorisierenden Gegenüberstellung von Materialisten und

Idealisten, der Teilung in fortschrittliche und bürgerliche Philosophie usf. Im Ergebnis wurde Philosophie wurde weithin Parteischolastik.

Es sei noch erwähnt – weil es nicht unerheblich ist –, dass die in der dritten Feuerbachthese ausgesprochene Wahrheit auf die kommunistische Bewegung selber nicht angewandt wurde, dass nämlich die Umstände von Menschen verändert werden und »der Erzieher selbst erzogen werden muss«. Daraus wurde später die Formel, dass die Partei immer recht habe und die Lehre von Marx allmächtig sei, wahr sei (nach Lenin). Der Sozialismus, der nach der gewaltsamen Niederschlagung des Prager Frühlings zum real existierenden Sozialismus erklärt und damit jeglichen utopischen Charakters entkleidet wurde, degenerierte zu einer der diktatorischen Machtformationen der Geschichte und entpuppte sich bisweilen als unverhohlener Stasiismus.

Rosa Luxemburg setzte sich für die Humanisierung der menschlichen Beziehungen, die Abschaffung von Krieg und Ausbeutung ein, sah andererseits in großer Klarheit, wohin es führt, wenn es zu einer Diktatur einer Handvoll von Personen kommt, wenn die selbsternannte Macht der Sowjets als einzig wahre Vertretung hingestellt wird und allgemeine Volkswahlen ausgeschlossen werden: »Aber mit dem Erdrücken des politischen Lebens im ganzen Lande muss auch das Leben in den Sowjets immer mehr erlahmen. Ohne allgemeine Wahlen, ungehemmte Presse- und Versammlungsfreiheit, freien Meinungskampf erstirbt das Leben in jeder öffentlichen Institution, wird zum Scheinleben, in der die Bürokratie allein das tätige Element bleibt. Das öffentliche Leben schläft allmählich ein ... Eine Elite der Arbeiterschaft, die von Zeit zu Zeit zu Versammlungen aufgeboten wird, um den Reden der Führer Beifall zu klatschen, vorgelegten Resolutionen einstimmig zuzustimmen, im Grunde also eine Cliquenwirtschaft – eine Diktatur allerdings, aber nicht die Diktatur des Proletariats, sondern die Diktatur einer Handvoll Politiker.«[42] Rosa Luxemburg nennt in ihrer Schrift »Zur Russischen Revolution« Ross und Reiter: Lenin und Trotzki (von Stalin konnte sie noch nichts wissen). Sie hält es für eine unbestreitbare Tatsache, »dass ohne eine freie, ungehemmte Presse, ohne ungehindertes Vereins- und Versammlungsleben gerade die Herrschaft breiter Volksmassen völlig undenkbar ist«[43]. Parteiprogramme nennt sie nur »wenige große Wegweiser«, die die Richtungen anzeigen. Zum Sozialismus gehöre eben, dass er sich seiner Natur nach nicht oktroyieren lasse. Daran schließt jene an den linken Rand geschriebene Bemerkung an, die im Januar 1988 zu einer großen Verhaftungsaktion führen sollte: »Freiheit nur für die Anhänger der Regierung, nur für Mitglieder einer Partei – mögen sie noch so zahlreich sein – ist keine Freiheit. Freiheit ist immer Freiheit der Andersdenkenden. Nicht wegen des Fanatismus der ›Gerechtigkeit‹, sondern weil all das Belebende, Heilsame und Reinigende der politischen Freiheit an diesem Wesen hängt und seine Wirkung versagt, wenn die ›Freiheit‹ zum Privilegium wird.«[44]

Rosa Luxemburg war außerordentlich hellsichtig, was die Versuchungen der Macht anlangt und den schnellen Verlust von Menschenrechten betrifft, sobald die klugen Köpfe an der Spitze nur noch »kritiklose Bewunderung und eifrige Nachahmung« erwarten. Sie vertraute auf die kritische Urteilsfähigkeit der Massen und sah sich vor die Aufgabe gestellt, »sich kritisch mit der russischen Revolution in all ihren historischen Zusammenhängen auseinanderzusetzen«[45]. Sie erkannte, wie schnell die Macht die Grundrechte, für die man gekämpft hatte, verschlingt.

Sozialistisches bzw. jedes linke Denken muss immer ein macht-kritisches Denken bleiben, das sich nicht bloß auf den politischen Konkurrenten oder Gegner richtet, sondern Selbstkritik einschließt. »Gewiss«, schrieb sie, »jede demokratische Institution hat ihre Schranken und Mängel, was sie wohl mit sämtlichen menschlichen Institutionen teilt. Nur ist das Heilmittel, das Trotzki und Lenin gefunden: die Beseitigung der Demokratie überhaupt, noch schlimmer als das Übel, dem es steuern soll: Es verschüttet nämlich den lebendigen Quell selbst, aus dem heraus alle angeborenen Unzulänglichkeiten der sozialen Institutionen allein korrigiert werden können: das aktive, ungehemmte, energische politische Leben der breitesten Volksmassen.«[46]

Am 14. Dezember 1918 in der »Roten Fahne« proklamierte der Spartakusbund nichts anderes als den totalitären Versuch, im Namen der Volksmassen die alleinige Macht auch auf gewaltsamem Wege zu erreichen. Der Spartakusbund sei »das sozialistische Gewissen der Revolution und die politische Macht, und zwar die ganze politische Macht«. Sie ziele auf die Diktatur des Proletariats und deshalb »auf die wahre Demokratie«.[47] Dieser letzte Gedanke sollte das sowjetische Sozialismusmodell bestimmen und die Diktatur der Guten kurzerhand zur wahren Demokratie erklären.

Neben diesem Überlegenheitspathos und diesem verhängnisvollen Alleinvertretungsanspruch steht dann – ganz unverbunden – jener große Satz: »Die proletarische Revolution kann sich nur stufenweise, Schritt für Schritt, auf dem Golgathaweg eigener bitterer Erfahrungen durch Niederlagen und Siege zur vollen Klarheit und Reife durchringen.«[48] Das Erbe dieser hellsichtigen, auf Freiheit und Selbstentfaltung jedes Einzelnen und aller ausgerichteten sozialistischen Denkerin gilt es zu bewahren, ohne sie zu heroisieren. Ihre Gefängnisbriefe zeigen den Menschen hinter der Revolutionärin eindrücklich. Sie hätte, wäre sie nicht 1919 ermordet worden, spätestens 1933 aus Deutschland fliehen müssen. Wenn sie in die UdSSR Stalins gekommen wäre, hätte sie dort überlebt?

Mit großer gedanklicher Klarheit und menschlichen Unbestechlichkeit hat Camus das festgehalten, was so oft beim Gebrauch oder auch bei der Benutzung des Wortes »Menschenrechte« auseinanderfiel, nämlich das Recht auf Freiheit und das Recht auf Brot. Camus verweist auf die »Morgenröte der ersten Freiheit und die gewaltigste Hoffnung, die diese Welt je gekannt hat«.[49]

Es gehört zu den tragischen Irrtümern und Versäumnissen, dass die Linke, wo sie an der Macht war, wie alle anderen auch mehr an der Macht interessiert war als an den Prinzipien, um derentwillen sie die Macht ergriff.

Die kommunistische Weltbewegung, formiert im Sowjetblock wie im chinesischen Riesenreich, nahm sich – im Prinzip – der

Forderung nach Gleichheit aller an, räumte aber alle, die ihrer Macht und ihrer Parteilinie im Wege standen, gnadenlos aus dem Wege, regellos zumal. In China wurde die Ameisengleichheit ein Schreckgespenst für europäisches Denken, und im sowjetisch geprägten Teil Europas galt zwar das Hauptaugenmerk den sozialen Grundrechten, aber sie wurden nur in dem Rahmen zugeteilt, den die Partei dafür bot, und nur bei Zustimmung zu allen ihren Maßnahmen.

Es wäre falsch und Teil des fortgesetzten Kalten Krieges, wenn man in Abrede stellte, welche besonderen Anstrengungen die sozialistischen Länder (insbesondere in der Nach-Stalin-Ära) gemacht haben, damit alle eine bezahlbare Wohnung und alle Arbeit bekommen, alle an der Bildung, der Kultur und den Sozialeinrichtungen teilhaben, die Herrschaft von Menschen über Menschen im Sinne der Reichtumsverteilung von unten nach oben abgeschafft wird, damit die Verfügungsmacht über die Produktionsmittel im Wesentlichen in gesellschaftlicher (praktisch aber in staatlicher) Hand liegt, Frieden und Freundschaft zwischen den Völkern ohne alle Rassenschranken oberstes Prinzip wird.

Diese Prinzipien waren ideologisch und propagandistisch besetzt. Und die Liste der Einschränkungen ist nicht nur lang, sondern auch sehr schmerzhaft. Wie willkürlich wurden politische Prozesse angezettelt und geführt, wie menschenverachtend war der Strafvollzug, wie entwürdigend die Zensur, wie eingeschränkt die Freiheit des Denkens, der Versammlung, der Vereinigung, des Redens, Schreibens, Druckens, Sprechens. Wie wenig Entfaltungsraum hatte der Einzelne …

Und wie stark war die innerparteiliche Opposition gegen die Vorgaben einer Partei, die mit ihren Repräsentanten nicht gerade als das geistige Zentrum der Nation gelten konnte, schon gar nicht das geistig so dürftige, menschlich so schäbige Politbüro der Sozialistischen Einheitspartei Deutschlands.

Ohne Freiheit gibt es keinen Sozialismus, es sei denn den Sozialismus der Galgen. An dieser schlichten Wahrheit, an dieser Erkenntnis hat der real existierende Sozialismus vorbeigelebt, hat sich überlebt und das Wort links mit sich heruntergerissen. Auf längere Zeit.

Ist es nicht so, dass Linke, wo sie an die Macht gelangen, auch mehr und mehr an der Macht Gefallen finden und die Prinzipien alsbald vergessen, um derentwillen sie die Macht ergriffen hatten. (Hugo Chavez ist auf bestem Wege dazu, ein linker Diktator zu werden.)

Die »sozialistischen Länder« (mit und ohne Anführungsstriche) ließen sich gewissermaßen die Menschenrechte als ein Kampfthema im Kalten Krieg aufdrängen, weil sie wegen ihrer Angst vor Machtverlust die bürgerlichen Freiheiten einschränkten und als antisozialistisch denunzierten. Die Priorität des Friedens geriet im Wettrüsten auch zur propagandistischen Formel.

Der Kampf um die Menschenrechte setzte sich in den langen zähen Verhandlungen fort, die bis zur Schlussakte von Helsinki führten. Der Westen fand Anziehungskraft bei den Völkern des sogenannten Warschauer Vertrages besonders dadurch, dass der Westen sich für die Einhaltung der Menschenrechte stark machte.

Die Sowjetunion hatte ebenso wie die DDR die Schlussakte von Helsinki, einschließlich Korb 3, unterschrieben.

Man sah sich durch das Prinzip der Nichteinmischung abgesichert, unterschätzte aber, wie stark der Freiheitswille von Bürgern in den sozialistischen Ländern gewesen war, ob nun durch die intellektuellen Zirkel in Budapest, Moskau, Warschau, Prag und Berlin oder durch die sich formierende katholische Arbeiterschaft in Polen, die Charta '77 in der Tschechoslowakei oder die unabhängige Friedens- und Menschenrechtsbewegung in der DDR publik geworden. Die Staaten des Ostblocks deligimierten sich nicht zuletzt durch die Verweigerung von Menschenrechten, insbesondere eines politischen Selbstbestimmungsrechtes, einschließlich aller bürgerlichen Freiheiten, zu denen der freie Zugang zu anderen Ländern, auch zu allen Informationen gehörte.

Offenbar schätzen Menschen die Demokratie mehr, wenn sie länger vorenthalten wird und die Reglementierungen unerträglich werden. In der Freiheit kommen bald Gleichgültigkeit und Beliebigkeit auf. Und die Demokratie wird von der Mehrheit in dem Maße bejaht, wie sie Wohlstand ermöglicht. Jedenfalls geht es bei einer Entscheidung zwischen Freiheit und Brot fast immer zugunsten des Brotes aus, egal, wie es beschafft wurde.

Um zu wissen, in welch innerlich marodem Zustand seinerzeit die DDR bereits war, muss man sich die Verschärfung des Strafgesetzbuches von 1979 und die darin enthaltenen Sanktionen ins Gedächtnis rufen, insbesondere die Paragrafen über sogenannte landesverräterische Nachrichtenübermittlung, nach der sogar der Geheimhaltung *nicht* unterliegende Nachrichten, zum Nachteil der Interessen der DDR verbreitet, mit 2 bis 12 Jahren Strafe belegt werden konnten.

In Paragraf 106 (staatsfeindliche Hetze) wird für das Herstellen, Einführen, Verbreiten oder Anbringen von »Schriften, Gegenständen oder Symbolen zur Diskriminierung der gesellschaftlichen Verhältnisse, von Repräsentanten oder anderen Bürgern« eine Bestrafung von 1 bis 8 Jahren angedroht. Es sind zudem Paragrafen über Zusammenrottung (§ 217), über ungesetzliche Verbindungsaufnahmen (§ 219), zum Zusammenschluss zur Verfolgung gesetzwidriger Ziele (§ 218) oder öffentliche Herabwürdigung (§ 220) zu nennen. Da war politischer Willkürjustiz Tor und Tür geöffnet. Dies liest sich wie ein einziger Horrorkatalog, wenn man sich dazu noch in Erinnerung ruft, unter welchen Bedingungen besonders politische Häftlinge gehalten und wie sie psychisch so gequält wurden, dass viele von ihnen Langzeitschäden haben, die sich in einem fast neurotischen Antikommunismus bis heute auswirken. Wer das in Erinnerung behält, bleibt froh, dieses System hinter sich zu haben. Jeden Tag bin auch ich darüber froh – ohne mir zu verschweigen, vor welchen Herkulesaufgaben wir heute stehen, Aufgaben, die einer starken demokratischen Linken so sehr bedürften.

Es seien schließlich die sogenannten Zersetzungsmaßnahmen gegenüber oppositionellen Personen und Gruppen genannt, von Erich Mielke ein halbes Jahr nach der Unterzeichnung der Schlussakte von Helsinki erlassen.

Das sozialistische Weltsystem, das sich als Alternative zum Kapitalismus etabliert hatte und zeitweise in einer Beinahe-Paritäts-Position zur westlichen Welt stand, ist nicht nur an seinen ökonomischen Problemen zugrunde gegangen, weil man versuchte, die Gesetze des Marktes einfach außer Kraft zu setzen, statt den Markt zu gestalten und zu bändigen, sondern auch am weitgehenden Verzicht auf Geltung der anderen Hälfte der Menschenrechte, jener unverzichtbaren Freiheitsrechte. Man betrog sich selbst um das kreative Potential der eigenen Gesellschaft.

Es wäre aber demagogisch, den sozialistischen Ländern in toto und zu allen Zeiten vorzuwerfen, sie hätten alle Menschenrechte gänzlich außer Kraft gesetzt. Sie haben die Menschenrechte halbiert. Menschenrechte gelten nur ganz oder gar nicht. Eine selbstbewusste, von ihren Erinnerungen und Erfahrungen getragene linke Menschenrechtsbewegung sollte sich im Geist von Helsinki an der »Charta von Paris« (1990) orientieren. Wer für Menschenrechte eintritt, braucht den Überschuss an Utopie, braucht ein Ideal, auf das er zugeht. Wege ergeben sich immer dann, wenn man sie geht.

Das kapitalistische Weltsystem ist in einer schier unsteuerbaren Situation. Keiner weiß, wo wir uns nach der Deregulierung und der schweren Rezession wiederfinden. Alle spüren, dass wir uns auf einer schiefen Ebene befinden und noch nicht wissen, an welchem Punkt sie endet. Das schnelle Geld mündete in den schnellen Absturz. Die Gier wohnt allen inne und hat im Globalkapitalismus ein System gefunden, das sich als gigantisches Kartenhaus erweist: gegen die Armen wie gegen reiche Länder, gegen einen friedlichen Interessenausgleich, gegen die Güter der Natur, gegen alle Einsicht im Blick auf die Klimakatastrophe, gegen die Gemeinsamkeit im Kampf gegen den Terrorismus und seine Ursachen.

Auf dem neuen amerikanischen Präsidenten ruhen – und lasten! – viele, zu viele Hoffnungen. Sein neuer politischer und menschlicher Stil und Geist kann nur gewinnen, wenn sich viele Millionen mitreißen lassen und selbst unverdrossen aktiv werden. Wir brauchen dazu auch wieder mehr Menschenrechtspathos in unseren Ländern und eine handlungsfähige UNO als Gemeinschaft der Völker auf der *einen* Erde. Mehr Demut. Auch Wut, die zu Mut wird.

Und wir brauchen weiter die Waffe der Kritik wie die Kritik der Waffen. Gewalt löst nur im Extremfall Konflikte und kann nur zur Eindämmung der Gewalt in begrenzter Zeit eingesetzt werden. Im Übrigen gelten die universellen Menschenrechte samt der Charta der UNO. Für alle – auch für ehemals Verfolgte! Trotz alledem.

In der Habsucht ersoffen
Was tun, wenn das finanzielle Kartenhaus
in sich zusammenfällt?

Was der Wanderprediger aus Nazareth uns ins Stammbuch schrieb, hat unmittelbare Bedeutung für unser Denken und Tun. »Was hülfe es dem Menschen, wenn er die ganze Welt gewönne und nähme doch Schaden an seiner Seele« (also seinem innersten Kern)? – ein entscheidender Einspruch gegen eine uns innewohnende Gier nach Macht und Reichtum, genauso wie die Widerrede Jesu in der Wüste auf die Versprechungen des Versuchers. Dass man nicht Gott und dem Geld, dem Mammon dienen kann, liegt auf der Hand, ist aber der gängige Götzendienst des Kapitalismus. Gegen einen ungebremsten Maximierungsglauben, der geradezu eine Erlösungs- und Sinngebungsfunktion hat, steht das Gleichnis vom Reichen Kornbauern. Gegen ein System – gnadenloser – Leistungsgesellschaft steht das Gleichnis von den Arbeitern im Weinberg: Jeder soll bekommen, was er zum Leben braucht. Gegen die Teilnahmslosigkeit der Reichen (sowie aller Gewinner) steht das Gleichnis vom Armen Lazarus. Das Gleichnis von den anvertrauten Pfunden wird falsch interpretiert, wenn man die Bildebene zur Realebene macht und eine Rechtfertigung unserer Zinswirtschaft herausliest; vielmehr soll jeder Mensch mit den ihm anvertrauten Gaben aktiv leben, zum Wohle des Ganzen und durchaus auch zu seinem eigenen Vorteil. Aus der Beschreibung der Welt, in der dem noch dazugegeben wird, der etwas hat, und dem Armen auch noch genommen wird, was er hat, darf keine Lebensregel gemacht werden. »Unser täglich Brot gib uns heute« – das meint das täglich zum Leben Notwendige, ganz sicher nicht die täglichen Aktienrendite.

Wenige der Politiker, Journalisten, Ökonomen und Zeitdeuter geben zu, dass sie sich – gründlich! – geirrt haben, wo sie noch fast unisono bis gestern das Hohelied des Neoliberalismus gesungen haben. Anfang September sprach der deutsche Außenminister Frank-Walter Steinmeier vor der UN-Vollversammlung von LEICHTSINN, GIER und UNVERNUNFT, die zum Crash des ganzen Weltfinanzsystems führen können. Er ahnte wohl schon, welch ein rabenschwarzer Freitag am 10. Oktober bevorstand. Tag für Tag eine Hiobsbotschaft. Plötzlich rufen ausgerechnet die bisherigen Ideologen des freien Marktes nach dem Staat, der Hunderte Milliarden fahrlässig-gierig verbrannten Geldes übernehmen, also faule Kredite aufkaufen solle, weil es sonst zu einem Dominoeffekt käme, der die Weltwirtschaft in den Orkus reißt. Das also ist das Ergebnis von Liberalisierung und Deregulierung bei lautstark gefordertem Ausbleiben staatlicher Kontrolle und internationaler Regelungen. Der Turbokapitalismus amerikanischer Prägung ist über Nacht am Ende. Die Scheinwirtschaft mit ihren riesigen Blasen wirkt auf die Realwirtschaft, das Irreale wird katastrophal-real. Billionen Dollar ohne jeden Bezug zum Sinnlich-Materiellen, ohne jede wertbezogene Deckung, ohne jede lebensdienliche und lebenserhaltende Funktion werden »verbrannt«. Wer sieht da noch durch, was alles wird noch mit heruntergerissen, wer werden die Opfer sein und wie weich fallen die Verursacher?

Die Heuschrecken stehen nackt da, nein, sie lassen andere nackt dastehen, denn persönlich muss noch keiner haften oder gar in Haft, die Manager haben längst vorgesorgt. Ihnen geht's nicht ans Fell; ihr Fell ist so dick wie ihr finanzielles Polster. Dass Geld allein arbeitet und Unsummen Rendite gemacht werden können, indem das Geld von der Realwirtschaft und deren Wertschöpfungssteigerung gänzlich abgelöst und der weltweiten Spekulation verantwortungslos Tor und Tür geöffnet wurde, erweist sich als welt-gefährliche Illusion. Das globale finanzielle Kartenhaus einer kranken kapitalistischen Welt-Gesellschaft kann einstürzen und die ganze Welt mit sich reißen. Die Regierung mahnt, Vertrauen zu behalten, und verbürgt sich – mit zig Milliarden. Zeitungen, die noch gestern vor sozialistischem Etatismus warnten, singen nun lautstark das Staatslied. Selbst Josef Ackermann bittet den Finanzminister, die Katastrophenbanken aufzufangen, weil der Schaden sonst nicht mehr kalkulierbar wäre.

Wer hat hier 15 Jahre lang verdient durch Jonglieren mit Geld und dabei auch noch dafür gesorgt, dass Menschen um höherer Rendite willen massenhaft ihre Arbeit verlieren? Unermessliche Geldgier als eine Hauptantriebsfeder des Systems, unerhörte Managergehälter und Bonuszahlungen, persönliches Versagen durch Verschweigen, Verwischen, Verharmlosen der Probleme und deftiges Missmanagement sind das eine, das andere sind systemische Fragen, an denen wir – national und global – nicht mehr vorbeikommen. Personalisieren löst nicht das Grundproblem, weil wir es mit einem strukturellen Grundproblem zu tun haben, in dessen Rahmen Einzelpersonen fahrlässig und gierig agierten und agieren. Wo Gewinn alles wird, verliert der Mensch – auch sich selbst. Wo alles das als wertvoll gilt, was sich in Geld ausdrücken lässt und Warencharakter bekommt, wird auch der Mensch zur Ware, zu einem Kostenfaktor oder zu einem Leistungsträger. Die aus puren Renditegründen »Freigesetzten« stehen Mächtig-Reichen machtlos gegenüber. Öffentliche Güter werden zunehmend gewinnorientiert privatisiert, und dem Gemeinwesen bleibt das, was nur kostet.

Was ist das für eine Welt, wo plötzlich Hunderte Milliarden vom Staat »locker« gemacht werden, um Dax-Unternehmen zu retten, während wenige Milliarden für die Welthungerhilfe, für Afrika oder für dringendste globale Klimaprogramme nicht zur Verfügung stehen!

Man reibt sich die Augen: Pleite-Großbanken stehen vor der Quasiverstaatlichung. Deren Verluste werden somit sozialisiert, während ihre Gewinne immer weniger besteuert worden waren. Gegen die »Reichensteuer« wurde polemisiert, pure Neidkomplexe ausgemacht, etatistisch-sozialistische – also überholte und gescheiterte – Konzepte unterstellt, sowie man fragte, ob es zuträglich sei, wenn der Staat immer mehr verarmte und sich verschuldete, während das Privatkapital immens anwuchs, zumal ein freier, also unkontrollierter Weltfinanzmarkt eine gestaltende Weltpolitik mehr und mehr unmöglich machte. Deregulierung war das Zauberwort. Jetzt geht es um nicht weniger als um den Rückgewinn von steuernder und kontrollierender Politik und nicht um eine baldmöglichste Wiederherstellung des Status quo ante, sowie die Kurse wieder hochschnellen. Der sogenannte G-8-Gipfel wäre sofort gefordert und die Forderungen der Heiligendamm-Globalisierungskritiker wären endlich zu hören. Das bisherige Kreditwesen ist jedenfalls von Übel. Die Katastrophe ist nicht vorübergehend, sondern systemimmanent. Wo statt der Menschen Geld arbeitet und »Anlegen« mehr Geld bringt als Arbeiten, wo Finanzwirtschaft sich von der Realwirtschaft abkoppelt, muss es geradezu zum Crash kommen.

Bereits vor 500 Jahren schrieb Martin Luther: »Es schickt sich nicht, dass einer aufgrund der Arbeit des anderen müßig gehe, reich sei und gut lebe, während ein anderer übel lebt, wie jetzt der verkehrte Missbrauch ist. Denn Sankt Paulus sagt: ›Wer nicht arbeitet, soll auch nicht essen.‹ Es ist niemandem von Gott verordnet, von den Gütern der anderen zu leben.« Jeder solle arbeiten. Und jeder solle für seine Arbeit auch Geld bekommen. Niemand dürfe durch die Arbeit anderer so reich werden oder sein, dass er seinerseits nicht mehr arbeiten muss, während der »Arbeitnehmer« übel sein Dasein fristet. Es geht um den gerechten Lohn und die faire Verteilung des erzielten Gewinns. Der Wittenberger Mönch wollte keineswegs den größten Wirtschaftszweig – wie er sagte: den Handel – vernichten, sondern warnte davor, dass durch ihn verderbliche Sitten ins Land kommen. Das größte Unglück »ist gewiss das Kreditwesen. Wenn das nicht wäre, müsste mancher seine Seide, Samt, Goldstickerei, Spezerei und allerlei Prunkwerk ungekauft lassen. ... fürwahr, das Kreditwesen muss ein Symbol und Anzeichen dafür sein, dass die Welt mit schweren Sünden und dem Teufel verkauft ist, dass es uns zugleich an irdischem und geistlichem Gut gebrechen muss. Dennoch merken wir nichts.« Wer denkt da nicht an heutige Kommunalfinanzen sowie den horrenden Schuldendienst aufgrund der Staatsverschuldung? Was Luther geißelt, ist durchaus vergleichbar mit der dubiosen Praxis zu Zeiten der »New Economy«, Aktienkäufe durch Kredite zu finanzieren, um ohne eigenes Kapital schnelle Gewinne zu machen. Das entspräche den Lehen auf Kreditbasis vor 500 Jahren. Durch den Kurssturz an den Aktienmärkten ging das eingesetzte, kreditfinanzierte Kapital verloren, die Schulden aber gegen den Kreditgeber bleiben ohne Gegenwert als Sicherheit. Die weltweite Immobilienspekulation erweist sich als riesige finanzielle Luftblase, die zum Platzen gekommen ist. Das kann damals wie heute ins Unglück führen, dem Missbrauch, der Habsucht und dem Elend Tor und Tür öffnen. Noch schlimmer kam es beim drohenden Zusammenbruch des ganzen Finanzmarktes in den USA.

Virtuelle Geldwerte führen zu realen, horrenden Verlusten! Weiß keiner mehr eine Zauberformel? Ausgerechnet in den USA soll der geschmähte Staat eingreifen und ein 700-Milliardenrettungspaket schnüren. Verantwortung und ein Gemeinwesen mit Regeln, deren Einhaltung kontrolliert werden, müssen auf dem Kapitalmarkt wieder Platz greifen, statt hohe und schnelle Rendite über alles zu stellen. Gier frisst letztendlich alles und alle auf.

Luther forderte 1524, den Fuggern und dergleichen Gesellschaften einen Zaum ums Maul zu legen, und wies auf den Widerspruch hin, dass die einen in einem überschwänglichen Überfluss leben, während die anderen mehr und mehr verarmen. »Man muss wissen, dass zu unseren Zeiten (von denen schon der Apostel Paulus angekündigt hat, dass sie gefährlich sein werden) die Habsucht und der Wucher in der ganzen Welt nicht nur furchtbar eingerissen sind, sondern auch gewagt haben, sich Deckmäntel zu suchen, worunter sie für recht und billig gehalten, ihr böses Tun ungehindert ausüben können. Dabei ist es beinahe dahingekommen, dass wir das Heilige Evangelium für nichts achten. Deshalb ist es in dieser gefährlichen Zeit für einen jeden Menschen nötig, sich vorzusehen und in den Angelegenheiten der zeitlichen Güter mit der richtigen Unterscheidungskraft vorzugehen und aufmerksam auf das heilige Evangelium unseres Herrn Jesus Christus zu achten.«

Das Problem hat sich längst globalisiert. Kriege werden rund um den Globus geführt – wegen mörderischen Gewinnstrebens. Was zu Luthers Zeiten noch recht harmlos wirkt, wird heute zu einer geradezu weltumspannenden Gefahr und einer um den Erdball herumfloatenden Ungerechtigkeit. »Lassen wir alle anderen Weisen beiseite und nehmen uns den Kauf vor, besonders den Zinskauf (also die Kapitalanlage in Hypotheken), weil er besonders hervorsticht als eine Methode, wie man ohne Sünde andere Leute belasten und ohne Sorge oder Mühe reich werden kann. Denn bei den anderen Geschäftsmethoden steht ein jeder selber vor Augen der Öffentlichkeit. Obwohl Zinskauf jetzt als ein erlaubter Kauf und zugelassener Handel bestätigt ist, ist er doch aus vielen Gründen verdammenswert und menschenfeindlich.« Wie prophetisch!

Beim Darlehensgeschäft sieht Luther, wie damit nur Sicherheit, Habsucht und Wucher gesucht werden. »O, wie viele Städte, Länder und Leute müssen Zins zahlen, denen man längst schuldig gewesen wäre, noch Geld dazuzugeben …

Mich wundert, dass bei solchem unermesslichen Wucher die Welt überhaupt noch steht.«

Der Markt regelt nicht alles von selbst! Es bedarf einsichtiger Maßstäbe, die das Lebensrecht aller am Arbeitsprozess Beteiligten angemessen berücksichtigen. Dreihundert Jahre vor Karl Marx sah Luther, wie der Markt seine eigenen (Wolfs-)Gesetze hat, die keinen sozialen Kriterien folgen, bis der Mensch dem Markt dient (und nicht umgekehrt) und gar selbst zur Ware wird.

»Das ist eine Arglist der Habsucht, die nur auf die Bedürfnisse der Nächsten schielt, aber nicht, um ihnen zu helfen, sondern um sie für sich auszunutzen und am Schaden seines Nächsten reich zu werden. Das sind alles offenkundige Diebe, Räuber und Wucherer.« Muss da nicht eine Anklage her, vor allem aber eine menschendienliche Regelung des Finanzsystems? Dann wächst auch wieder Vertrauen – selbst in den Staat und in eine Wirtschaftsweise, die erkennbar werden lässt, dass der Markt dem Menschen dient, nicht der Mensch dem Markt. Andersherum wird der globale Markt zur lebensgefährdenden Falle für uns alle.

Quellennachweise

1 Hilde Domin, Gesammelte Gedichte. 2. Aufl., Frankfurt a. M. 1987, S. 13.

2 Marie Luise Kaschnitz, Die Gefangenen. In: dies., Überallnie. Hamburg 1965, S. 92 f.

3 Bertolt Brecht, Werke. Band 3. Große kommentierte Berliner und Frankfurter Ausgabe. Berlin und Frankfurt a. M. 1988, S. 260.

4 Uwe Grüning, Unveröffentlichtes Gedicht, Typoskript im Besitz des Autors.

5 Brecht, Werke. Band 11. Große kommentierte Berliner und Frankfurter Ausgabe. Berlin und Frankfurt a. M. 1988, S. 116.

6 Ebenda, S. 120.

7 Gottfried Benn, Statische Gedichte. 7. Aufl., Zürich 1961, S. 46.

8 Marie Luise Kaschnitz, Ein Leben nach dem Tode. In: dies., Gesammelte Werke, Band 5: Die Gedichte, S. 504 f.

9 Marie Luise Kaschnitz, Interview. In: dies., Überallnie, S. 191.

10 Heinz Kahlau, Gott ist nicht da. In: ders., Flugbrett für Engel. Gedichte. Berlin und Weimar 1975, S. 108.

11 Gerhard Schöne, Lebenszeichen. Liederbuch, 5. Aufl., Berlin 1997, S. 20.

12 Vgl. Ökumenische Versammlung für Gerechtigkeit, Frieden und Bewahrung der Schöpfung. Dresden – Magdeburg – Dresden. Eine Dokumentation. Aktion Sühnezeichen/Friedensdienste. Berlin 1990, S. 86.

13 Friedrich Schorlemmer, Versöhnung in der Wahrheit. München 1992, S. 152 f.

14 Friedrich Schorlemmer, Was ich denke. München 1995, S. 75–78.

15 Werner Schulz, Günther Gugel, Uli Jaeger (Hg.), Die Kunst des Friedens. Stuttgart 2002, S. 27.

16 Joachim Braun (Hg.), Versöhnung braucht Wahrheit. Der Bericht der südafrikanischen Wahrheitskommission. Gütersloh 1999, S. 173 ff.

17 Börsenverein des deutschen Buchhandels (Hg.), Friedenspreis des Deutschen Buchhandels. Reden und Würdigungen 1976–1985. Frankfurt a. M. 1985, S. 211 ff.

18 Ebenda, S. 147.

19 Albert Camus, Kleine Prosa. Reinbek bei Hamburg 1961, S. 77 ff.

20 Václav Havel, Sommermeditationen. Reinbek bei Hamburg 1992, S. 129 ff.

21 Karl Marx, Friedrich Engels, Werke. Ergänzungsband, 1. Teil, Berlin 1968, S. 567.

22 Ebenda, S. 581.

23 Ebenda, S. 583.

24 Erasmus von Rotterdam, Süß scheint der Krieg den Unerfahrenen. Übersetzt, kommentiert und herausgegeben von Brigitte Hannemann. München 1987, S. 39 ff.

25 Ebenda, S. 38.

26 Ebenda, S. 41.

27 Ebenda, S. 41 ff.

28 Ebenda, S. 51 f.

29 Ebenda, S. 69.

30 Ebenda, S. 58.

31 Ebenda, S. 80.

32 Alexander und Margarete Mitscherlich, Die Unfähigkeit zu trauern. Grundlagen kollektiven Verhaltens. München 1968, S. 106.

33 Erich Fromm, Es geht um den Menschen. Tatsachen und Fiktionen in der Politik. Stuttgart 1981, S. 164.

34 Bertolt Brecht, Werke. Band 12. Große kommentierte Berliner und Frankfurter Ausgabe. Berlin und Frankfurt a. M. 1988, S. 85 ff.

35 Sebastian Haffner, Geschichte eines Deutschen. Die Erinnerungen 1914–1933. München 2000, S. 191 ff.

36 Václav Havel, Angst vor der Freiheit. Reden des Staatspräsidenten. Reinbek bei Hamburg 1991, S. 119

37 Heinrich Heine, Werke und Briefe in zehn Bänden. 3. Aufl., Berlin und Weimar 1976, Band 3, S. 309–311.

38 Vgl. Franz Fühmann, Mein Bibel; Erfahrungen. In: ders., Das Ohr des Dionysios. Rostock 1985, S. 113-149.

39 Nâzim Hikmet, Die Luft ist schwer wie Blei. Frankfurt 1988, S. 31.

40 Gottfried Benn, Statische Gedichte. 7. Aufl., Zürich 1961, S. 47.

41 Fulbert Steffensky, Feier des Lebens. Spiritualität im Alltag. Stuttgart 1984, S. 15 ff.

42 Rosa Luxemburg, Gesammelte Werke. Band 4. Berlin 1974, S. 362.

43 Ebenda, S. 358.

44 Ebenda, S. 359, Anmerkung 3.

45 Ebenda, S. 335.

46 Ebenda, S. 355 f.

47 Ebenda, S. 447.

48 Ebenda, S. 451.
49 Albert Camus, Verteidigung der Freiheit. Politische Essays. Reinbek bei
    Hamburg 1974, S. 51.